Verkehr in Zahlen 2000

29. Jahrgang

Erweiterte Ausgabe

Herausgeber:

Bundesministerium für Verkehr, Bau- und Wohnungswesen

Die Deutsche Bibliothek – CIP-Einheitsaufnahme

[Verkehr in Zahlen ... / Elektronische Ressource] / Hrsg.: Bundesministerium für Verkehr, Bonn.
Verantwortl. für den Inhalt: Deutsches Institut für Wirtschaftsforschung (DIW), Berlin. - 1998 -. - Hamburg: Dt. Verkehrs-Verl., 1998

Bearbeitet von: Sabine Radke
                    Deutsches Institut für Wirtschaftsforschung

Grafische Darstellung: Karl-Heinz Pieper

Umschlagentwurf: Walter Niemann

Redaktionsschluß: September 2000

Nachdruck, auch auszugsweise, nur mit Quellenangabe gestattet.

© 2000 Deutscher Verkehrs-Verlag GmbH, Hamburg

ISBN 3-87154-259-8 (Buch)
ISBN 3-87154-260-1 (Buch und CD-ROM)

Vorwort

Mobilität ist die Grundlage für Wachstum und Wohlstand. Daher muss die Verkehrspolitik vorausschauende Konzepte entwickeln, die unser hohes Mobilitätsniveau und die Leistungsfähigkeit des Verkehrssystems sozial und umweltgerecht sichern.

Ziel der Bundesregierung ist ein integriertes Verkehrssystem, dass die verschiedenen Verkehrsträger und –netze miteinander verknüpft, damit die Kapazität des gesamten Verkehrsnetzes besser genutzt werden kann. Ein solches Verkehrssystem kann den Bürgern und Unternehmen unseres Landes bei der Verkehrsmittelwahl möglichst viele Auswahl– und Kombinationsmöglichkeiten bieten.

Die erforderliche Vernetzung und Optimierung der Verkehrsträger stellt politische Entscheidungsträger, Unternehmen, Forschungsinstitute und die gesamte Verkehrswirtschaft vor große Herausforderungen. Eine verlässliche Datenbasis ist in diesem Zusammenhang unverzichtbar.

Das Taschenbuch „Verkehr in Zahlen 2000" bietet eine umfassende und zuverlässige Informationsquelle. In der 29. Auflage, die auch als CD-ROM vorliegt, werden detaillierte Verkehrsstatistiken von Beginn der Bundesrepublik bis heute systematisch aufbereitet.

Ich bin sicher, auch die aktuelle Ausgabe dieser traditionsreichen Veröffentlichung wird großen Anklang finden.

Berlin, im Oktober 2000

Der Bundesminister für Verkehr, Bau- und Wohnungswesen

Reinhard Klimmt

Bearbeitung und verantwortlich für den Inhalt:

Deutsches Institut für Wirtschaftsforschung

Sabine Radke
Deutsches Institut für Wirtschaftsforschung (DIW)
14195 Berlin, Königin-Luise-Straße 5
Telefon: 030/8 97 89-318
Telefax: 030/8 97 89-103
Internet: http://www.diw.de/
e-mail: sradke@diw.de

Gesamtproduktion:

SOFTWARE LOKALISIERUNG ANIMATION

SLA Frank Lemke
Römerweg 4
73557 Mutlangen
Telefon: 07171/77 93 96
Telefax: 07171/97 96 62
Internet: http://www.sla-software.com

Verlag:

Deutscher Verkehrs-Verlag

Deutscher Verkehrs-Verlag GmbH,
20097 Hamburg Nordkanalstraße 36
20010 Hamburg, Postfach 1016 09
Telefon: 040/2 37 14-01
Telefax: 040/237 14-233
Internet: http://www.dvz.de
e-mail: redaktion@dvz.de

Vorbemerkungen

In der Ausgabe 2000 des Taschenbuchs *Verkehr in Zahlen* - dem 29 Jahrgang dieses statistischen Kompendiums - wird das Verkehrsgeschehen im vereinten Deutschland und in der Europäischen Gemeinschaft dargestellt. Für die Bundesrepublik Deutschland werden in diesem Jahr Daten ab 1950 (bis 1990 in 5-Jahres-Schritten, 1991 bis 1999 Jahreswerte) dargestellt.

Verkehr in Zahlen informiert durch die Ergänzung der amtlichen verkehrsstatistischen Informationen über nahezu alle Aspekte des Verkehrs einschließlich seiner Stellung in der Volkswirtschaft. Durch das breite Spektrum der Daten und die Zeitreihendarstellung lassen sich für die Verkehrsmärkte Strukturveränderungen erkennen, Entwicklungen verfolgen und Zusammenhänge aufzeigen.

Wichtigstes Ziel bei der Datenaufbereitung ist die Übereinstimmung mit den Definitionen und Abgrenzungen der Veröffentlichungen des Statistischen Bundesamtes, des Kraftfahrt-Bundesamtes und des Bundesamtes für Güterverkehr. Dadurch wird auch eine volle Vergleichbarkeit mit den von diesen Institutionen veröffentlichten disaggregierten Angaben gewährleistet.

In *Verkehr in Zahlen* wird versucht, in klarer Unterscheidung zwischen institutionellem und funktionalem Gliederungsprinzip Daten zur Verkehrsentwicklung in der Bundesrepublik Deutschland zur Verfügung zu stellen. Bestehende Lücken der amtlichen Statistiken werden durch die Einbeziehung vorhandener Unternehmens- und Verbandsstatistiken sowie eigener und fremder Untersuchungen und Berechnungen soweit wie möglich geschlossen. Der unterschiedliche Aufbau, wechselnde Abgrenzungen und Überschneidungen sowie die Diskontinuität dieser Statistiken lassen eine vergleichende Analyse ohne eine Modifizierung nicht zu. Dies kann einerseits zu Umgestaltungen in der Darstellung führen, wenn Basisdaten entfallen oder nur noch verändert ausgewiesen werden. Andererseits sind Brüche in den Zeitreihen unvermeidlich, wenn Daten nicht angepaßt werden können. Hinzu kommt, daß viele für verkehrswirtschaftliche und verkehrspolitische Aussagen wichtige Daten in den amtlichen Statistiken nicht oder noch nicht für alle Verkehrsbereiche in gleicher Form vorliegen. Dies gilt vor allem für Investitionen, Anlagevermögen, Erwerbstätige, Einnahmen und die Bruttowertschöpfung sowie für den Energieverbrauch - differenziert nach Energieträgern -, die Entwicklung der Kraftfahrzeug-Fahrleistungen, des Individualverkehrs und der Fahrtzwecke im Personenverkehr. Hier kann auf Untersuchungen aufgebaut werden, die im Deutschen Institut für Wirtschaftsforschung (DIW), Berlin - im Rahmen von Forschungsvorhaben unter anderem im Auftrag des Bundesministers für Verkehr - durchgeführt wurden.

Verkehr in Zahlen bezieht sich grundsätzlich auf das Gebiet der Bundesrepublik Deutschland, d.h. ab 1991 einschl. der neuen Bundesländer. Einzelne Übersichten liegen auch für Bundesländer vor. Daten für die Jahre 1991 bis 1994 getrennt für neue und alte Bundesländer wurden in der Ausgabe 1997 (Kapitel C1) veröffentlicht. Revisionen der gesamtdeutschen Daten in der beiden darauffolgenden Ausgaben (z.b. Fahrleistungen) müssen dabei allerdings berücksichtigt werden.

Die Datenlage, die nach der deutschen Wiedervereinigung in großen Teilen problematisch war, hat sich inzwischen erheblich verbessert. In einzelnen Bereichen haben sich in diesem Jahr aber besondere Probleme ergeben. Daten für die Ein- und Ausgaben der privaten Haushalte waren nicht erhältlich, da hier die Statistik (die sich bisher noch auf neue und alte Bundesländer getrennt bezog) vollständig umgestellt wird und noch nicht vorliegt. Die Volkswirtschaftliche Gesamtrechnung wurde im letzten Jahr grundlegend revidiert; hier sind frühere und heutige Abgrenzungen zum Teil gar nicht mehr vergleichbar. Dies führte dazu, das wir einen Teil der Untergruppen bei Einnahmen, Beschäftigten und der Bruttowertschöpfung, die früher vom DIW berechnet wurden, heute nicht mehr ausweisen können. Bei der Bruttowertschöpfung mußten wir sogar auf die Ausweisung von Daten vor 1991 verzichten. Auch in anderen Bereichen hat sich Datenverfügbarkeit in diesem Jahr so verzögert, daß zum Teil nicht alle Informationen vorlagen. Dies betrifft u.a. die Daten zum Kraftfahrzeugbestand und zur Verkehrsleistungsstatistik deutscher Lkw.

Das institutionelle Gliederungsprinzip (Kapitel A) stellt das Unternehmen als Darstellungseinheit in den Mittelpunkt. Einbezogen werden alle Unternehmen, deren wirtschaftlicher Schwerpunkt im Verkehr liegt. Innerhalb des Sektors Verkehr erfolgt die Zuordnung der Unternehmen zu den Verkehrsbereichen nach dem Schwerpunkt ihrer verkehrswirtschaftlichen Tätigkeit. Unabhängig von der Verkehrsart werden alle Leistungen des Unternehmens erfaßt. In der Regel werden jedoch nicht die Leistungen der einzelnen Unternehmen ausgewiesen, sondern die Leistungen der übergeordneten Verkehrsbereiche, sofern in einem Verkehrsbereich mehrere Unternehmen vorhanden sind. Ausgewiesen werden Daten, die für alle Verkehrsbereiche verfügbar sind und damit eine vergleichende Übersicht über die Gesamtentwicklung ermöglichen. Der Verkehrssektor war hier analog zum Aufbau der Volkswirtschaftlichen Gesamtrechnung (VGR) nach Eisenbahnen, Schiffahrt und übriger Verkehr untergliedert; heute (ab 1991) weist die VGR Landverkehr, Schiffsverkehr, Luftverkehr und Hilfs- und Nebentätigkeiten für den Verkehr aus. Dieser letzte Bereich umfaßt neben der Verkehrsvermittlung und Speditionen auch die Binnen-, See- und Flughäfen. Die weitere Disaggregation nach Verkehrsbereichen orientiert sich daran, ob und inwieweit für diese die gewünschten Informationen in vergleichbarer Form verfügbar sind. Darüber hinaus werden für jeden einzelnen Verkehrsbereich im Kapitel A2 Daten ausgewiesen, die weitergehende Informationen vermitteln.

Gesamtdeutsche Kennziffern des Verkehrs*

Jahr	Bevölkerung Mio.				Straßenlänge[1] 1 000 km		Kfz-Bestand[2] Mio.	
	insgesamt	unter 18 Jahre	18-65 Jahre	über 65 Jahre	insgesamt	dar. Autobahnen	insgesamt	dar. Pkw
1950	66,1	18,2	41,7	6,2	176	3,5	2,7	0,7
1955	68,1	18,2	42,7	7,2	178	3,5	5,8	1,8
1960	73,2	18,5	46,2	8,5	181	3,9	9,4	8,9
1965	76,3	20,5	46,2	9,6	203	4,6	14,3	10,5
1970	77,7	21,0	46,0	10,7	210	5,9	19,8	15,1
1975	78,6	20,5	46,3	11,8	217	7,8	24,8	19,8
1980	78,3	18,5	47,6	12,2	220	9,2	31,6	25,9
1981	78,4	18,1	48,3	12,0	220	9,5	32,4	26,5
1982	78,4	17,6	49,1	11,7	220	9,7	33,0	27,0
1983	78,1	17,0	49,7	11,4	221	9,9	33,7	27,6
1984	77,8	16,4	50,2	11,2	220	9,9	34,6	28,4
1985	77,7	15,9	50,5	11,3	220	10,0	35,5	29,2
1986	77,7	15,5	50,7	11,5	221	10,2	36,8	30,3
1987	77,7	15,2	51,0	11,5	221	10,3	38,1	31,5
1988	78,1	15,1	51,4	11,6	221	10,5	39,3	32,6
1989	79,1	15,1	52,2	11,8	221	10,6	40,4	33,7
1990	79,8	15,3	52,6	11,8	221	10,7	42,5	35,5

Jahr	Deutsche Bundesbahn/Deutsche Reichsbahn					Wasserstraßen		Rohrleitungen[7]
	Streckennetz		Fahrzeugbestand					
	insgesamt	dar. elektrifiziert	Lokomotiven[3]	Personenwagen[4]	Güterwagen[5]	Benutzte Länge	Frachtschiffe[6] Bestand	Länge
	1 000 km		1 000	1 000	1 000	1 000 km	1 000	1 000 km
1950	46,4	2,0	19,3	30,9	364	7,1	6,3	-
1955	46,6	2,6	16,6	31,6	396	6,9	7,8	-
1960	46,9	4,4	15,3	30,6	416	7,1	8,7	0,5
1965	46,3	7,5	14,4	28,6	437	7,0	8,6	1,1
1970	44,2	10,0	11,8	26,7	424	6,9	7,6	2,7
1975	43,1	11,5	11,5	26,4	435	6,9	6,0	3,0
1980	42,7	12,9	11,0	23,4	437	6,7	5,2	3,4
1981	42,6	13,0	11,1	23,3	440	6,7	5,0	3,4
1982	42,4	13,1	11,1	22,9	435	6,6	4,8	3,4
1983	42,2	13,3	11,1	22,8	430	6,6	4,7	3,5
1984	42,0	13,6	11,0	22,5	427	6,7	4,6	3,5
1985	41,7	13,9	11,1	22,0	426	6,7	4,5	3,5
1986	41,5	14,2	11,1	21,6	424	6,6	4,4	3,5
1987	41,4	14,6	10,7	20,9	411	6,7	4,3	3,5
1988	41,3	15,2	9,9	20,4	397	6,7	4,2	3,5
1989	41,0	15,5	9,9	19,9	382	6,8	4,2	3,5
1990	40,9	15,7	9,9	19,5	365	6,7	3,9	3,5

[1] Bundesautobahnen, Bundes-, Landes- und Kreisstraßen (ohne Gemeindestraßen).- [2] Ohne Mopeds, Mofas, Mokicks, Leicht- und Kleinkrafträder.- [3] Ohne Kleinlokomotiven.- [4] Ohne Triebwagen (S-Bahn).- [5] Ohne Dienstgüterwagen.- [6] Motorschiffe, Schlepp- und Schubkähne.- [7] Rohöl- und Mineralölproduktenleitungen über 40 km Länge.- *Nach dem Gebietsstand ab dem 3. 10. 1990, für die Zeit bis 1990. Daten für die folgenden Jahre sind in den jeweiligen Kapiteln ausgewiesen.

Funktionales Gliederungsprinzip (Kapitel B) bedeutet im Verkehr die Einteilung der Leistungen nach Verkehrsarten. Unter einer Verkehrsart wird die Gesamtheit der Verkehrstechniken, die sich derselben Verkehrswege bedienen, verstanden. Dabei wird innerhalb einer Verkehrsart nicht nach Zahl und Art der Unternehmen oder Haushalte differenziert, von denen diese Leistungen erbracht werden. Die Erfassung geht über den Rahmen des gewerblichen Verkehrs hinaus und bezieht z.B. die Leistungen im Werkverkehr von Industrie- oder Handelsbetrieben ebenso ein wie die ausländischen Unternehmen im grenzüberschreitenden Verkehr oder die privaten Haushalte. Diese Darstellung ermöglicht vor allem einen Überblick über die Entwicklung des Personen- und Güterverkehrs nach Verkehrsbereichen sowie Fahrtzwecken bzw. Gütergruppen. Außerdem werden hier Angaben über die Verkehrswege, Fahrzeugbestände, Straßenbelastung, Verkehrsunfälle, Verkehrsausgaben, Kosten, Belastung der privaten Haushalte durch das eigene Kraftfahrzeug, den Führerscheinbesitz, die Pkw-Verfügbarkeit, den Energieverbrauch, den Transport von Gefahrgütern, die Umweltbelastung sowie andere wichtige Aspekte des Verkehrsgeschehens zur Verfügung gestellt.

Im dritten Teil **(Kapitel C)** werden internationale Kennziffern Vor allem für die Länder der Europäischen Union (EU) dargestellt. Die hier veröffentlichten Daten sind zum überwiegenden Teil leider nur mit großer zeitlicher Verzögerung verfügbar. Die Daten für die Bundesrepublik Deutschland entsprechen aufgrund unterschiedlicher Abgrenzung hier nicht in jedem Fall den in den Kapiteln A und B ausgewiesenen Angaben.

Inhaltsübersicht

Verkehr in institutioneller Gliederung

Brutto-Anlageinvestitionen
Brutto- und Netto-Anlagevermögen **A1**
Erwerbstätige, Einnahmen, Bruttowertschöpfung

Spezifische Kennziffern der einzelnen Verkehrsbereiche **A2**

Verkehr in funktionaler Gliederung

Bevölkerung, Erwerbstätige, Private Haushalte
Verkehrsmittelbenutzung der Erwerbstätigen und Schüler
Länge der Verkehrswege, Straßenfläche **B1**
Kraftfahrzeugdichte, Straßenbelastung
Verkehrsausgaben, Transportbilanz

Kraftfahrzeuge - Bestand, Neuzulassung, Fahrleistung
Führerscheine, TÜV-Ergebnisse, Gurtanlegequoten, **B2**
Verkehrszentralregister, Luftfahrzeugbestand, Fahrradbestand

Straßenverkehrsunfälle
Getötete und verletzte Verkehrsteilnehmer **B3**
Unfallursachen

Grenzüberschreitender Verkehr, Transit
Straßenverkehr nach Ländern **B4**
Seeschiffahrt nach Fahrtgebieten

Personenverkehr: Verkehrsaufkommen und -leistung
im Öffentlichen Verkehr und Individualverkehr **B5**
Fahrtzwecke und nichtmotorisierter Verkehr

Güterverkehr: Verkehrsaufkommen und -leistung
im Güternah- und -fernverkehr, Hauptgütergruppen, **B6**
Gefahrguttransporte

Tarife, Frachtraten, Kostenentwicklung im Verkehr
Belastung privater Haushalte durch den eigenen Pkw **B7**
Preisindex für die Lebenshaltung
Energieverbrauch Umweltbelastung

Internationale Kennziffern **C1**

Inhaltsverzeichnis

	Seite
Vorbemerkungen	5 - 8
Gliederung	9
Zeichenerklärung	18

Der Verkehr in institutioneller Gliederung

A1 Brutto-Anlageinvestitionen
    Zu jeweiligen Preisen
        Insgesamt   20 - 23
        Bauten   24 - 25
        Fahrzeuge   26 - 27
        Ausrüstungen   28 - 29
    Zu Preisen von 1995
        Insgesamt   30 - 31
    Verkehrsinfrastruktur
        Brutto-Anlageinvestitionen   32 - 33
        Brutto- und Netto-Anlagevermögen   34 - 35
    Anlagevermögen
        Altersstruktur des Brutto-Anlagevermögens   37
        Brutto-Anlagevermögen   38 - 39
        Netto-Anlagevermögen   40 - 41
        Modernitätsgrad   42 - 43
        Erwerbstätige   44 - 45
    Erwerbstätige   44 - 45
    Bruttowertschöpfung
        Zu jeweiligen Preisen   50
        Zu Preisen von 1995   51

A2 Deutsche Bahn
    Streckenlänge, Fahrzeugbestand, Kapazitäten   52 - 53
    Betriebsleistungen, Energieverbrauch   54 - 55
    Personenverkehr   56 - 57
    Güterverkehr   58 - 59
    Kombinierter Verkehr, Gleisanschluß-Verkehr   60 - 61
    Erwerbstätige, Einnahmen   62

	Seite
Nichtbundeseigene Eisenbahnen	
Streckenlänge, Fahrzeugbestand, Verkehrsleistung	64 - 65
Erwerbstätige, Einnahmen	66
Binnenschiffahrt	
Verkehrsleistungen, Erwerbstätige, Einnahmen	67
Fahrzeugbestand, Kapazitäten	68 - 69
Abwrackungen von Binnenschiffen	70 - 71
Verkehrsaufkommen nach Bundesländern	72 - 73
Binnenhäfen - öffentliche	
Güterumschlag, Erwerbstätige und Einnahmen	74 - 75
Binnenhäfen - insgesamt	
Güterumschlag nach Wasserstraßengebieten	74 - 76
Nord-Ostsee-Kanal - Schiffs- und Güterverkehr	77
Seeschiffahrt - Handelsflotte	
Fahrzeugbestand, Kapazitäten, Verkehrsleistungen,	
Erwerbstätige, Einnahmen	78 - 79
Seehäfen	
Güterumschlag, Erwerbstätige, Einnahmen	80 - 81
Güterversand und -empfang	82 - 83
Containerverkehr	84 - 85
Öffentlicher Straßenpersonenverkehr, Taxis und Mietwagen	
Streckenlänge, Fahrzeugbestand, Kapazitäten	86 - 87
Kraftomnibusverkehr nach Bundesländern	88 - 89
Verkehrsleistungen, Erwerbstätige, Einnahmen	90 - 91
Verkehrsverbünde für den öffentlichen Personennahverkehr	92 - 93
Gewerblicher Güterkraftverkehr	
Fahrzeugbestand, Verkehrsleistungen, Erwerbstätige,	
Einnahmen	94 - 95
Fluggesellschaften der Bundesrepublik	
Luftfahrzeugbestand, Verkehrsleistungen, Erwerbstätige,	
Einnahmen	96 - 97
Flughäfen	
Gestartete und gelandete Flugzeuge, Fluggäste	98 - 99
Fracht und Post, Erwerbstätige, Einnahmen	100 - 101
Rohrleitungen	
Streckenlänge, Verkehrsleistungen, Erwerbstätige,	
Einnahmen	102 - 103
Versand und Empfang nach Verkehrsbezirken	104

	Seite

Der Verkehr in funktionaler Gliederung

B1 Bevölkerung, Erwerbstätige, Schüler und Studierende,
Private Haushalte

Erwerbstätige, Schüler und Studierende nach Pendlereigenschaft	106
Erwerbstätige, Schüler und Studierende nach Entfernung für den Weg zur Arbeits- bzw. Ausbildungsstätte	107
Erwerbstätige, Schüler und Studierende nach Zeitaufwand für den Weg zur Arbeits- bzw. Ausbildungsstätte	108
Erwerbstätige nach der Art der benutzten Verkehrsmittel und der Stellung im Beruf	109
Urlaubsreisen nach Art der benutzten Verkehrsmittel	110
Verkehrswege	
Öffentliche Straßen - Länge insgesamt	111
Öffentliche Straßen - nach Bundesländern	112
Öffentliche Straßen - nach Fahrbahnbreiten	113
Länge der mit Radwegen versehenen Straßen	114 - 115
Befestigte Flächen der öffentlichen Straßen	116
Zählabschnittslänge der freien Strecken überörtlicher Straßen nach der Verkehrsstärke (DTV)	117
Kraftfahrzeugverkehr (DTV) auf Bundesfernstraßen nach Zeitbereichen und Fahrzeugarten	118 - 119
Kraftfahrzeugverkehr (DTV) auf den freien Strecken der überörtlichen Straßen	120
Transportbilanz mit dem Ausland	121 - 122
Wasserstraßenlänge	123
Verkehrsausgaben	
Nettoausgaben des Bundes, der Länder und der Gemeinden für das Straßenwesen	124
Ist-Ausgaben des Bundes für den Verkehr	125 - 126

B2 Luftfahrzeugbestand   127

Allgemeine Fahrerlaubnisse - Führerscheine	
Erteilungen und Entziehungen	128
Besitz nach Altersgruppen	129
Besitz nach Erlaubnisklassen	132
Pkw-Verfügbarkeit nach Altersgruppen	132
Fahrerlaubnisse auf Probe	133

	Seite
Im Verkehrszentralregister erfaßte Personen und Eintragungen	134 - 135
Ergebnisse der Hauptuntersuchungen von Straßenfahrzeugen	136 - 139
Fahrräder - Produktion und Bestand	140
Kraftfahrzeugverkehr	
Bestand an Kraftfahrzeugen und Kfz-Anhängern	131 - 143
Zulassungen von fabrikneuen Kfz und Kfz-Anhängern (Neuzulassungen)	144 - 145
Pkw: Bestand und Neuzulassungen nach Höchstgeschwindigkeitsklassen	146 - 147
Pkw: Bestand und Neuzulassungen nach Hubraumklassen, Löschungen	148 - 150
Pkw: Bestand und Neuzulassungen schadstoffreduzierter Pkw	151
Pkw: Bestand nach kW- und PS-Klassen	152 - 153
Kfz: Bestand und Neuzulassungen nach Bundesländern	154 - 155
Lastkraftwagen, Kfz-Anhänger und Sattelzugmaschinen nach Nutzlast bzw. kW-Klassen	156 - 157
Fahrleistungen nach Kraftfahrzeugarten	158 - 161
Fahrleistungen nach Straßenkategorien	162 - 163
Gurtanlegequoten von Fahrern/Beifahrern in Pkw	164
B3 Straßenverkehrsunfälle	
Unfälle mit Personen- und Sachschaden	165
Getötete und Verletzte im Straßenverkehr	166
Getötete im Straßenverkehr nach Bundesländern	167
Verletzte im Straßenverkehr nach Bundesländern	168
Unfälle, Getötete, Verletzte nach Straßenkategorien	170 - 171
Unfälle, Getötete und Verletzte bezogen auf die Fahrleistungen nach Straßenkategorien	172 - 173
Getötete und Verletzte nach der Art der Verkehrsbeteiligung	174
Unfallursachen bei Unfällen mit Personenschaden	176 - 177
Unfallursachen bei Unfällen mit Personenschaden nach Bundesländern	178 - 179
Getötete und Verletzte nach Altersgruppen	180
Beteiligte Pkw nach Höchstgeschwindigkeitsklassen	181
B4 Grenzüberschreitender Verkehr	
Kraftfahrzeugverkehr - Ein- und Durchfahrten nach Fahrzeugarten	182
der Lkw nach Heimatländern	183 - 187

	Seite
Luftverkehr	
Reisende nach Zielländern	188 - 191
Güterverkehr nach Verkehrsbereichen	
Versand und Empfang	192 - 193
Versand	194 - 195
Empfang	196 - 197
Güterverkehr nach Hauptgütergruppen	
Eisenbahn - Versand und Empfang	198 - 199
Straßengüterverkehr - Versand und Empfang	200
Binnenschiffahrt - Versand und Empfang	201 - 203
Seeschiffahrt - Versand und Empfang	204 - 205
Seeschiffahrt nach Fahrtgebieten	
Versand	206 - 207
Empfang	208 - 210
Durchgangsverkehr - von Ausland zu Ausland	210 - 211

B5 Personenverkehr nach Verkehrsbereichen

Verkehrsaufkommen - Beförderte Personen	214 - 215
Verkehrsleistung - Personenkilometer	216 - 217
Verkehrsaufkommen und -leistung, Anteile in vH	218 - 219
Personenverkehr - motorisierter und nichtmotorisierter Verkehr -	
Fahrtzwecke nach Verkehrsbereichen	220 - 221
Personenverkehr - motorisierter und nichtmotorisierter Verkehr -	
Verkehrsbereiche nach Fahrtzwecken	222 - 223
Haushaltspanel zum Verkehrsverhalten	224 - 225

B6 Güterverkehr nach Verkehrsbereichen

Verkehrsaufkommen - Beförderte Güter	228 - 229
Anteile - in vH	230 - 231
Verkehrsleistung - Tonnenkilometer	232 - 233
Anteile - in vH	234 - 235
Güterverkehr nach Hauptgütergruppen	
Eisenbahn - Aufkommen	236
- Leistung und Transportweite	237
Binnenschiffahrt - Aufkommen	238
- Leistung und Transportweite	239
Straßengüterverkehr - Aufkommen	240 - 241
- Leistung und Transportweite	242 - 243
- nach Entfernungsstufen	244

	Seite
Seeschiffahrt - Aufkommen	245
Transport gefährlicher Güter	248 - 253
Außenhandel - Einfuhr nach Verkehrsbereichen	254 - 255
B7 Frachtraten	256 - 258
Beförderungssätze im Personenverkehr	259
Transporteinnahmen je Personen- und Tonnenkilometer	260
Kostenentwicklung	
Lohn- und Betriebskosten	261
Investitionsgüter	262
Individualverkehr	263 - 265
Anteil der monatlichen Pkw-Belastung am ausgabefähigen Einkommen privater Haushalte	266 - 269
Preisindex für die Lebenshaltung	270 - 271
Käufe privater Haushalte für Verkehrszwecke	272
Ausgaben privater Haushalte für Kraftstoffe	273
Steuerbelastung des Kraftfahrzeugverkehrs	274
Mineralölsteueraufkommen der Pkw	275
Energieverbrauch	
in der Bundesrepublik insgesamt	276
nach Wirtschafts- und Verkehrsbereichen	277
im Verkehr nach Energieträgern	278 - 281
Kraftstoffverbrauch, Fahrleistungen und Kraftstoffpreise im Straßenverkehr	282 - 283
Umweltbelastung - Luftverunreinigung	284 - 288
C1 Internationale Kennziffern	
Europäische Gemeinschaft	
Bevölkerung, Erwerbstätige	289
Energieverbrauch	290
Eisenbahn - Streckenlänge	291 - 292
Binnenwasserstraßen - Länge	292
Straßennetz - Länge	293
Kraftfahrzeuge	294 - 295
Straßenverkehrsunfälle	296 - 298
Eisenbahn - Personenverkehr	299
- Güterverkehr	300

	Seite
Straßengüterverkehr	301
Binnenschiffahrt - Güterverkehr	302
Rohrfernleitungen	303
Güterumschlag niederländischer Seehäfen	304
Güterumschlag belgischer Seehäfen	305
Containerumschlag belgischer und niederländischer Seehäfen	306
Transitgüterverkehr Österreichs	307 - 308
Transalpiner Güterverkehr der Schweiz	309
Verkehrsaufkommen europäischer Flughäfen	310
Mineralölverbrauch pro Kopf	311
Alphabetisches Sachregister	313 - 329
Quellennachweis	331 - 333

Zeichenerklärung

-   = nichts vorhanden
- 0   = mehr als nichts, aber weniger als die Hälfte der kleinsten Einheit, die in der Tabelle zur Darstellung gebracht werden kann
- .   = kein Nachweis vorhanden
- X   = Aussage nicht sinnvoll
- ABL = Alte Bundesländer
- NBL = Neue Bundesländer

Abweichungen in den Summen sind die Folge von Rundungsdifferenzen.

Grundsätzlich beziehen sich die Angaben bis einschließlich 1990 auf den Gebietsstand der Bundesrepublik Deutschland vor dem 3.10.1990 (einzige Ausnahme ist die Übersicht auf Seite 7). Daten für die DDR wurden - soweit verfügbar - in den Ausgaben bis 1994 veröffentlicht.

Die Daten für die Jahre ab 1991 beziehen sich grundsätzlich auf die Bundesrepublik Deutschland mit dem Gebietsstand nach dem 3.10.1990. Ausnahmen sind aus methodischen Gründen oder aufgrund der Datenlage notwendig und betreffen vor allem die Angaben zu den privaten Haushalten und verschiedene Ausgaben. Die Ausnahmen sind entsprechend gekennzeichnet.

Für die Jahre 1991 bis 1994 wurden Daten getrennt für alte und neue Bundesländer in der Ausgabe *Verkehr in Zahlen 1997* veröffentlicht.

Der institutionell abgegrenzte Wirtschaftsbereich Verkehr

Analog der Volkswirtschaftlichen Gesamtrechnung, ausgehend vom wirtschaftlichen Schwerpunkt des Unternehmens, umfassen die Angaben zu den

- Brutto-Anlageinvestitionen,
- Brutto- und Netto-Anlagevermögen,
- Erwerbstätigen,
- Einnahmen,
- Bruttowertschöpfungen

nur die jeweiligen Werte der dem Verkehr institutionell zugeordneten Unternehmen.

Nicht berücksichtigt sind dabei die entsprechenden Angaben für den

- Individualverkehr = der den privaten Haushalten zugerechnet wird

und für den

- Werkverkehr = der von Unternehmen mit Schwerpunkt außerhalb des Verkehrs durchgeführt wird.

Die volkswirtschaftliche Bedeutung dieser beiden Bereiche hat in den letzten zwei Jahrzehnten stark zugenommen.

Brutto-Anlageinvestitionen - Anlagevermögen

Brutto-Anlageinvestitionen und Anlagevermögen sind monetäre Wertgrößen für das technische Angebotspotential der Volkswirtschaft. Ihre jährliche nach Wirtschaftsbereichen differenzierte Berechnung ermöglicht einen laufenden zeitlichen und sektoralen Vergleich des unterschiedlichen Kapitaleinsatzes. In Verbindung mit der Zahl der Erwerbstätigen vermitteln diese Daten einen Überblick über die Investitions- und Kapitalintensität je Arbeitsplatz und Wirtschaftsbereich.

Brutto-Anlageinvestitionen

Zu den Brutto-Anlageinvestitionen gehören sowohl Erweiterungs- und Rationalisierungsinvestitionen als auch Ersatz- bzw. Erhaltungsinvestitionen.

Nach der Abgrenzung der Volkswirtschaftlichen Gesamtrechnung umfassen die Brutto-Anlageinvestitionen - im folgenden wird zur Vereinfachung nur von Anlageinvestitionen gesprochen - die Käufe neuer und gebrauchter Anlagen (abzüglich der Verkäufe) sowie die selbst erstellten Anlagen der Investoren. Nicht berücksichtigt wird der Erwerb von Grundstücken. Als Anlagen gelten dauerhafte Güter, Bauten, Fahrzeuge, Ausrüstungen -, die zur Erhaltung, Erweiterung oder Verbesserung des Produktionsapparates eingesetzt werden. Dazu zählen auch die werterhöhenden Großreparaturen und Umbauten, nicht jedoch die Aufwendungen für die laufende Unterhaltung, von der in der Regel keine Wertsteigerung bzw. Erhöhung der Nutzungsdauer ausgeht.

Die Anlageinvestitionen der institutionell abgegrenzten Verkehrsbereiche werden bisher in der amtlichen Statistik nicht nachgewiesen. Aus diesem Grund hat das Deutsche Institut für Wirtschaftsforschung (DIW) mehrere Strukturuntersuchungen auf diesem Gebiet durchgeführt. Grundlagen dieser Berechnungen sind die von den Fachabteilungen des BMV erhobenen Investitionsangaben der Verkehrsunternehmen bzw. Unternehmensgruppen und Verbände. Die für einige Verkehrsbereiche fehlenden oder unvollständigen Daten werden durch eigene Befragungen und Berechnungen ergänzt. Da einige Verkehrsunternehmen, u. a. die Deutsche Bahn AG, einen Teil der Aufwendungen für die Erhaltung der Anlagen und Fahrzeuge nicht zu den Investitionen zählen, müssen diese Angaben entsprechend der Abgrenzung der Volkswirtschaftlichen Gesamtrechnung modifiziert werden.

Für die Berechnung der Anlageinvestitionen zu konstanten Preisen müssen die Investitionsausgaben nach Hochbau und Tiefbau, nach Fahrzeugarten und bereichsspezifischen Ausrüstungsgütern differenziert werden. Die Preisbereinigung dieser disaggregierten Werte erfolgt anhand der für diese Investitionsaggregate aus der amtlichen Statistik zur Verfügung stehenden Preisindizes.

Anlagevermögen

Das Brutto-Anlagevermögen quantifiziert den Wiederbeschaffungswert, das Netto-Anlagevermögen den Zeitwert der zeitlich verschieden installierten Verkehrsanlagen und Verkehrsmittel auf einheitlicher Preisbasis.

Da das Anlagevermögen der einzelnen Verkehrsbereiche von der amtlichen Statistik bisher nicht explizit berechnet wird, ist im DIW eine Anlagevermögensrechnung entwickelt worden, mit der diese Vermögenswerte jährlich ermittelt werden können. In dieser Modellrechnung wird unter Annahme spezifischer Nutzungszeiten für die einzelnen Investitionsaggregate das Brutto-Anlagevermögen eines Jahres als gewichtete Summe der kumulierten Investitionsjahrgänge - die ihre Nutzungszeit nicht überschritten haben - errechnet. Das Netto-Anlagevermögen ergibt sich durch Abzug der linear über die Nutzungszeit berechneten Abschreibungen. Verkehrsanlagen und Verkehrsmittel, die in größerem Umfang vor dem Ablauf der vorgegebenen Nutzungszeit stillgelegt wurden (Dampflokomotiven, Straßenbahnen, Binnenschiffe), werden als Sonderabgänge berücksichtigt. Nach diesen Berechnungsverfahren können der Brutto- und der Nettowert der Verkehrsanlagen und Verkehrsmittel zu jeder gewünschten Preisbasis bestimmt werden. Der als Modernitätsgrad bezeichnete Quotient aus Netto- und Brutto-Anlagevermögen stellt eine mittelbare Meßgröße für den Altersaufbau des Anlagevermögens dar. Er ist besonders für sektorale Vergleiche von Interesse, da mittels dieser Größe die Altersstruktur von Anlagenbeständen mit unterschiedlicher Nutzungsdauer normiert wird.

Nach der deutschen Vereinigung mußte auch für Ostdeutschland eine Anlagevermögensrechnung für den Verkehrsbereich erstellt werden. Hierzu wurden die im Rahmen einer Strukturuntersuchung des DIW erarbeiteten Anlagevermögenswerte für die Verkehrsinfrastruktur in den neuen Bundesländern („Beiträge zur Strukturforschung", Heft 149/1994) um entsprechende Werte für das nicht in der Infrastruktur gebundene Anlagevermögen im Verkehr ergänzt, mit der Anlagevermögensrechnung für die alten Bundesländer zusammengeführt und mit gesamtdeutschen Investitionen fortgeschrieben. Bei der Erarbeitung gesamtdeutscher Anlageinvestitionen wurden einerseits die Investitionen für die neuen Bundesländer um fehlende Werte ergänzt und andererseits die vorhandenen Investitionswerte für die alten Bundesländer ab 1991 einer kritischen Überprüfung unterzogen. Aufgrund der erforderlichen Revision können die vorliegenden gesamtdeutschen Anlageinvestitionen nicht additiv aus den in vorangegangenen Ausgaben von „Verkehr in Zahlen" enthaltenen Werten für die alten und neuen Bundesländer abgeleitet werden.

Die Anlagevermögensrechnung des DIW ist außerdem die Grundlage bei der Ermittlung des Ersatzinvestitionsbedarfs für die Verkehrswege der Bundesrepublik. Die aktuellsten Untersuchungen für die Vorausschätzung des Ersatzinvestitionsbedarfs der Bundesverkehrswege werden in der DIW-Reihe „Beiträge zur Strukturforschung" Heft 109/1988 (für die kommunalen Verkehrswege) und Heft 134/1992 (für die Bundesverkehrswege) dokumentiert.

Brutto-Anlageinvestitionen[1] - Insgesamt - Mio. DM zu jeweiligen Preisen

(bis 1955 ohne Saarland und Berlin-West)	1950	1955	1960	1965	1970	1975	1980	1985	1990
Deutsche Bundesbahn	1 000	2 130	3 030	2 920	3 890	5 550	5 090	5 570	5 750
dar. Verkehrsweg	463	796	1 463	1 268	1 881	2 808	3 170	3 950	2 990
Nichtbundeseigene Eisenbahnen[2]	30	60	80	110	130	240	230	420	740
Eisenbahnen	1 030	2 190	3 110	3 030	4 020	5 790	5 320	5 990	6 490
Binnenschiffahrt[3]	40	150	130	120	200	120	150	180	150
Binnenhäfen[4]	30	30	100	100	80	140	100	120	250
Seeschiffahrt[5]	270	820	420	720	2 120	1 620	1 660	2 540	1 720
Seehäfen	90	140	150	230	410	400	650	460	700
Schiffahrt	430	1 140	800	1 170	2 810	2 280	2 560	3 300	2 820
Öffentl. Straßenpersonenverkehr[6]	230	340	500	710	1 440	2 450	3 970	3 510	3 940
Güterkraftverkehr[7]	310	610	950	1 330	1 540	1 450	2 430	2 470	3 220
Fluggesellschaften[8]	-	60	170	370	560	730	750	2 250	3 560
Flughäfen[9]	20	30	90	190	670	410	580	590	2 490
Rohrfernleitungen[10]	-	-	30	210	50	50	80	120	200
Übriger Verkehr	560	1 040	1 740	2 810	4 260	5 090	7 810	8 940	13 410
Straßen und Brücken	500	1 460	3 420	7 280	11 760	13 050	17 070	13 940	15 410
Wasserstraßen[11]	100	160	250	360	490	800	760	900	870
Staatlicher Verkehrsbereich	600	1 620	3 670	7 640	12 250	13 850	17 830	14 840	16 450
Verkehr insgesamt	2 620	5 990	9 320	14 650	23 340	27 010	33 520	33 070	39 170
Zum Vergleich:									
Brutto-Anlageinvestitionen aller Wirtschaftsbereiche[12]	19 840	43 070	74 450	121 130	174 090	212 750	335 750	362 000	518 690
Anteil des Verkehrs in vH	13,8	13,9	12,5	12,1	13,4	12,7	10,0	9,1	7,6

[1] Ohne Grunderwerb.- [2] Eisenbahnen des öffentlichen Verkehrs. 1984 bis 1993 einschl. S-Bahn Berlin (West).- [3] Binnenflotte der Bundesrepublik.- [4] Öffentliche Binnenhäfen.- [5] Handelsflotte der Bundesrepublik.- [6] Stadtschnellbahn- (U-Bahn), Straßenbahn-, Obus- und Kraftomnibusverkehr kommunaler und gemischtwirtschaftlicher sowie privater Unternehmen; einschl. Taxis und Mietwagen.- [7] Gewerblicher Verkehr einschl. Verkehrsnebengewerbe (Spedition, Lagerei und Verkehrsvermittlung).- [8] Unternehmen der Bundesrepublik.- [9] Einschl. Flugsicherung.- [10] Rohöl- und Mineralölproduktenleitungen über 40 km Länge.- [11] Bis zur Seegrenze.- Weitere Anmerkungen siehe folgende Seite.

Brutto-Anlageinvestitionen[1] - Insgesamt - Mio. DM zu jeweiligen Preisen

	1991	1992	1993	1994	1995	1996	1997	1998	1999
Deutsche Bahn AG*	11 390	11 740	12 220	12 480	12 630	11 150	10 570	9 290	14 870
dar. Verkehrsweg	6 560	7 270	7 660	8 550	9 210	8 110	7 610	6 800	11 310
Nichtbundeseigene Eisenbahnen[2]	650	690	630	390	360	410	560	740	950
Eisenbahnen	12 040	12 430	12 850	12 870	12 990	11 560	11 130	10 030	15 820
Binnenschiffahrt[3]	140	240	230	200	160	150	160	160	160
Binnenhäfen[4]	200	160	170	190	180	180	170	220	205
Seeschiffahrt[5]	2 050	2 210	2 600	2 800	2 810	5 070	7 290	7 100	4 570
Seehäfen	850	930	940	820	990	960	1 100	880	800
Schiffahrt	3 240	3 540	3 940	4 010	4 140	6 360	8 720	8 360	5 735
Öffentl. Straßenpersonenverkehr[6]	4 920	7 430	6 640	5 730	5 780	5 950	5 030	5 290	5 420
Güterkraftverkehr[7]	5 440	5 290	3 470	3 230	4 270	4 170	5 310	6 620	7 490
Fluggesellschaften[8]	3 540	2 460	1 800	1 970	1 970	2 160	2 180	2 470	2 410
Flughäfen[9]	3 410	3 090	2 560	1 960	2 260	1 750	1 910	2 180	2 320
Rohrfernleitungen[10]	260	270	320	320	320	320	320	350	350
Übriger Verkehr	17 570	18 540	14 790	13 210	14 600	14 350	14 750	16 910	17 990
Straßen und Brücken[12]	21 300	23 780	20 560	20 380	19 980	21 760	18 920	19 220	18 810
Wasserstraßen[11]	1 050	1 000	1 190	1 150	1 210	1 300	1 280	1 400	1 455
Staatlicher Verkehrsbereich	22 350	24 780	21 750	21 530	21 190	23 060	20 200	20 620	20 265
Verkehr insgesamt	55 200	59 290	53 330	51 620	52 920	55 330	54 800	55 920	59 810
Zum Vergleich:									
Brutto-Anlageinvestitionen aller Wirtschaftsbereiche**	708 910	773 460	781 140	800 890	806 890	798 370	803 890	827 080	849 250
Anteil des Verkehrs in vH	7,8	7,7	6,8	6,4	6,6	6,9	6,8	6,8	7,0

Beginn der Anmerkungen siehe vorige Seite.- [1,2] Ab 1991 ohne Verwaltung.- * Bis 1990 Deutsche Bundesbahn, 1991 bis 1993 Deutsche Bundesbahn und Deutsche Reichsbahn. Ab 1994 wurden verschiedene Bereiche aus der Deutschen Bahn AG ausgegliedert. Ab 1999 Konzern der Deutschen Bahn.-
** Ab 1991 revidierte Daten nach Abgrenzung der ESVG 1995.

Brutto-Anlageinvestitionen[1] - Bauten - Mio. DM zu jeweiligen Preisen

(bis 1955 ohne Saarland und Berlin-West)

	1950	1955	1960	1965	1970	1975	1980	1985	1990
Deutsche Bundesbahn	540	945	1 750	1 510	2 220	3 320	3 500	4 170	3 380
Nichtbundeseigene Eisenbahnen[2]	20	30	45	60	75	135	110	240	430
Eisenbahnen	560	975	1 795	1 570	2 295	3 455	3 610	4 410	3 810
Binnenschiffahrt[3]	10	10	20	20	20	20	25	20	20
Binnenhäfen[4]	25	20	80	80	60	110	75	90	180
Seeschiffahrt[5]	5	10	5	10	20	20	25	25	25
Seehäfen	75	115	120	180	330	320	520	345	530
Schiffahrt	115	155	225	290	430	470	645	480	755
Öffentl. Straßenpersonenverkehr[6]	60	105	185	270	730	420	2 150	1 680	1 850
Güterkraftverkehr[7]	40	80	115	165	195	180	280	290	370
Fluggesellschaften[8]	-	0	5	5	25	20	30	30	100
Flughäfen[9]	15	20	60	140	560	250	430	450	2 310
Rohrfernleitungen[10]	-	-	20	150	30	30	50	80	140
Übriger Verkehr	115	205	385	730	1 540	1 900	2 940	2 530	4 770
Straßen und Brücken	465	1 440	3 365	7 165	11 590	12 860	16 810	13 680	15 280
Wasserstraßen[11]	95	150	235	340	460	760	725	855	830
Staatlicher Verkehrsbereich	560	1 590	3 600	7 505	12 050	13 620	17 535	14 535	16 110
Verkehr insgesamt	1 350	2 925	6 005	10 095	16 315	19 445	24 730	21 955	25 445

Anmerkungen siehe Seite 22/23.

Brutto-Anlageinvestitionen[1] - Bauten - Mio. DM zu jeweiligen Preisen

	1991	1992	1993	1994	1995	1996	1997	1998	1999
Deutsche Bahn AG*	7 060	7 900	8 190	9 560	10 000	9 060	8 210	7 540	12 390
Nichtbundeseigene Eisenbahnen[2]	400	510	400	170	200	230	330	340	380
Eisenbahnen	7 460	8 410	8 590	9 730	10 200	9 290	8 540	7 880	12 770
Binnenschiffahrt[3]	25	25	20	10	10	10	10	10	10
Binnenhäfen[4]	160	130	140	155	145	140	140	185	170
Seeschiffahrt[5]	25	30	40	40	30	40	50	60	40
Seehäfen	650	690	720	640	830	720	850	670	600
Schiffahrt	860	875	920	845	1 015	910	1 050	925	820
Öffentl. Straßenpersonenverkehr[6]	2 170	3 310	2 820	2 520	2 630	2 630	2 280	2 215	2 280
Güterkraftverkehr[7]	610	620	400	370	440	430	520	650	730
Fluggesellschaften[8]	200	130	100	110	110	120	120	130	130
Flughäfen[9]	3 160	2 690	2 270	1 690	1 980	1 500	1 640	1 910	2 040
Rohrfernleitungen[10]	175	185	210	210	210	210	210	230	230
Übriger Verkehr	6 315	6 935	5 800	4 900	5 370	4 890	4 770	5 135	5 410
Straßen und Brücken[12]	20 800	23 240	20 070	19 890	19 500	21 240	18 460	18 760	18 355
Wasserstraßen[11]	990	940	1 115	1 080	1 105	1 180	1 160	1 260	1 305
Staatlicher Verkehrsbereich	21 790	24 180	21 185	20 970	20 605	22 420	19 620	20 020	19 660
Verkehr insgesamt	36 425	40 400	36 495	36 445	37 190	37 510	33 980	33 960	38 660

Anmerkungen siehe Seite 22/23.

Brutto-Anlageinvestitionen[1] - Fahrzeuge - Mio. DM zu jeweiligen Preisen

(bis 1955 ohne Saarland und Berlin-West)

	1950	1955	1960	1965	1970	1975	1980	1985	1990
Deutsche Bundesbahn									
Schienenfahrzeuge	390	1 070	1 100	1 250	1 430	1 880	1 200	1 130	2 010
Straßenfahrzeuge	380	1 040	970	1 170	1 300	1 710	1 040	900	1 910
Nichtbundeseigene Eisenbahnen[2]	10	30	130	80	130	170	160	230	100
Schienenfahrzeuge	10	25	30	40	45	90	100	150	270
Straßenfahrzeuge	5	15	15	15	15	40	15	80	120
Eisenbahnen	5	10	15	25	30	50	85	70	150
Binnenschiffahrt[3]	400	1 095	1 130	1 290	1 475	1 970	1 300	1 280	2 280
Binnenhäfen[4]	30	140	100	90	170	90	110	150	120
Seeschiffahrt[5]	-	-	-	-	-	-	-	-	-
Seehäfen	-	800	410	700	2 080	1 580	1 610	2 490	1 670
Schiffahrt	-	-	-	-	-	-	-	-	-
	290	940	510	790	2 250	1 670	1 720	2 640	1 790
Öffentl. Straßenpersonenverkehr[6]									
Schienenfahrzeuge	160	220	290	410	670	970	1 740	1 730	1 980
Straßenfahrzeuge	30	60	80	90	130	240	230	300	420
Güterkraftverkehr[7]	130	160	210	320	540	730	1 510	1 430	1 560
Fluggesellschaften[8]	250	490	270	1 070	1 240	1 150	1 980	2 020	2 630
Flughäfen[9]	-	50	150	350	490	660	630	2 130	3 200
Rohrfernleitungen[10]	-	-	-	-	-	-	-	-	-
Übriger Verkehr	-	-	-	-	-	-	-	-	-
	410	760	1 210	1 830	2 400	2 780	4 350	5 880	7 810
Verkehr insgesamt	1 100	2 795	2 850	3 910	6 125	6 420	7 370	9 800	11 880
Schienenfahrzeuge	415	1 115	1 065	1 275	1 445	1 990	1 285	1 280	2 450
Straßenfahrzeuge	395	690	1 125	1 495	1 940	2 100	3 735	3 750	4 440
Wasserfahrzeuge	290	940	570	790	2 250	1 670	1 720	2 640	1 790
Luftfahrzeuge	-	50	150	350	490	660	630	2 130	3 200

Anmerkungen siehe Seite 22/23.

Brutto-Anlageinvestitionen[1] - Fahrzeuge - Mio. DM zu jeweiligen Preisen

	1991	1992	1993	1994	1995	1996	1997	1998	1999
Deutsche Bahn AG*	3 610	3 140	3 170	1 980	1 620	1 240	1 660	1 020	1 780
Schienenfahrzeuge	3 430	3 000	3 030	1 960	1 610	1 230	1 650	1 010	1 770
Straßenfahrzeuge	180	140	140	20	10	10	10	10	10
Nichtbundeseigene Eisenbahnen[2]	220	150	200	190	130	150	190	360	510
Schienenfahrzeuge	160	100	110	120	60	100	160	320	460
Straßenfahrzeuge	60	50	90	70	70	50	30	40	50
Eisenbahnen	3 830	3 290	3 370	2 170	1 750	1 390	1 850	1 380	2 290
Binnenschiffahrt[3]	105	205	200	180	140	130	140	140	140
Binnenhäfen[4]	-	-	-	-	-	-	-	-	-
Seeschiffahrt[5]	2 000	2 150	2 530	2 730	2 750	5 000	7 200	7 000	4 500
Seehäfen	-	-	-	-	-	-	-	-	-
Schiffahrt	2 105	2 355	2 730	2 910	2 890	5 130	7 340	7 140	4 640
Öffentl. Straßenpersonenverkehr[6]	2 560	3 880	3 650	3 030	2 920	3 080	2 470	2 795	2 860
Schienenfahrzeuge	580	1 450	1 030	1 380	1 340	1 450	1 170	1 140	1 400
Straßenfahrzeuge	1 980	2 430	2 620	1 650	1 580	1 630	1 300	1 655	1 460
Güterkraftverkehr[7]	4 500	4 300	2 850	2 660	3 560	3 470	4 460	5 570	6 310
Fluggesellschaften[8]	3 000	2 090	1 520	1 670	1 670	1 830	1 850	2 100	2 050
Flughäfen[9]	-	-	-	-	-	-	-	-	-
Rohrfernleitungen[10]	-	-	-	-	-	-	-	-	-
Übriger Verkehr	10 060	10 270	8 020	7 360	8 150	8 380	8 780	10 465	11 220
Verkehr insgesamt	15 995	15 915	14 120	12 440	12 790	14 900	17 970	18 985	18 150
Schienenfahrzeuge	4 170	4 550	4 170	3 460	3 010	2 780	2 980	2 470	3 630
Straßenfahrzeuge	6 720	6 920	5 700	4 400	5 220	5 160	5 800	7 275	7 830
Wasserfahrzeuge	2 105	2 355	2 730	2 910	2 890	5 130	7 340	7 140	4 640
Luftfahrzeuge	3 000	2 090	1 520	1 670	1 670	1 830	1 850	2 100	2 050

Anmerkungen siehe Seite 22/23.

Brutto-Anlageinvestitionen[1] - Ausrüstungen - Mio. DM zu jeweiligen Preisen

	1950	1955	1960	1965	1970	1975	1980	1985	1990
Deutsche Bundesbahn	.	.	.	.	240	350	390	270	360
Nichtbundeseigene Eisenbahnen[2]	.	.	.	.	10	15	20	30	40
Eisenbahnen	.	.	.	.	250	365	410	300	400
Binnenschiffahrt[3]	.	.	.	.	10	10	15	10	10
Binnenhäfen[4]	.	.	.	.	20	30	25	30	70
Seeschiffahrt[5]	.	.	.	.	20	20	25	25	25
Seehäfen	.	.	.	.	80	80	130	115	170
Schiffahrt	.	.	.	.	130	140	195	180	275
Öffentl. Straßenpersonenverkehr[6]	.	.	.	.	40	60	80	100	110
Güterkraftverkehr[7]	.	.	.	.	105	120	170	160	220
Fluggesellschaften[8]	.	.	.	.	45	50	90	90	260
Flughäfen[9]	.	.	.	.	110	160	150	140	180
Rohrfernleitungen[10]	.	.	.	.	20	20	30	40	60
Übriger Verkehr	.	.	.	.	320	410	520	530	830
Straßen und Brücken	.	.	.	.	170	190	260	260	300
Wasserstraßen[11]	.	.	.	.	30	40	35	45	40
Staatlicher Verkehrsbereich	.	.	.	.	200	230	295	305	340
Verkehr insgesamt	.	.	.	.	900	1 145	1 420	1 315	1 845

Anmerkungen siehe Seite 22/23.

Brutto-Anlageinvestitionen[1] - Ausrüstungen - Mio. DM zu jeweiligen Preisen

	1991	1992	1993	1994	1995	1996	1997	1998	1999
Deutsche Bahn AG*	720	700	860	940	1 010	850	700	730	700
Nichtbundeseigene Eisenbahnen[2]	30	30	30	30	30	30	40	40	60
Eisenbahnen	750	730	890	970	1 040	880	740	770	760
Binnenschiffahrt[3]	10	10	10	10	10	10	10	10	10
Binnenhäfen[4]	40	30	30	35	35	40	30	35	35
Seeschiffahrt[5]	25	30	30	30	30	30	40	40	30
Seehäfen	200	240	220	180	160	240	250	210	200
Schiffahrt	275	310	290	255	235	320	330	295	275
Öffentl. Straßenpersonenverkehr[6]	190	240	170	180	230	240	280	280	280
Güterkraftverkehr[7]	330	370	220	200	270	270	330	400	450
Fluggesellschaften[8]	340	240	180	190	190	210	210	240	230
Flughäfen[9]	250	400	290	270	280	250	270	270	280
Rohrfernleitungen[10]	85	85	110	110	110	110	110	120	120
Übriger Verkehr	1 195	1 335	970	950	1 080	1 080	1 200	1 310	1 360
Straßen und Brücken[12]	500	540	490	490	480	520	460	460	460
Wasserstraßen[11]	60	60	75	70	105	120	120	140	150
Staatlicher Verkehrsbereich	560	600	565	560	585	640	580	600	610
Verkehr insgesamt	2 780	2 435	2 715	2 735	2 940	2 920	2 850	2 975	3 005

Anmerkungen siehe Seite 22/23.

Brutto-Anlageinvestitionen[1] - Insgesamt - Mio. DM zu Preisen von 1995

(bis 1955 ohne Saarland und Berlin-West)	1950	1955	1960	1965	1970	1975	1980	1985	1990
Deutsche Bundesbahn	5 597	8 860	8 985	7 512	8 237	8 640	7 224	7 459	6 569
dar. Verkehrsweg	2 642	3 606	4 625	3 474	4 098	4 750	4 414	5 422	3 507
Nichtbundeseigene Eisenbahnen[2]	148	263	288	354	340	460	360	551	846
Eisenbahnen	5 745	9 123	9 273	7 866	8 577	9 100	7 584	8 010	7 415
Binnenschiffahrt[3]	260	589	464	370	449	217	223	222	162
Binnenhäfen[4]	190	157	389	321	204	270	148	162	291
Seeschiffahrt[5]	1 605	3 083	1 365	2 062	4 577	2 832	2 409	3 048	1 813
Seehäfen	522	673	610	766	1 069	789	979	623	815
Schiffahrt	2 577	4 502	2 828	3 519	6 299	4 108	3 759	4 055	3 081
Öffentl. Straßenpersonenverkehr[6]	1 100	1 497	1 784	2 264	3 766	4 763	6 058	4 719	4 548
Güterkraftverkehr[7]	1 553	2 623	3 558	4 606	4 577	2 948	3 903	3 256	3 628
Fluggesellschaften[8]	0	258	664	1 253	1 663	1 836	1 596	3 047	5 491
Flughäfen[9]	136	142	369	630	1 834	798	895	793	2 974
Rohrfernleitungen[10]	0	0	109	646	127	91	118	152	223
Übriger Verkehr	2 789	4 520	6 484	9 399	11 967	10 436	12 570	11 967	16 864
Straßen und Brücken	2 510	5 842	11 049	21 187	28 330	24 830	23 585	18 459	18 141
Wasserstraßen[11]	552	713	932	1 102	1 170	1 551	1 089	1 250	1 070
Staatlicher Verkehrsbereich	3 062	6 555	11 981	22 289	29 500	26 381	24 674	19 709	19 211
Verkehr insgesamt	14 173	24 700	30 566	43 073	56 343	50 025	48 587	43 741	46 571
Zum Vergleich:									
Brutto-Anlageinvestitionen aller									
Wirtschaftsbereiche	.	.	.	.	.	.	.	.	.
Anteil des Verkehrs in vH	.	.	.	.	.	.	.	.	.

Anmerkungen siehe Seite 22/23.

Brutto-Anlageinvestitionen[1] - Insgesamt - Mio. DM zu Preisen von 1995

	1991	1992	1993	1994	1995	1996	1997	1998	1999
Deutsche Bahn AG*	12 379	12 259	12 393	11 707	12 630	11 162	10 562	9 255	14 793
dar. Verkehrsweg	7 256	7 615	7 761	7 727	9 210	8 144	7 633	6 810	11 317
Nichtbundeseigene Eisenbahnen[2]	703	724	642	393	360	409	557	730	929
Eisenbahnen	13 082	12 983	13 035	12 100	12 990	11 571	11 119	9 985	15 722
Binnenschiffahrt[3]	147	238	227	208	160	147	157	155	154
Binnenhäfen[4]	222	169	174	192	180	181	170	220	205
Seeschiffahrt[5]	2 100	2 158	2 545	2 822	2 810	4 953	7 134	7 039	4 383
Seehäfen	950	986	966	831	990	990	1 120	916	819
Schiffahrt	3 419	3 551	3 912	4 053	4 140	6 271	8 581	8 330	5 561
Öffentl. Straßenpersonenverkehr[6]	5 350	8 005	7 001	6 034	5 780	5 926	4 987	5 200	5 303
Güterkraftverkehr[7]	5 905	5 535	3 543	3 281	4 270	4 135	5 234	6 467	7 274
Fluggesellschaften[8]	4 014	2 712	1 949	2 144	1 970	2 114	2 136	2 390	2 317
Flughäfen[9]	3 848	3 281	2 641	1 993	2 260	1 742	1 900	2 163	2 303
Rohrfernleitungen[10]	278	281	325	323	320	317	315	343	343
Übriger Verkehr	19 395	19 814	15 459	13 775	14 600	14 234	14 572	16 563	17 540
Straßen und Brücken[12]	23 429	27 119	22 047	21 780	19 980	22 351	19 488	19 974	19 584
Wasserstraßen[11]	1 180	1 059	1 218	1 161	1 210	1 307	1 286	1 405	1 462
Staatlicher Verkehrsbereich	24 609	28 178	23 265	22 941	21 190	23 658	20 774	21 379	21 046
Verkehr insgesamt	60 505	64 526	55 671	52 869	52 920	55 734	55 046	56 257	59 869
Zum Vergleich:									
Brutto-Anlageinvestitionen aller Wirtschaftsbereiche	.	.	.	.	.	.	.	.	.
Anteil des Verkehrs in vH	.	.	.	.	.	.	.	.	.

Anmerkungen siehe Seite 22/23.

Brutto-Anlageinvestitionen - Verkehrsinfrastruktur[1] - Mio. DM

(bis 1955 ohne Saarland und Berlin-West)

	1950	1955	1960	1965	1970	1975	1980	1985	1990
Brutto-Anlageinvestitionen[2]									
- zu jeweiligen Preisen -									
Verkehrswege	1 413	3 003	6 140	10 288	16 614	19 850	25 040	22 240	31 575
Eisenbahnen, S-Bahn	1 108	2 493	5 315	9 338	14 844	17 968	22 913	20 520	27 255
Stadtschnellbahn, Straßenbahn[3]	478	813	1 495	1 308	1 934	2 888	3 223	4 160	3 330
Straßen und Brücken	30	60	120	180	610	1 180	1 780	1 400	1 560
dar. Bundesfernstraßen	500	1 460	3 420	7 280	11 760	13 050	17 070	13 940	21 295
Wasserstraßen[4]	120	360	1 205	2 600	4 305	4 510	5 430	4 450	5 040
Rohrfernleitungen[5]	100	160	250	360	490	800	760	900	870
	-	-	30	210	50	50	80	120	200
Umschlagplätze	305	510	825	950	1 770	1 882	2 127	1 720	4 320
Eisenbahnen, S-Bahn[6]	165	310	485	430	610	932	797	550	880
Binnenhäfen[7]	30	30	100	100	80	140	100	120	250
Seehäfen	90	140	150	230	410	400	650	460	700
Flughäfen[8]	20	30	90	190	670	410	580	590	2 490
Brutto-Anlageinvestitionen[2]	7 885	13 256	20 386	30 160	39 882	37 067	35 067	29 755	30 256
- zu Preisen von 1995 -									
Verkehrswege	5 930	10 577	17 277	27 082	35 316	33 648	31 814	27 456	25 166
Eisenbahnen, S-Bahn	2 718	3 682	4 745	3 594	4 225	4 903	4 490	5 702	3 901
Stadtschnellbahn, Straßenbahn[3]	150	340	442	553	1 464	2 273	2 532	1 893	1 831
Straßen und Brücken	2 510	5 842	11 049	21 187	28 330	24 830	23 585	18 459	18 141
dar. Bundesfernstraßen	562	1 449	3 907	7 573	10 385	8 584	7 504	5 891	5 869
Wasserstraßen[4]	552	713	932	1 102	1 170	1 551	1 089	1 250	1 070
Rohrfernleitungen[5]	-	-	109	646	127	91	118	152	223
Umschlagplätze	1 955	2 679	3 109	3 078	4 566	3 419	3 253	2 299	5 090
Eisenbahnen, S-Bahn[6]	1 107	1 707	1 741	1 361	1 459	1 562	1 231	721	1 010
Binnenhäfen[7]	190	157	389	321	204	270	148	162	291
Seehäfen	522	673	610	766	1 069	789	979	623	815
Flughäfen[8]	136	142	369	630	1 834	798	895	793	2 974

[1] Die Investitionen in die Verkehrsinfrastruktur sind in den Brutto-Anlageinvestitionen der institutionell abgegrenzten einzelnen Verkehrsbereiche auf den Seiten 22 bis 31 enthalten. Die Investitionen für die Umschlagplätze beziehen sich auf Infra- und Suprastruktur.- [2] Ohne Grunderwerb.- [3] Fahrweg einschl. zugehöriger Anlagen.- [4] Bis zur Seegrenze.- [5] Rohöl- und Mineralölproduktenleitungen über 40 km Länge.- [6] Bahnhöfe einschl. sonstiger Bauten und Ausrüstungen.- [7] Öffentliche Binnenhäfen.- [8] Einschl. Flugsicherung.

Brutto-Anlageinvestitionen - Verkehrsinfrastruktur[1] - Mio. DM

	1991	1992	1993	1994	1995	1996	1997	1998	1999
Brutto-Anlageinvestitionen[2]									
- zu jeweiligen Preisen -									
Verkehrswege	39 135	43 475	37 540	37 580	38 260	38 760	35 020	34 780	39 510
Eisenbahnen, S-Bahn	33 325	37 925	32 400	32 615	32 950	33 985	30 460	29 940	34 270
Stadtschnellbahn, Straßenbahn[3]	6 870	7 770	8 020	8 705	9 360	8 285	7 900	7 090	11 615
Straßen und Brücken[9]	1 965	2 845	2 310	2 060	2 080	2 320	2 040	1 880	2 040
dar. Bundesfernstraßen	21 300	23 780	20 560	20 380	19 980	21 760	18 920	19 220	18 810
Wasserstraßen[4]	6 800	9 045	8 060	8 220	8 360	7 750	7 890	8 080	8 005
Rohrfernleitungen[5]	1 050	1 000	1 190	1 150	1 210	1 300	1 280	1 400	1 455
	260	270	320	320	320	320	320	350	350
Umschlagplätze	5 810	5 550	5 140	4 965	5 310	4 775	4 560	4 840	5 240
Eisenbahnen, S-Bahn[6]	1 350	1 370	1 470	1 995	1 880	1 885	1 380	1 560	1 915
Binnenhäfen[7]	200	160	170	190	180	180	170	220	205
Seehäfen	850	930	940	820	990	960	1 100	880	800
Flughäfen[8]	3 410	3 090	2 560	1 960	2 260	1 750	1 910	2 180	2 320
Brutto-Anlageinvestitionen[2]									
- zu Preisen von 1995 -									
Verkehrswege	41 145	45 693	39 591	38 508	38 260	39 398	35 600	35 523	40 248
Eisenbahnen, S-Bahn	34 645	39 811	34 301	33 462	32 950	34 613	31 044	30 686	35 032
Stadtschnellbahn, Straßenbahn[3]	7 595	8 131	8 123	7 882	9 360	8 319	7 923	7 099	11 621
Straßen und Brücken[9]	2 163	3 221	2 588	2 316	2 080	2 319	2 032	1 865	2 022
dar. Bundesfernstraßen	23 429	27 119	22 047	21 780	19 980	22 351	19 488	19 974	19 584
Wasserstraßen[4]	7 416	9 312	8 136	8 208	8 360	7 957	8 124	8 393	8 316
Rohrfernleitungen[5]	1 180	1 059	1 218	1 161	1 210	1 307	1 286	1 405	1 462
	278	281	325	323	320	317	315	343	343
Umschlagplätze	6 500	5 882	5 290	5 046	5 310	4 785	4 556	4 837	5 216
Eisenbahnen, S-Bahn[6]	1 480	1 446	1 509	2 030	1 880	1 872	1 366	1 538	1 889
Binnenhäfen[7]	222	169	174	192	180	181	170	220	205
Seehäfen	950	986	966	831	990	990	1 120	916	819
Flughäfen[8]	3 848	3 281	2 641	1 993	2 260	1 742	1 900	2 163	2 303

[1] Die Investitionen in die Verkehrsinfrastruktur sind in den Brutto-Anlageinvestitionen der institutionell abgegrenzten einzelnen Verkehrsbereiche auf den Seiten 22 bis 31 enthalten. Die Investitionen für die Umschlagplätze beziehen sich auf Infra- und Suprastruktur.- [2] Ohne Grunderwerb.- [3] Fahrweg einschl. zugehöriger Anlagen.- [4] Bis zur Seegrenze.- [5] Rohöl- und Mineralölproduktenleitungen über 40 km Länge.- [6] Bahnhöfe einschl. sonstiger Bauten und Ausrüstungen.- [7] Öffentliche Binnenhäfen.- [8] Einschl. Flugsicherung.- [9] Ohne Verwaltung.

Brutto- und Netto-Anlagevermögen - Verkehrsinfrastruktur[1] - Mio. DM zu Preisen von 1995

(bis 1955 ohne Saarland und Berlin-West)

	1950	1955	1960	1965	1970	1975	1980	1985	1990
Brutto-Anlagevermögen[2]									
Verkehrswege	383 412	414 971	494 409	617 563	777 013	950 192	1 093 627	1 185 870	1 267 588
Eisenbahnen, S-Bahn	324 680	349 995	417 562	529 879	678 048	837 888	974 995	1 066 829	1 144 476
Stadtschnellbahn, Straßenbahn[3]	107 295	113 919	131 928	149 322	160 832	175 197	188 158	197 428	207 310
Straßen und Brücken	13 773	13 566	14 810	16 095	22 818	32 601	42 879	52 298	59 568
dar. Bundesfernstraßen	167 187	183 544	226 491	311 994	434 065	561 805	670 325	740 505	798 287
Wasserstraßen[4]	56 487	60 967	76 946	107 537	156 018	203 273	243 097	267 693	288 390
Rohrfernleitungen[5]	36 379	38 929	42 149	47 062	51 721	57 787	63 487	67 198	70 750
	46	37	2 184	5 406	8 612	10 498	10 146	9 400	8 561
Umschlagplätze	58 732	64 976	76 847	87 684	98 965	112 304	118 632	119 041	123 112
Eisenbahnen, S-Bahn[6]	35 897	39 204	46 881	52 234	54 740	57 490	59 153	57 683	55 208
Binnenhäfen[7]	11 157	11 249	12 122	12 911	13 301	13 852	13 797	13 533	13 397
Seehäfen	9 007	11 352	13 978	16 996	20 205	24 448	27 809	30 421	31 792
Flughäfen[8]	2 671	3 171	3 866	5 543	10 719	16 514	17 873	17 404	22 715
Netto-Anlagevermögen[2]									
Verkehrswege	262 328	283 595	349 251	451 369	580 922	712 085	802 538	838 844	869 312
Eisenbahnen, S-Bahn	226 898	243 226	298 776	393 091	515 698	639 281	729 147	768 767	797 294
Stadtschnellbahn, Straßenbahn[3]	67 070	72 243	86 912	98 267	102 496	109 565	114 929	117 723	124 379
Straßen und Brücken	9 527	9 347	10 402	11 445	17 864	27 288	36 915	45 346	51 311
dar. Bundesfernstraßen	125 230	135 311	171 259	247 318	354 706	457 370	529 948	557 707	572 649
Wasserstraßen[4]	48 125	49 584	62 576	89 778	133 536	172 746	200 907	210 780	215 292
Rohrfernleitungen[5]	25 052	26 313	28 188	31 561	34 409	38 452	42 004	43 567	45 082
	19	12	2 015	4 500	6 223	6 606	5 351	4 424	3 873
Umschlagplätze	35 430	40 369	50 475	58 278	65 224	72 804	73 391	70 077	72 018
Eisenbahnen, S-Bahn[6]	20 155	22 994	29 779	33 394	33 716	34 339	33 988	31 049	28 134
Binnenhäfen[7]	7 491	7 319	8 021	8 576	8 618	8 771	8 348	7 858	7 648
Seehäfen	5 784	7 886	10 094	12 408	14 617	17 575	19 465	20 597	20 761
Flughäfen[8]	2 000	2 170	2 581	3 900	8 273	12 119	11 590	10 573	15 475

[1] Das Anlagevermögen für die Verkehrsinfrastruktur ist im Anlagevermögen der institutionell abgegrenzten einzelnen Verkehrsbereiche auf den Seiten 38 bis 41 enthalten. Die Vermögenswerte für die Umschlagplätze beziehen sich auf Infra- und Suprastruktur.- [2] Jahresendbestand. Ohne Grundbesitz.- [3] Fahrweg einschl. zugehöriger Anlagen.- [4] Bis zur Seegrenze.- [5] Rohöl- und Mineralölproduktenleitungen über 40 km Länge.- [6] Bahnhöfe einschl. sonstiger Bauten und Ausrüstungen.- [7] Öffentliche Binnenhäfen.- [8] Einschl. Flugsicherung.

Brutto- und Netto-Anlagevermögen - Verkehrsinfrastruktur[1] - Mio. DM zu Preisen von 1995

	1991	1992	1993	1994	1995	1996	1997	1998	1999
Brutto-Anlagevermögen[2]	1 289 320	1 314 924	1 333 755	1 350 860	1 367 058	1 383 257	1 394 832	1 405 539	1 420 383
Verkehrswege	1 162 684	1 185 400	1 201 963	1 217 077	1 231 034	1 245 592	1 255 817	1 264 968	1 277 962
Eisenbahnen, S-Bahn	209 878	212 872	215 769	218 362	222 326	224 706	226 428	227 098	232 248
Stadtschnellbahn, Straßenbahn[3]	61 200	63 876	65 905	67 650	69 146	70 869	72 293	73 535	74 921
Straßen und Brücken[9]	811 939	828 760	839 986	850 423	858 546	868 537	875 178	881 836	887 661
dar. Bundesfernstraßen	293 196	299 751	304 984	310 137	315 294	319 897	324 520	329 268	333 798
Wasserstraßen[4]	71 255	71 627	72 144	72 591	73 073	73 639	74 173	74 812	75 496
Rohrfernleitungen[5]	8 412	8 265	8 159	8 051	7 943	7 841	7 745	7 687	7 636
Umschlagplätze	126 636	129 524	131 792	133 783	136 024	137 665	139 015	140 571	142 421
Eisenbahnen, S-Bahn[6]	55 209	55 167	55 181	55 713	56 095	56 471	56 343	56 391	56 793
Binnenhäfen[7]	13 379	13 307	13 239	13 190	13 128	13 068	12 999	12 981	12 951
Seehäfen	32 234	32 701	33 138	33 429	33 897	34 330	34 885	35 229	35 469
Flughäfen[8]	25 814	28 349	30 234	31 451	32 904	33 796	34 788	35 970	37 208
Netto-Anlagevermögen[2]	881 876	898 822	909 458	918 880	927 837	937 328	942 512	947 031	956 000
Verkehrswege	806 767	821 323	830 275	838 323	845 713	854 322	858 959	862 714	870 595
Eisenbahnen, S-Bahn	126 693	129 628	132 639	135 482	139 786	142 695	145 032	146 371	152 174
Stadtschnellbahn, Straßenbahn[3]	52 636	54 983	56 633	57 964	59 013	60 265	61 184	61 849	62 620
Straßen und Brücken[9]	578 432	587 770	591 921	595 713	597 623	601 853	603 045	604 466	605 395
dar. Bundesfernstraßen	216 928	220 404	222 652	224 932	227 329	229 290	231 356	233 586	235 668
Wasserstraßen[4]	45 198	45 186	45 326	45 403	45 522	45 730	45 906	46 191	46 521
Rohrfernleitungen[5]	3 808	3 756	3 756	3 761	3 769	3 779	3 792	3 837	3 885
Umschlagplätze	75 109	77 499	79 183	80 557	82 124	83 006	83 553	84 317	85 405
Eisenbahnen, S-Bahn[6]	28 140	28 123	28 181	28 765	29 191	29 596	29 490	29 560	29 984
Binnenhäfen[7]	7 630	7 563	7 505	7 468	7 422	7 380	7 329	7 330	7 320
Seehäfen	21 006	21 287	21 547	21 675	21 989	22 282	22 702	22 914	23 029
Flughäfen[8]	18 333	20 526	21 950	22 649	23 522	23 748	24 032	24 513	25 072

[1] Das Anlagevermögen für die Verkehrsinfrastruktur ist im Anlagevermögen der institutionell abgegrenzten einzelnen Verkehrsbereiche auf den Seiten 38 bis 41 enthalten. Die Vermögenswerte für die Umschlagplätze beziehen sich auf Infra- und Suprastruktur.- [2] Jahresendbestand. Ohne Grundbesitz.- [3] Fahrweg einschl. zugehöriger Anlagen.- [4] Bis zur Seegrenze.- [5] Rohöl- und Mineralölproduktenleitungen über 40 km Länge.- [6] Bahnhöfe einschl. sonstiger Bauten und Ausrüstungen.- [7] Öffentliche Binnenhäfen.- [8] Einschl. Flugsicherung.- [9] Ohne Verwaltung.

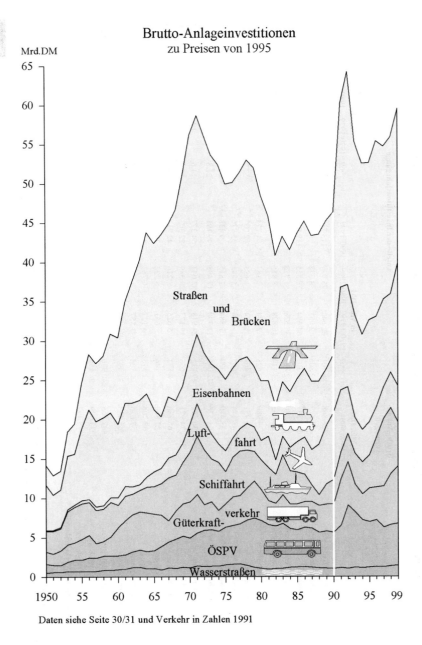

Daten siehe Seite 30/31 und Verkehr in Zahlen 1991

Altersstruktur des Brutto-Anlagevermögens 1999 - zu Preisen von 1995

	Brutto-Anlagevermögen[1]	Anteile der Investitionsjahrgänge							
	in Mio. DM insgesamt	in Mio. DM				in vH			
		bis 1969	1970-1979	1980-1989	1990-1999	bis 1969	1970-1979	1980-1989	1990-1999
Deutsche Bahn AG*	338 868	86 501	62 642	75 977	113 747	25,5	18,5	22,4	33,6
Nichtbundeseigene Eisenbahnen[2]	14 523	2 806	2 051	3 578	6 088	19,3	14,1	24,6	41,9
Eisenbahnen	353 391	89 307	64 694	79 555	119 835	25,3	18,3	22,5	33,9
dar. Verkehrswege	232 250	62 489	38 578	51 773	79 411	26,9	16,6	22,3	34,2
Umschlagplätze	56 793	21 114	10 828	8 815	16 036	37,2	19,1	15,5	28,2
Binnenschiffahrt[3]	9 980	3 628	2 394	2 184	1 774	36,4	24,0	21,9	17,8
Binnenhäfen[4]	12 951	7 469	1 874	1 604	2 003	57,7	14,5	12,4	15,5
Seeschiffahrt[5]	43 174	665	638	5 895	35 976	1,5	1,5	13,7	83,3
Seehäfen	35 470	10 334	7 884	7 815	9 438	29,1	22,2	22,0	26,6
Schiffahrt	101 575	22 096	12 790	17 498	49 191	21,8	12,6	17,2	48,4
Öffentl. Straßenpersonenverkehr[6]	130 352	19 015	24 918	32 043	54 377	14,6	19,1	24,6	41,7
dar. Verkehrswege	74 921	13 058	19 173	20 389	22 302	17,4	25,6	27,2	29,8
Güterkraftverkehr[7]	65 386	8 833	5 625	8 216	42 712	13,5	8,6	12,6	65,3
Fluggesellschaften[8]	27 850	146	651	5 222	21 832	0,5	2,3	18,7	78,4
Flughäfen[9]	37 208	2 378	4 127	6 783	23 920	6,4	11,1	18,2	64,3
Rohrfernleitungen[10]	7 636	1 125	1 557	1 876	3 079	14,7	20,4	24,6	40,3
Übriger Verkehr	268 433	31 497	36 877	54 139	145 919	11,7	13,7	20,2	54,4
Straßen und Brücken	887 665	240 970	232 372	199 397	214 926	27,1	26,2	22,5	24,2
dar. Bundesfernstraßen	333 799	98 486	89 481	65 355	80 477	29,5	26,8	19,6	24,1
Wasserstraßen[11]	75 497	35 215	14 925	12 870	12 488	46,6	19,8	17,0	16,5
Staatlicher Verkehrsbereich	963 162	276 185	247 297	212 267	227 413	28,7	25,7	22,0	23,6
Verkehr insgesamt	1 686 561	419 085	361 658	363 459	542 358	24,8	21,4	21,6	32,2

[1] Jahresendbestand. Ohne Grundbesitz.- Übrige Anmerkungen siehe folgende Seite.

Brutto-Anlagevermögen[1] - Insgesamt - Mio. DM zu Preisen von 1995

(bis 1955 ohne Saarland und Berlin-W.)	1950	1955	1960	1965	1970	1975	1980	1985	1990
Deutsche Bundesbahn	172 070	189 885	233 573	272 240	290 547	314 333	326 388	327 034	326 673
dar. Verkehrswege	104 355	110 843	128 603	145 730	156 984	170 865	183 636	192 681	201 367
Nichtbundeseigene Eisenbahnen[2]	5 783	6 196	6 831	7 455	7 994	8 989	9 812	10 233	12 114
Eisenbahnen	177 853	196 081	240 404	279 695	298 541	323 322	336 200	337 267	338 787
Binnenschiffahrt[3]	6 295	8 189	11 117	13 225	14 094	15 550	14 885	14 071	12 882
Binnenhäfen[4]	11 157	11 249	12 122	12 911	13 301	13 852	13 797	13 533	13 397
Seeschiffahrt[5]	3 105	17 637	28 288	28 640	37 274	48 230	51 061	46 862	34 169
Seehäfen	9 007	11 352	13 978	16 996	20 205	24 448	27 809	30 421	31 792
Schiffahrt	29 564	48 427	65 505	71 772	84 874	102 080	107 552	104 887	92 240
Öffentl. Straßenpersonenverkehr[6]	29 976	31 912	36 476	41 903	54 090	70 102	90 460	106 151	112 822
Güterkraftverkehr[7]	19 518	25 529	33 056	50 486	55 533	53 574	56 590	56 059	54 160
Flugesellschaften[8]	30	370	1 971	5 070	10 037	14 685	18 165	21 097	33 194
Flughäfen[9]	2 671	3 171	3 866	5 543	10 719	16 514	17 873	17 404	22 715
Rohrfernleitungen[10]	46	37	2 184	5 406	8 612	10 498	10 146	9 400	8 561
Übriger Verkehr	52 241	61 019	77 553	108 408	138 991	165 373	193 234	210 111	231 452
Straßen und Brücken	167 187	183 544	226 491	311 994	434 065	561 805	670 325	740 505	798 287
Wasserstraßen[11]	36 379	38 929	42 149	47 062	51 721	57 787	63 487	67 198	70 750
Staatlicher Verkehrsbereich	203 566	222 473	268 640	359 056	485 786	619 592	733 812	807 703	869 037
Verkehr insgesamt	463 224	528 000	652 102	818 931	1 008 192	1 210 367	1 370 798	1 459 968	1 531 516
Zum Vergleich:									
Brutto-Anlagevermögen aller Wirtschaftsbereiche	.	.	.	.	.	.	.	.	.
Anteil des Verkehrs in vH	.	.	.	.	.	.	.	.	.

[1] Jahresendbestand. Ohne Grundbesitz.- [2] Eisenbahnen des öffentlichen Verkehrs. 1985 bis 1993 einschl. S-Bahn Berlin (West).- [3] Binnenflotte der Bundesrepublik.- [4] Öffentliche Binnenhäfen.- [5] Handelsflotte der Bundesrepublik. Einschl. Schiffe der Bundesrepublik unter fremder Flagge (Bareboat-verchartert) gem. § 7 FLRG.- [6] Stadtschnellbahn (U-Bahn), Straßenbahn-, Obus- und Kraftomnibusverkehr kommunaler und gemischtwirtschaftlicher sowie privater Unternehmen; einschl. Taxis und Mietwagen. Ab 1990 einschl. des ausgegliederten Kraftomnibusverkehr der Deutschen Bahn.- [7] Gewerblicher Verkehr einschl. Verkehrsnebengewerbe (Spedition, Lagerei und Verkehrsvermittlung).- Weitere Anmerkungen siehe folgende Seite.

Brutto-Anlagevermögen[1] - Insgesamt - Mio. DM zu Preisen von 1995

	1991	1992	1993	1994	1995	1996	1997	1998	1999
Deutsche Bahn AG**	328 914	330 958	333 094	334 541	336 870	337 256	336 870	335 058	338 865
dar. Verkehrswege	203 709	206 303	208 955	211 513	215 448	217 775	219 331	219 838	224 810
Nichtbundeseigene Eisenbahnen[2]	12 495	12 893	13 206	13 265	13 288	13 355	13 566	13 946	14 523
Eisenbahnen	341 409	343 851	346 300	347 806	350 158	350 611	350 436	349 004	353 388
Binnenschiffahrt[3]	12 465	12 141	11 898	11 629	11 307	10 969	10 640	10 308	9 980
Binnenhäfen[4]	13 379	13 307	13 239	13 190	13 128	13 068	12 999	12 981	12 951
Seeschiffahrt[5]	32 622	31 313	30 556	30 258	30 103	32 291	36 782	41 281	43 174
Seehäfen	32 234	32 701	33 138	33 429	33 897	34 330	34 885	35 229	35 469
Schiffahrt	90 700	89 462	88 831	88 506	88 435	90 658	95 306	99 799	101 574
Öffentl. Straßenpersonenverkehr[6]	113 933	117 753	120 656	122 671	124 483	126 473	127 558	128 896	130 352
Güterkraftverkehr[7]	55 998	57 590	57 321	56 893	57 477	57 900	59 373	62 025	65 385
Fluggesellschaften[8]	34 888	35 119	34 412	33 707	32 622	31 486	30 235	29 099	27 850
Flughäfen[9]	25 814	28 349	30 234	31 451	32 904	33 796	34 788	35 970	37 208
Rohrfernleitungen[10]	8 412	8 265	8 159	8 051	7 943	7 841	7 745	7 687	7 636
Übriger Verkehr	239 045	247 076	250 782	252 773	255 429	257 496	259 699	263 677	268 431
Straßen und Brücken[12]	811 939	828 760	839 986	850 423	858 546	868 537	875 178	881 836	887 661
Wasserstraßen[11]	71 255	71 627	72 144	72 591	73 073	73 639	74 173	74 812	75 496
Staatlicher Verkehrsbereich	883 194	900 387	912 130	923 014	931 619	942 176	949 351	956 648	963 157
Verkehr insgesamt	1 554 348	1 580 776	1 598 043	1 612 099	1 625 641	1 640 941	1 654 792	1 669 128	1 686 550
Zum Vergleich:									
Brutto-Anlagevermögen aller Wirtschaftsbereiche*	15 894 150	16 418 640	16 875 230	17 344 890	17 786 200	18 214 480	18 640 580	19 078 040	19 523 590
Anteil des Verkehrs in vH	9,8	9,6	9,5	9,3	9,1	9,0	8,9	8,7	8,6

Beginn der Anmerkungen siehe vorige Seite.- [8] Unternehmen der Bundesrepublik.- [9] Einschl. Flugsicherung.- [10] Rohöl- und Mineralölproduktleitungen über 40 km Länge.-
[11] Bis zur Seegrenze.- [12] Ab 1991 ohne Verwaltung.- *Nach neuer Abgrenzung ESVG 1995.- ** 1991 bis 1993 Deutsche Bundesbahn und Deutsche Reichsbahn. Ab 1994 wurden verschieden Bereiche aus der Deutschen Bahn AG ausgegliedert. Ab 1999 Konzern der Deutschen Bahn.

Netto-Anlagevermögen[1] - Insgesamt - Mio. DM zu Preisen von 1995

(bis 1955 ohne Saarland und Berlin-West)

	1950	1955	1960	1965	1970	1975	1980	1985	1990
Deutsche Bundesbahn	104 711	120 647	156 405	180 347	182 457	191 645	191 486	184 712	183 418
dar. Verkehrsweg	65 076	70 168	84 692	95 916	100 031	106 758	112 093	114 805	120 345
Nichtbundeseigene Eisenbahnen[2]	3 557	3 854	4 288	4 701	4 999	5 710	6 176	6 285	7 952
Eisenbahnen	108 268	124 501	160 693	185 048	187 456	197 355	197 662	190 997	191 370
Binnenschiffahrt[3]	3 266	5 146	7 830	9 242	9 202	9 861	8 344	7 110	5 967
Binnenhäfen[4]	7 491	7 319	8 021	8 576	8 618	8 771	8 348	7 858	7 648
Seeschiffahrt[5]	2 497	13 961	17 553	14 656	23 256	28 982	26 846	24 119	15 808
Seehäfen	5 784	7 886	10 094	12 408	14 617	17 575	19 465	20 597	20 761
Schiffahrt	19 038	34 312	43 498	44 882	55 693	65 189	63 003	59 684	50 184
Öffentl. Straßenpersonenverkehr[6]	18 694	20 448	23 978	27 855	37 907	50 435	66 909	77 214	81 265
Güterkraftverkehr[7]	11 633	16 574	21 480	32 973	33 420	31 198	33 982	31 960	30 390
Fluggesellschaften[8]	16	345	1 523	3 530	6 552	8 958	10 761	12 499	21 735
Flughäfen[9]	2 000	2 170	2 581	3 900	8 273	12 119	11 590	10 573	15 475
Rohrfernleitungen[10]	19	12	2 015	4 500	6 223	6 606	5 351	4 424	3 873
Übriger Verkehr	32 362	39 549	51 577	72 758	92 375	109 316	128 593	136 670	152 738
Straßen und Brücken	125 230	135 311	171 259	247 318	354 706	457 370	529 948	557 707	572 649
Wasserstraßen[11]	25 052	26 313	28 188	31 561	34 409	38 452	42 004	43 567	45 082
Staatlicher Verkehrsbereich	150 282	161 624	199 447	278 879	389 115	495 822	571 952	601 274	617 731
Verkehr insgesamt	309 950	359 986	455 215	581 567	724 639	867 682	961 210	988 625	1 012 023

Anmerkungen siehe Seite 38/39.

Netto-Anlagevermögen[1] - Insgesamt - Mio. DM zu Preisen von 1995

	1991	1992	1993	1994	1995	1996	1997	1998	1999
Deutsche Bahn AG**	186 182	189 054	192 282	195 002	198 654	200 525	201 663	201 409	206 738
dar. Verkehrswege	122 454	125 014	127 811	130 649	134 956	137 848	140 058	141 274	146 943
Nichtbundeseigene Eisenbahnen[2]	8 256	8 574	8 812	8 796	8 742	8 735	8 876	9 194	9 715
Eisenbahnen	194 438	197 628	201 094	203 798	207 396	209 260	210 539	210 603	216 453
Binnenschiffahrt[3]	5 660	5 464	5 311	5 153	4 962	4 766	4 590	4 423	4 265
Binnenhäfen[4]	7 630	7 563	7 505	7 468	7 422	7 380	7 329	7 330	7 320
Seeschiffahrt[5]	15 306	14 984	15 149	15 636	16 111	18 747	23 293	27 286	28 173
Seehäfen	21 006	21 287	21 547	21 675	21 989	22 282	22 702	22 914	23 029
Schiffahrt	49 602	49 298	49 512	49 932	50 484	53 175	57 914	61 953	62 787
Öffentl. Straßenpersonenverkehr[6]	82 183	85 810	88 334	89 802	91 031	92 434	92 895	93 574	94 345
Güterkraftverkehr[7]	32 428	33 919	33 275	32 434	32 666	32 722	33 848	36 048	38 767
Fluggesellschaften[8]	22 223	21 268	19 586	18 248	16 879	15 827	14 953	14 489	14 076
Flughäfen[9]	18 333	20 526	21 950	22 649	23 522	23 748	24 032	24 513	25 072
Rohrfernleitungen[10]	3 808	3 756	3 756	3 761	3 769	3 779	3 792	3 837	3 885
Übriger Verkehr	158 975	165 279	166 901	166 894	167 867	168 510	169 520	172 461	176 145
Straßen und Brücken[12]	578 432	587 770	591 921	595 713	597 623	601 853	603 045	604 466	605 395
Wasserstraßen[11]	45 198	45 186	45 326	45 403	45 522	45 730	45 906	46 191	46 521
Staatlicher Verkehrsbereich	623 630	632 956	637 247	641 116	643 145	647 583	648 951	650 657	651 916
Verkehr insgesamt	1 026 645	1 045 161	1 054 754	1 061 740	1 068 892	1 078 528	1 086 924	1 095 674	1 107 301

Anmerkungen siehe Seite 38.

Modernitätsgrad - Netto-Anlagevermögen[1] in vH des Brutto-Anlagevermögens[1]

(bis 1955 ohne Saarland und Berlin-West)	1950	1955	1960	1965	1970	1975	1980	1985	1990
Deutsche Bundesbahn	61	64	67	66	63	61	59	56	56
dar. Verkehrsweg	62	63	66	66	64	62	61	60	60
Nichtbundeseigene Eisenbahnen[2]	62	62	63	63	63	64	63	61	66
Eisenbahnen	61	63	67	66	63	61	59	57	56
Binnenschiffahrt[3]	52	63	70	70	65	63	56	51	46
Binnenhäfen[4]	67	65	66	66	65	63	61	58	57
Seeschiffahrt[5]	80	79	62	51	62	60	53	51	46
Seehäfen	64	69	72	73	72	72	70	68	65
Schiffahrt	64	71	66	63	66	64	59	57	54
Öffentl. Straßenpersonenverkehr[6]	62	64	66	66	70	72	74	73	72
Güterkraftverkehr[7]	60	65	65	65	60	58	60	57	56
Fluggesellschaften[8]	53	93	77	70	65	61	59	59	65
Flughäfen[9]	75	68	67	70	77	73	65	61	68
Rohrfernleitungen[10]	41	32	92	83	72	63	53	47	45
Übriger Verkehr	62	65	67	67	66	66	67	65	66
Straßen und Brücken	75	74	76	79	82	81	79	75	72
Wasserstraßen[11]	69	68	67	67	67	67	66	65	64
Staatlicher Verkehrsbereich	74	73	74	78	80	80	78	74	71
Verkehr insgesamt	67	68	70	71	72	72	70	68	66

Anmerkungen siehe Seite 38/39.

Modernitätsgrad - Netto-Anlagevermögen[1] in vH des Brutto-Anlagevermögens[1]

	1991	1992	1993	1994	1995	1996	1997	1998	1999
Deutsche Bahn AG**	57	57	58	58	59	59	60	60	61
dar. Verkehrswege*	60	61	61	62	63	63	64	64	65
Nichtbundeseigene Eisenbahnen[2]	66	67	67	66	66	65	65	66	67
Eisenbahnen	57	57	58	59	59	60	60	60	61
Binnenschiffahrt[3]	45	45	45	44	44	43	43	43	43
Binnenhäfen[4]	57	57	57	57	57	56	56	56	57
Seeschiffahrt[5]	47	48	50	52	54	58	63	66	65
Seehäfen	65	65	65	65	65	65	65	65	65
Schiffahrt	55	55	56	56	57	59	61	62	62
Öffentl. Straßenpersonenverkehr[6]	72	73	73	73	73	73	73	73	72
Güterkraftverkehr[7]	58	59	58	57	57	57	57	58	59
Fluggesellschaften[8]	64	61	57	54	52	50	49	50	51
Flughäfen[9]	71	72	73	72	71	70	69	68	67
Rohrfernleitungen[10]	45	45	46	47	47	48	49	50	51
Übriger Verkehr	67	67	67	66	66	65	65	65	66
Straßen und Brücken	71	71	70	70	70	69	69	69	68
Wasserstraßen[11]	63	63	63	63	62	62	62	62	62
Staatlicher Verkehrsbereich	71	70	70	69	69	69	68	68	68
Verkehr insgesamt	66	66	66	66	66	66	66	66	66

Anmerkungen siehe Seite 38.

Erwerbstätige[1] - in 1 000

(bis 1955 ohne Saarland und Berlin-West)

	1950	1955	1960	1965	1970	1975	1980	1985	1990
Deutsche Bundesbahn[2]	530	498	498	465	401	421	343	297	249
Nichtbundeseigene Eisenbahnen[3]	23	21	20	15	13	12	11	12	14
Eisenbahnen	553	519	518	480	414	433	354	309	263
Binnenschiffahrt[4]	30	32	32	27	18	15	12	11	9
Binnenhäfen[5]	9	12	17	15	13	13	14	14	14
Seeschiffahrt[6]	10	29	47	44	48	32	28	23	16
Seehäfen	16	22	27	28	26	26	25	24	24
Schiffahrt	65	95	123	114	105	86	79	72	63
Öffentl. Straßenpersonenverkehr[7]	104	118	148	152	146	162	175	178	204
Güterkraftverkehr[8]	148	168	259	273	279	296	350	352	462
Fluggesellschaften[9]	-	3	10	17	23	28	35	38	53
Flughäfen	1	1	3	4	8	11	14	15	22
Rohrfernleitungen[10]	-	-	0	0	1	1	1	1	1
Übriger Verkehr	253	290	420	446	457	498	575	584	742
Verkehr insgesamt	871	904	1 061	1 040	976	1 017	1 008	965	1 068
Zum Vergleich:									
Erwerbstätige aller Wirtschaftsbereiche[11]	19 975	22 790	26 063	26 755	26 560	26 020	26 980	26 489	28 479
Anteil des Verkehrs in vH	4,4	4,0	4,1	3,9	3,7	3,9	3,7	3,6	3,8

[1] Jahresdurchschnitt.- [2] Einschl. Nachwuchskräfte.- [3] Eisenbahnen des öffentlichen Verkehrs. Ab 1985 einschl. S-Bahn Berlin (West).- [4] Binnenflotte der Bundesrepublik.- [5] Öffentliche Binnenhäfen.- [6] Handelsflotte der Bundesrepublik.- [7] Stadtschnellbahn- (U-Bahn), Straßenbahn-, Obus- und Kraftomnibusverkehr kommunaler und gemischtwirtschaftlicher sowie privater Unternehmen; Taxis und Mietwagen.- [8] Gewerblicher Verkehr, einschl. Verkehrsnebengewerbe (Spedition, Lagerei und Verkehrsvermittlung).- [9] Unternehmen der Bundesrepublik.- [10] Rohöl- und Mineralölproduktenleitungen über 40 km Länge.- [11] Erwerbstätige im Inland.

Erwerbstätige[1] - in 1 000

	1991	1992	1993	1994	1995	1996	1997	1998	1999*
Eisenbahnen	466	437	379	390	364	326	306	287	271
Deutsche Bahn[2]	451	422	365	376	350	312	293	274	258
Nichtbundeseigene Eisenbahnen[3]	15	15	14	14	14	14	13	13	13
Öffentl. Straßenpersonenverkehr[4]	257	256	250	240	237	184	165	163	162
Güterkraftverkehr[5]	.	398	392	382	383	346	383	404	410
Rohrleitungen	1	1	1	1	1	1	1	1	1
Landverkehr[6]	.	1 092	1 022	1 012	985	857	855	854	844
Binnenschiffahrt[7]	.	11	10	9	9	9	8	8	8
Seeschiffahrt[8]	21	19	18	16	15	14	15	14	12
Schiffahrt	.	30	28	25	24	23	23	23	19
Luftverkehr[9]	.	61	56	55	45	47	47	47	48
Flughäfen	25	26	26	26	27	28	27	28	28
Übriger Verkehr[10]	.	433	489	453	458	561	530	555	590
Verkehr insgesamt	1 681	1 642	1 621	1 571	1 538	1 516	1 483	1 507	1 529
Zum Vergleich:									
Erwerbstätige aller Wirtschaftsbereiche[11]	37 759	37 155	37 365	37 304	37 382	37 270	37 194	37 540	37 942
Anteil des Verkehrs in vH	.	4,4	4,3	4,2	4,1	4,1	4,0	4,0	4,0

[1] Jahresdurchschnitt.- [2] Einschl. Nachwuchskräfte. 1991 bis 1994 Deutsche Bundesbahn und Deutsche Reichsbahn. Ab 1994 Konzern der Deutschen Bahn.- [3] Eisenbahnen des öffentlichen Verkehrs. Ab 1985 einschl. S-Bahnverkehr in Berlin (West).- [4] Stadtschnellbahn (U-Bahn)-, Straßenbahn-, Obus- und Kraftomnibusverkehr kommunaler und gemischtwirtschaftlicher sowie privater Unternehmen, bis 1995 einschl. Taxis und Mietwagen.- [5] Gewerblicher Verkehr.- [6] Einschl. Transport in Rohrfernleitungen.- [7] Binnenflotte der Bundesrepublik.- [8] Handelsflotte der Bundesrepublik.- [9] Unternehmen der Bundesrepublik.- [10] Eischl. Binnen- und Seehäfen, Spedition, Lagerei und Verkehrsvermittlung, sowie Hilfs- und Nebentätigkeiten für den Verkehr.- [11] Erwerbstätige im Inland.- * Vorläufige Werte.

Einnahmen[1] - in Mio. DM

(bis 1955 ohne Saarland und Berlin-West)

	1950	1955	1960	1965	1970	1975	1980	1985	1990
Deutsche Bundesbahn	3 950	6 050	8 140	9 130	12 540	16 960	21 920	23 450	22 960
Nichtbundeseigene Eisenbahnen[2]	160	250	330	320	400	610	810	970	1 030
Eisenbahnen	4 110	6 300	8 470	9 450	12 940	17 570	22 730	24 420	23 990
Binnenschiffahrt[3]	300	590	790	880	1 480	2 340	2 950	3 200	2 710
dar. aus Beförderungsleistungen[4]	180	370	500	550	900	1 060	1 480	1 520	1 340
Binnenhäfen	50	80	130	160	230	160	220	280	340
Seeschiffahrt[5]	180	1 540	2 540	3 530	5 010	6 870	8 280	9 250	7 820
Seehäfen	150	320	470	530	790	1 830	2 400	2 530	2 680
Schiffahrt	680	2 530	3 930	5 100	7 510	11 200	13 850	15 260	13 550
Öffentl. Straßenpersonenverkehr[6]	890	1 410	2 320	3 260	4 340	6 690	10 350	12 430	16 210
Güterkraftverkehr und Verkehrsnebengewerbe	1 620	3 630	6 610	10 390	20 610	29 790	50 500	61 570	87 450
Güterkraftverkehr[7]	1 110	2 380	4 330	6 820	12 170	17 520	31 800	34 890	51 490
Verkehrsnebengewerbe[8]	510	1 250	2 280	3 570	8 440	12 270	18 700	26 680	35 960
Fluggesellschaften[9]	-	30	370	1 050	2 340	4 370	8 200	13 660	17 960
Flughäfen	10	20	60	170	460	1 020	1 600	2 380	3 920
Rohrfernleitungen	-	-	50	130	190	380	600	640	590
Übriger Verkehr	2 520	5 090	9 410	15 000	27 940	42 250	71 250	90 680	126 130
Verkehr insgesamt	7 310	13 920	21 810	29 550	48 390	71 020	107 830	130 360	163 670

[1] Einschl. Beförderungs- und Umsatzsteuer bzw. Mehrwertsteuer.- [2] Eisenbahnen des öffentlichen Verkehrs. Ab 1985 einschl. S-Bahnverkehr in Berlin (West).- [3] Binnenflotte der Bundesrepublik.- [4] Ohne Doppelzählungen (Fremdfrachten) innerhalb des Verkehrsbereichs.- [5] Handelsflotte der Bundesrepublik.- [6] Stadtschnellbahn- (U-Bahn), Straßenbahn-, Obus- und Kraftomnibusverkehr kommunaler und gemischtwirtschaftlicher sowie privater Unternehmen, Taxis und Mietwagen.- [7] Gewerblicher Verkehr. Frachteinnahmen einschl. sonstiger Betriebserträge.- [8] Spedition, Lagerei und Verkehrsvermittlung. Ohne Doppelzählungen (Fremdfrachten) innerhalb des Verkehrsbereichs.- [9] Unternehmen der Bundesrepublik.

Einnahmen[1] - in Mio. DM

	1991	1992	1993	1994	1995	1996	1997	1998*	1999*
Eisenbahnen	36 035	35 300	33 770	37 780	38 580	40 870	39 670	52 840	54 490
Deutsche Bahn[2]	34 940	34 220	32 660	36 610	37 370	39 610	38 390	51 570	53 190
Nichtbundeseigene Eisenbahnen[3]	1 095	1 080	1 110	1 170	1 210	1 260	1 280	1 270	1 300
Öffentl. Straßenpersonenverkehr[4]	19 530	21 110	21 710	22 270	23 330	23 710	24 550	24 830	25 230
Güterkraftverkehr[5]	.	60 000	58 100	58 340	55 190	47 080	49 500	64 170	64 400
Rohrleitungen	.	700	720	790	800	840	1 570	1 600	1 650
Landverkehr[6]	.	117 110	114 300	119 180	117 900	112 500	115 290	143 440	145 770
Binnenschiffahrt[7]	3 070	2 920	2 860	2 780	2 720	2 890	2 900	2 590	2 520
Seeschiffahrt[8]	8 110	8 120	9 020	9 850	10 250	11 070	12 430	12 170	13 010
Schiffahrt	11 180	11 040	11 880	12 630	12 970	13 960	15 330	14 760	15 530
Luftverkehr[9]	20 530	22 300	23 370	26 500	26 590	27 490	28 040	29 290	31 500
Flughäfen	.	4 190	5 000	6 050	6 600	7 250	9 500	9 900	10 500
Übriger Verkehr[10]	.	67 810	70 000	72 500	77 840	85 600	92 380	92 610	93 700
Verkehr insgesamt	.	222 450	224 550	236 860	241 900	246 800	260 540	290 000	297 000

[1] Einschl. Beförderungs- und Umsatzsteuer bzw. Mehrwertsteuer.- [2] 1991 bis 1993 Deutsche Bundesbahn und Deutsche Reichsbahn. Ab 1994 Konzern der Deutschen Bahn. Ab 1998 einschl Einnahmen aus Trassenvermietung.- [3] Eisenbahnen des öffentlichen Verkehrs.- [4] Stadtschnellbahn (U-Bahn)-, Straßenbahn-, Obus- und Kraftomnibusverkehr kommunaler und gemischtwirtschaftlicher sowie privater Unternehmen, einschl. Taxis und Mietwagen.- [5] Gewerblicher Verkehr. Frachteinnahmen einschl. sonstiger Betriebserträge.- [6] Einschl. Transport in Rohrleitungen.- [7] Binnenflotte der Bundesrepublik.- [8] Handelsflotte der Bundesrepublik. Ab 1998 ohne Passagierfahrt.- [9] Unternehmen der Bundesrepublik.- [10] Einschl. Binnen-und Seehäfen, Spedition, Lagerei und Verkehrsvermittlung sowie Hilfs- und Nebentätigkeiten für den Verkehr.- * Vorläufige Werte.

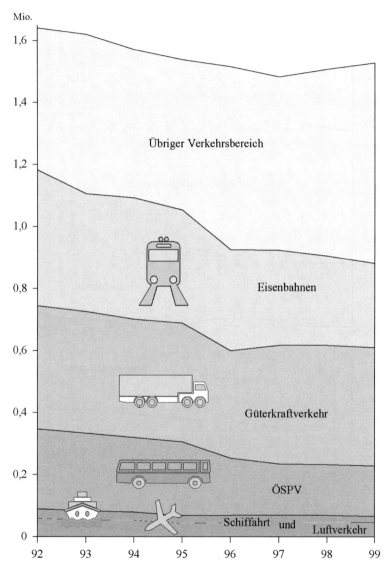

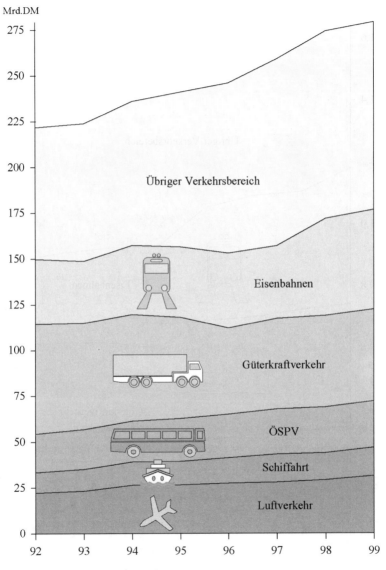

Bruttowertschöpfung der Verkehrsbereiche - Mrd. DM zu jeweiligen Preisen

	1991	1992	1993	1994	1995	1996	1997	1998	1999*
Eisenbahnen[1]	20,40	.	.	.	17,90	18,00	16,20	15,20	.
Öffentl. Straßenpersonenverkehr[2]	12,80	.	.	.	15,35	14,40	13,84	13,20	.
Straßengüterverkehr[3]	26,70	.	.	.	24,00	21,59	24,28	26,37	.
Rohrfernleitungen	0,50	.	.	.	0,50	0,53	0,98	1,00	.
Landverkehr[4]	60,44	61,24	57,88	56,71	57,75	54,52	55,30	55,77	56,40
Seeschiffahrt[5]	3,40	.	.	.	3,43	3,73	4,28	4,55	.
Binnenschiffahrt[6]	1,00	.	.	.	1,13	1,18	1,18	1,10	.
Schiffahrt	4,40	4,17	4,41	4,60	4,56	4,91	5,46	5,65	5,90
Luftfahrt[7]	8,63	8,99	9,38	9,59	11,86	13,26	14,84	15,23	16,30
Hilfs- und Nebentätigkeiten für den Verkehr[8]	22,26	24,65	27,55	30,80	33,59	34,39	37,50	39,87	39,80
Verkehr insgesamt	95,73	99,05	99,22	101,70	107,76	107,08	113,10	116,52	118,40
Zum Vergleich:									
Bruttowertschöpfung aller Wirtschaftsbereiche - unbereinigt	2 776,00	2 982,39	3 035,68	3 169,94	3 295,43	3 360,35	3 441,01	3 547,54	3 612,62
Anteil des Verkehrs in vH	3,4	3,3	3,3	3,2	3,3	3,2	3,3	3,3	3,3
Bruttowertschöpfung aller Wirtschaftsbereiche - bereinigt	2 658,90	2 853,10	2 917,99	3 048,35	3 176,56	3 237,63	3 312,69	3 417,06	3 481,52
Bruttoinlandsprodukt	2 938,00	3 155,20	3 235,40	3 394,40	3 523,00	3 586,50	3 666,50	3 784,40	3 877,20

[1] Eisenbahnen des öffentlichen Verkehrs.- [2] Stadtschnellbahn (U-Bahn), Straßenbahn-, Obus- und Kraftomnibusverkehr kommunaler und gemischtwirtschaftlicher sowie privater Unternehmen, einschl. Taxis und Mietwagen.- [3] Gewerblicher Verkehr.- [4] Einschl. Transport in Rohrfernleitungen.- [5] Handelsflotte der Bundesrepublik.- [6] Binnenflotte der Bundesrepublik.- [7] Unternehmen der Bundesrepublik.- [8] Einschl. Verkehrsvermittlung, Binnen-, See- und Flughäfen, Spedition und Lagerei.- * Vorläufige Werte.

Bruttowertschöpfung der Verkehrsbereiche - Mrd. DM zu Preisen von 1995

	1991	1992	1993	1994	1995	1996	1997	1998	1999
Eisenbahnen[1]	19,40	.	.	.	17,90	18,50	17,75	17,40	.
Öffentl. Straßenpersonenverkehr[2]	16,20	.	.	.	15,35	14,90	13,30	12,60	.
Straßengüterverkehr[3]	26,80	.	.	.	24,00	24,88	25,05	26,15	.
Rohrfernleitungen	0,50	.	.	.	0,50	0,53	0,98	1,00	.
Landverkehr[4]	62,99	60,79	56,20	56,45	57,75	58,81	57,08	57,15	.
Seeschiffahrt[5]	2,60	.	.	.	3,43	4,13	4,62	5,25	.
Binnenschiffahrt[6]	1,10	.	.	.	1,13	1,24	1,35	1,30	.
Schiffahrt	3,65	3,90	4,54	4,76	4,56	5,37	5,97	6,55	.
Luftfahrt[7]	6,33	7,41	7,56	10,04	11,86	13,38	14,14	14,20	.
Hilfs- und Nebentätigkeiten für den Verkehr[8]	24,80	26,09	27,70	31,12	33,60	34,21	36,95	38,90	.
Verkehr insgesamt	97,89	98,19	96,00	102,37	107,76	111,77	114,14	116,89	118,50
Zum Vergleich:									
Bruttowertschöpfung aller Wirtschaftsbereiche - unbereinigt	3 132,58	3 204,59	3 157,26	3 226,73	3 295,43	3 332,05	3 394,70	3 478,51	3 539,15
Anteil des Verkehrs in vH	3,1	3,1	3,0	3,2	3,3	3,4	3,4	3,4	3,3
Bruttowertschöpfung aller Wirtschaftsbereiche - bereinigt	3 014,23	3 083,56	3 048,01	3 112,07	3 176,56	3 202,93	3 253,99	3 325,02	3 372,85
Bruttoinlandsprodukt	3 346,00	3 421,00	3 383,80	3 463,20	3 523,00	3 550,00	3 599,60	3 673,50	3 730,70

[1] Eisenbahnen des öffentlichen Verkehrs.- [2] Stadtschnellbahn (U-Bahn)-, Straßenbahn-, Obus- und Kraftomnibusverkehr kommunaler und gemischtwirtschaftlicher sowie privater Unternehmen, einschl. Taxis und Mietwagen.- [3] Gewerblicher Verkehr.- [4] Einschl. Transport in Rohrfernleitungen.- [5] Handelsflotte der Bundesrepublik.- [6] Binnenflotte der Bundesrepublik.- [7] Unternehmen der Bundesrepublik.- [8] Einschl. Verkehrsvermittlung, Binnen-, See- und Flughäfen, Spedition und Lagerei.- * Vorläufige Werte.

Deutsche Bundesbahn[1] - Streckenlänge, Fahrzeugbestand, Kapazitäten
(bis 1955 ohne Saarland und Berlin -West)

		1950	1955	1960	1965	1970	1975	1980	1985	1990
Streckenlänge[2]										
Schienenverkehr[3]	1 000 km	30,5	30,5	30,7	30,4	29,5	28,8	28,5	27,6	26,9
dar. Hauptstrecken	1 000 km	18,4	18,1	18,6	18,6	18,5	18,4	18,4	18,1	18,2
mehrgleisige Strecken	1 000 km	12,5	12,6	12,7	12,4	12,2	12,2	12,2	12,2	12,3
elektrifizierte Strecken	1 000 km	1,7	2,1	3,7	6,5	8,6	10,0	11,2	11,4	11,7
mit S-Bahnbetrieb	1 000 km	.	.	.	.	.	.	1,0	1,2	1,3
mit Personenverkehr	1 000 km	0,3	0,3	0,3	0,3	0,4	0,5	0,6	0,6	0,7
mit Güterverkehr	1 000 km	1,5	2,0	2,4	3,0	3,9	4,6	5,3	6,3	6,1
mit Personen- und Güterverkehr	1 000 km	28,7	28,2	28,0	27,1	25,2	23,7	22,6	20,7	20,1
Kraftomnibusverkehr[4]	1 000 km	21,4	42,9	56,2	100,3	108,2	110,0	89,1	118,3	-
Fahrzeugbestand										
Schienenverkehr[3]										
Lokomotiven[5]	Anzahl	12 632	10 222	9 206	8 080	6 446	5 982	5 807	5 552	4 367
Dampf-	Anzahl	12 039	9 575	7 219	4 172	1 636	256	.	.	.
Diesel-	Anzahl	147	142	977	1 996	2 550	3 097	3 095	2 940	1 834
Elektro-	Anzahl	446	505	1 010	1 912	2 260	2 629	2 712	2 612	2 533
Kleinloks (Diesel und Akku)[5]	Anzahl	675	759	1 237	1 500	1 606	1 666	1 287	1 050	1 587
Triebwagen[5,6]	Anzahl	493	1 098	1 357	1 499	1 623	2 212	2 404	2 177	2 170
Triebwagenanhänger[5,7]	Anzahl	426	1 195	1 727	1 899	1 759	1 656	1 222	695	568
Personenwagen[5,8]	Anzahl	23 213	22 420	20 851	19 155	18 131	17 726	14 731	13 531	11 717
Sitzplatzkapazität	1 000	.	1 219	1 225	1 245	1 221	1 212	1 044	977	850
Gepäckwagen[5]	Anzahl	9 366	8 922	5 309	3 576	2 855	1 698	1 281	1 000	832
Güterwagen[5,9]	1 000	263,7	250,0	267,3	285,1	278,4	287,4	282,1	254,5	203,6
Ladekapazität[10]	Mio. t	5,7	5,6	6,9	7,8	7,9	8,7	9,0	8,8	7,2
Private Güterwagen[11]	1 000	32,6	36,9	42,4	45,8	42,7	47,8	50,1	50,2	52,1
Ladekapazität[10]	Mio. t	0,7	0,8	1,0	1,2	1,3	1,8	2,1	2,2	2,4
Kraftomnibusverkehr[4]										
Kraftomnibusse[12]	Anzahl	912	2310	3 021	3 935	5 271	6 405	6 646	10 885	-
Platzkapazität	1 000	.	.	230	321	432	574	596	1 000	-
Wagenkilometer	Mio.	37	124	151	198	255	293	279	478	-

[1] Ohne S-Bahn Berlin, 1991 bis 1993 einschl. S-Bahn Berlin (Ost).- [2] Betriebslänge.- [3] Stand 31. 12.- [4] Stand 30. 9. (Streckenlänge = Linienlänge. Bis 1989 anschl. eigene handelsrechtliche Gesellschaften.- [5] Eigentumsbestand.- [6] Einschl. ICE-Triebköpfe (1999: 183).- [7] Zur Personenbeförderung.- [8] Einschl. Sonder-, Speise-, Gesellschafts- und Schlafwagen (1998: 340).- [9] Einschl. angemieteter Wagen (1998: 4 594).- Weitere Anmerkungen siehe folgende Seite.

Deutsche Bahn AG[1)13)] - Streckenlänge, Fahrzeugbestand, Kapazitäten

		1991	1992	1993	1994	1995	1996	1997	1998	1999*
Streckenlänge[2)]										
Schienenverkehr[3)]	1 000 km	41,1	40,8	40,4	41,3	41,7	40,8	38,4	38,1	37,5
dar. Hauptstrecken	1 000 km	26,0	26,1	26,0	26,5	27,0	27,0	26,5	26,7	.
mehrgleisige Strecken	1 000 km	16,9	16,9	17,0	17,2	17,6	17,6	17,3	17,4	.
elektrifizierte Strecken	1 000 km	16,2	16,5	16,4	17,0	17,4	17,8	18,0	18,2	18,3
mit S-Bahnbetrieb	1 000 km	1,8	1,9	1,9	.	.	.	.	.	.
mit Personenverkehr	1 000 km	1,1	1,2	1,0	1,0	0,9	1,8	1,7	1,7	.
mit Güterverkehr	1 000 km	7,5	7,2	6,7	7,5	6,9	7,1	5,6	5,2	.
mit Personen- und Güterverkehr	1 000 km	32,5	32,4	32,6	32,9	33,9	31,8	31,1	31,1	.
Kraftomnibusverkehr[4)]	1 000 km	-	-	-	-	-	-	-	-	-
Fahrzeugbestand										
Schienenverkehr[3)]										
Lokomotiven[5)]	Anzahl	8 060	8 074	7 573	7 067	6 612	6 430	6 397	6 087	5 867
Dampf-	Anzahl	170	196	101	74	66	31	22	16	16
Diesel-	Anzahl	4 005	3 972	3 741	3 397	2 984	2 864	2 796	2 466	2 308
Elektro-	Anzahl	3 885	3 906	3 731	3 596	3 562	3 535	3 579	3 605	3 543
Kleinloks (Diesel und Akku)[5)]	Anzahl	3 438	3 424	3 183	2 915	2 373	2 244	2 024	1 621	1 408
Triebwagen[5)6)]	Anzahl	3 004	3 121	3 252	2 751	2 836	2 828	3 101	3 148	.
Triebwagenanhänger[5)7)]	Anzahl	1 812	1 975	2 112	1 538	1 512	.	.	.	.
Personenwagen[5)8)]	Anzahl	19 168	17 226	16 069	15 333	14 565	17 497	17 633	17 961	18 276
Sitzplatzkapazität	1 000	1 376	1 314	1 150	1 099	1 008	.	1 318	1 291	1 446
Gepäckwagen[5)]	Anzahl	1 305	1 121	938	455	373	.	261	295,0	.
Güterwagen[5)9)]	1 000	314,4	277,1	232,8	195,9	175,1	163,8	147,2	141,8	134,1
Ladekapazität[10)]	Mio. t	11,2	10,2	8,8	7,6	7,0	6,7	6,3	6,0	5,2
Private Güterwagen[11)]	1 000	63,6	66,2	81,7	83,2	77,5	71,2	65,8	61,1	58,8
Ladekapazität[10)]	Mio. t	2,7	3,1	3,2	.	.	.	.	.	.

Beginn der Anmerkungen siehe vorige Seite.- [10)] Lastgrenze "C". Ohne Schmalspurwagen.- [11)] Bei der Bahn eingestellte Güterwagen.- [12)] Ohne vermietete, einschl. angemietete Fahrzeuge.- [13)] 1991 bis 1993 Deutsche Bundesbahn und Deutsche Reichsbahn.- * Vorläufige Werte.

Deutsche Bundesbahn[1] - Betriebsleistungen, Energieverbrauch

(bis 1955 ohne Saarland und Berlin-West)		1950	1955	1960	1965	1970	1975	1980	1985	1990
Triebfahrzeugkilometer[2]	Mio.	640	758	748	746	792	808	867	822	821
nach Fahrzeugarten										
Dampflokomotiven	Mio.	560	570	421	213	71	12	-	-	-
Diesellokomotiven	Mio.	4	9	54	129	185	197	193	175	132
Elektrische Lokomotiven	Mio.	35	57	127	239	360	375	421	434	442
Kleinlokomotiven	Mio.	5	8	14	20	26	21	15	12	24
Elektrische Triebwagen[3]	Mio.	16	18	20	35	42	111	171	155	168
Akkumulatortriebwagen	Mio.	4	8	12	21	22	19	16	10	2
Dieseltriebwagen	Mio.	14	25	19	15	23	29	30	27	47
Schienenomnibusse	Mio.	1	63	81	74	62	43	22	9	7
nach Antriebsarten										
Dampfbetrieb	vH	87	75	56	29	9	1	-	-	-
Dieselbetrieb	vH	4	14	23	30	37	36	30	27	26
Elektrischer Betrieb	vH	9	11	21	41	54	63	70	73	74
Zahl der Züge an einem Stichtag										
Reisezüge	Anzahl	.	.	21 076	19 122	21 376	21 915	21 645	20 583	21 827
Schnellzüge[4]	Anzahl	.	.	410	449	605	587	585	967	986
Eilzüge	Anzahl	.	.	1 382	1 574	2 117	2 813	3 538	3 888	4 550
Nahverkehrszüge	Anzahl	.	.	18 595	16 522	17 366	15 573	13 320	11 092	11 444
S-Bahnzüge	Anzahl	.	.	689	577	960	2 598	3 950	4 311	4 644
sonstige Züge	Anzahl	.	.	.	.	328	344	252	325	203
Güterzüge	Anzahl	.	12 182	13 333	13 338	13 453	11 305	11 242	9 978	8 084
Güterwagenumlaufzeit	Tage	4,4	4,3	4,5	5,0	5,3	5,5	5,9	6,2	6,3
Bruttotonnenkilometer[5]	Mrd.	137	194	212	228	269	236	267	261	260
im Dampfbetrieb	vH	89,2	84,5	66,5	37,2	13,3	2,7	-	-	-
im Dieselbetrieb	vH	1,1	2,6	6,0	10,4	14,9	18,9	16,3	14,1	12,8
im elektrischen Betrieb	vH	9,7	12,9	27,5	52,4	71,8	78,4	83,7	85,9	87,2
Energieverbrauch[6]	Petajoule	267,0	275,4	229,8	148,5	87,2	51,8	47,3	43,9	42,5

[1] Ohne S-Bahn Berlin/West.- [2] Streckenleistungen einschl. Vorspann- und Schiebedienst sowie Rangierdienst.- [3] Mit Stromzuführung.-
[4] ICE-, IC-, EC, IR- und D-Züge.- [5] Ohne Dienstzüge.- [6] End-Energieverbrauch der Schienentriebfahrzeuge (1 Mio. t SKE = 29,308 Petajoule).

Deutsche Bahn AG[1)7)] - Betriebsleistungen, Energieverbrauch

		1991	1992	1993	1994	1995	1996	1997	1998*	1999*
Triebfahrzeugkilometer[2)]	Mio.	1 191	1 219	1 237	1 190	1 191	1 065	1 104	.	.
nach Fahrzeugarten										
Dampflokomotiven	Mio.	2	1	1	1	1	1	0	0	0
Diesellokomotiven	Mio.	288	248	242	225	202	172	153	148	.
Elektrische Lokomotiven	Mio.	564	563	555	546	549	529	490	527	.
Kleinlokomotiven	Mio.	25	45	40	36	31	7	4	4	.
Elektrische Triebwagen[3)]	Mio.	247	292	320	289	296	244	336	.	.
Akkumulatortriebwagen	Mio.	2	2	2	1	1	1	0	0	.
Dieseltriebwagen	Mio.	48	53	63	79	99	102	97	91	.
Schienenomnibusse	Mio.	15	15	13	11	11	11	10	10	.
nach Antriebsarten										
Dampfbetrieb	vH	0	0	0	0	0	0	0	.	.
Dieselbetrieb	vH	32	30	29	30	29	27	24	.	.
Elektrischer Betrieb	vH	68	70	71	70	71	73	75	.	.
Zahl der Züge an einem Stichtag										
Reisezüge	Anzahl	32 699	32 739	31 989	.	27 819	28 000	31 500	29 904	30 477
Fernverkehrszüge[4)]	Anzahl	7 122	6 679	6 945	.	926	1 000	1 000	1 370	1 441
Nahverkehrszüge[8)]	Anzahl	25 577	26 060	25 044	.	26 893	27 000	30 500	28 534	29 036
Güterzüge	Anzahl	9 475	8 085	9 103	7 253	6 970	7 000	7 300	7 000	7 000
Güterwagenumlaufzeit	Tage	.	.	.	8	7	8	7	.	.
Bruttotonnenkilometer[5)]	Mrd.	356,0	340,0	320,0	327,6	327,2	314,4	320,5	334,0	.
im Dampfbetrieb	vH	0,0	0,0	0,0	0,0	0,0	0,0	0,0	.	.
im Dieselbetrieb	vH	19,7	18,9	18,0	16,8	15,9	16,5	16,2	.	.
im elektrischen Betrieb	vH	80,3	81,1	81,9	83,2	84,1	83,5	83,8	.	.
Energieverbrauch[6)]	Petajoule	65,4	65,0	68,8	60,8	60,1	61,8	61,8	61,6	.

[1)] 1991 bis 1993 nur einschl. S-Bahn Berlin (Ost).- [2)] Streckenleistungen einschl. Vorspann- und Schiebedienst sowie Rangierdienst.- [3)] Mit Stromzuführung.- [4)] Bis 1993 ICE-, IC-, EC-, IR- D-und E-Züge. Ab 1994 Geschäftsbereich Reise und Touristik.- [5)] Ohne Dienstzüge. - [6)] End-Energieverbrauch der Schienentriebfahrzeuge (1 Mio. t SKE = 29,308 Petajoule). Seit 1994 nur Verbrauch für Zugförderung und -heizung.- [7)] 1991 bis 1993 Deutsche Bundesbahn und Deutsche Reichsbahn.- [8)] Ab 1994 Geschäftsbereich Regio.- * Vorläufige Werte.

Deutsche Bundesbahn [1] - Personenverkehr, Gepäckverkehr, Autoreisezugverkehr

(bis 1955 ohne Saarland und Berlin-West)		1950	1955	1960	1965	1970	1975	1980	1985	1990
Personenverkehr										
Beförderte Personen	Mio.	1 322	1 573	1 551	1 480	1 519	1 612	1 673	1 793	1 072
Schienenverkehr	Mio.	1 283	1 389	1 282	1 075	984	1 017	1 107	1 048	1 043
dar. Berufs- und Schülerverkehr[2]	Mio.	728	892	773	590	513	566	593	529	493
Fernverkehr[3]	Mio.	120	132	130	134	134	133	152	140	114
Nahverkehr	Mio.	1 163	1 257	1 152	941	850	884	955	908	929
dar. S-Bahnverkehr	Mio.	126	130	135	116	151	345	545	611	678
Kraftomnibusverkehr[4]	Mio.	36	180	264	400	530	589	560	736	18
Schiffsverkehr	Mio.	3	4	5	5	5	7	6	9	11
Personenkilometer	Mio. Pkm	30 804	38 975	43 238	45 190	45 458	46 562	47 690	51 729	44 215
Schienenverkehr	Mio. Pkm	30 211	36 382	39 769	39 687	38 483	38 586	40 499	42 707	43 560
dar. Berufs- und Schülerverkehr[2]	Mio. Pkm	10 115	13 645	12 582	9 717	8 522	9 923	9 452	8 997	8 880
Fernverkehr[3]	Mio. Pkm	12 780	16 920	21 716	24 067	23 079	23 079	26 373	27 733	27 405
Nahverkehr	Mio. Pkm	17 431	19 462	18 053	15 620	14 884	15 507	14 126	14 974	16 155
dar. S-Bahnverkehr	Mio. Pkm	1 517	1 429	1 435	1 308	1 780	4 393	6 735	8 910	9 936
Kraftomnibusverkehr[4]	Mio. Pkm	540	2 466	3 320	5 355	6 826	7 751	6 941	8 669	220
Schiffsverkehr	Mio. Pkm	53	127	149	148	149	226	250	353	435
Gepäckverkehr[5]										
Beförderte Tonnen	1 000 t	213	171	179	150	137	113	111	89	72
Tariftonnenkilometer	Mio. tkm	25	32	43	39	48	47	44	35	28
Autoreisezugverkehr[6]										
Beförderte Personenkraftwagen	1 000	.	.	10	36	137	171	160	122	162
Beförderte Tonnen	1 000 t	.	.	10	44	164	210	198	153	202
Tariftonnenkilometer	Mio. tkm	.	.	5	27	104	127	130	101	125

[1] Ohne S-Bahn Berlin/West.- [2] Zu ermäßigten Tarifen.- [3] Verkehr im Regeltarif über 50 km Reiseweite und zu Sondertarifen des Militärverkehrs.- [4] 1976 wurde ein Teil des Kraftomnibusverkehrs auf neugegründete Regionalverkehrsgesellschaften übertragen. 1982 bis 1985 wurde der Kraftomnibusverkehr der Bundespost auf die DB übertragen. 1989/1990 wurde der Kraftomnibusverkehr in handelsrechtliche Gesellschaften übertragen.- [5] Auf Gepäckkarte, Gepäckschein und auf Fahrradkarten.- [6] Ohne Niebüll-Westerland.

Deutsche Bahn AG [1) 7)] - Personenverkehr, Gepäckverkehr, Autoreisezugverkehr

		1991	1992	1993	1994	1995	1996	1997	1998*	1999*
Personenverkehr[8)]										
Beförderte Personen	Mio.	1 399	1 427	1 429	1 313	.	.	.	1 670	1 682
Schienenverkehr	Mio.	1 387	1 416	1 426	1 310	.	.	.	1 668	1 680
dar. Berufs- und Schülerverkehr[2)]	Mio.	599	628	684	693	.	.	.	.	.
Fernverkehr[3)]	Mio.	137	130	138	139	149	151	152	149	146
Nahverkehr	Mio.	1 249	1 286	1 288	1 171	.	.	.	1 520	1 534
dar. S-Bahnverkehr[4)]	Mio.	901	958	1 012	814	.	.	.	.	.
Schiffsverkehr	Mio.	12	11	4	3	4	1	2	2	2
Personenkilometer										
Schienenverkehr	Mio. Pkm	56 419	56 711	57 673	63 003	.	.	.	71 566	72 846
dar. Berufs- und Schülerverkehr[2)]	Mio. Pkm	55 936	56 239	57 540	62 918	.	.	.	71 538	72 818
Fernverkehr[3)]	Mio. Pkm	11 088	11 921	13 714	14 728	.	.	.	.	.
Nahverkehr	Mio. Pkm	33 689	32 587	33 671	34 845	36 156	35 596	34 827	34 247	34 869
dar. S-Bahnverkehr[4)]	Mio. Pkm	22 247	23 652	23 868	28 073	.	.	.	37 291	37 949
Schiffsverkehr	Mio. Pkm	13 725	14 653	15 268	11 817	121	24	27	28	28
	Mio. Pkm	474	472	133	85					
Gepäckverkehr[5)]										
Beförderte Tonnen	1 000 t	80	71	68	73	27	21	4	4	.
Tariftonnenkilometer	Mio. tkm	.	.	21	23	3	4	1	1	.
Autoreisezugverkehr[6)]										
Beförderte Personenkraftwagen	1 000	172	162	175	139	132	.	187	340	.
Beförderte Tonnen	1 000 t	211	199	214	180	160	.	236	429	.
Tariftonnenkilometer	Mio. tkm	.	.	.	110	94	.	19	50	.

[1)] 1991 bis 1993 nur einschl. S-Bahn Berlin (Ost).- [2)] Zu ermäßigten Tarifen. - [3)] Verkehr zu Sondertarifen des Militärverkehrs und (bis 1993) im Regeltarif über 50 km Reiseweite.- [4)] Einschl. Verkehr in Verkehrsverbünden.- [5)] Auf Gepäckkarte, Gepäckschein und auf Fahrradkarten.- [6)] Ohne Niebüll-Westerland: 1998 = 425 Tsd. Kfz.- [7)] 1991 bis 1993 Deutsche Bundesbahn und Deutsche Reichsbahn. Ohne Doppelzählungen im Wechselverkehr. Ab 1994 wurden verschiedenen Bereiche aus der Deutschen Bahn AG ausgegliedert.- [8)] Ab 1995 Neuberechnung der Personenverkehrszahlen. * Vorläufige Werte.

Deutsche Bundesbahn - Güterverkehr, Kfz-Übersetzverkehr

(bis 1955 ohne Saarland und Berlin-West)		1950	1955	1960	1965	1970	1975	1980	1985	1990
Güterverkehr[1]										
Beförderte Tonnen	Mio. t	231,4	285,9	332,9	325,2	376,3	313,1	347,9	325,7	299,5
Schienenverkehr	Mio. t	229,3	282,8	327,3	317,1	366,3	301,8	332,5	304,1	282,1
Frachtpflichtiger Verkehr	Mio. t	203,2	256,1	298,7	298,5	351,7	287,3	318,0	293,5	275,1
Wagenladungsverkehr	Mio. t	196,1	250,1	291,9	291,8	345,9	283,4	314,1	290,4	272,1
dar. Ganzzüge	Mio. t	.	.	.	.	95,8	.	160,8	172,5	166,8
Stückgutverkehr	Mio. t	6,4	5,3	5,9	5,9	4,9	3,3	3,4	2,7	2,8
Expreßgutverkehr	Mio. t	0,7	0,7	0,9	0,8	0,9	0,6	0,5	0,4	0,2
Dienstgutverkehr	Mio. t	26,1	26,7	28,6	18,6	14,6	14,5	14,5	10,6	7,0
Güterkraftverkehr[2]	Mio. t	2,1	3,1	5,6	8,1	10,0	11,3	15,4	21,6	17,4
Tarifttonnenkilometer	Mio. tkm	43 464	52 941	57 577	62 381	75 509	59 551	70 068	68 427	66 788
Schienenverkehr	Mio. tkm	43 054	52 188	56 154	60 210	72 795	56 498	65 919	64 531	62 581
Frachtpflichtiger Verkehr	Mio. tkm	38 913	48 060	52 261	57 319	70 497	54 341	63 804	62 961	61 418
Wagenladungsverkehr	Mio. tkm	37 399	46 731	50 689	55 628	68 912	53 188	62 553	61 985	60 384
Stückgutverkehr	Mio. tkm	1 363	1 190	1 367	1 493	1 345	985	1 078	857	968
Expreßgutverkehr	Mio. tkm	151	139	205	198	240	168	173	119	66
Dienstgutverkehr	Mio. tkm	4 141	4 128	3 893	2 891	2 298	2 157	2 115	1 570	1 163
Güterkraftverkehr	Mio. tkm	410	753	1 423	2 171	2 714	3 053	4 149	3 896	4 207
Kfz-Übersetzverkehr[3]										
Beförderte Kraftfahrzeuge	1 000	.	.	.	.	.	626	845	1 097	1 409
Beförderte Tonnen	1 000 t	.	.	.	.	1 146	1 953	3 353	3 916	5 579
Tariftonnenkilometer	Mio. tkm	.	.	.	.	43	61	90	111	153

[1] Einschl. kombinierter Ladungsverkehr (Container- und Huckepackverkehr) und Gleisanschlußverkehr, jedoch ohne Kfz-Übersetzverkehr, Autoreisezugverkehr und Gepäckverkehr.- [2] Darunter Güterfernverkehr: 1990 = 13,8 Mio. t.- [3] Schiffsverkehr und Fährverkehr.

Deutsche Bahn AG[3] - Güterverkehr, Kfz-Übersetzverkehr

		1991	1992	1993	1994	1995	1996	1997	1998	1999*
Güterverkehr[1]										
Beförderte Tonnen	Mio. t	404,5	364,1	313,9	321,9	315,4	299,5	300,4	291,6	279,7
Schienenverkehr	Mio. t	386,9	350,0	305,1	321,9	315,4	299,5	300,4	291,6	279,7
Frachtpflichtiger Verkehr	Mio. t	373,9	333,0	292,2	309,1	302,2	289,4	295,5	288,7	279,3
Wagenladungsverkehr	Mio. t	371,0	330,5	290,0	306,9	300,4	287,9	294,9	288,7	279,3
Stückgutverkehr	Mio. t	2,8	2,4	2,1	2,1	2,0	1,5	0,6	-	-
Expreßgutverkehr	Mio. t	0,2	0,1	0,1	0,1	0,0	0,0	0,0	-	-
Dienstgutverkehr	Mio. t	13,0	17,0	12,9	12,8	13,0	10,1	4,9	2,9	0,4
Güterkraftverkehr	Mio. t	17,6	14,1	8,8	-	-	-	-	-	-
Tariftonnenkilometer	Mio. tkm	86 255	75 712	68 820	71 428	69 685	74 858	73 673	73 764	71 592
Schienenverkehr	Mio. tkm	81 790	71 978	66 295	71 428	69 685	74 858	73 673	73 764	71 592
Frachtpflichtiger Verkehr	Mio. tkm	79 792	69 400	64 515	69 488	67 609	72 886	72 613	73 273	71 494
Wagenladungsverkehr	Mio. tkm	78 763	68 566	63 751	68 692	66 867	72 373	72 389	73 273	71 494
Stückgutverkehr	Mio. tkm	975	797	740	779	732	506	220	-	-
Expreßgutverkehr	Mio. tkm	54	37	24	17	10	7	4	-	-
Dienstgutverkehr	Mio. tkm	1 998	2 578	1 780	1 940	2 076	1 972	1 060	491	98
Güterkraftverkehr	Mio. tkm	4 465	3 734	2 525	-	-	-	-	-	-
Kfz-Übersetzverkehr[2]										
Beförderte Kraftfahrzeuge	1 000	.	.	.	.	.	-	-	-	-
Beförderte Tonnen	1 000 t	7 006	9 745	5 491	97	69	-	-	-	-
Tariftonnenkilometer	Mio. tkm	203	192	41	1	1	-	-	-	-

[1] Einschl. kombinierter Ladungsverkehr (Container- und Huckepackverkehr) und Gleisanschlußverkehr, jedoch ohne Kfz-Übersetzverkehr, Autoreisezugverkehr und Gepäckverkehr.- [2] Schiffsverkehr und Fährverkehr. Die Strecke Puttgarden - Rodby wurde im April 1993, der Bodenseeverkehr 1996 ausgegliedert.- [3] 1991 bis 1993 Deutsche Bundesbahn und Deutsche Reichsbahn. Ohne Doppelzählungen im Wechselverkehr.- * Vorläufige Werte.

Deutsche Bundesbahn - Kombinierter Ladungsverkehr, Gleisanschlußverkehr

		1950	1955	1960	1965	1970	1975	1980	1985	1990
Kombinierter Ladungsverkehr[1]										
Beförderte Tonnen	1 000	.	.	.	.	.	.	.	1 887	26 012
Tonnenkilometer	Mio. tkm	.	.	.	.	.	.	.	11 098	12 136
Anzahl der Ladeeinheiten	1 000	.	.	.	.	.	.	1 079	1 412	2 087
Privatgleisanschlußverkehr										
Gleisanschlüsse	Anzahl	.	.	.	.	.	.	.	10 586	9 668
Beförderte Güterwagen	1 000	.	.	.	.	.	.	.	7 040	5 722
Beförderte Güter	Mio. t	.	.	.	.	.	.	.	244,7	215,3
2-seitig[2]	Mio. t	.	.	.	.	.	.	.	149,1	121,1
1-seitig[3]	Mio. t	.	.	.	.	.	.	.	95,6	94,2
Tariftonnenkilometer (Güter)	Mrd. tkm	.	.	.	.	.	.	.	46,2	39,8

[1] Huckepack- und Großcontainerverkehr (Container mit mehr als 2 m³ Inhalt bzw. ab 6 m Länge (20 Fuß und darüber). - [2] 2-seitig = Gleisanschluß im Versand und Empfang. - [3] 1-seitig = Gleisanschluß im Versand oder Empfang. - Daten in vergleichbarer Abgrenzung für Aufkommen und Leistung im Kombinierten Ladungsverkehr liegen erst ab 1984, Daten für den Gleisanschlußverkehr ab 1981 vor.

Deutsche Bahn AG[4] - Kombinierter Ladungsverkehr, Gleisanschlußverkehr

		1991	1992	1993	1994	1995	1996	1997	1998	1999*
Kombinierter Ladungsverkehr[1]										
Beförderte Tonnen	1 000	27 814	27 335	26 796	31 928	30 007	30 787	33 700	34 235	.
Tonnenkilometer	Mio. tkm	.	11 772	12 390	14 491	13 489	13 190	14 400	15 101	.
Anzahl der Ladeeinheiten	1 000	.	2 450	2 376	2 840	2 848	2 841	3 028	3 063	.
Privatgleisanschlußverkehr										
Gleisanschlüsse	Anzahl	.	13 629	13 026	11 913	11 111	9 264	7 524	7 024	6 252
Beförderte Güterwagen	1 000	.	.	4 449	4 693	4 562	.	.	.	.
Beförderte Güter	Mio. t	.	.	182,2	193,2	189,6	.	.	.	.
2-seitig[2]	Mio. t	.	.	95,2	94,4	92,0	.	.	.	.
1-seitig[3]	Mio. t	.	.	87,0	98,8	97,6	.	.	.	.
Tariftonnenkilometer (Güter)	Mrd. tkm	.	.	34,2	36,4	36,2	.	.	.	.

[1] Huckepack- und Großcontainerverkehr (Container mit mehr als 2 cbm Inhalt bzw. ab 6 m Länge (20 Fuß und darüber). - [2] 2-seitig = Gleisanschluß im Versand und Empfang. - [3] 1-seitig = Gleisanschluß im Versand oder Empfang.- [4] 1991 bis 1993 Deutsche Bundesbahn und Deutsche Reichsbahn. Ohne Doppelzählungen im Wechselverkehr.- * Vorläufige Werte.

Deutsche Bahn *
Erwerbstätige, Einnahmen

Jahr	Erwerbs-tätige[1]	Ein-nahmen[2]	darunter Personenverkehr[3]			Kraft-omnibus-verkehr[5]	Güter-verkehr[6]
			insgesamt	Schienen-verkehr[3]	darunter Ausgleichs-zahlungen des Bundes[4]		
	in 1 000			in Mio. DM			
1950[7]	530	3 950	1 255	1 223	-	32	2 450
1955[7]	498	6 050	1 748	1 646	-	102	3 910
1960	498	8 140	2 317	2 153	-	164	5 110
1965	465	9 130	2 869	2 595	120	274	5 440
1970	401	12 540	3 959	3 579	860	380	7 280
1975	421	16 960	6 803	6 190	2 489	613	8 240
1980	343	21 920	8 514	7 783	3 044	731	10 820
1985	297	23 450	10 085	8 725	3 256	1 360	10 880
1990	249	22 960	10 038	9 995	3 668	43	9 670
1991	451	34 940	13 945	13 945	6 117	-	12 890
1992	422	34 220	14 798	14 798	6 394	-	11 120
1993	365	32 660	15 895	15 895	7 145	-	9 610
1994	376	36 610	19 557	19 557	7 454	-	9 650
1995	350	37 370	20 433	20 433	7 282	-	9 000
1996	312	39 610	22 072	22 072	7 462	-	8 310
1997	293	38 390	23 802	23 802	7 800	-	8 230
1998	274	51 570	25 599	25 599	8 300	-	9 020
1999**	258	53 190	26 448	26 448	8 400	-	9 470

[1] Jahresdurchschnitt, einschl. Nachwuchskräfte.- [2] Betriebserträge (einschl. Mehrwertsteuer) und Ausgleichszahlungen des Bundes für Belastungen im Schienen-Personennah- und -fernverkehr, für die Erstattung von Fahrgeldausfällen nach dem Schwerbehindertengesetz, für Fahrgeldausfälle und Saldenausgleich im DB/DR-Verkehr (bis 1990), für die Aufrechterhaltung von Strecken, für den kombinierten Verkehr und den Betrieb und die Unterhaltung höhengleicher Kreuzungen mit Straßen aller Baulastträger. Ab 1998 einschl. Einnahmen aus Trassenvermietung.- [3] Einschl. Gepäckverkehr.- [4] Für den Schienenpersonennah- und -fernverkehr.- [5] Einschl. tarifliche Abgeltungszahlungen und Einnahmen aus dem freigestellten Schülerverkehr.- [6] Schienenverkehr (Wagenladungs-, Stückgut- und Expreßgutverkehr), Güterkraftverkehr und Schiffsverkehr.- [7] Ohne Saarland.- * Bis 1990 Deutsche Bundesbahn, 1991 - 1993 Deutsche Bundesbahn und Deutsche Reichsbahn. Bis 1990 ohne S-Bahn Berlin, ab 1991 einschl. S-Bahn Berlin (Ost). Ab 1994 Konzern der Deutschen Bahn.- **Vorläufige Werte.

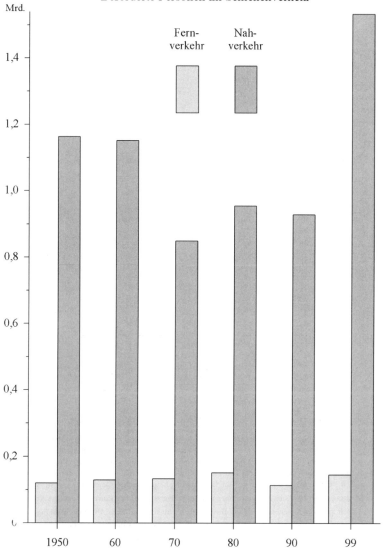

Deutsche Bahn
Beförderte Personen im Schienenverkehr

Daten siehe Seite 56/57 und Verkehr in Zahlen 1991

Nichtbundeseigene Eisenbahnen[1] - Streckenlänge, Fahrzeugbestand, Verkehrsleistungen
(bis 1955 ohne Saarland und Berlin-West)

		1950	1955	1960	1965	1970	1975	1980	1985	1990
Streckenlänge[2]										
Schienenverkehr[3]	1 000 km	6,3	6,1	5,3	4,6	3,6	3,2	3,1	3,1	3,0
dar. elektrifizierte Strecken	1 000 km	.	0,6	0,5	0,4	0,3	0,3	0,3	0,4	0,4
Kraftomnibusverkehr[4]	1 000 km	4,4	7,8	9,1	12,0	17,7	19,1	19,0	19,5	21,0
Fahrzeugbestand										
Schienenverkehr[3]										
Lokomotiven[5]	Anzahl	1 234	944	858	684	486	481	411	446	420
Dampf-	Anzahl	1 084	701	423	131	17	5	2	9	9
Diesel-	Anzahl	73	163	375	510	433	442	389	419	390
Elektro-	Anzahl	77	80	60	43	36	34	20	18	21
Triebwagen[5,6]	Anzahl	478	506	543	500	330	287	249	350	332
Personenwagen[7,8]	Anzahl	1 919	1 495	995	610	275	205	145	126	103
Gepäckwagen[8]	Anzahl	470	392	265	175	83	53	38	29	30
Güterwagen[8]	1 000	6,2	7,0	5,4	4,3	4,1	3,8	3,3	3,6	3,3
Kraftomnibusverkehr[4]										
Kraftomnibusse[9]	Anzahl	350	850	1 157	1 147	1 524	2 101	2 495	2 562	2 506
Platzkapazität	1 000	.	.	81	88	134	191	231	235	231
Wagenkilometer	Mio.	.	36	47	53	65	83	98	98	102
Verkehrsaufkommen										
Beförderte Personen	Mio.	214	238	222	208	226	257	268	268	295
Schienenverkehr	Mio.	187	164	118	90	69	64	60	86	129
Kraftomnibusverkehr	Mio.	27	74	104	118	157	193	208	182	166
Beförderte Tonnen	Mio. t	43	59	70	73	77	63	71	71	64
Schienenverkehr[10]	Mio. t	43	59	70	72	76	62	70	70	63
Güterkraftverkehr	Mio. t	.	.	0	1	1	1	0,7	0,5	0,5
Verkehrsleistung										
Personenkilometer	Mio. Pkm	1 830	2 240	2 180	2 005	2 216	2 537	2 659	2 747	2 898
Schienenverkehr	Mio. Pkm	1 590	1 520	1 140	865	667	605	509	744	1 028
Kraftomnibusverkehr	Mio. Pkm	240	720	1 040	1 140	1 549	1 932	2 150	2 003	1 870
Tarifkilometer	Mio. tkm	530	700	860	960	1 079	989	1 107	1 086	459
Schienenverkehr	Mio. tkm	530	700	840	910	1 024	924	1 057	1 040	415
Güterkraftverkehr	Mio. tkm	.	.	20	50	55	65	50	46	44

[1] Eisenbahnen des öffentlichen Verkehrs. Ab 1985 einschl. S-Bahn in Berlin (West), ab 1994 einschl. S-Bahn Berlin (Ost).- [2] Betriebslänge.- [3] Stand 31.12.-
[4] Stand 30.9. (Streckenlänge = Linienlänge).- [5] Einsatzbestand.- [6] Triebköpfe.- [7] Ohne Triebwagenanhänger zur Personenbeförderung (1990 = 175).-
Weitere Anmerkungen siehe folgende Seite.

Nichtbundeseigene Eisenbahnen[1] - Streckenlänge, Fahrzeugbestand, Verkehrsleistungen

		1991	1992	1993	1994	1995	1996	1997	1998	1999*
Streckenlänge[2]										
Schienenverkehr[3]	1 000 km	3,0	3,2	3,5	3,3	3,4	3,7	3,8	.	.
dar. elektrifizierte Strecken	1 000 km	0,4	0,4	0,4	0,4	0,4	0,4	0,4	.	.
Kraftomnibusverkehr[4]	1 000 km	21,5	21,5	21,8	21,9	21,7	21,1	22,2	22,9	.
Fahrzeugbestand										
Schienenverkehr[3]										
Lokomotiven[5]	Anzahl	429	424	465	464	474	.	.	.	.
Dampf-	Anzahl	14	11	26	33	40	.	.	.	.
Diesel-	Anzahl	392	391	416	410	413	.	.	.	.
Elektro-	Anzahl	23	22	23	21	21	.	.	.	.
Triebwagen[5)6]	Anzahl	301	326	497	1 198	1 137	1 013	.	.	.
Personenwagen[7)8]	Anzahl	101	104	110	171	226	.	.	.	.
Gepäckwagen[8]	Anzahl	30	31	31	37	46	.	.	.	.
Güterwagen[8]	1 000	3	3	3	3	3	.	.	.	.
Kraftomnibusverkehr[4]										
Kraftomnibusse[9]	Anzahl	2 504	2 522	2 592	2 571	2 560	2 498	2 504	2 643	2 707
Platzkapazität	1 000	228	225	238	231	234	229	234	239	244
Wagenkilometer	Mio.	104	104	105	106	105	105	105	110	118
Verkehrsaufkommen										
Beförderte Personen	Mio.	302	309	335	.	.	.	.	439	461
Schienenverkehr	Mio.	132	135	153	.	.	.	.	251	263
Kraftomnibusverkehr	Mio.	170	174	182	186	186	185	184	189	198
Beförderte Tonnen	Mio. t	59	57	55	57	50	52	52	47	40
Schienenverkehr[10]	Mio. t	58	56	54	47	49	51	52	47	40
Güterkraftverkehr	Mio. t	0,5	0,5	0,4	0,4	0,4	0,4	0,4	0,4	0,4
Verkehrsleistung										
Personenkilometer	Mio. Pkm	2 942	2 859	3 068	.	.	.	.	2 713	3 002
Schienenverkehr	Mio. Pkm	1 072	982	1 166	.	.	.	.	823	1 073
Kraftomnibusverkehr	Mio. Pkm	1 870	1 877	1 902	1 913	1 897	1 889	1 834	1 890	1 929
Tariftonnenkilometer	Mio. tkm	463	454	427	426	401	372	355	329	302
Schienenverkehr	Mio. tkm	419	410	387	386	360	330	314	287	260
Güterkraftverkehr	Mio. tkm	44	44	40	40	41	42	41	42	42

Beginn der Anmerkungen siehe vorige Seite.- [8] Eigentumsbestand. - [9] Ohne vermietete, einschl. angemietete Fahrzeuge. [10] Einschl. Wechselverkehr mit der Deutschen Bundesbahn (1998 = 30 Mio. t). - *Zum Teil vorläufige Werte.

Nichtbundeseigene Eisenbahnen[1]
Erwerbstätige, Einnahmen

Jahr	Erwerbs-tätige[2]	Ein-nahmen[3]	davon Personenverkehr			Güter-verkehr
			insgesamt	Schienen-verkehr[4]	Kraft-omnibus-verkehr[5]	
	in 1 000		in Mio. DM			
1950*	23	160	72	60	12	88
1955*	21	250	94	64	30	156
1960	20	330	107	58	49	223
1965	15	320	120	54	66	200
1970	13	400	144	48	96	256
1975	12	610	240	66	174	370
1980	11	810	360	98	262	450
1985	12	930	442	138	304	488
1990	14	1 030	530	210	320	480
1991	15	1 095	565	220	345	500
1992	15	1 080	605	240	365	445
1993	14	1 110	665	280	385	410
1994	14	1 165	690	300	390	440
1995	14	1 210	725	350	375	450
1996	14	1 260	760	370	390	460
1997	13	1 280	790	385	405	450
1998	13	1 270	800	390	410	430
1999**	13	1 300	830	410	420	425

[1] Eisenbahnen des öffentlichen Verkehrs. Ab 1985 einschl. S-Bahn in Berlin (West). Ohne ausgegliederte Unternehmen der Deutschen Bahn AG.- [2] Jahresdurchschnitt.- [3] Betriebserträge einschl. Beförderungs- und Umsatz- bzw. Mehrwertsteuer.- [4] Einschl. Ausgleichszahlungen des Bundes für Belastungen im sozialbegünstigten Personennahverkehr.- [5] Einschl. tarifliche Abgeltungszahlungen und Einnahmen aus dem freigestellten Schülerverkehr.- * Bis 1955 ohne Saarland.- ** Vorläufige Werte.

Binnenschiffahrt[1)]
Verkehrsleistungen, Erwerbstätige, Einnahmen

Jahr	Beförderte Tonnen[2)] in Mio.	Tonnenkilometer[3)] in Mrd.	dar. außerhalb der BRD	Erwerbstätige[4)] in 1 000	Einnahmen[5)] in Mio. DM	dar. aus Beförderungsleistungen[6)]
1950*	45,0	10,1	.	30	300	180
1955*	80,7	20,7	2,7	32	590	370
1960	103,4	27,7	3,6	32	790	500
1965	116,7	30,4	5,2	27	880	550
1970	137,5	35,5	7,5	18	1 480	900
1975	122,4	34,2	7,7	15	2 340	1 060
1980	126,4	35,7	8,0	12	2 950	1 480
1985	105,3	30,9	7,4	11	3 200	1 520
1990	102,7	31,9	7,2	9	2 710	1 340
1991	104,5	31,4	6,5	.	3 070	1 500
1992	102,9	31,1	6,4	11	2 920	1 500
1993	96,3	29,7	6,0	10	2 860	1 440
1994	101,6	31,7	6,9	9	2 780	1 290
1995	99,9	31,6	6,4	9	2 720	1 350
1996	92,7	29,3	6,1	9	2 890	1 310
1997	94,1	29,7	6,5	8	2 900	1 420
1998	95,7	30,9	6,9	8	2 730	1 310
1999**	91,8	29,7	6,5	8	2 520	1 280

[1)] Binnenflotte der Bundesrepublik.- [2)] Ab 1970 einschl. Seeverkehr der Binnenhäfen mit Häfen außerhalb des Bundesgebietes (1990 = 2,5 Mio. t).- [3)] Einschl. der Leistungen der Binnenflotte im Ausland, jedoch ohne Verkehr zwischen ausländischen Häfen, der nicht das Bundesgebiet berührt hat.-[4)] Jahresdurchschnitt.- [5)] Einschl. Beförderungs- und Umsatzsteuer bzw. Mehrwertsteuer.- [6)] Güter- und Tankschiffahrt 1999 = 950 Mio. DM, Personenschiffahrt 1999 = 330 Mio. DM. Ohne Doppelzählungen (Fremdfrachten) innerhalb des Verkehrsbereichs. - *Ohne Saarland und Berlin-West.- **Vorläufige Werte.

Binnenschiffahrt[1] - Fahrzeugbestand, Kapazitäten

(bis 1955 ohne Saarland und Berlin-West)

		1950	1955	1960	1965	1970	1975	1980	1985	1990
Frachtschiffe[2]	Anzahl	5 435	6 708	7 611	7 517	6 336	4 786	3 812	3 143	2 723
dar. Tanker	Anzahl	317	445	746	909	914	763	625	496	468
Tragfähigkeit	1 000 t	3 132	4 015	4 902	4 946	4 524	4 222	3 672	3 277	3 056
dar. Tanker	1 000 t	182	249	493	662	719	860	745	609	634
Motorschiffe[3]	Anzahl	1 958	3 094	4 622	5 664	5 190	3 967	3 190	2 616	2 207
dar. Tanker	Anzahl	145	281	565	739	747	638	534	430	409
Tragfähigkeit	1 000 t	636	1 364	2 424	3 387	3 448	3 245	2 825	2 554	2 337
dar. Tanker	1 000 t	69	152	385	561	612	732	649	546	557
Maschinenleistung	1 000 kW	236	543	1 018	1 411	1 443	1 391	1 211	1 094	997
dar. Tanker	1 000 kW	29	66	174	249	267	322	285	238	244
Schleppkähne[4]	Anzahl	3 477	3 614	2 959	1 731	927	419	213	128	98
dar. Tanker	Anzahl	172	164	181	163	145	65	36	29	22
Tragfähigkeit	1 000 t	2 496	2 651	2 448	1 430	766	331	154	90	65
dar. Tanker	1 000 t	113	97	108	94	76	34	15	12	8
Schubkähne-Schubleichter[5]	Anzahl	-	-	30	122	219	400	409	399	418
dar. Tanker	Anzahl	-	-	-	7	22	60	55	37	37
Tragfähigkeit	1 000 t	-	-	30	129	310	645	693	633	654
dar. Tanker	1 000 t	-	-	-	8	31	94	81	51	69
Schlepper[6]	Anzahl	918	834	798	654	395	289	245	178	165
Maschinenleistung	1 000 kW	236	235	212	174	103	73	56	40	37
Schubboote, Schub-Schleppboote	Anzahl	-	-	5	33	53	98	96	107	102
Maschinenleistung	1 000 kW	-	-	4	18	32	84	75	75	67
Schuten und Leichter	Anzahl	2 467	2 487	2 846	2 929	2 725	2 212	1 851	1 201	943
Tragfähigkeit	1 000 t	321	328	419	477	494	434	386	270	200
Fahrgastschiffe[7]	Anzahl	497	628	565	606	515	487	470	435	471
Personenkapazität	1 000	126	168	135	156	146	136	138	132	138

[1] Binnenflotte der Bundesrepublik: Stand 31. 12.- [2] Ohne Frachtschiffe mit einer Tragfähigkeit unter 20 t.- [3] Ohne Tanker-Bunkerboote.-
[4] Ohne Tanker-Bunkerboote.- [5] Ohne Trägerschiffsleichter.- [6] Ohne Hafenschlepper.- [7] Ohne Fahrgastkabinenschiffe sowie ohne Schiffe auf geschlossenen Gewässern.

Binnenschiffahrt[1] - Fahrzeugbestand, Kapazitäten

		1991	1992	1993	1994	1995	1996	1997	1998	1999
Frachtschiffe[2]	Anzahl	.	3 282	3 355	3 285	3 123	3 033	2 926	2 804	2 663
dar. Tanker	Anzahl	.	455	452	441	412	410	397	388	362
Tragfähigkeit	1 000 t	.	3 329	3 328	3 242	3 081	3 019	2 952	2 852	2 753
dar. Tanker	1 000 t	.	616	599	591	557	563	554	540	508
Motorschiffe[3]	Anzahl	.	2 094	2 064	1 972	1 833	1 756	1 653	1 574	1 466
dar. Tanker	Anzahl	.	395	387	383	355	354	342	332	307
Tragfähigkeit	1 000 t	.	2 257	2 211	2 132	2 008	1 955	1 878	1 796	1 707
dar. Tanker	1 000 t	.	546	528	526	496	501	492	476	448
Maschinenleistung	1 000 kW	.	957	937	903	856	734	807	779	750
dar. Tanker	1 000 kW	.	239	234	244	220	224	222	218	209
Schleppkähne[4]	Anzahl	.	95	115	108	97	90	87	84	74
dar. Tanker	Anzahl	.	21	18	17	17	15	14	14	12
Tragfähigkeit	1 000 t	.	62	70	65	57	54	53	52	48
dar. Tanker	1 000 t	.	8	7	6	6	5	5	5	3
Schubkähne-Schubleichter[5]	Anzahl	.	1 093	1 176	1 205	1 193	1 187	1 186	1 146	1 123
dar. Tanker	Anzahl	.	39	47	41	40	41	41	42	43
Tragfähigkeit	1 000 t	.	1 010	1 047	1 045	1 016	1 010	1 021	1 004	998
dar. Tanker	1 000 t	.	62	65	59	56	57	57	60	57
Schlepper[6]	Anzahl	.	156	162	157	153	145	129	130	127
Maschinenleistung	1 000 kW	.	34	35	34	32	30	26	27	27
Schubboote, Schub-Schleppboote	Anzahl	.	263	310	298	303	306	315	314	307
Maschinenleistung	1 000 kW	.	109	121	110	111	111	118	117	116
Schuten und Leichter	Anzahl	.	868	857	846	825	784	594	523	488
Tragfähigkeit	1 000 t	.	184	178	174	166	157	116	101	97
Fahrgastschiffe[7]	Anzahl	.	578	644	671	674	686	698	703	725
Personenkapazität	1 000	.	139	177	179	180	179	182	182	184

[1] Binnenflotte der Bundesrepublik: Stand 31. 12.- [2] Ohne Frachtschiffe mit einer Tragfähigkeit unter 20 t.- [3] Ohne Tanker-Bunkerboote (1999: 108 = 14 775 t Tragfähigkeit).- [4] Ohne Tanker-Bunkerboote (1999 : 0).- [5] Ohne Trägerschiffsleichter (1999: 121 = 94 260 t Tragfähigkeit). - [6] Ohne Hafenschlepper (1999 : 45 = 8 579 kW Maschinenleistung).- [7] Ohne Fahrgastkabinenschiffe (1999 : 18 = 2 049 Bettenkapazität sowie ohne Schiffe auf geschlossenen Gewässern (1999 : 160 = 38 702 Personenkapazität).

Binnenschiffahrt[1] - Abwrackungen von Binnenschiffen[2]

	1950	1955	1960	1965	1970	1975	1980	1985	1990
					Anzahl				
Frachtschiffe	-	-	-	-	484	160	164	89	221
Trockengüterschiffe	-	-	-	-	481	123	146	85	183
Tanker	-	-	-	-	3	37	18	4	38
Motorgüterschiffe	-	-	-	-	305	119	105	81	202
Trockengüterschiffe	-	-	-	-	304	92	96	78	171
Tanker	-	-	-	-	1	27	9	3	31
Schleppkähne	-	-	-	-	174	35	50	7	8
Trockengüterschiffe	-	-	-	-	172	27	42	6	7
Tanker	-	-	-	-	2	8	8	1	1
Schubkähne-Schubleichter[3]	-	-	-	-	5	6	9	1	11
Trockengüterschiffe	-	-	-	-	5	4	8	1	5
Tanker	-	-	-	-	-	2	1	-	6
Schlepper[4]	-	-	-	-	52	10	18	14	3
Schubboote, Schub-Schleppboote[4]	-	-	-	-	-	-	1	1	2
					Tragfähigkeit - in 1 000 t				
Frachtschiffe	-	-	-	-	228,7	111,7	84,3	46,2	167,4
Trockengüterschiffe	-	-	-	-	228,2	81,2	71,3	43,9	128,8
Tanker	-	-	-	-	0,5	30,5	13,0	2,3	38,5
Motorgüterschiffe	-	-	-	-	92,2	72,4	47,8	41,6	150,7
Trockengüterschiffe	-	-	-	-	92,2	50,3	39,3	39,6	115,0
Tanker	-	-	-	-	0,0	22,1	8,5	2,0	35,7
Schleppkähne	-	-	-	-	130,5	31,9	28,5	3,7	7,6
Trockengüterschiffe	-	-	-	-	130,0	25,3	25,0	3,4	7,4
Tanker	-	-	-	-	0,5	6,6	3,5	0,3	0,2
Schubkähne-Schubleichter[3]	-	-	-	-	6,0	7,5	8,0	0,9	9,1
Trockengüterschiffe	-	-	-	-	6,0	5,6	7,0	0,9	6,5
Tanker	-	-	-	-	-	1,9	1,0	-	2,6
Schlepper[4]	-	-	-	-	12,0	3,0	5,4	2,4	0,9
Schubboote, Schub-Schleppboote[4]	-	-	-	-	-	-	0,1	2,5	0,6

[1] Binnenflotte der Bundesrepublik.- [2] Gemäß der Verordnung über die Gewährung von Abwrackprämien in der Binnenschiffahrt (seit 1. 1. 1969).-
[3] Ohne Trägerschiffsleichter.- [4] Schlepper, Schubboote, Schub-Schleppboote: Maschinenleistung in 1 000 kW.

Binnenschiffahrt[1] - Abwrackungen von Binnenschiffen[2]

	1991	1992	1993	1994	1995	1996	1997	1998	1999	1992-1999
					Anzahl					
Frachtschiffe	.	50	26	40	92	26	78	84	29	425
Trockengüterschiffe		42	19	36	77	19	63	71	16	343
Tanker		8	7	4	15	7	15	13	13	82
Motorgüterschiffe		35	22	31	87	22	60	60	22	339
Trockengüterschiffe		28	16	27	72	16	46	48	12	265
Tanker		7	6	4	15	6	14	12	10	74
Schleppkähne		2	2	5	3	2	2	1	-	17
Trockengüterschiffe		1	1	5	3	1	1	1	-	13
Tanker		1	1	-	-	1	1	-	-	4
Schubkähne-Schubleichter[3]		13	2	4	2	2	16	23	7	69
Trockengüterschiffe		13	2	4	2	2	16	22	4	65
Tanker		-	-	-	-	-	-	1	3	4
Schlepper[4]	.	4	2	4	3	2	5	3	-	23
Schubboote, Schub-Schleppboote[4]	.	1	-	-	3	-	2	1	4	11
					Tragfähigkeit - in 1 000 t					
Frachtschiffe	.	39,4	17,5	28,0	71,1	17,5	56,6	70,5	24,7	325,3
Trockengüterschiffe		32,7	10,2	23,2	56,1	10,2	40,5	55,9	10,8	239,6
Tanker		6,7	7,2	4,8	15,1	7,2	16,1	14,6	13,9	85,5
Motorgüterschiffe		27,1	16,3	22,3	64,5	16,3	48,1	54,5	20,8	269,8
Trockengüterschiffe		20,6	9,2	17,5	49,5	9,2	32,6	40,3	8,1	186,9
Tanker		6,5	7,1	4,8	15,1	7,1	15,5	14,2	12,7	82,9
Schleppkähne		1,1	0,4	2,6	2,3	0,4	0,7	0,3	-	7,7
Trockengüterschiffe		0,9	0,2	2,6	2,3	0,2	0,1	0,3	-	6,5
Tanker		0,2	0,2	-	-	0,2	0,6	-	-	1,2
Schubkähne-Schubleichter[3]		11,2	0,8	3,1	4,4	0,8	7,8	15,8	4,0	47,8
Trockengüterschiffe		11,2	0,8	3,1	4,4	0,8	7,8	15,4	2,8	46,2
Tanker		-	-	-	-	-	-	0,4	1,2	1,6
Schlepper[4]	.	0,8	0,2	0,2	0,4	0,2	0,4	0,2	-	2,4
Schubboote, Schub-Schleppboote[4]	.	0,3	-	-	1,4	-	1,5	0,1	1,6	4,9

[1] Binnenflotte der Bundesrepublik.- [2] Gemäß der Verordnung über die Gewährung von Abwrackprämien in der Binnenschiffahrt (seit 1. 1. 1969).-
[3] Ohne Trägerschiffsleichter.- [4] Schlepper, Schubboote, Schub-Schleppboote: Maschinenleistung in 1 000 kW.

Binnenschiffahrt - Güterbeförderung nach Bundesländern

Jahr	Baden-Württemberg	Bayern	Berlin	Brandenburg	Bremen	Hamburg	Hessen	Mecklenb.-Vorpommern	Niedersachsen
					Insgesamt - in Mio. t				
1991	42,5	12,5	8,1	4,8	5,7	8,6	16,2	0,2	23,0
1992	43,3	14,0	8,0	4,7	5,8	8,6	16,1	0,2	23,1
1993	41,2	13,7	9,0	5,4	5,4	7,8	15,6	0,1	22,0
1994	40,7	14,1	8,8	5,0	5,6	9,4	16,3	0,2	23,4
1995	40,4	14,8	8,9	5,9	6,3	10,2	16,1	0,1	23,8
1996	40,4	12,4	7,5	5,5	5,7	9,2	16,3	0,2	19,6
1997	37,5	11,8	8,5	5,6	5,2	8,6	15,5	0,2	22,5
1998	36,6	13,1	6,2	4,5	5,1	9,6	14,9	0,2	23,7
1999	35,4	12,3	5,3	4,4	5,0	9,8	15,6	0,2	24,7
					- in vH -				
1991	14,9	4,4	2,9	1,7	2,0	3,0	5,7	0,1	8,1
1992	15,2	4,9	2,8	1,7	2,0	3,0	5,7	0,1	8,1
1993	15,3	5,1	3,4	2,0	2,0	2,9	5,8	0,0	8,2
1994	14,1	4,9	3,0	1,7	1,9	3,2	5,6	0,1	8,1
1995	13,9	5,1	3,1	2,0	2,2	3,5	5,5	0,0	8,2
1996	14,8	4,5	2,7	2,0	2,1	3,3	5,9	0,1	7,1
1997	13,4	4,2	3,1	2,0	1,9	3,1	5,5	0,1	8,1
1998	13,1	4,7	2,2	1,6	1,8	3,4	5,3	0,1	8,5
1999	13,1	4,6	2,0	1,6	1,8	3,6	5,8	0,1	9,1
					darunter: Einladungen - in Mio. t				
1991	19,5	5,0	2,3	2,8	2,2	4,0	2,9	0,1	9,6
1992	20,1	5,7	2,4	2,5	2,1	4,1	2,7	0,0	9,5
1993	19,5	5,4	2,9	2,4	2,0	3,9	2,6	0,0	9,2
1994	19,2	5,6	2,0	2,4	2,0	4,7	2,9	0,0	9,3
1995	18,4	5,5	2,3	2,7	2,4	5,6	3,0	0,0	9,3
1996	18,2	4,2	2,0	1,8	2,1	5,2	3,1	0,0	7,4
1997	16,3	4,1	2,7	2,3	2,1	5,5	2,7	0,0	9,4
1998	15,2	4,7	1,4	2,2	1,8	5,5	2,4	0,1	9,8
1999	15,8	4,5	1,0	2,4	1,7	5,2	2,4	0,1	10,6

Binnenschiffahrt - Güterbeförderung nach Bundesländern

Jahr	Nordrhein-Westfalen	Rheinland-Pfalz	Saarland	Sachsen	Sachsen-Anhalt	Schleswig-Holstein	Thüringen	Deutschland insgesamt
				Insgesamt - in Mio. t				
1991	124,1	28,5	3,9	0,2	3,0	3,6	-	284,8
1992	121,0	29,0	4,0	0,1	3,5	3,6	-	285,0
1993	111,0	26,4	4,1	0,2	3,3	4,0	-	269,1
1994	122,0	30,0	4,1	0,3	5,3	4,6	-	289,9
1995	121,1	28,1	3,7	0,6	6,6	4,5	-	291,1
1996	116,9	25,5	3,8	0,6	6,5	4,0	-	274,1
1997	123,5	25,9	3,4	0,5	6,8	3,6	-	279,2
1998	125,3	25,0	3,5	0,5	6,9	4,2	-	279,3
1999	118,1	24,9	3,2	0,4	7,2	4,2	-	270,8
				- in vH -				
1991	43,6	10,0	1,4	0,1	1,1	1,3	-	100
1992	42,4	10,2	1,4	0,0	1,2	1,3	-	100
1993	41,3	9,8	1,5	0,1	1,2	1,5	-	100
1994	42,1	10,3	1,4	0,1	1,8	1,6	-	100
1995	41,6	9,6	1,3	0,2	2,3	1,5	-	100
1996	42,6	9,3	1,4	0,2	2,4	1,5	-	100
1997	44,3	9,3	1,2	0,2	2,4	1,3	-	100
1998	44,9	9,0	1,3	0,2	2,5	1,5	-	100
1999	43,6	9,2	1,2	0,1	2,7	1,6	-	100
				darunter: Einladungen - in Mio. t				
1991	52,7	10,8	0,7	0,1	2,3	1,9	-	117,0
1992	51,1	11,9	0,8	0,1	2,5	1,9	-	117,5
1993	63,2	15,8	3,1	0,1	1,0	1,9	-	133,3
1994	47,8	10,6	0,9	0,1	2,2	2,1	-	111,9
1995	49,5	11,1	0,6	0,2	4,4	2,3	-	117,3
1996	48,1	9,5	0,9	0,1	4,3	2,2	-	109,1
1997	48,4	9,5	0,7	0,1	4,1	1,7	-	109,7
1998	46,7	8,9	0,7	0,2	4,6	2,4	-	106,6
1999	46,2	9,4	0,7	0,2	5,0	2,3	-	107,5

A 2

Binnenhäfen

(bis 1955 ohne Saarland und Berlin-West)

		1950	1955	1960	1965	1970	1975	1980	1985	1990
Öffentliche Binnenhäfen										
Güterumschlag	Mio. t	46,5	80,4	114,1	124,5	147,4	132,2	146,7	134,6	140,3
Erwerbstätige[1]	1 000	9	12	17	15	13	13	14	14	14
Einnahmen[2]	Mio. DM	50	80	130	160	230	160	220	280	340
Binnenhäfen insgesamt										
Güterumschlag[3]	Mio. t	101,2	181,1	257,5	288,0	333,5	294,8	310,6	274,2	275,8
dar. Einladungen	Mio. t	54,0	85,7	121,1	132,6	154,9	130,1	135,6	111,6	114,5
nach Wasserstraßengebieten										
Rheingebiet	Mio. t	61,0	111,6	164,7	190,4	236,2	210,6	215,9	190,4	198,3
dar. Einladungen	Mio. t	29,4	48,3	70,9	80,4	103,1	88,0	88,8	73,3	80,4
Westdeutsches Kanalgebiet	Mio. t	23,9	37,4	52,4	47,0	44,6	39,3	39,2	35,3	34,4
dar. Einladungen	Mio. t	16,8	22,3	31,3	27,4	23,5	19,3	19,2	15,3	14,5
Elbegebiet	Mio. t	5,2	10,4	11,9	15,7	19,3	16,1	17,6	14,1	13,9
dar. Einladungen	Mio. t	2,6	5,3	6,4	8,3	10,9	8,8	9,7	7,4	7,0
Mittellandkanalgebiet	Mio. t	4,2	8,0	11,8	13,7	12,0	11,3	11,9	12,1	12,7
dar. Einladungen	Mio. t	1,6	3,0	5,0	6,2	6,0	4,9	5,4	5,1	5,4
Wesergebiet	Mio. t	5,5	10,8	13,5	16,9	17,4	14,3	14,7	11,9	9,0
dar. Einladungen	Mio. t	2,4	4,9	5,8	8,0	8,9	7,3	7,1	5,7	4,4
Gebiet Berlin[4]	Mio. t	-	-	4,0	5,5	7,3	6,3	7,9	7,0	4,3
dar. Einladungen	Mio. t	-	-	0,4	0,4	0,5	1,3	3,4	3,1	1,4
Donaugebiet	Mio. t	1,4	2,9	3,2	4,3	4,0	3,2	3,4	3,3	3,2
dar. Einladungen	Mio. t	1,2	1,9	1,7	2,3	2,5	1,8	2,0	1,7	1,4
Gebiet Brandenburg/Binnengebiet Mecklenburg-Vorp.	Mio. t	-	-	-	-	-	-	-	-	-
dar. Einladungen	Mio. t	-	-	-	-	-	-	-	-	-
Küstengebiet Mecklenburg-Vorpommern	Mio. t	-	-	-	-	-	-	-	-	-
dar. Einladungen	Mio. t	-	-	-	-	-	-	-	-	-

[1] Jahresdurchschnitt.- [2] Lt. Umsatzsteuerstatistik; einschl. Mehrwertsteuer.- [3] Ohne Ortsverkehr.- [4] Berlin (West).

Binnenhäfen

		1991	1992	1993	1994	1995	1996	1997	1998	1999
Öffentliche Binnenhäfen										
Güterumschlag	Mio. t	140,0	142,1	136,9	143,7	143,3	137,3	137,2	135,5	127,1
Erwerbstätige	1 000	.	.	.	.	.	.	.	.	.
Einnahmen	Mio. DM	.	.	.	.	.	.	.	.	.
Binnenhäfen insgesamt										
Güterumschlag[1]	Mio. t	283,3	283,4	270,5	290,6	290,0	274,1	279,0	280,5	268,7
dar. Einladungen	Mio. t	115,4	115,9	113,1	120,4	116,2	109,1	109,6	107,8	107,4
nach Wasserstraßengebieten										
Rheingebiet	Mio. t	193,3	191,7	176,3	188,7	183,6	176,5	178,6	177,2	170,1
dar. Einladungen	Mio. t	76,2	76,3	72,0	77,0	71,6	68,1	66,3	63,4	64,2
Westdeutsches Kanalgebiet	Mio. t	33,9	36,4	34,1	36,6	36,2	35,7	36,9	39,3	35,3
dar. Einladungen	Mio. t	13,9	14,8	14,4	15,0	14,1	14,4	14,5	15,0	14,1
Elbegebiet	Mio. t	17,2	17,8	18,3	21,4	23,4	21,2	21,2	21,7	21,5
dar. Einladungen	Mio. t	8,3	8,6	8,9	11,3	12,1	11,3	11,9	12,6	12,0
Mittellandkanalgebiet	Mio. t	14,6	13,8	13,3	14,5	15,2	12,7	13,5	14,0	14,0
dar. Einladungen	Mio. t	6,7	6,0	5,6	5,9	6,3	5,3	5,2	5,3	5,8
Wesergebiet	Mio. t	11,0	11,3	10,9	11,0	11,9	10,4	10,8	11,2	12,0
dar. Einladungen	Mio. t	5,1	5,4	5,3	4,9	5,4	4,6	5,3	5,4	5,6
Gebiet Berlin	Mio. t	7,8	7,5	9,0	8,6	8,7	7,5	7,8	5,9	5,2
dar. Einladungen	Mio. t	2,0	1,9	2,8	1,8	2,1	2,0	2,0	1,1	0,8
Donaugebiet	Mio. t	2,8	2,5	6,0	6,7	7,2	6,4	6,1	7,2	6,6
dar. Einladungen	Mio. t	1,2	1,2	2,3	2,5	2,4	2,1	2,2	2,7	2,3
Gebiet Brandenburg/Binnen- gebiet Mecklenburg-Vorp.	Mio. t	2,6	2,2	2,4	2,9	3,6	3,5	4,0	3,7	3,8
dar. Einladungen	Mio. t	2,1	1,6	1,7	1,8	2,1	1,3	2,1	2,3	2,5
Küstengebiet Mecklenburg- Vorpommern	Mio. t	0,1	0,1	0,2	0,1	0,1	0,2	0,2	0,2	0,2
dar. Einladungen	Mio. t	0,0	0,0	0,0	0,0	0,0	0,0	0,0	0,1	0,1

[1] Ohne Ortsverkehr.

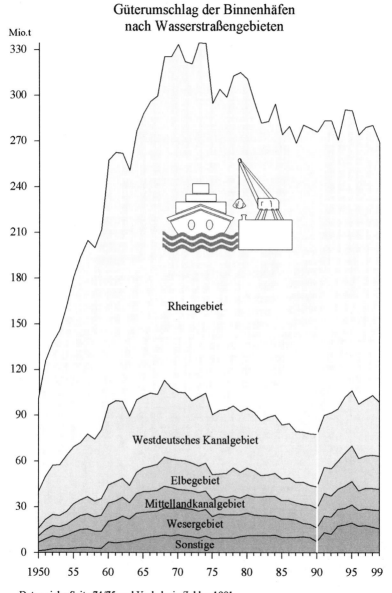

Daten siehe Seite 74/75 und Verkehr in Zahlen 1991

Schiffs- und Güterverkehr auf dem Nord-Ostsee-Kanal[1]

Jahr	Schiffsverkehr			dar. Handelsschiffe		Güterverkehr insgesamt	Richtung	
	in 1 000	dar. Transit	in Mio. BRT/ BRZ[2]	in 1 000	in Mio. BRT/ BRZ[2]	in Mio. t	West-Ost in Mio. t	Ost-West in Mio. t
1950	47,3	.	.	44,0	.	29,9	13,5	16,4
1955	62,9	.	56,7	56,4	55,8	46,6	23,5	23,1
1960	77,7	.	75,7	71,7	74,0	57,6	29,2	28,4
1965	85,0	.	80,0	76,7	77,8	60,0	29,6	30,4
1970	75,2	.	81,9	69,4	79,7	58,1	24,4	33,7
1975	68,5	.	77,9	54,8	75,5	51,2	23,3	27,9
1980	56,7	.	93,1	51,7	90,6	62,1	27,2	34,9
1985	48,4	36,1	94,0	44,0	92,0	65,7	26,1	39,7
1990	47,8	32,8	82,1	43,5	80,0	61,7	20,8	40,9
1991	45,0	31,9	76,6	41,2	74,8	59,2	19,7	39,5
1992	42,8	31,0	71,7	39,0	70,0	58,5	21,1	37,4
1993	43,3	30,9	70,3	39,4	68,7	57,7	20,6	37,2
1994	43,7	31,4	72,4	39,7	70,5	57,2	19,0	38,1
1995	43,4	30,4	69,5	39,4	67,7	55,2	19,0	36,2
1996	37,1	24,8	68,5	33,4	66,7	47,9	17,4	30,5
1997	36,9	24,8	86,6	33,3	84,6	49,3	18,4	30,8
1998	37,6	24,6	84,3	34,4	82,5	48,6	18,7	29,9
1999	35,5	.	80,2	32,0	78,3	46,0	17,5	28,5

[1] Abgabepflichtige Schiffe der Tarifgruppen A und B ohne Sport- und Kleinfahrzeuge (1998: 16 902 Fahrzeuge).- [2] Ab 1996 Bruttoraumzahl (BRZ). Für viele Schiffe ergibt sich durch die BRZ-Vermessung ein höheres Ergebnis als bei der BRT (Bruttoregistertonnen)-Zahl.

Seeschiffahrt - Handelsflotte

		1950	1955	1960	1965	1970	1975	1980	1985	1990
Bestand an Handelsschiffen[1)2)]										
Tonnage	Anzahl	1 737	2 311	2 331	2 439	2 537	1 535	1 477	1 383	907
Trockenfrachter	1 000 BRT/BRZ[8)]	770	2 898	4 738	5 732	8 435	8 686	7 604	5 286	4 360
Tonnage	Anzahl	1 595	2 115	2 118	2 203	2 270	1 265	1 211	1 125	732
Tonnage	1 000 BRT/BRZ	645	2 428	3 939	4 674	6 416	5 364	4 747	4 189	3 841
Tonnage	1 000 tdw	.	.	5 899	6 771	9 642	8 164	7 103	5 802	4 790
Tanker[2)]	Anzahl	38	99	103	120	133	140	120	115	67
Tonnage	1 000 BRT/BRZ	80	327	633	885	1 828	3 224	2 763	995	422
Tonnage	1 000 tdw	.	.	943	1 377	3 307	6 069	5 402	1 723	668
Schiffe für Personenbeförderung	Anzahl	104	97	110	116	134	130	146	143	108
Tonnage	1 000 BRT/BRZ	45	143	166	173	191	98	94	101	97
Verkehrsaufkommen[3)]										
Beförderte Tonnen	Mio. t	10,5	41,6	63,2	76,0	86,2	71,7	57,7	41,3	.
zwischen Häfen der Bundesrepublik	Mio. t	2,4	2,4	2,8	2,4	2,8	2,6	4,4	2,3	.
von und nach fremden Häfen	Mio. t	5,8	19,6	31,7	34,8	40,3	28,7	23,8	20,9	.
zwischen fremden Häfen - Crosstrade	Mio. t	2,3	19,6	28,7	38,8	43,1	40,4	29,5	18,2	.
Anteile der Einsatzbereiche[4)]										
Linienfahrt	vH	.	.	32	28	24	16	24	32	23
Trampfahrt	vH	.	.	51	51	49	49	41	39	42
Tankfahrt	vH	.	.	17	21	27	35	35	29	22
Verkehrsleistung[5)]										
Tonnenkilometer	Mrd. tkm	22	83	141	133	165	146	95	55	50
Erwerbstätige[6)]	1 000	10	29	47	44	48	32	28	23	16
Einnahmen[7)]										
Passagierfahrt	Mio. DM	180	1 540	2 534	3 527	5 014	6 870	8 276	9 254	7 819
Frachtfahrt	Mio. DM	0	30	109	126	181	132	151	159	258
Linienfahrt	Mio. DM	180	1 510	2 425	3 401	4 833	6 738	8 125	9 095	7 561
Tramp- und Tankfahrt	Mio. DM	.	.	1 388	1 723	2 238	3 593	3 929	4 747	4 270
	Mio. DM	.	.	1 037	1 678	2 595	3 145	4 196	4 348	3 291

[1)] Schiffe ab 100 BRT/BRZ(1950 und 1955 ab 50 m³); Stand 31. 12. Schiffe unter der Flagge der Bundesrepublik, bis 1970 einschl. Schiffe der bundesdt. Reedereien unter fremder Flagge (1999: 1133 = 13 388 Tsd. BRZ).- [2)] Ohne Tanker-Bunkerboote (1999: 16 = 3 Tsd. BRZ),- [3)] Einschl. Fährverkehr. Ohne die Güterbeförderung der auf Zeit ins Ausland vercharterten Handelsschiffe unter der Flagge der Bundesrepublik im Verkehr zwischen fremden Häfen. Ohne Eigengewichte der Reise- und Transportfahrzeuge, Container, Trailer, Trägerschiffsleichter.- Weitere Anmerkungen siehe folgende Seite.

Seeschiffahrt - Handelsflotte

		1991	1992	1993	1994	1995	1996	1997	1998	1999*
Bestand an Handelsschiffen[1)2)]										
Tonnage	Anzahl	1 035	927	854	807	757	733	752	831	717
	1 000 BRT/BRZ[8)]	5 619	5 097	4 915	5 370	5 279	5 595	6 542	8 011	6 450
Trockenfrachter	Anzahl	841	739	660	617	570	552	588	671	544
Tonnage	1 000 BRT/BRZ	5 065	4 641	4 453	4 919	4 894	5 331	6 347	7 827	6 329
Tonnage	1 000 tdw	6 354	5 676	5 558	.	5 828	6 326	.	.	.
Tanker[2)]	Anzahl	74	59	62	55	51	45	32	31	41
Tonnage	1 000 BRT/BRZ	434	336	342	331	264	264	195	184	121
Tonnage	1 000 tdw	685	.	.	.	.	.	.	.	.
Schiffe für Personenbeförderung	Anzahl	120	129	132	135	136	136	132	129	132
Tonnage	1 000 BRT/BRZ	120	121	121	120	121	159	101	85	86
Verkehrsaufkommen[3)]										
zwischen Häfen der Bundesrepublik	Mio. t	2,4	4,4	3,3	3,2	3,4	3,5	3,8	3,7	4,9
von und nach fremden Häfen	Mio. t	24,3	23,8	24,7	27,1	27,2	25,5	25,8	24,9	27,9
Anteile der Einsatzbereiche[4)]										
Linienfahrt	vH	27	27	25	.	.	.	.	.	.
Trampfahrt	vH	40	43	49	.	.	.	.	.	.
Massengutfahrt	vH	14	11	10	.	.	.	.	.	.
Tankfahrt	vH	19	18	17	.	.	.	.	.	.
Verkehrsleistung[5)]										
Tonnenkilometer	Mrd. tkm	.	.	.	.	.	.	.	.	.
Erwerbstätige[6)]	1 000	21	19	18	16	15	14	15	14	12
Einnahmen[7)]										
Passagierfahrt	Mio. DM	8 109	8 121	9 024	9 849	10 248	11 072	12 431	12 174	13 012
Frachtfahrt	Mio. DM	252	272	480	528	697	689	607	.	.
Linienfahrt	Mio. DM	7 857	7 849	8 544	9 321	9 551	10 383	11 824	12 174	13 012
Tramp- und Tankfahrt	Mio. DM	4 417	4 639	4 930	5 422	5 250	5 619	6 298	6 224	7 193
	Mio. DM	3 440	3 210	3 614	3 899	4 301	4 764	5 526	5 950	5 819

Beginn der Anmerkungen siehe vorige Seite.- [4)] Ohne Küstenschiffe. Bis 1980 Handelsschiffe, eingetragen in deutschen Seeschiffsregistern bzw. eingesetzt unter deutscher Flagge. Ab 1985 Seeschiffe deutscher Reedereien, einschl. der Schiffe unter ausländischer Flagge.- [5)] Nur Verkehr zwischen den Häfen der Bundesrepublik, sowie von und nach fremden Häfen. Einschl. Fährverkehr.- [6)] Bordpersonal. Jahresdurchschnitt.- [7)] Einschl. Mehrwertsteuer.- [8)] Bis 1993 Bruttoregistertonnen (BRT), ab 1994 Bruttoraumzahl (BRZ).- * Zum Teil vorläufige Werte.

Seehäfen - Güterumschlag, Erwerbstätige, Einnahmen

		1950	1955	1960	1965	1970	1975	1980	1985	1990
Güterumschlag insgesamt[1]	Mio. t	27,4	53,7	79,4	101,1	134,6	135,0	159,0	141,4	145,6
Massengut	Mio. t	.	.	55,9	74,8	101,1	101,7	116,1	90,1	82,0
Stückgut	Mio. t	.	.	23,5	26,3	33,5	33,3	42,9	51,3	63,6
Nordseehäfen	Mio. t	25,1	49,3	74,3	94,7	124,0	124,4	146,6	124,4	123,6
dar. Hamburg	Mio. t	11,0	24,0	30,8	35,2	46,8	47,5	60,7	56,9	56,8
dar. Sack- und Stückgut	Mio. t	4,2	8,7	11,1	12,2	11,2	12,9	16,4	18,8	24,6
Bremen-Bremerhaven	Mio. t	5,9	12,0	15,1	17,5	23,1	21,0	25,4	27,7	27,7
dar. Sack- und Stückgut	Mio. t	.	5,9	8,3	9,3	13,8	11,5	15,0	16,3	16,9
Bremen Stadt	Mio. t	5,5	10,8	13,4	12,7	15,5	13,7	15,0	15,3	13,4
Bremerhaven	Mio. t	0,4	1,2	1,7	4,8	7,6	7,3	10,4	12,4	14,3
Wilhelmshaven	Mio. t	0,1	0,1	10,5	18,5	22,3	23,7	32,0	17,1	15,9
Emden	Mio. t	5,0	7,5	10,3	11,5	15,2	10,7	7,1	3,6	1,8
Brunsbüttel	Mio. t	0,2	0,5	1,4	2,6	3,5	5,8	5,5	5,4	7,3
Nordenham	Mio. t	1,4	2,4	2,4	3,4	4,2	5,3	5,1	2,8	2,3
Brake	Mio. t	0,8	1,7	1,6	2,0	4,2	4,0	4,2	4,0	4,5
Cuxhafen	Mio. t	0,0	0,1	0,2	0,3	0,3	0,3	0,4	0,4	0,9
Ostseehäfen	Mio. t	2,3	4,4	5,1	6,4	10,6	10,6	12,4	17,0	22,0
dar. Lübeck	Mio. t	1,5	2,9	3,0	3,5	5,7	5,6	6,4	9,9	12,3
Puttgarden	Mio. t	-	-	-	1,1	2,4	2,1	2,9	3,6	5,0
Kiel	Mio. t	0,4	0,8	1,0	0,9	1,2	1,3	1,3	1,7	2,9
Flensburg	Mio. t	0,2	0,4	0,5	0,4	0,6	0,7	0,7	0,8	0,7
Rendsburg	Mio. t	0,1	0,2	0,3	0,2	0,6	0,6	0,5	0,5	0,6
Außerdem Eigengewichte der Reise- und Transportfahrzeuge[2]	Mio. t	0,2	0,9	1,7	4,4	6,3	9,3	12,5	16,5	32,5
Erwerbstätige[3]	1 000	16	22	27	28	26	26	25	24	23
Einnahmen[4]	Mio. DM	150	320	470	530	790	1 830	2 400	2 530	2 680

[1] Ohne Eigengewichte der Reise- und Transportfahrzeuge, Container, Trailer, Trägerschiffsleichter.- [2] Sowie Container, Trailer, Trägerschiffsleichter.- [3] Jahresdurchschnitt.- [4] Lt. Umsatzsteuerstatistik; einschl. Mehrwertsteuer.

Seehäfen - Güterumschlag, Erwerbstätige, Einnahmen

		1991	1992	1993	1994	1995	1996	1997	1998	1999*
Güterumschlag insgesamt[1]	Mio. t	163,9	182,8	184,0	196,5	204,3	206,0	213,3	217,4	221,6
Massengut[4]	Mio. t	95,8	108,0	107,9	114,1	116,6	117,5	120,7	125,3	122,6
Stückgut	Mio. t	68,1	74,8	76,2	82,3	87,7	88,5	92,6	92,1	99,0
Nordseehäfen	Mio. t	129,5	143,0	141,8	149,1	152,1	153,3	162,0	169,4	171,5
dar. Hamburg	Mio. t	60,3	59,9	60,3	62,5	66,0	64,5	69,6	66,9	73,4
dar. Sack- und Stückgut	Mio. t	25,4	28,2	29,8	32,2	.	.	.	33,1	36,6
Bremen-Bremerhaven	Mio. t	28,1	27,3	25,6	27,9	28,5	28,4	30,6	30,9	31,6
dar. Sack- und Stückgut	Mio. t	17,6	16,8	16,6	17,6	.	.	.	20,5	22,7
Bremen Stadt	Mio. t	14,1	13,6	13,4	14,6	14,2	13,8	14,0	13,7	11,5
Bremerhaven	Mio. t	14,0	13,6	12,2	13,3	14,3	14,6	16,6	17,1	20,1
Wilhelmshaven	Mio. t	17,8	31,6	32,7	34,5	33,1	36,1	36,4	44,0	39,7
Emden	Mio. t	2,0	1,7	1,6	2,0	2,2	2,4	2,6	2,9	3,3
Brunsbüttel	Mio. t	7,4	7,8	7,9	7,3	7,5	7,7	7,4	7,8	7,3
Nordenham	Mio. t	2,6	3,3	2,2	2,3	2,3	1,8	2,5	2,0	2,6
Brake	Mio. t	4,3	4,6	4,2	4,3	4,1	4,3	4,3	4,7	5,0
Ostseehäfen	Mio. t	34,4	39,8	42,2	47,3	52,2	52,7	51,3	47,9	50,2
dar. Rostocker Häfen[2]	Mio. t	9,7	10,0	11,7	14,3	16,2	16,7	16,8	15,4	17,4
Lübeck	Mio. t	11,3	12,3	12,5	13,9	15,0	15,0	16,8	17,4	17,5
Puttgarden	Mio. t	5,5	5,4	6,5	7,0	9,7	8,9	5,8	3,9	3,8
Kiel	Mio. t	3,4	2,6	2,5	2,6	3,3	3,7	3,6	2,9	2,7
Saßnitz	Mio. t	.	2,5	2,9	3,1	2,5	2,4	2,6	2,9	2,9
Wismar	Mio. t	2,1	2,0	1,8	1,8	1,9	2,0	2,0	1,8	2,4
Außerdem Eigengewichte der Reise- und Transportfahrzeuge[3]	Mio. t	25,6	28,6	28,6	29,9	31,5	32,3	32,8	32,5	34,1
Erwerbstätige	1 000	.	.	.	.	.	.	.	.	.
Einnahmen	Mio. DM	.	.	.	.	.	.	.	.	.

[1] Ohne Eigengewichte der Reise- und Transportfahrzeuge, Container, Trailer, Trägerschiffsleichter.- [2] Rostock, Warnemünde, Petersdorf.- [3] Sowie Container, Trailer, Trägerschiffsleichter.- [4] Ab 1992 nur unverpacktes Massengut.- *Zum Teil vorläufige Werte.

Seehäfen - Güterversand und Güterempfang

		1950	1955	1960	1965	1970	1975	1980	1985	1990
Güterversand[1]	Mio. t	11,8	16,8	18,9	20,0	25,3	31,6	40,0	46,9	46,1
ausgewählter Häfen										
Hamburg	Mio. t	3,6	7,4	7,8	8,5	10,8	13,6	16,7	19,9	19,7
Bremen-Bremerhaven	Mio. t	3,1	4,9	6,2	5,9	7,3	7,5	9,3	11,6	10,0
Emden	Mio. t	2,9	1,8	2,1	1,8	2,3	2,1	1,4	1,3	0,9
nach Häfen außerhalb der BRD	Mio. t	9,9	15,3	16,5	18,0	22,5	28,0	38,5	44,5	46,7
dar. unter Flagge der BRD	vH	27	48	49	48	39	27	24	20	20
europäische Häfen	Mio. t	7,7	9,4	10,4	11,1	12,8	16,7	23,4	25,0	26,5
außereuropäische Häfen[2]	Mio. t	2,2	5,9	6,1	6,9	9,7	11,3	15,1	19,5	20,2
Anteile der Einsatzarten										
Linienfahrt	vH	.	.	41	52	52	45	48	50	60
Trampfahrt	vH	.	.	47	36	40	42	36	38	28
Tankfahrt	vH	.	.	12	12	8	13	16	12	12
Güterempfang[1]	Mio. t	15,6	36,8	60,5	81,1	109,3	103,4	119,0	94,5	99,5
dar. Erdöl	Mio. t	1,7	5,2	19,8	29,9	39,1	37,4	39,2	20,5	21,6
ausgewählter Häfen										
Hamburg	Mio. t	7,4	16,5	23,0	26,7	36,0	33,9	44,0	37,0	37,0
Bremen-Bremerhaven	Mio. t	2,8	7,1	8,9	11,6	15,8	13,5	16,1	16,1	17,7
Wilhelmshaven	Mio. t	0,0	0,0	10,5	18,5	22,3	23,2	28,2	15,8	15,5
Emden	Mio. t	2,1	5,7	8,2	9,7	12,9	8,6	5,7	2,3	0,9
von Häfen außerhalb der BRD	Mio. t	13,5	35,2	57,8	78,6	106,3	99,8	114,0	91,9	97,5
dar. unter Flagge der BRD	vH	24	35	35	28	25	18	13,0	13,0	12
europäische Häfen	Mio. t	5,9	12,7	17,5	23,3	43,7	39,6	51,3	52,0	61,4
außereuropäische Häfen[2]	Mio. t	7,6	22,5	40,3	55,3	62,6	60,2	62,7	39,9	36,1
Anteile der Einsatzarten										
Linienfahrt	vH	.	.	17	17	13	11	13	17	26
Trampfahrt	vH	.	.	43	39	41	42	44	47	39
Tankfahrt	vH	.	.	40	44	46	47	43	36	36

[1] Ohne Eigengewichte der Reise- und Transportfahrzeuge, Container, Trailer, Lash-Leichter.- [2] Einschl. nichtermittelte Länder.

Seehäfen - Güterversand und Güterempfang

		1991	1992	1993	1994	1995	1996	1997	1998	1999*
Güterversand[1]	Mio. t	51,0	60,2	61,0	68,1	71,3	72,7	72,9	72,5	78,5
ausgewählter Häfen										
Hamburg	Mio. t	20,6	21,0	21,3	23,8	24,8	24,0	25,0	25,4	28,1
Bremen-Bremerhaven	Mio. t	10,1	9,7	9,7	10,8	10,9	10,8	11,4	11,6	12,7
Rostock	Mio. t	3,2	3,2	4,9	6,5	7,2	8,3	7,8	5,9	7,1
nach Häfen außerhalb der BRD	Mio. t	48,5	55,5	57,5	65,0	68,4	69,1	69,1	69,0	73,9
dar. unter Flagge der BRD	vH	.	18	18	19	17	16	17	17	21
europäische Häfen	Mio. t	26,6	33,3	32,7	36,5	39,8	40,4	41,3	41,0	40,5
außereuropäische Häfen[2]	Mio. t	21,9	22,2	24,8	28,5	28,6	28,7	27,7	28,0	33,4
Anteile der Einsatzarten										
Linienfahrt	vH	.	.	.	.	.	.	.	.	.
Trampfahrt	vH	.	.	.	.	.	.	.	.	.
Tankfahrt	vH	.	.	.	.	.	.	.	.	.
Güterempfang[1]	Mio. t	112,8	122,6	123,0	128,3	133,0	133,3	140,5	144,9	143,1
dar. Erdöl	Mio. t	.	31,9	32,8	33,9	32,5	35,3	35,0	41,9	35,3
ausgewählter Häfen										
Hamburg	Mio. t	39,7	38,9	39,1	38,7	41,2	40,5	44,6	43,5	45,3
Bremen-Bremerhaven	Mio. t	18,0	17,6	15,8	17,0	17,6	17,7	19,2	19,3	18,9
Wilhelmshaven	Mio. t	17,1	24,9	26,0	27,6	25,7	28,6	28,3	35,0	30,0
Rostock	Mio. t	6,8	6,8	6,9	7,8	9,0	8,3	9,0	9,5	10,3
von Häfen außerhalb der BRD	Mio. t	109,7	117,9	119,3	124,8	128,9	129,5	136,2	140,7	137,7
dar. unter Flagge der BRD	vH	.	12	12	12	11	11	10	9	14
europäische Häfen	Mio. t	70,4	78,9	84,3	89,6	91,7	92,8	94,8	97,5	94,0
außereuropäische Häfen[2]	Mio. t	39,3	39,0	35,0	35,2	37,1	36,7	41,4	43,2	43,7
Anteile der Einsatzarten										
Linienfahrt	vH	.	.	.	.	.	.	.	.	.
Trampfahrt	vH	.	.	.	.	.	.	.	.	.
Tankfahrt	vH	.	.	.	.	.	.	.	.	.

[1] Ohne Eigengewichte der Reise- und Transportfahrzeuge, Container, Trailer, Lash-Leichter.- [2] Einschl. nichtermittelte Länder.- * Zum Teil vorläufige Werte.

Seehäfen - Containerverkehr

	1950	1955	1960	1965	1970	1975	1980	1985	1990
Beladene und leere Container - in 1 000									
Containerumschlag[1]	.	.	.	.	172,8	515,2	1 112,3	1 635,2	2 450,0
dar. Bremen-Bremerhaven	.	.	.	.	112,1	246,3	451,8	644,7	778,0
Hamburg	.	.	.	.	60,6	268,8	616,7	914,3	1 478,6
Versand	.	.	.	.	92,4	272,0	559,0	822,2	1 200,0
dar. Bremen-Bremerhaven	.	.	.	.	56,4	131,0	236,9	345,7	414,0
Hamburg	.	.	.	.	36,0	140,9	299,5	439,1	701,1
Empfang	.	.	.	.	80,4	243,3	553,3	813,0	1 250,0
dar. Bremen-Bremerhaven	.	.	.	.	55,8	115,2	214,9	298,9	364,0
Hamburg	.	.	.	.	24,6	128,0	317,2	475,1	777,4
Beladene Container - Gewicht der Ladung in 1 000 t									
Containerumschlag[1)2)]	.	.	.	.	1 613	4 582	10 502	16 220	26 332
dar. Bremen-Bremerhaven	.	.	.	.	1 079	2 443	4 596	6 600	8 918
Hamburg	.	.	.	.	534	2 138	5 559	8 924	16 160
Versand	.	.	.	.	898	2 204	5 399	9 458	14 180
dar. Bremen-Bremerhaven	.	.	.	.	556	1 219	2 471	4 204	5 090
Hamburg	.	.	.	.	342	985	2 728	4 904	8 493
Empfang	.	.	.	.	716	2 378	5 103	6 762	12 152
dar. Bremen-Bremerhaven	.	.	.	.	523	1 225	2 125	2 456	3 828
Hamburg	.	.	.	.	192	1 152	2 831	4 020	7 667

[1] Container (ohne Trailer) von 20 Fuß und darüber.- [2] Ohne Verkehr zwischen Häfen der Bundesrepublik sowie ohne Container auf Lastkraft- oder Eisenbahnwagen im Fährverkehr.

Seehäfen - Containerverkehr

	1991	1992	1993	1994	1995	1996	1997	1998	1999
	\multicolumn{9}{c}{Beladene und leere Container - in 1 000 TEU [2]}								
Containerumschlag [1]	3 731	3 835	4 114	4 559	4 553	4 948	5 305	5 402	5 446
dar. Bremen-Bremerhaven	1 277	1 315	1 352	1 503	1 445	1 532	1 705	1 738	2 097
Hamburg	2 175	2 247	2 467	2 721	2 872	3 042	3 337	3 467	3 620
Versand	1 863	1 897	2 059	2 255	2 235	2 447	2 651	2 674	2 897
dar. Bremen-Bremerhaven	672	683	705	786	750	799	898	913	1 087
Hamburg	1 068	1 088	1 216	1 314	1 380	1 475	1 621	1 667	1 741
Empfang	1 868	1 937	2 055	2 305	2 319	2 500	2 654	2 728	2 549
dar. Bremen-Bremerhaven	605	633	647	717	695	733	807	825	1 009
Hamburg	1 107	1 159	1 251	1 407	1 493	1 567	1 716	1 800	1 879
	\multicolumn{9}{c}{Beladene Container - Gewicht der Ladung in 1 000 t}								
Containerumschlag [1][3]	28 407	29 706	34 123	38 228	40 114	41 419	43 812	43 865	49 763
dar. Bremen-Bremerhaven	9 474	9 877	10 388	11 830	12 736	12 583	13 586	13 865	15 507
Hamburg	17 677	18 594	21 028	23 345	24 357	25 824	28 054	28 434	31 701
Versand	15 081	15 697	18 280	20 331	21 184	21 707	23 401	22 764	26 234
dar. Bremen-Bremerhaven	5 264	5 398	5 909	6 728	7 213	6 942	7 675	7 810	8 251
Hamburg	9 193	9 725	11 132	12 191	12 613	13 286	14 589	14 082	16 091
Empfang	13 326	14 009	15 843	17 897	18 930	19 713	20 410	21 101	23 529
dar. Bremen-Bremerhaven	4 211	4 479	4 479	5 102	5 523	5 641	5 912	6 055	7 256
Hamburg	8 484	8 869	9 896	11 154	11 744	12 538	13 465	14 352	15 610

[1] Container (ohne Trailer) von 20 Fuß und darüber.- [2] Twenty-Feet-Equivalent-Unit.- [3] Ohne Verkehr zwischen Häfen der Bundesrepublik sowie ohne Container auf Lastkraftwagen oder Eisenbahnwagen im Fährverkehr.

Öffentlicher Straßenpersonenverkehr[1] - Streckenlänge, Fahrzeugbestand, Kapazitäten

(Bis 1955 ohne Saarland und Berlin-West)

		1950	1955	1960	1965	1970	1975	1980	1985	1990
Streckenlänge[2]										
Stadtschnellbahnen[3]	km	81	81	139	163	191	256	325	425	588
Straßenbahnen[4]	km	4 100	3 239	3 018	2 414	1 962	1 759	1 603	1 477	1 309
Obusverkehr	km	403	671	708	448	144	56	58	40	40
Kraftomnibusverkehr[5]										
Kommunale Unternehmen[6]	1 000 km	13,3	19,1	23,9	33,5	49,5	56,4	76,9	99,8	226,2
Private Unternehmen	1 000 km	118,9	112,3	162,7	242,1	391,7	385,5	336,2	294,1	277,4
Fahrzeugbestand										
Stadtschnellbahnwagen[2]	Anzahl	380	463	1 420	1 527	1 628	1 988	2 445	3 009	3 477
Triebwagen	Anzahl	380	463	1 052	1 259	1 536	1 965	2 445	3 009	3 477
Anhänger	Anzahl	-	-	368	268	92	23	-	-	-
Straßenbahnwagen[2]	Anzahl	10 183	11 764	11 739	8 968	6 636	5 275	4 355	3 469	2 854
Triebwagen	Anzahl	.	.	6 228	5 208	4 315	3 756	3 252	2 723	2 285
Anhänger	Anzahl	.	.	5 511	3 760	2 321	1 519	1 103	746	569
Obusse[2][7]	Anzahl	442	928	1 022	595	204	115	106	101	78
Kraftomnibusse[2][7]										
Kommunale Unternehmen[6]	1 000	3,0	5,0	8,2	10,7	13,4	16,0	19,2	19,1	30,7
Private Unternehmen	1 000	8,8	10,5	15,3	18,4	20,6	26,8	31,5	33,5	34,1
Taxis und Mietwagen[8]	1 000	16,0	24,2	27,3	40,7	44,2	47,9	57,0	58,7	65,0
Platzkapazität[2]										
Stadtschnellbahnen	1 000	.	.	152	222	240	317	421	555	666
Straßenbahnen	1 000	.	.	1 045	999	881	790	742	601	519
Obusverkehr	1 000	.	.	77	58	23	13	15	15	9
Kraftomnibusverkehr										
Kommunale Unternehmen[6]	1 000	.	.	670	975	1 355	1 614	1 906	1 955	3 036
Private Unternehmen	1 000	.	.	620	867	1 209	1 733	2 071	2 158	2 121

[1] Kommunale und gemischtwirtschaftliche sowie private Unternehmen; einschl. Taxis und Mietwagen. Ohne Kraftomnibusverkehr der Eisenbahnen und der Deutschen Bundespost.- [2] Stand:30. 9.- [3] U-Bahn, Hoch- und Schwebebahnen sowie Straßenbahnen mit überwiegend vom Individualverkehr unabhängiger Gleisführung und mit Einrichtungen zur automatischen Zugbeeinflussung.- Weitere Anmerkungen siehe folgende Seite.

Öffentlicher Straßenpersonenverkehr[1] - Streckenlänge, Fahrzeugbestand, Kapazitäten

		1991	1992	1993	1994	1995	1996	1997	1998	1999*
Streckenlänge[2]										
Stadtschnellbahnen[3]	km	679	766	777	828	854	881	909	942	958
Straßenbahnen[4]	km	2 267	2 153	2 106	2 067	2 077	2 086	2 057	2 119	2 124
Obusverkehr	km	68	69	92	112	97	97	97	98	98
Kraftomnibusverkehr[5]										
Kommunale Unternehmen[6]	1 000 km	453,0	375,5	386,8	385,5	360,5	348,5	350,2	355,9	374,7
Private Unternehmen	1 000 km	326,3	338,1	348,1	391,7	357,0	350,3	450,9	454,9	471,2
Fahrzeugbestand										
Stadtschnellbahnwagen[2]	Anzahl	3 897	3 933	4 048	3 912	4 079	4 302	4 289	4 308	4 341
Straßenbahnwagen[2]										
Triebwagen	Anzahl	7 373	7 706	6 729	6 417	6 186	6 063	5 676	5 335	5 159
Anhänger	Anzahl	5 500	5 967	5 177	5 059	4 957	4 995	.	4 570	4 431
Obusse[2]	Anzahl	1 873	1 739	1 552	1 358	1 229	1 068	.	765	728
Kraftomnibusse[2)7]	Anzahl	132	139	129	122	97	100	93	90	90
Kommunale Unternehmen[6]	1 000	42,1	41,3	41,2	41,4	41,1	41,7	42,0	41	42
Private Unternehmen	1 000	36,3	36,8	37,2	38,4	38,4	38,0	38,7	39,3	39,4
Taxis und Mietwagen[8]	1 000	72,0	72,4	73,0	72,5	72,0	71,5	.	.	.
Platzkapazität[2]										
Stadtschnellbahnen	1 000	679	649	660	585	613	548	545	553	562
Straßenbahnen	1 000	914	862	756	729	716	673	660	640	631
Obusverkehr	1 000	18	16	16	14	12	13	12	11	11
Kraftomnibusverkehr										
Kommunale Unternehmen[6]	1 000	3 953	3 791	3 771	3 827	3 787	3 508	3 838	3 810	3 931
Private Unternehmen	1 000	2 279	2 302	2 343	2 446	2 444	2 442	2 492	2 051	2 559

Beginn der Anmerkungen siehe vorige Seite.- [4] Ohne Straßenbahnen mit überwiegend vom Individualverkehr unabhängiger Gleisführung und mit Einrichtungen zur automatischen Zugbeeinflussung.- [5] Linienlänge.- [6] Einschl. gemischtwirtschaftl. Unternehmen; seit 1989 einschl. des ausgegliederten Omnibusverkehrs der Deutschen Bundesbahn.- [7] Ohne vermietete, einschl. angemietete Fahrzeuge.- [8] Stand 1. 3.- *Vorläufige Werte.

Öffentlicher Straßenpersonenverkehr[1] - Kraftomnibusverkehr nach Bundesländern

Jahr	Baden-Württemberg	Bayern	Berlin[3]	Brandenburg	Bremen	Hamburg	Hessen	Mecklenburg-Vorpommern
Linienlänge - km								
1990	47 568	155 321	10 192	.	1 031	4 112	78 419	.
1991	47 491	151 839	10 598	53 455	1 128	3 912	79 391	61 418
1992	46 914	149 523	8 920	31 761	1 118	3 896	93 240	41 016
1993	47 142	150 573	11 494	40 618	1 831	3 998	96 064	46 286
1994	48 790	176 949	10 524	51 808	2 070	4 084	101 858	32 770
1995	47 657	144 667	14 010	37 576	3 153	3 858	105 724	31 556
1996	46 490	143 502	15 275	27 953	3 002	3 808	106 778	26 701
1997	46 871	138 043	16 033	28 230	11 177	3 553	212 276	27 537
1998	46 224	137 125	19 065	27 929	11 156	3 552	229 488	25 935
1999	46 786	143 636	22 905	40 156	11 162	3 477	255 838	26 945
Fahrzeugbestand[2] - Anzahl								
1990	8 531	15 075	2 053	.	513	1 513	5 165	.
1991	8 942	15 072	2 003	1 920	529	1 470	5 514	1 596
1992	8 740	15 364	2 726	1 920	570	1 568	5 473	1 501
1993	8 786	15 242	2 534	1 913	557	1 593	5 358	1 509
1994	8 701	15 525	2 515	2 190	530	1 580	5 587	1 678
1995	8 726	15 650	2 525	2 279	528	1 643	5 735	1 726
1996	8 760	15 651	2 349	2 338	490	1 581	5 843	1 820
1997	8 684	15 713	2 401	2 405	960	1 577	5 792	1 858
1998	8 635	15 822	2 359	2 443	941	1 483	5 961	1 837
1999	8 797	15 834	2 129	2 322	1 048	1 416	6 063	1 830

[1] Stand 30. 9. Kommunale, gemischtwirtschaftliche und private Unternehmen. Ohne den Kraftomnibusverkehr der Eisenbahnen, aber seit 1989 einschl. des ausgegliederten Omnibusverkehrs der Deutschen Bundesbahn.– [2] Ohne vermietete, einschl. angemietete Fahrzeuge.– [3] Bis 1991 Berlin (West).

Öffentlicher Straßenpersonenverkehr[1] - Kraftomnibusverkehr nach Bundesländern

Jahr	Nieder-sachsen	Nordrhein-Westfalen	Rheinland-Pfalz	Saarland	Sachsen	Sachsen-Anhalt	Schleswig-Holstein	Thüringen
				Linienlänge - km				
1990	53 734	95 249	31 886	9 602	.	.	16 550	.
1991	.	95 727	30 074	10 465	66 321	47 683	.	47 971
1992	.	98 071	28 633	10 014	32 998	54 939	.	42 350
1993	.	94 442	28 179	9 710	37 792	50 681	.	41 062
1994	51 149	104 942	29 303	8 889	35 844	45 260	27 244	45 757
1995	50 182	104 977	29 759	9 637	33 205	43 537	22 178	31 826
1996	57 424	103 261	30 395	9 363	30 273	35 934	27 859	30 850
1997	49 092	97 599	28 444	11 625	36 293	34 345	29 049	30 991
1998	49 467	99 061	27 302	12 213	34 619	33 862	23 551	30 072
1999	49 029	85 063	25 372	11 429	36 477	36 893	24 095	27 555
				Fahrzeugbestand[2] - Anzahl				
1990	7 287	15 873	4 864	1 506	.	.	2 504	.
1991	.	16 092	5 322	1 636	3 333	2 103	.	2 341
1992	.	15 940	5 218	1 617	3 093	2 418	.	2 325
1993	.	15 817	5 228	1 686	3 696	2 469	.	2 358
1994	7 312	15 986	5 082	1 669	3 611	2 547	2 705	2 559
1995	7 004	15 437	5 203	1 688	3 603	2 586	2 668	2 517
1996	7 059	15 423	5 304	1 660	3 419	2 669	2 751	2 581
1997	6 526	15 990	5 156	1 847	3 619	2 791	2 742	2 636
1998	6 367	15 741	5 184	1 853	3 730	2 714	2 830	2 570
1999	6 548	16 481	5 289	1 895	3 753	2 721	2 814	2 652

[1] Stand 30. 9. Kommunale, gemischtwirtschaftliche und private Unternehmen. Ohne den Kraftomnibusverkehr der Eisenbahnen, aber seit 1989 einschl. des ausgegliederten Omnibusverkehrs der Deutschen Bundesbahn.- [2] Ohne vermietete, einschl. angemietete Fahrzeuge.-
[3] Bis 1991 Berlin (West).

Öffentlicher Straßenpersonenverkehr[1)2)] - Betriebs- und Verkehrsleistungen, Erwerbstätige, Einnahmen

(Bis 1955 ohne Saarland und Berlin-West)		1950	1955	1960	1965	1970	1975	1980	1985	1990
Betriebsleistung - Wagenkilometer[3)]										
Kommunale Unternehmen[4)]	Mio.	701	893	1 057	1 020	1 063	1 149	1 246	1 270	1 775
Stadtschnellbahnen[5)]	Mio.	32	37	75	90	106	132	160	192	231
Straßenbahnen[6)]	Mio.	527	554	500	349	284	249	211	178	154
Obusse	Mio.	21	49	52	28	10	5	4	4	3
Kraftomnibusse	Mio.	121	253	430	553	663	763	871	897	1 387
Private Unternehmen[7)]	Mio.	219	352	518	623	791	1 059	1 371	1 063	1 185
Verkehrsaufkommen - Beförderte Personen										
Kommunale Unternehmen[4)8)]	Mio.	3 399	4077	4 981	4 684	4 411	4 703	4 760	4 280	5 176
Private Unternehmen[7)]	Mio.	218	346	474	523	686	819	892	607	545
Taxi- und Mietwagenverkehr	Mio.	77	101	123	207	290	310	365	335	380
Verkehrsleistung - Personenkilometer[3)]										
Kommunale Unternehmen[4)]	Mio. Pkm	17 270	19960	25 860	24 279	23 773	24 650	26 550	24 551	33 191
Private Unternehmen[7)]	Mio. Pkm	5 090	8750	14 660	16 812	21 450	27 701	34 289	27 087	29 898
Taxi- und Mietwagenverkehr	Mio. Pkm	380	490	790	1 230	1 650	1 800	2 200	2 040	2 460
Erwerbstätige[9)]	1 000	104	118	148	152	146	162	175	178	204
Einnahmen[10)]										
Kommunale Unternehmen[11)]	Mio. DM	616	969	1 493	1 832	2 126	2 964	4 224	5 220	7 089
Private Unternehmen[11)]	Mio. DM	165	303	501	743	1 198	2 197	3 501	4 279	5 172
Taxi- und Mietwagenverkehr	Mio. DM	109	138	326	685	1 020	1 530	2 620	2 930	3 950

[1)] Kommunale und gemischtwirtschaftliche sowie private Unternehmen; einschl. Taxis und Mietwagen. Ohne Kraftomnibusverkehr der Eisenbahnen und der Deutschen Bundespost.- [2)] Seit 1970 einschl. des freigestellten Schülerverkehrs.- [3)] Im Bundesgebiet sowie (bis 1990) von und nach Berlin-West.- [4)] Stadtschnellbahn (U-Bahn)-, Straßenbahn-, Obus- und Kraftomnibusverkehr kommunaler und gemischtwirtschaftlicher Unternehmen. Ab 1990 einschl. des ausgegliederten Omnibusverkehrs der Deutschen Bundesbahn.- [5)] U-Bahnen, Hoch- und Schwebebahnen sowie (seit 1980) Straßenbahnen mit überwiegend vom Individualverkehr unabhängiger Gleisführung und mit Einrichtungen zur automatischen Zugbeeinflussung.- Weitere Anmerkungen siehe folgende Seite.

Öffentlicher Straßenpersonenverkehr[1)2)] - Betriebs- und Verkehrsleistungen, Erwerbstätige, Einnahmen

		1991	1992	1993	1994	1995	1996	1997	1998	1999*
Betriebsleistung - Wagenkilometer[3)]										
Kommunale Unternehmen[4)]	Mio.	2 575	2 529	2 532	2 522	2 510	2 558	2 611	2 604	2 574
Stadtschnellbahnen[5)]	Mio.	268	272	289	302	310	323	332	335	343
Straßenbahnen[6)]	Mio.	358	346	336	316	305	296	288	282	269
Obusse	Mio.	6	6	6	6	5	5	5	4	4
Kraftomnibusse	Mio.	1 943	1 906	1 901	1 898	1 891	1 935	1 987	1 983	1 958
Private Unternehmen[7)]	Mio.	1 239	1 291	1 265	1 221	1 213	1 219	1 227	1 223	1 225
Verkehrsaufkommen - Beförderte Personen										
Kommunale Unternehmen[4)8)]	Mio.	7 121	7 094	7 151	7 177	7 093	7 058	7 087	6 964	6 985
Private Unternehmen[7)]	Mio.	570	579	586	585	594	591	577	609	611
Taxi- und Mietwagenverkehr	Mio.	435	445	445	445	440	.	.	.	.
Verkehrsleistung - Personenkilometer[3)]										
Kommunale Unternehmen[4)]	Mio. Pkm	47 745	46 116	45 401	44 443	43 918	43 614	44 085	43 764	43 945
Private Unternehmen[7)]	Mio. Pkm	32 002	32 431	32 331	31 036	31 135	31 152	30 287	30 049	30 312
Taxi- und Mietwagenverkehr	Mio. Pkm	2 840	2 900	2 940	2 950	2 900	.	.	.	.
Erwerbstätige[9)]	1 000	257	256	250	240	237	184	165	163	162
Einnahmen[10)]										
Kommunale Unternehmen[11)]	Mio. DM	19 530	21 115	21 715	22 269	23 325	17 581	18 545	18 825	19 280
Private Unternehmen[11)]	Mio. DM	8 260	9 015	9 179	9 551	10 444	10 647	11 307	11 480	11 760
	Mio. DM	5 670	6 050	6 456	6 618	6 731	6 934	7 238	7 345	7 520
Taxi- und Mietwagenverkehr	Mio. DM	5 600	6 050	6 080	6 100	6 150	6 130	6 010	6 000	6 050

Beginn der Anmerkungen siehe vorige Seite.- [6)] Ohne Straßenbahnen mit überwiegend vom Individualverkehr unabhängiger Gleisführung und mit Einrichtungen zur automatischen Zugbeeinflussung.- [7)] Kraftomnibusverkehr. Seit 1985 ohne Verkehr der Kleinunternehmen mit weniger als 6 Kraftomnibussen.- [8)] Ohne Mehrfachzählungen durch Wechsel der Transportmittel.- [9)] Jahresdurchschnitt. Ab 1996 ohne Taxi- und Mietwagenverkehr.- [10)] Betriebserträge einschl. Mehrwertsteuer.- [11)] Einschl. tarifliche Abgeltungszahlungen und Einnahmen aus dem freigestellten Schülerverkehr.- *Zum Teil vorläufige Werte.

Verkehrsverbünde für den öffentlichen Personennahverkehr[1] - Verkehrsleistungen, Einnahmen

Verkehrsverbund	1950	1955	1960	1965	1970	1975	1980	1985	1990
Beförderte Personen[2] - in Mio.									
Hamburg	-	-	-	-	435	430	436	417	436
München	-	-	-	-	-	405	451	485	507
Frankfurt[4]	-	-	-	-	-	201	212	207	226
Stuttgart	-	-	-	-	-	-	182	190	208
Rhein-Ruhr	-	-	-	-	-	-	901	817	849
Rhein-Sieg	-	-	-	-	-	-	-	-	328
Hannover	-	-	-	-	123	135	158	158	163
Berlin-West[5]	-	-	-	-	528	550	572	519	705
Personenkilometer - in Mio.									
Hamburg	-	-	-	-	3 808	3 603	3 664	3 660	3 396
München	-	-	-	-	-	3 231	3 701	4 399	4 846
Frankfurt[4]	-	-	-	-	-	1 700	1 772	1 946	1 977
Stuttgart	-	-	-	-	-	-	.	1 480	1 617
Rhein-Ruhr	-	-	-	-	-	-	.	.	5 580
Rhein-Sieg	-	-	-	-	-	-	-	-	.
Hannover	-	-	-	-	957	1 159	1 292	1 314	1 335
Berlin-West[5]	-	-	-	-	3 649	3 668	3 957	3 870	5 527
Einnahmen[3] - in Mio. DM									
Hamburg	-	-	-	-	244	350	428	539	547
München	-	-	-	-	-	260	425	501	554
Frankfurt[4]	-	-	-	-	-	160	246	319	365
Stuttgart	-	-	-	-	-	-	188	268	305
Rhein-Ruhr	-	-	-	-	-	-	870	1 033	1 073
Rhein-Sieg	-	-	-	-	-	-	-	-	409
Hannover	-	-	-	-	62	87	124	169	213
Berlin-West[5]	-	-	-	-	250	293	426	576	722

[1] Die Angaben der einzelnen Verkehrsverbünde sind nur bedingt miteinander vergleichbar.- [2] Ohne Mehrfachzählungen durch Wechsel der Transportmittel.- [3] Tarifeinnahmen einschl. Mehrwertsteuer sowie Ausgleichszahlungen nach dem Schwerbehindertengesetz, jedoch ohne Finanzierungsbeiträge nach § 45 a PBefG und § 6 a Allg. Eisenbahngesetz.- Weitere Anmerkungen siehe folgende Seite.

Verkehrsverbünde für den öffentlichen Personennahverkehr[1] - Verkehrsleistungen, Einnahmen

Verkehrsverbund	1991	1992	1993	1994	1995	1996	1997	1998	1999
Beförderte Personen[2] - in Mio.									
Hamburg	451	458	470	476	481	478	477	482	489
München	521	535	538	529	529	533	.	540	541
Frankfurt[4]	238	238	244	224	.	.	.	560	575
Stuttgart	222	230	240	280	261	277	273	282	287
Rhein-Ruhr	981	1 003	1 064	1 081	1 077	1 072	1 056	1 068	1 058
Rhein-Sieg	337	339	356	382	384	379	383	391	398
Hannover	171	170	174	174	174	167	.	186	173
Berlin[5]	982	1 002	1 017	923	872	.	.	.	.
Personenkilometer - in Mio.									
Hamburg	3 510	3 570	3 658	3 701	3 738	3 717	3 708	3 685	3 738
München	4 987	5 135	5 043	4 991	4 978	5 038	.	5 042	5 800
Frankfurt[4]	2 025	2 005	2 032	1 903	.	.	.	5 800	.
Stuttgart	1 720	1 794	.	2 141	2 131	2 387	2 352	2 900	2 957
Rhein-Ruhr	6 379	6 573	6 919	7 026	8 998	6 967	6 863	6 940	6 896
Rhein-Sieg	.	.	.	.	3 114	.	.	.	.
Hannover	1 404	1 393	1 427	1 430	1 428	1 373	.	1 520	1 418
Berlin[5]	7 704	6 573	6 663	4 825	4 216	.	.	.	.
Einnahmen[3] - in Mio. DM									
Hamburg	606	622	611	637	658	665	664	675	689
München	634	679	742	770	793	739	.	771	786
Frankfurt[4]	372	377	393	396	.	.	.	940	945
Stuttgart	328	352	.	467	481	485	489	474	489
Rhein-Ruhr	1 024	1 031	1 083	1 147	1 211	1 123	1 155	1 204	1 227
Rhein-Sieg	433	449	475	491	509	532	541	555	573
Hannover	221	223	239	250	258	222	.	233	230
Berlin[5]	881	907	1 003	953	917	.	.	.	.

Beginn der Anmerkungen siehe vorige Seite.- [4] Ab 1998 Rhein-Main-Verkehrsverbund.- [5] Bis 1990 Berlin (West) - BVG. Ab 1984 einschl. S-Bahn. (1990 Berlin-Ost: 376 Mio. beförderte Personen; 2 016 Mio. Pkm). Bis 1996 Verkehrsgemeinschaft Berlin-Brandenburg.

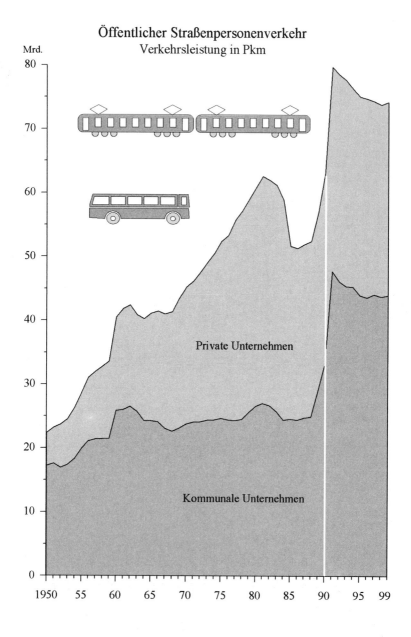

Gewerblicher Güterkraftverkehr

		1994	1995	1996	1997*	1998	1999*
Fahrzeugbestand[1)2)]							
Lastkraftwagen	1 000	151,6	.	130,6	130,3	147,1	.
mit Spezialaufbau	1 000	40,9	.	34,0	36,8	51,3	.
Lastkraftfahrzeuganhänger	1 000	138,1	.	125,2	134,4	177,1	.
Sattelanhänger	1 000	55,1	.	57,1	65,9	88,1	.
Lastkraftwagen nach Nutzlastklassen							
bis 3,5 t	1 000	46,4	.	41,7	.	35,1	.
über 3,5 bis 7,5 t	1 000	32,7	.	20,0	21,8	28,2	.
über 7,5 bis 9 t	1 000	23,5	.	18,0	16,3	18,3	.
über 9 bis 14 t	1 000	33,3	.	33,2	31,4	35,6	.
über 14 t	1 000	15,8	.	17,6	.	29,9	.
Ladekapazität[1)2)]	1000 t	3 462	.	3 360	3 918	4 613	.
Lastkraftwagen	1000 t	1 101	.	1 047	1 376	1 278	.
Lastkraftfahrzeuganhänger	1000 t	2 361	.	2 313	2 542	3 335	.
Verkehrsaufkommen[3)]	Mio. t	1 604	1 646	1 595	1 541	1 506	1 603
Verkehrsleistung[3)]	Mrd. tkm	137,7	145,1	146,0	151,3	160,2	173,7
Erwerbstätige[1) 4) 6)]	1 000	309	294	251	266	355	360
Einnahmen[1) 5) 6)]	Mio. DM	49 970	48 300	41 270	42 100	53 280	53 950

[1)] Unternehmen mit wirtschaftlichem Schwerpunkt im Straßengüternah- und -fernverkehr und Umzugsverkehr.-
[2)] Eingesetzte Fahrzeuge. Ohne Zugmaschinen. Stand Ende Oktober.- [3)] Ohne Transporte mit Lastkraftfahrzeugen bis 6 t zulässiges Gesamtgewicht oder 3,5 t Nutzlast.- [4)] Jahresdurchschnitt.- [5)] Frachteinnahmen einschl. sonstiger Betriebseinnahmen. Einschl. Mehrwertsteuer.- [6)] Unternehmensbereiche "Gewerblicher Straßengüterverkehr".- * Zum Teil vorläufige Werte.

Fluggesellschaften[1]

(Bis 1955 ohne Saarland und Berlin-West)

		1950	1955	1960	1965	1970	1975	1980	1985	1990
Luftfahrzeugbestand[2]	Anzahl	-	34	214	295	519	536	621	710	851
Flugzeuge[3]	Anzahl	-	32	208	279	487	480	505	547	707
Startgewicht										
bis 20 t	Anzahl	-	24	173	216	375	345	357	372	439
über 20 t bis 75 t	Anzahl	-	⎱	⎱	63	57	47	35	66	111
über 75 t bis 175 t	Anzahl	-	8	35		52	72	84	70	107
über 175 t	Anzahl	-	⎰	⎰		3	16	29	39	50
Hubschrauber[4]	Anzahl	-	2	6	16	32	56	116	163	144
Verkehrsaufkommen										
Beförderte Personen	1 000	-	75	1 290	3 820	9 450	14 370	19 540	24 267	34 782
Inlandsverkehr	1 000	-	15	370	1 340	2 890	3 950	5 673	6 449	9 309
Auslandsverkehr	1 000	-	60	920	2 480	6 560	10 420	13 867	17 818	25 473
Beförderte Güter[5]	1 000 t	-	1	20	80	210	298	479	653	1 080
Inlandsverkehr	1 000 t	-	0	5	32	67	76	132	161	266
Auslandsverkehr	1 000 t	-	1	15	48	143	222	347	492	814
Verkehrsleistung										
Personenkilometer	Mio. Pkm	-	150	1 450	5 845	14 610	24 230	35 750	45 800	73 180
Tonnenkilometer[5]	Mio. tkm	-	5	45	135	550	1 028	1 730	2 740	4 545
Erwerbstätige[6]	1 000	-	3	10	17	23	28	35	38	53
Einnahmen[7]	Mio. DM	-	30	370	1 050	2 340	4 370	8 200	13 660	17 960
dar. aus Beförderungsleistungen[8]	Mio. DM	-	.	.	.	2 084	3 883	7 038	11 747	15 714
Personenverkehr[8]	Mio. DM	-	.	.	.	1 682	3 159	5 797	9 180	12 731
Güterverkehr[8]	Mio. DM	-	.	.	.	402	724	1 241	2 567	2 983

[1]) Unternehmen der Bundesrepublik; ohne Berlin (West).- [2]) Stand 1. 7. Ohne vermietete, einschl. angemietete Luftfahrzeuge.- [3]) Die Flugzeuge mit einem Startgewicht über 20 t sind bis 1986 ausschließlich mit Strahlturbinenantrieb ausgerüstet.- [4]) Einschl. sonstiger Luftfahrzeuge.- [5]) Fracht einschl. Post.- [6]) Jahresdurchschnitt.- [7]) Einschl. Mehrwertsteuer.- [8]) Ohne Mehrwertsteuer.

Fluggesellschaften[1]

		1991	1992	1993	1994	1995	1996	1997	1998	1999*
Luftfahrzeugbestand[2]										
Flugzeuge	Anzahl	1 030	1 281	1 045	1 277	1 454	1 724	1 665	1 706	.
Startgewicht										
bis 20 t	Anzahl	863	1 035	856	954	1 080	1 142	1 088	1 132	.
über 20 t bis 75 t	Anzahl	556	633	490	518	657	690	714	708	.
über 75 t bis 175 t	Anzahl	156	208	227	243	227	253	230	230	.
über 175 t	Anzahl	88	112	75	121	134	148	109	128	.
	Anzahl	63	82	64	72	62	51	35	66	.
Hubschrauber[3]	Anzahl	167	246	189	323	374	582	577	574	.
Verkehrsaufkommen										
Beförderte Personen	1 000	.	45 110	48 190	54 400	59 270	60 980	59 090	57 950	63 050
Inlandsverkehr	1 000	.	.	15 750	15 640	16 750	17 060	16 630	17 540	18 307
Auslandsverkehr	1 000	.	.	32 440	38 759	42 520	43 920	42 459	40 410	44 744
Beförderte Güter[4]	1 000 t	.	1 230	1 300	1 470	1 650	1 730	1 740	1 740	1 790
Inlandsverkehr	1 000 t	.	315	305	510	650	680	685	685	705
Auslandsverkehr	1 000 t	.	915	995	960	1 000	1 050	1 055	1 055	1 085
Verkehrsleistung										
Personenkilometer	Mio. Pkm	.	89 720	98 780	114 535	124 868	128 949	125 560	122 474	135 784
Tonnenkilometer[4]	Mio. tkm	.	4 970	5 250	5 690	6 235	6 450	6 550	6 700	7 070
Erwerbstätige[5]	1 000	.	61	56	55	45	47	47	47	48
Einnahmen[6]	Mio. DM	20 530	22 296	23 366	26 557	26 590	27 486	28 037	29 289	31 500
dar. aus Beförderungsleistungen[7]	Mio. DM	17 984	20 474	21 197	24 095	24 777	26 353	27 567	28 811	31 000
Personenverkehr[7]	Mio. DM	14 396	17 392	18 421	21 016	21 581	22 864	23 744	25 020	27 000
Güterverkehr[7]	Mio. DM	3 588	3 082	2 776	3 079	3 195	3 489	3 823	3 791	4 000

[1] Unternehmen der Bundesrepublik; ohne Berlin (West).– [2] Stand 1. 7. Ohne vermietete, einschl. angemietete Luftfahrzeuge.– [3] Einschl. sonstiger Luftfahrzeuge.– [4] Fracht einschl. Post.– [5] Jahresdurchschnitt.– [6] Einschl. Mehrwertsteuer.– [7] Ohne Mehrwertsteuer.– * Vorläufige Werte.

Flughäfen[1] - Gestartete und gelandete Luftfahrzeuge, Fluggäste - in 1 000

(Bis 1955 ohne Saarland)	1950	1955	1960	1965	1970	1975	1980	1985	1990
Gestartete und gelandete Luftfahrzeuge[2]	654	3 248	7 818	16 264	32 076	38 170	49 003	55 580	80 647
dar. Berlin-West	52	191	364	499	806	809	822	1 545	2 173
Bremen	9	29	35	69	78	55	56	57	101
Düsseldorf	1	6	9	12	18	13	15	34	38
Frankfurt-Main	6	24	46	57	72	80	88	99	137
Hamburg	13	40	81	126	176	194	212	223	311
Hannover	12	32	38	49	64	63	65	78	113
Köln-Bonn	1	18	27	34	45	33	32	46	66
München	-	3	15	24	33	35	34	60	97
Nürnberg	5	16	34	49	73	76	86	124	163
Stuttgart	1	5	9	11	11	14	16	28	41
	3	18	26	36	47	49	50	64	89
Fluggäste									
Einsteiger[3]	215	958	3 521	7 679	15 381	18 131	23 456	26 788	39 369
Aussteiger[3]	234	1 071	3 499	7 635	15 399	18 228	23 683	26 897	39 530
Durchreisende[3]	4	383	798	950	1 296	1 811	1 864	1 895	1 749
dar. Berlin-West	201	836	1 535	3 152	5 538	3 990	4 480	4 553	6 710
Bremen	5	31	84	283	530	552	675	749	1 105
Düsseldorf	55	344	941	1 791	3 600	5 218	7 226	8 227	11 912
Frankfurt-Main	195	813	2 171	4 796	9 366	12 757	17 605	20 225	29 368
Hamburg	110	450	947	1 748	3 129	3 645	4 554	4 854	6 843
Hannover	11	275	555	1 062	2 399	1 857	2 066	2 040	2 781
Köln-Bonn	-	52	270	684	1 363	1 825	2 009	2 042	3 078
München	53	270	808	1 667	3 559	4 540	6 037	8 049	11 364
Nürnberg	7	56	113	268	517	717	806	928	1 477
Stuttgart	17	120	316	749	1 663	2 332	2 767	3 042	4 402

[1] Verkehrsflughäfen einschl. sonstiger Flugplätze.- [2] Passagier- und Nichtpassagierflüge. Bis 1980 ohne gewerbliche Schulflüge. [3] Bis 1995 ohne Berlin-West.

Flughäfen[1] - Gestartete und gelandete Luftfahrzeuge, Fluggäste - in 1 000

	1991	1992	1993	1994	1995	1996	1997	1998	1999
Gestartete und gelandete Luftfahrzeuge[2]									
dar. Berlin-Tegel/Tempelhof[3]	2 300	2 441	2 473	2 548	2 610	2 633	2 742	2 766	3 031
Berlin-Schönefeld	126	147	140	137	144	153	160	157	153
Bremen	26	29	29	36	31	32	30	31	29
Dresden	37	40	40	38	37	39	35	37	38
Düsseldorf	19	28	31	34	37	35	35	34	34
Frankfurt-Main	138	147	153	162	170	166	173	173	178
Hamburg	304	328	336	353	370	377	386	406	426
Hannover	109	111	116	114	120	122	127	126	130
Köln-Bonn	67	69	73	75	71	73	77	71	78
Leipzig	101	108	106	106	118	126	136	122	130
München	21	30	36	41	44	42	41	37	39
Nürnberg	156	175	180	187	199	218	254	260	277
Stuttgart	44	46	50	50	56	57	62	61	62
	92	98	99	99	97	109	110	115	118
Fluggäste									
Einsteiger	79 750	89 240	96 050	103 044	111 766	115 013	121 009	128 986	137 914
Aussteiger	39 070	43 711	47 079	50 530	54 892	56 546	59 502	63 647	68 148
Durchreisende	39 298	43 989	47 402	50 883	55 234	56 893	59 874	63 523	68 128
	1 382	1 540	1 569	1 631	1 640	1 575	1 633	1 817	1 638
dar. Berlin-Tegel/Tempelhof[3]	6 777	7 614	8 155	8 361	9 139	9 038	9 578	9 706	10 352
Berlin-Schönefeld	892	1 414	1 589	1 870	1 925	1 815	1 929	1 829	1 819
Bremen	1 023	1 155	1 272	1 332	1 494	1 563	1 592	1 688	1 728
Dresden			1 209	1 464	1 648	1 641	1 657	1 616	1 525
Düsseldorf	11 291	12 202	13 001	13 923	15 210	14 288	15 437	15 609	14 468
Frankfurt-Main	27 872	30 634	32 328	34 978	38 413	38 621	40 142	40 063	43 557
Hamburg	6 454	6 907	7 330	7 656	8 272	8 138	8 601	8 944	8 741
Hannover	2 822	3 049	3 370	3 849	4 270	4 362	4 747	4 718	4 168
Köln-Bonn	3 032	3 491	3 836	3 920	4 803	5 160	5 318	5 305	5 330
Leipzig			1 381	1 858	2 036	2 116	2 200	1 973	1 623
München	10 763	11 988	12 692	13 422	14 952	15 547	17 803	19 043	20 983
Nürnberg	1 426	1 668	1 819	1 853	2 265	2 185	2 384	2 435	2 548
Stuttgart	4 228	4 757	5 119	5 523	5 194	6 440	6 857	7 070	7 095

[1] Verkehrsflughäfen einschl. sonstiger Flugplätze.- [2] Passagier- und Nichtpassagierflüge.- [3] Dar. Berlin-Tempelhof 1998: 35 Tsd. Flugbewegungen und 837 Tsd. Fluggäste

Flughäfen[1] - Fracht und Post, Erwerbstätige, Einnahmen

(Bis 1955 ohne Saarland)		1950	1955	1960	1965	1970	1975	1980	1985	1990
Fracht und Post	1 000 t	17	115	139	306	636	750	1 011	1 251	1 777
dar. Berlin-West	1 000 t	5,4	37,0	15,1	22,9	37,2	23,4	22,5	23,0	29,9
Bremen	1 000 t	0,2	0,8	2,0	3,1	6,0	5,7	6,4	6,9	6,6
Düsseldorf	1 000 t	0,9	8,1	18,3	28,4	39,6	34,8	43,3	57,1	58,6
Frankfurt-Main	1 000 t	5,3	20,2	58,6	159,5	385,2	526,0	721,8	917,1	1 274,4
Hamburg	1 000 t	3,6	17,1	14,1	22,2	42,6	39,8	52,8	48,5	61,3
Hannover	1 000 t	0,4	23,4	6,6	9,4	16,3	14,8	16,0	15,9	22,8
Köln-Bonn	1 000 t	-	0,7	4,3	13,1	22,0	25,6	60,0	91,9	183,6
München	1 000 t	0,9	3,6	9,1	21,5	40,7	45,7	50,6	56,0	82,1
Nürnberg	1 000 t	0,2	1,7	3,9	6,9	6,7	8,6	9,8	12,0	21,0
Stuttgart	1 000 t	0,6	2,9	6,7	18,6	39,6	24,6	27,5	22,0	31,2
Fracht[2]	1 000 t	9	68	114	234	526	623	854	1 059	1 515
Versand	1 000 t	3	15	44	93	239	265	389	570	718
Empfang	1 000 t	6	41	42	100	220	282	400	419	729
Durchgang	1 000 t	.	12	28	41	67	76	65	70	68
Post[2]	1 000 t	3	10	25	72	110	127	157	192	262
Versand	1 000 t	1	4	10	33	50	61	77	94	127
Empfang	1 000 t	2	4	11	33	52	60	75	89	125
Durchgang	1 000 t	.	2	4	6	8	6	5	9	9
Erwerbstätige[2][3]	1 000	1	1	3	4	8	11	14	15	22
Einnahmen[2][4]	Mio. DM	10	20	60	170	460	1 020	1 600	2 380	3 920

[1] Verkehrsflughäfen.- [2] Bis 1955 ohne Berlin-West.- [3] Jahresdurchschnitt.- [4] Einschl. Mehrwertsteuer.

Flughäfen[1] - Fracht und Post, Erwerbstätige, Einnahmen

		1991	1992	1993	1994	1995	1996	1997	1998	1999
Fracht und Post	1 000 t	1 745	1 815	1 897	2 097	2 232	2 312	2 404	2 297	2 343
dar. Berlin-Tegel/Tempelhof[2]	1 000 t	29,4	37,5	35,9	35,7	35,0	36,4	37,3	32,1	32,0
Berlin-Schönefeld	1 000 t	5,5	6,8	11,2	9,6	16,6	16,2	17,4	16,0	13,5
Bremen	1 000 t	7,0	7,6	8,0	7,6	9,1	8,2	7,7	7,2	7,1
Dresden	1 000 t	.	.	.	6,9	7,0	7,9	7,3	7,4	6,9
Düsseldorf	1 000 t	52,3	58,2	54,7	55,4	62,6	62,5	71,2	67,6	62,0
Frankfurt-Main	1 000 t	1 221,3	1 250,0	1 299,3	1 427,5	1 489,3	1 518,1	1 537,0	1 485,4	1 561,5
Hamburg	1 000 t	55,3	59,1	57,5	58,3	59,1	57,2	53,8	51,7	52,7
Hannover	1 000 t	25,2	26,1	22,4	23,0	24,5	22,4	19,7	19,5	15,9
Köln-Bonn	1 000 t	206,9	210,5	220,4	263,2	308,4	345,8	403,4	374,6	412,0
Leipzig	1 000 t	.	.	.	22,0	24,1	20,5	15,7	11,5	14,1
München	1 000 t	77,7	82,8	94,7	100,5	103,7	115,0	129,6	127,3	147,4
Nürnberg	1 000 t	22,8	24,9	32,3	40,9	51,2	53,5	60,0	43,6	28,0
Stuttgart	1 000 t	29,1	31,7	31,5	33,9	31,7	37,5	36,2	35,6	39,1
Fracht	1 000 t	1 449	1 492	1 552	1 742	1 859	1 958	2 101	2 023	2 126
Versand	1 000 t	685	718	757	884	942	1 000	1 086	1 026	1 083
Empfang	1 000 t	711	723	746	805	870	913	970	944	995
Durchgang	1 000 t	52	50	49	54	47	45	45	53	48
Post	1 000 t	297	324	346	354	373	353	303	274	275
Versand	1 000 t	149	160	171	174	183	172	148	133	133
Empfang	1 000 t	142	155	167	172	183	173	145	130	134
Durchgang	1 000 t	6	8	8	8	7	8	9	11	8
Erwerbstätige	1 000	25	26	26	26	27	28	27	28	28
Einnahmen	Mio. DM	.	4 190	5 000	6 050	6 600	7 250	9 500	9 900	10 500

[1] Verkehrsflughäfen.- [2] Dar. Berlin-Tempelhof (1999: 143 t Fracht und 0 t Post).-

Rohrfernleitungen[1]

		1950	1955	1960	1965	1970	1975	1980	1985	1990
Länge der Rohrfernleitungen[2][3]										
Rohölleitungen	km	.	.	455	1 070	2 058	2 086	2 086	2 222	2 222
Mineralölproduktenleitungen	km	.	.	455	1 070	1 579	1 579	1 579	1 715	1 715
	km	.	.	-	-	479	507	507	507	507
Verkehrsaufkommen										
Beförderte Tonnen	Mio. t	.	.	13,3	46,3	89,2	80,3	84,0	69,2	74,1
dar. im grenzüberschreitenden Verkehr	Mio. t	.	.	2,4	27,9	67,0	59,6	65,0	55,2	59,9
Rohöl	Mio. t	.	.	13,3	46,3	80,7	71,8	76,1	56,8	64,4
Mineralölerzeugnisse	Mio. t	.	.	-	-	8,5	8,5	7,9	12,4	9,7
Verkehrsleistung[4]										
Tonnenkilometer	Mrd. tkm	.	.	3,0	8,9	16,9	14,6	14,3	10,5	13,3
Rohöl	Mrd. tkm	.	.	3,0	8,9	15,1	13,1	13,1	8,7	11,7
Mineralölerzeugnisse	Mrd. tkm	.	.	-	-	1,8	1,5	1,2	1,8	1,6
Erwerbstätige[5]	1 000	.	.	0	0	1	1	1	1	1
Einnahmen[6]	Mio. DM	.	.	30	130	190	380	600	640	590

[1] Rohöl- und Mineralölproduktenleitungen über 40 km Länge.- [2] Stand 31. 12.- [3] Einschl. der 244 km des seit Mitte 1982 vorübergehend stilliegenden zweiten Rohrstranges der Nord-West-Ölleitung Wilhelmshaven-Hünxe.- [4] Im Bundesgebiet.- [5] Jahresdurchschnitt.- [6] Lt. Umsatzsteuerstatistik; einschl. Mehrwertsteuer.

Rohrleitungen[1]

		1991	1992	1993	1994	1995	1996	1997	1998	1999
Länge der Rohrleitungen[2)3)]										
Rohölleitungen	km	3 289	3 289	3 289	3 045	3 056	3 056	3 056	2 966	2 966
	km	2 704	2 704	2 704	2 460	2 460	2 460	2 460	2 370	2 370
Mineralölproduktenleitungen	km	585	585	585	585	596	596	596	596	596
Verkehrsaufkommen[4)]										
Beförderte Tonnen	Mio. t	90,7	92,6	94,7	98,7	98,4	.	.	.	.
dar. im grenzüberschreitenden Verkehr[5)]	Mio. t	73,9	76,0	77,2	80,7	77,1	.	.	.	.
Rohöl	Mio. t	79,3	81,5	83,4	87,4	87,2	89,4	87,4	90,7	89,3
dar. im grenzüberschreitenden Verkehr[5)]	Mio. t	64,8	66,9	68,0	71,5	68,1	68,6	66,6	68,7	68,4
Mineralölerzeugnisse	Mio. t	11,4	11,1	11,3	11,3	11,2	.	.	.	.
Verkehrsleistung[4) 6)]										
Tonnenkilometer	Mrd. tkm	15,7	15,7	16,1	16,8	16,6	.	.	.	.
Rohöl	Mrd. tkm	14,0	13,9	14,3	15,1	14,8	14,5	13,2	14,8	15,0
dar. im grenzüberschreitenden Verkehr[5)]	Mrd. tkm	10,8	10,5	10,6	11,2	11,0	10,2	8,8	10,4	10,5
Mineralölerzeugnisse	Mrd. tkm	1,7	1,8	1,8	1,7	1,8	.	.	.	.
Erwerbstätige[7)]	1 000	1	1	1	1	1	1	1	1	1
Einnahmen[8)]	Mio. DM	.	700	720	790	800	840	1570	1600	1650

[1)] Rohöl- und Mineralölproduktleitungen.- [2)] Stand 31. 12.- [3)] Einschl. der 244 km des seit Mitte 1982 vorübergehend stillliegenden zweiten Rohrstranges der Nord-West-Ölleitung Wilhelmshaven-Hünxe.- [4)] Ab 1996 nur Rohöl.- [5)] Ab 1996 einschl. Transit (1997 = 2 Mio. t, 0,4 Mrd. tkm).- [6)] Im Bundesgebiet.- [7)] Jahresdurchschnitt.- [8)] Lt. Umsatzsteuerstatistik, einschl. Mehrwertsteuer.

Rohrleitungen
Versand und Empfang von rohem Erdöl nach Verkehrsregionen 1998 und 1999 - in 1 000 t

Versand- verkehrsregion Empfangsregionen	Binnen- verkehr	Rotterdam	Marseille	Genua	Triest	Russische Föderation	Grenzüber- schreitender Empfang	Empfang insgesamt[4]
1998								
Nord[1]	22 042	16 107	-	-	-	-	16 107	38 148
Süd[2]	-	-	7 580	-	25 962	-	33 542	33 542
Ost[3)4)]	-	-	-	-	-	19 027	19 027	19 027
Versand insgesamt[4]	22 042	16 107	7 580	-	25 962	19 027	68 675	90 717
1999								
Nord[1]	20 895	15 929	-	-	-	-	15 929	36 824
Süd[2]	-	-	8 159	-	24 414	-	32 573	32 573
Ost[3)4)]	-	-	-	-	-	19 899	19 899	19 899
Versand insgesamt[4]	20 895	15 929	8 159	-	24 414	19 899	68 401	89 296
Veränderung 1999/1998 in vH	-5,2	-1,1	7,6	x	-6,0	4,6	-0,4	-1,6

[1] Hamburg, Emsland, Duisburg, Essen, Köln.- [2] Kaiserslautern, Mannheim, Karlsruhe, Regensburg, Ingolstadt, Rosenheim.- [3] Rostock, Frankfurt/Oder, Halle, Naumburg.- [4] Gesamtsumme einschl. Durchgangsverkehr aus der Russischen Föderation.

Bevölkerung, Erwerbstätige, Schüler und Studenten,
Private Haushalte

Jahr	Bevölkerung[1] insgesamt in 1 000	davon im Alter von ... bis unter ... Jahren			Erwerbstätige[2] in 1 000	Schüler[3] und Studenten[4] in 1 000	Private Haushalte[5] in Mio.
		unter 18	18-65	über 65			
1950	47 696	13 384	29 888	4 424	20 376	9 250	15,4
1955	50 318	13 471	31 827	5 020	23 230	8 792	16,4
1960	55 958	14 182	35 676	6 100	26 247	8 894	19,1
1965	59 297	15 787	36 375	7 135	26 887	9 829	20,7
1970	60 651	16 451	36 209	7 991	26 668	11 537	22,2
1975	61 829	16 067	36 825	8 937	26 110	13 158	23,6
1980	61 566	14 368	37 647	9 551	27 059	12 829	24,6
1985	61 024	12 036	39 936	9 052	26 593	11 271	25,9
1990	63 726	11 693	42 289	9 744	28 495	10 763	27,8
1991	80 275	15 522	52 720	12 033	36 564	13 520	35,3
1992	80 975	15 713	53 085	12 176	35 854	13 763	35,7
1993	81 338	15 840	53 137	12 360	35 186	13 875	36,2
1994	81 539	15 872	53 125	12 542	34 881	14 056	36,7
1995	81 818	15 903	53 183	12 732	34 817	14 226	36,9
1996	82 012	15 921	53 234	12 857	36 089	14 387	37,3
1997	82 057	15 887	53 204	12 966	35 797	14 450	37,6
1998	82 037	15 745	53 225	13 067	35 935	14 521	37,9
1999*	82 057	.	.	.	35 802	.	38,1

[1] Wohnbevölkerung.- [2] Erwerbstätige Inländer Jahresdurchschnitt (Erwerbstätige im Inland s. S. 44/45).-
[3] Schulen der allgemeinen Ausbildung, der allgemeinen Fortbildung, der beruflichen Aus- und Fortbildung. Schuljahr (Beginn: Herbst).- [4] Universitäten, Kunst- und Fachhochschulen (jeweils zum Wintersemester).-
[5] Ergebnisse des Mikrozensus.- * Vorläufige Zahlen.

Erwerbstätige, Schüler und Studierende - nach Pendlereigenschaft - 1994 und 1996

	Erwerbstätige[1]				Schüler und Studenten[1]				Erwerbstätige, Schüler und Studenten[1]			
	1994		1996		1994		1996		1994		1996	
	in 1 000	in vH	in 1 000	in vH	in 1 000	in vH	in 1 000	in vH	in 1 000	in vH	in 1 000	in vH
männlich												
Innergemeindliche Pendler	8 993	51,0	10 484	56,2	3 835	76,0	4 735	72,9	12 828	56,6	15 219	60,5
Pendler zwischen Gemeinden des Landes	7 760	44,0	7 180	38,5	1 145	22,7	1 634	25,2	8 905	39,3	8 814	35,0
Pendler über die Landesgrenze	866	4,9	1 000	5,4	64	1,3	126	1,9	930	4,1	1 126	4,5
insgesamt	17 619	100	18 664	100	5 044	100	6 495	100	22 663	100	25 159	100
weiblich												
Innergemeindliche Pendler	7 899	63,1	9 267	66,8	3 537	76,5	4 449	74,0	11 436	66,8	13 716	68,9
Pendler zwischen Gemeinden des Landes	4 273	34,2	4 196	30,2	1 040	22,5	1 452	24,1	5 313	31,0	5 648	28,4
Pendler über die Landesgrenze	337	2,7	418	3,0	45	1,0	114	1,9	382	2,2	532	2,7
insgesamt	12 509	100	13 881	100	4 622	100	6 015	100	17 131	100	19 896	100
Pendler insgesamt												
Innergemeindliche Pendler	16 891	56,1	19 751	60,7	7 372	76,3	9 184	73,4	24 263	61,0	28 935	64,2
Pendler zwischen Gemeinden des Landes	12 033	39,9	11 376	35,0	2 185	22,6	3 086	24,7	14 218	35,7	14 462	32,1
Pendler über die Landesgrenze	1 202	4,0	1 418	4,4	109	1,1	240	1,9	1 311	3,3	1 658	3,7
insgesamt	30 128	100	32 545	100	9 666	100	12 510	100	39 792	100	45 055	100

[1] Ohne Personen, die keine Angaben zum Pendlerverhalten gemacht haben (1994: 1 366, 1996: 4 638).
Quelle: Mikrozensus, Statistisches Bundesamt.

Erwerbstätige, Schüler und Studierende
nach Zeitaufwand für den Weg zur Arbeits- bzw. Ausbildungsstätte - 1994 und 1996

	Insgesamt		Erwerbstätige[1]				Schüler und Studierende[1]			
			männlich		weiblich		Insgesamt		männlich		weiblich	
	1 000	in vH	1 000	in vH	1 000	in vH	1 000	in vH	1 000	in vH	1 000	in vH
Zeitaufwand für den Hinweg von ... bis unter ... Minuten												
1994												
unter 10	7 736	24,8	4 080	22,4	3 656	28,0	3 733	38,9	1 956	39,0	1 777	38,7
10-30	14 544	46,6	8 289	45,6	6 255	47,9	4 641	48,3	2 395	47,8	2 246	48,9
30-60	5 399	17,3	3 385	18,6	2 014	15,4	993	10,3	527	10,5	466	10,1
60 und mehr	1 257	4,0	890	4,9	367	2,8	202	2,1	114	2,3	88	1,9
Ohne oder wechselnder Weg	2 306	7,4	1 550	8,5	756	5,8	35	0,4	18	0,4	18	0,4
Insgesamt	31 242	100	18 194	100	13 048	100	9 604	100	5 010	100	4 595	100
1996												
unter 10	8 442	26,7	4 417	24,4	4 025	29,7	4 119	33,2	2 149	33,4	1 971	33,1
10-30	15 250	48,2	8 658	47,8	6 592	48,7	6 226	50,2	3 219	50,0	3 007	50,5
30-60	5 242	16,6	3 283	18,1	1 959	14,5	1 614	13,0	833	12,9	782	13,1
60 und mehr	1 438	4,5	1 064	5,9	374	2,8	404	3,3	217	3,4	186	3,1
Ohne oder wechselnder Weg	1 270	4,0	689	3,8	581	4,3	31	0,3	17	0,3	14	0,2
Insgesamt	31 642	100	18 111	100	13 531	100	12 394	100	6 434	100	5 959	100

[1] Ohne Personen, die keine Angaben zum Pendlerverhalten oder zum Zeitaufwand gemacht haben (1994: 7 097, 1996: 6 341).
Quelle: Mikrozensus, Statistisches Bundesamt.

**Erwerbstätige, Schüler und Studierende
nach Entfernung für den Weg zur Arbeits- bzw. Ausbildungsstätte - 1994 und 1996**

| | Insgesamt | | Erwerbstätige[1] | | | | Schüler und Studierende[1] | | | |
| | | | männlich | | weiblich | | Insgesamt | | männlich | | weiblich |
	1 000	in vH	1 000	in vH	1 000	in vH	1 000	in vH	1 000	in vH	1 000	in vH
Entfernung für den Hinweg von ... bis unter ... km												
1994												
unter 10	16 446	52,6	8 556	47,0	7 890	60,4	7 847	81,5	4 071	81,1	3 776	82,0
10-25	8 775	28,1	5 399	29,6	3 376	25,9	1 326	13,8	686	13,7	640	13,9
25-50	2 760	8,8	1 924	10,6	836	6,4	290	3,0	167	3,3	123	2,7
50 und mehr	983	3,1	782	4,3	201	1,5	125	1,3	78	1,6	47	1,0
Ohne oder wechselnder Weg	2 306	7,4	1 550	8,5	756	5,8	36	0,4	18	0,4	18	0,4
Insgesamt	31 270	100	18 211	100	13 059	100	9 624	100	5 020	100	4 604	100
1996												
unter 10	17 026	53,7	8 800	48,5	8 226	60,7	9 536	76,9	4 903	76,1	4 633	77,7
10-25	9 144	28,8	5 564	30,6	3 580	26,4	2 036	16,4	1 070	16,6	966	16,2
25-50	3 030	9,6	2 101	11,6	929	6,9	542	4,4	297	4,6	245	4,1
50 und mehr	1 249	3,9	1 006	5,5	243	1,8	259	2,1	152	2,4	107	1,8
Ohne oder wechselnder Weg	1 270	4,0	689	3,8	581	4,3	31	0,2	17	0,3	14	0,2
Insgesamt	31 719	100	18 160	100	13 559	100	12 404	100	6 439	100	5 965	100

[1] Ohne Personen, die keine Angaben zum Pendlerverhalten oder zur Entfernung gemacht haben (1994: 7 049, 1996: 6 254).
Quelle: Mikrozensus, Statistisches Bundesamt.

Erwerbstätige - nach der Art der benutzten Verkehrsmittel[1] und der Stellung im Beruf - 1996*

Verkehrsmittel	Insgesamt		Arbeiter		Angestellte		nach der Stellung im Beruf Beamte		Selbständige		mithelf. Angeh.[2]	
	1 000	in vH	1 000	in vH	1 000	in vH	1 000	in vH	1 000	in vH	1 000	in vH
Eisenbahn	483	1,5	120	1,0	276	1,8	76	3,6	10	0,4	1	0,6
U-Bahn, S-Bahn, Straßenbahn	1 970	6,3	567	4,8	1 220	8,2	135	6,4	46	2,0	2	1,2
Kraftomnibus	1 770	5,7	816	6,9	862	5,8	62	2,9	27	1,2	3	1,7
Öffentliche Verkehrsmittel	4 223	13,5	1 503	12,8	2 358	15,8	273	13,0	83	3,6	6	3,5
Selbstfahrer	18 261	58,4	6 579	55,9	8 868	59,3	1 418	67,5	1 354	58,9	41	23,8
Mitfahrer	1 308	4,2	704	6,0	504	3,4	53	2,5	33	1,4	14	8,1
Personenkraftwagen	19 569	62,6	7 283	61,9	9 372	62,7	1 471	70,0	1 387	60,4	55	32,0
Kraftrad, Moped, Mofa	368	1,2	253	2,2	92	0,6	16	0,8	6	.	1	0,6
Fahrrad	2 416	7,7	1 072	9,1	1 123	7,5	147	7,0	67	2,9	8	4,7
Sonstige Verkehrsmittel	208	0,7	92	0,8	60	0,4	6	0,3	44	1,9	6	3,5
Fußgänger	3 452	11,0	1 246	10,6	1 472	9,9	121	5,8	535	23,3	78	45,3
Ohne Angabe[3]	1 038	3,3	311	2,6	467	3,1	67	3,2	175	7,6	17	9,9
Insgesamt	31 274	100	11 759	100	14 944	100	2 102	100	2 297	100	172	100
Eisenbahn	483	100	120	24,8	276	57,1	76	15,7	10	2,1	1	0,2
U-Bahn, S-Bahn, Straßenbahn	1 970	100	567	28,8	1 220	61,9	135	6,9	46	2,3	2	0,1
Kraftomnibus	1 770	100	816	46,1	862	48,7	62	3,5	27	1,5	3	0,2
Öffentliche Verkehrsmittel	4 223	100	1 503	35,6	2 358	55,8	273	6,5	83	2,0	6	0,1
Selbstfahrer	18 261	100	6 579	36,0	8 868	48,6	1 418	7,8	1 354	7,4	41	0,2
Mitfahrer	1 308	100	704	53,8	504	38,5	53	4,1	33	2,5	14	1,1
Personenkraftwagen	19 569	100	7 283	37,2	9 372	47,9	1 471	7,5	1 387	7,1	55	0,3
Kraftrad, Moped, Mofa	368	100	253	68,8	92	25,0	16	4,3	6	1,6	1	0,3
Fahrrad	2 416	100	1 072	44,4	1 123	46,5	147	6,1	67	2,8	8	0,3
Sonstige Verkehrsmittel	208	100	92	44,2	60	28,8	6	2,9	44	21,2	6	2,9
Fußgänger	3 452	100	1 246	36,1	1 472	42,6	121	3,5	535	15,5	78	2,3
Ohne Angabe[3]	1 038	100	311	30,0	467	45,0	67	6,5	175	16,9	17	1,6
Insgesamt	31 274	100	11 759	37,6	14 944	47,8	2 102	6,7	2 297	7,3	172	0,5

[1] Für die längste Wegstrecke zwischen Wohnung und Arbeitsstätte bzw. Ausbildungsstätte benutztes Verkehrsmittel.- [2] Mithelfende Familienangehörige.- [3] Einschl. gleiches Grundstück (ohne Weg) oder wechselnder Arbeitsplatz.- * Angaben für 1980, 1985, 1988, 1991 und 1994 siehe Verkehr in Zahlen 1983, 1988, 1992, 1996 bzw. 1998.
Quelle: Mikrozensus, Statistisches Bundesamt.

B 1

Urlaubsreisen in ausgewählte Länder - nach benutzten Verkehrsmitteln - 1992

Zielland	Anteil an den Urlaubsreisen	Benutztes Verkehrsmittel					
		Pkw	Wohnmobil/ Wohnwagen	Eisenbahn	Omnibus	Flugzeug	Sonstige	Insgesamt
	in vH			Anteile in vH			
Deutschland	44,1	74,7	3,9	9,4	9,8	0,8	1,3	100
Österreich	10,9	76,7	1,6	5,5	15,6	0,2	0,3	100
Spanien	7,0	8,7	1,7	0,4	14,6	73,8	0,7	100
Italien	6,9	61,3	5,1	4,4	23,2	5,2	0,8	100
Frankreich	4,6	57,4	12,1	5,1	19,9	4,0	1,4	100
Niederlande	4,0	76,7	4,3	5,9	10,2	0,1	2,3	100
Schweiz	2,6	60,4	3,5	7,8	27,2	0,1	1,0	100
Dänemark	2,5	78,3	9,4	4,7	3,1	1,0	3,5	100
Griechenland	2,1	5,5	-	0,7	3,8	88,6	1,4	100
Ehem. CSFR	1,9	69,1	6,6	5,1	14,4	0,8	4,0	100
Türkei	1,6	2,8	-	1,3	0,2	95,7	-	100
Ungarn	1,4	66,2	4,3	5,4	22,2	0,2	1,6	100
Skandinavien[1]	1,0	44,4	10,6	1,4	23,0	6,0	14,6	100
Großbritannien[2]	0,9	18,9	7,2	1,3	15,7	47,8	9,2	100
Polen	0,8	79,8	2,1	6,8	11,4	-	-	100
Belgien/Luxemburg	0,8	78,4	6,4	9,7	5,5	-	-	100
USA	1,4	-	-	-	-	98,3	1,7	100
Tunesien	0,7	-	-	-	-	100,0	-	100
Insgesamt	100,0	62,7	4,0	6,5	12,5	12,7	1,4	100

[1] Finnland, Norwegen, Schweden.- [2] Einschl. Nord-Irland.- Quelle: Tourismusstichprobe, Statistisches Bundesamt.

Länge der öffentlichen Straßen[1] - in 1 000 km

Jahr	Straßen des überörtlichen Verkehrs[2]					Gemeindestraßen[3]		
	insgesamt	Bundesautobahnen	Bundesstraßen	Landesstraßen	Kreisstraßen	insgesamt	innerorts	außerorts
1950	.	.	.	.	.	.	.	.
1955	129,3	2,175	24,4	53,4	49,3	220	101,1	118,9
1960	135,3	2,515	25,0	57,7	50,1	227	110,1	116,9
1965	155,6	3,204	29,9	66,2	56,3	246	132,1	113,9
1970	162,4	4,110	32,2	65,4	60,7	270	151,7	118,3
1975	169,1	6,213	32,5	65,5	65,0	297	176,6	120,1
1980	172,4	7,538	32,6	65,6	66,7	310	187,9	122,1
1985	173,2	8,350	31,4	63,3	70,2	318	194,0	124,0
1990	174,0	8,959	30,9	63,2	71,0	327	199,4	127,6
1991	226,3	10,955	42,1	84,9	88,3	410	.	.
1992	226,8	11,013	42,2	85,2	88,4	413	.	.
1993	227,2	11,080	42,0	88,1	86,1	.	.	.
1994	228,6	11,143	41,8	86,5	89,2	.	.	.
1995	228,9	11,190	41,7	86,7	89,3	.	.	.
1996	231,1	11,246	41,5	86,8	91,6 [4]	.	.	.
1997	231,1	11,309	41,4	86,8	91,5	.	.	.
1998	230,7	11,427	41,4	86,8	91,1	.	.	.
1999	230,7	11,515	41,3	86,8	91,1	.	.	.

[1] Stand 31. 12. Ohne Privatstraßen des öffentlichen Verkehrs (31. 12. 1975: 3 131 km).- [2] Einschl. Ortsdurchfahrten (1970: 32,7 Tsd. km, 1975: 33,9 Tsd. km, 1980: 34,2 Tsd. km, 1985: 35,3 Tsd. km, 1990: 35,7 Tsd. km). Die Angaben bis 1980 enthalten die Strecken einiger Fahrbahnäste.- [3] Mit Ausnahme der Jahre 1970 und 1975 Schätzungen. Ohne Ortsdurchfahrten der Straßen des überörtlichen Verkehrs (1970: 32,7 Tsd. km, 1975: 33,9 Tsd. km, 1980: 34,2 Tsd. km, 1985: 35,3 Tsd. km, 1990: 35,7 Tsd. km).-
[4] Kreisstraßen in Thüringen wurden 1996 erstmalig erfaßt.

Länge der Straßen des überörtlichen Verkehrs[1] - nach Bundesländern - in 1 000 km

	Insgesamt		Bundesautobahnen		Bundesstraßen		Landesstraßen		Kreisstraßen[2]	
	1994	1999	1994	1999	1994	1999	1994	1999	1994	1999
Baden-Württemberg	27,451	27,46	1,020	1,025	4,50	4,44	9,93	9,94	12,01	12,07
Bayern	41,590	41,68	2,162	2,241	7,03	6,81	13,82	13,93	18,58	18,70
Berlin	0,249	0,25	0,061	0,061	0,19	0,19	-	-	-	-
Brandenburg	12,656	12,53	0,766	0,766	2,77	2,79	5,59	5,80	3,54	3,17
Bremen	0,110	0,10	0,046	0,048	0,06	0,05	-	-	-	-
Hamburg	0,230	0,23	0,081	0,081	0,15	0,15	-	-	-	-
Hessen	16,365	15,94	0,956	0,956	3,19	3,13	7,17	7,19	5,06	4,67
Mecklenburg-Vorpommern	9,712	9,70	0,237	0,262	2,08	2,07	3,22	3,24	4,18	4,13
Niedersachsen	28,235	28,22	1,305	1,347	4,84	4,83	8,35	8,35	13,74	13,69
Nordrhein-Westfalen	29,858	29,57	2,145	2,178	5,10	5,08	12,66	12,58	9,96	9,74
Rheinland-Pfalz	18,397	18,43	0,816	0,839	3,06	3,02	7,13	7,18	7,39	7,39
Saarland	2,036	2,03	0,226	0,236	0,35	0,35	0,83	0,83	0,63	0,62
Sachsen	13,696	13,53	0,424	0,447	2,43	2,43	4,71	4,71	6,13	5,94
Sachsen-Anhalt	10,308	10,86	0,199	0,260	2,32	2,34	3,85	3,83	3,94	4,44
Schleswig-Holstein	9,881	9,89	0,448	0,481	1,76	1,72	3,62	3,60	4,05	4,09
Thüringen[2]	7,829	10,31	0,251	0,287	1,94	1,95	5,64	5,65	-[2]	2,43
Deutschland insgesamt[2]	228,603	230,74	11,14	11,52	41,77	41,32	86,50	86,82	89,188[2]	91,08

[1] Stand 31.12.; einschl. Ortsdurchfahrten, ohne Fahrbahnäste.- [2] Kreisstraßen wurden 1994 in Thüringen nicht erfaßt.

Länge der öffentlichen Straßen nach Fahrbahnbreiten - km

Fahrbahnbreite von ... bis unter ... m	Bundesautobahnen	Bundesstraßen	Landesstraßen	Kreisstraßen	Gemeindestraßen innerorts	Gemeindestraßen außerorts
31.12.1975						
unter 4	-	15	716	4 594	33 479	68 838
4 - 5	-	138	8 143	16 989	45 001	34 499
5 - 6	-	1 644	24 237	25 316	50 163	12 422
6 - 7	-	9 237	20 620	14 557	27 594	3 043
7 - 9	80*	15 772	9 048	2 675		
9 - 12	-	3 020	1 823	532	20 389	1 310
12 und mehr	6 127	2 656	867	300		
insgesamt[1)]	6 213	32 490	65 484	64 959	176 625	120 112
31.12.1980						
unter 4	-	105	526	3 575	.	.
4 - 5	-	104	5 914	14 204	.	.
5 - 6	-	1 116	21 869	26 173	.	.
6 - 7	-	7 447	22 343	18 248	.	.
7 - 9	136*	17 161	11 575	3 455	.	.
9 - 12	-	3 436	2 284	662	.	.
12 und mehr	7 402	3 189	1 126	342	.	.
insgesamt	7 538	32 558	65 637	66 659	188 000**	122 000**
31. 12. 1985						
unter 5	-	55	4 378	15 814	.	.
5 - 6	-	749	19 145	27 684	.	.
6 - 7	-	6 229	23 098	21 032	.	.
7 - 9	94*	16 882	12 630	4 145	.	.
9 - 12	-	3 665	2 519	862	.	.
12 und mehr	8 256	3 596	1 207	421	.	.
insgesamt[2)]	8 350	31 372	63 296	70 222	194 000**	124 000**
31. 12. 1995***						
unter 5		503				
5 - 7	229	10 335				
7 - 11[3)]		25 463				
11[3)] - 20	1 851	4 106	.	.	.	.
20 und mehr	9 132	-	.	.	.	.
insgesamt	11 212	40 407	86 717	89 253	.	.

[1)] Durch Runden der Meßergebnisse für die einzelnen Teilstücke gleicher Deckenart weichen die nach Fahrbahnbreiten differenzierten Werte in der Summe geringfügig ab. - [2)] In der jeweiligen Summe enthalten, aber nicht nach Fahrbahnbreiten nachgewiesen sind: 196 km Bundesstraßen, 319 km Landesstraßen, 264 km Kreisstraßen. - [3)] Bei Bundesstraßen 12 m. - * Einbahnige Strecken. - ** Schätzung. - *** Die Werte weichen geringfügig von denen auf den Seiten 111/112 ausgewiesenen Werten ab, da nicht in allen Bundesländern 100 vH der Straßen erfaßt wurden.

Länge der mit Radwegen[1] versehenen Straßen des überörtlichen Verkehrs[2] nach Bundesländern - in km

	1994				1999			
	Insgesamt		darunter: Ortsdurchfahrten		Insgesamt		darunter: Ortsdurchfahrten	
	Radwege	Fuß- und Radwege[3]	Radwege	Fuß- und Radwege[3]	Radwege	Fuß- und Radwege[3]	Radwege	Fuß- und Radwege[3]
Baden-Württemberg	.	.	.	.	257	1 901	86	310
Bayern	328	3 149	295	687	321	4 017	283	835
Berlin	105	13	94	3	107	19	97	6
Brandenburg	248	69	82	47	612	479	332	262
Bremen	27	2	24	1	13	2	10	1
Hamburg	121	16	118	13	124	21	119	19
Hessen	194	860	146	112	199	938	151	131
Mecklenburg-Vorpommern	120	214	27	91	230	611	103	247
Niedersachsen	964	10 110	718	1 705	3 443	8 324	832	1 664
Nordrhein-Westfalen	1 346	6 027	1 199	1 119	.	5 365	.	559
Rheinland-Pfalz	80	814	68	145	.	.	.	.
Saarland	54	232	40	37	35	257	21	60
Sachsen	145	123	39	105	262	282	103	141
Sachsen-Anhalt	243	128	124	40	308	387	130	124
Schleswig-Holstein	637	3 014	452	662	2 129	2 133	671	501
Thüringen[4]	48	91	28	41	54	187	26	105
Deutschland insgesamt	.	.	.	.	.	.	.	.

[1] Ein- und beidseitige Wege.- [2] Stand 31. 12.; Bundesstraßen, Landesstraßen, Kreisstraßen.- [3] Ohne Mehrzweckstreifen, die auch von Radfahrern mitbenutzt werden.- [4] Ohne Kreisstraßen.

Anteil der mit Radwegen[1] versehenen Straßen an den Straßen des überörtlichen Verkehrs[2] nach Bundesländern - in vH

	Insgesamt	1994 darunter: Radwege	Fuß- und Radwege[3]	Insgesamt	1999 darunter: Radwege	Fuß- und Radwege[3]
Baden-Württemberg	.	.	.	8,2	1,0	7,2
Bayern	8,8	0,8	8,0	11,0	0,8	10,2
Berlin	62,8	55,9	6,9	67,0	56,9	10,1
Brandenburg[4]	2,7	2,1	0,6	9,3	5,2	4,1
Bremen	45,3	42,2	3,1	30,0	26,0	4,0
Hamburg	91,9	81,2	10,7	97,3	83,2	14,1
Hessen	6,8	1,3	5,6	7,6	1,3	6,3
Mecklenburg-Vorpommern	3,5	1,3	2,3	8,9	2,4	6,5
Niedersachsen	41,1	3,6	37,5	43,8	12,8	31,0
Nordrhein-Westfalen	26,6	4,9	21,7	.	.	19,6
Rheinland-Pfalz	5,1	0,5	4,6	.	.	.
Saarland	15,8	3,0	12,8	16,3	2,0	14,3
Sachsen	2,0	1,1	0,9	4,2	2,0	2,2
Sachsen-Anhalt	3,7	2,4	1,3	6,6	2,9	3,7
Schleswig-Holstein	38,7	6,8	32,0	45,3	22,6	22,7
Thüringen[4]	1,8	0,6	1,2	2,4	0,5	1,9
Deutschland insgesamt	.	.	.	.	.	.

[1] Ein- und beidseitige Wege.- [2] Stand 31. 12.; Bundesstraßen, Landesstraßen, Kreisstraßen.- [3] Ohne Mehrzweckstreifen, die auch von Radfahrem mitbenutzt werden.- [4] Ohne Kreisstraßen.

Befestigte Flächen der öffentlichen Straßen - (Fahrbahnen ohne Mittelstreifen, Bankette, Böschungen usw.)

Straßenklassen	Straßenfläche in km^2				Anteile der Straßenarten an der Straßenfläche insgesamt in vH				Anteile der Straßenflächen an der Fläche des Bundesgebietes[1] in vH			
	1971	1981	1986	1996	1971	1981	1986	1996	1971	1981	1986	1996
Bundesautobahnen	108,5	200,5	223,2	245,5	4,3	6,8	7,3	.	0,04	0,08	0,09	0,07
Bundesstraßen	252,0	271,8	273,7	342,0	9,9	9,2	8,9	.	0,10	0,11	0,11	0,10
außerorts[2]	196,2	212,5	213,9	.	7,7	7,2	7,0	.	0,08	0,09	0,09	.
innerorts[3]	55,8	59,3	59,8	.	2,2	2,0	1,9	.	0,02	0,02	0,02	.
Landesstraßen	390,3	425,8	420,6	.	15,4	14,4	13,7	.	0,16	0,17	0,17	.
außerorts[2]	308,6	334,9	328,2	.	12,2	11,3	10,7	.	0,13	0,13	0,13	.
innerorts[3]	81,7	90,9	92,4	.	3,2	3,1	3,0	.	0,03	0,04	0,04	.
Kreisstraßen	327,4	380,0	409,4	.	12,9	12,8	13,4	.	0,13	0,15	0,16	.
außerorts[2]	265,2	305,2	324,6	.	10,4	10,3	10,6	.	0,11	0,12	0,13	.
innerorts[3]	62,2	74,8	84,8	.	2,5	2,5	2,8	.	0,02	0,03	0,03	.
Gemeindestraßen	1 436,2	1 666,9	1 720,0	.	56,6	56,3	56,2	.	0,58	0,67	0,69	.
Privatstraßen des öffentlichen Verkehrs	23,6	16,4	15,0	.	0,9	0,5	0,5	.	0,01	0,01	0,01	.
Öffentliche Straßen insgesamt	2 538,0	2 961,4	3 061,9	.	100	100	100	.	1,02	1,19	1,23	.

[1] Fläche des Bundesgebietes bis 1990 249 469 km^2, ab 1991 356 959 km^2.- [2] Freie Strecken.- [3] Ortsdurchfahrten in der Baulast des Bundes, der Länder, der Kreise und der Gemeinden.- Quelle: Berechnungen des Bundesministers für Verkehr und des Deutschen Instituts für Wirtschaftsforschung.

Straßenbelastung - Zählabschnittslänge der freien Strecken überörtlicher Straßen nach der Verkehrsstärke - 1995*

DTV-Klasse[1] Kfz/24 h	Bundesautobahnen km 1995	Anteil in vH 1995	Anteil in vH 1990	Bundesstraßen km 1995	Anteil in vH 1995	Anteil in vH 1990	Landesstraßen km 1995	Anteil in vH 1995	Anteil in vH 1990	Kreisstraßen[2] km 1995	Anteil in vH 1995	Anteil in vH 1990	Straßen insgesamt km 1995	Anteil in vH 1995	Anteil in vH 1990
bis unter 1 000	-	-	-	72	0,2	0,2	6 700	9,8	12,4	.	.	45,9	.	.	21,0
1 000 bis unter 2 000	-	-	-	848	2,4	2,4	15 563	22,8	24,8	.	.	28,1	.	.	20,1
2 000 bis unter 3 000	1	0,0	0,1	2 066	5,9	5,7	13 368	19,6	19,6	.	.	12,3	.	.	13,3
3 000 bis unter 4 000	29	0,3	0,1	2 627	7,5	8,1	9 837	14,4	13,9	.	.	5,6	.	.	9,1
4 000 bis unter 5 000	9	0,1	0,3	3 293	9,4	10,1	6 650	9,7	8,4	.	.	2,9	.	.	6,3
5 000 bis unter 6 000	24	0,2	0,6	3 740	10,6	10,6	4 267	6,2	6,1	.	.	2,1	.	.	5,2
6 000 bis unter 8 000	122	1,1	1,3	6 474	18,4	17,5	5 669	8,3	7,2	.	.	1,7	.	.	6,9
8 000 bis unter 10 000	101	0,9	1,2	5 059	14,4	14,3	2 905	4,2	3,4	.	.	0,7	.	.	4,4
10 000 bis unter 12 000	139	1,3	1,7	3 545	10,1	10,0	1 530	2,2	1,9	.	.	0,3	.	.	2,9
12 000 bis unter 14 000	174	1,6	2,2	2 381	6,8	6,4	744	1,1	1,0	.	.	0,2	.	.	1,8
14 000 bis unter 16 000	320	2,9	2,6	1 427	4,1	4,6	452	0,7	0,5	.	.	0,1	.	.	1,2
16 000 bis unter 18 000	287	2,6	2,5	1 146	3,3	3,0	285	0,4	0,3	.	.	0,1	.	.	0,9
18 000 bis unter 20 000	347	3,1	4,2	716	2,0	1,9	146	0,2	0,3	.	.	0,0	.	.	0,7
20 000 bis unter 25 000	846	7,7	9,3	836	2,4	2,5	166	0,2	0,2	.	.	0,0	.	.	1,1
25 000 bis unter 30 000	1 001	9,1	8,2	337	1,0	1,0	36	0,1	0,0	.	.	0,0	.	.	0,7
30 000 bis unter 35 000	828	7,5	7,6	208	0,6	0,6	16	0,0	0,0	.	.	0,0	.	.	0,6
35 000 bis unter 40 000	1 147	10,4	7,1	155	0,4	0,4	11	0,0	0,0	.	.	0,0	.	.	0,5
40 000 bis unter 45 000	883	8,0	9,4	95	0,3	0,2	8	0,0	0,0	.	.	-	.	.	0,6
45 000 bis unter 50 000	710	6,4	7,3	59	0,2	0,1	3	0,0	0,0	.	.	-	.	.	0,5
50 000 bis unter 60 000	1 668	15,1	15,3	71	0,2	0,3	8	0,0	0,0	.	.	-	.	.	1,0
60 000 bis unter 70 000	981	8,9	9,0	49	0,1	0,1	2	0,0	0,0	.	.	-	.	.	0,6
70 000 bis unter 80 000	631	5,7	4,5	4	0,0	0,0	-	-	-	.	.	-	.	.	0,3
80 000 bis unter 90 000	360	3,3	3	1	0,0	0,0	-	-	-	.	.	-	.	.	0,1
90 000 und mehr	417	3,8	3	-	-	-	-	-	-	.	.	-	.	.	0,1
insgesamt	11 023	100	100	35 208	100	100	68 367	100	100	.	.	100	.	.	100

[1] Durchschnittliche tägliche Verkehrsstärke aller Tage des Jahres für den Kraftfahrzeugverkehr in beiden Richtungen. - [2] Keine Angaben wegen zu geringer Anzahl der Zählstellen in den neuen Bundesländern. - * Vergleichszahlen für 1990: alte Bundesländer. Angaben für 1973 siehe Verkehr in Zahlen 1975, für 1975 Verkehr in Zahlen 1979, für 1980 Verkehr in Zahlen 1981, für 1985 Verkehr in Zahlen 1991, für 1990 Verkehr in Zahlen 1996. - Quelle: Bundesanstalt für Straßenwesen.

Straßenbelastung - Kraftfahrzeugverkehr auf Bundesautobahnen und Bundesstraßen

Durchschnittliche tägliche Verkehrsstärke (DTV) in Kfz je 24 Stunden nach Zeitbereichen und Fahrzeugarten[1]

Kraftfahrzeugart Straßenart	Zeit- bereiche[2]	1980	1981	1982	1983	1984	1985	1986	1987	1988	1989
Kraftfahrzeuge insgesamt											
Bundesautobahnen	AT	29 739	29 125	29 587	30 360	31 092	31 300	33 600	35 400	37 800	39 800
	WT	28 945	28 151	28 759	29 454	30 424	30 500	33 200	34 700	37 500	40 000
	FT	32 169	32 115	32 234	33 249	33 803	34 200	36 100	38 500	40 600	42 400
	SF	27 934	26 816	27 420	28 035	28 493	28 300	30 200	31 900	33 900	34 800
Bundesstraßen - außerörtlich	AT	6 785	6 692	6 839	7 035	7 186	7 240	7 690	8 030	8 420	8 730
	WT	6 879	6 783	6 928	7 100	7 285	7 340	7 880	8 160	8 640	9 060
	FT	7 038	7 021	7 125	7 390	7 522	7 630	8 030	8 500	8 770	9 120
	SF	6 160	5 851	6 059	6 181	6 266	6 270	6 520	6 760	6 990	7 080
Personenkraftwagen[3]											
Bundesautobahnen	AT	25 607	24 985	25 514	26 221	26 935	27 100	29 300	30 900	33 100	34 900
	WT	23 926	23 213	23 858	24 515	25 413	25 550	28 000	29 400	32 000	34 300
	FT	27 587	27 476	27 753	28 630	29 195	29 600	31 400	33 500	35 400	36 900
	SF	27 934	26 816	27 420	28 035	28 493	28 300	30 200	31 900	33 900	34 800
Bundesstraßen - außerörtlich	AT	6 181	6 101	6 263	6 458	6 608	6 670	7 090	7 430	7 800	8 100
	WT	6 144	6 071	6 228	6 409	6 587	6 650	7 160	7 450	7 930	8 320
	FT	6 361	6 351	6 484	6 730	6 865	6 970	7 360	7 810	8 060	8 390
	SF	6 160	6 851	6 059	6 181	6 266	6 270	6 520	6 760	6 990	7 080
Lastkraftfahrzeuge, Omnibusse[4]											
Bundesautobahnen	AT	4 132	4 139	4 072	4 139	4 159	4 190	4 320	4 420	4 660	4 880
	WT	5 065	4 980	4 927	4 955	5 017	5 060	5 190	5 230	5 460	5 710
	FT	4 581	4 631	4 481	4 616	4 608	4 630	4 760	5 040	5 250	5 540
Bundesstraßen - außerörtlich	AT	604	591	576	577	578	570	590	600	610	640
	WT	742	718	704	693	699	690	720	710	710	740
	FT	677	670	641	660	657	660	670	690	700	730

[1] Bezogen auf die Straßenlängen zum 1. 7. des jeweiligen Jahres.- [2] AT = alle Tage, WT = Werktage (Mo-Sa), FT = Werktage (Mo-Sa) innerhalb der Ferienzeit, SF = Sonn- und Feiertage.- [3] "Pkw-ähnliche" Kfz.- [4] "Lkw-ähnliche" Kfz.

Quelle: Bundesanstalt für Straßenwesen.

Straßenbelastung - Kraftfahrzeugverkehr auf Bundesautobahnen und Bundesstraßen

Durchschnittliche tägliche Verkehrsstärke (DTV) in Kfz je 24 Stunden nach Zeitbereichen und Fahrzeugarten[1]

Kraftfahrzeugart Straßenart	Zeit- bereiche[2]	1990	1991*	1992*	1993*	1994*	1995*	1996*	1997	1998	1999**
Kraftfahrzeuge insgesamt											
Bundesautobahnen	AT	41 800	42 800	44 000	45 300	45 900	46 500	46 800	45 600	46 800	.
	WT	42 200	43 200	44 700	46 000	47 000	47 600	47 900	46 700	47 700	.
	FT	44 200	45 200	46 500	47 800	48 000	49 000	49 100	48 000	49 900	.
	SF	36 400	37 300	38 200	38 800	38 700	39 000	39 500	38 800	39 600	.
Bundesstraßen - außerörtlich	AT	9 010	9 120	9 250	9 380	9 670	9 850	9 930	9 400	9 530	.
	WT	9 390	9 510	9 680	9 800	10 170	10 370	10 470	9 900	10 010	.
	FT	9 410	9 510	9 640	9 790	10 050	10 230	10 320	9 770	10 040	.
	SF	7 190	7 230	7 260	7 330	7 410	7 570	7 540	7 120	7 140	.
Personenkraftwagen[3]											
Bundesautobahnen	AT	36 500	37 300	38 400	39 500	39 900	40 300	40 500	39 000	39 900	.
	WT	36 100	36 800	38 000	39 200	39 900	40 300	40 500	38 900	39 600	.
	FT	38 300	39 000	40 000	41 400	41 300	42 100	42 200	40 600	42 200	.
	SF	36 400	37 300	38 200	38 800	38 700	39 000	39 500	37 100	37 800	.
Bundesstraßen - außerörtlich	AT	8 350	8 430	8 560	8 700	8 930	9 100	9 170	8 610	8 710	.
	WT	8 610	8 700	8 860	9 000	9 310	9 490	9 580	8 970	9 060	.
	FT	8 670	8 710	8 820	9 010	9 210	9 370	9 460	8 880	9 120	.
	SF	7 190	7 230	7 260	7 330	7 410	7 570	7 540	6 900	6 910	.
Lastkraftfahrzeuge, Omnibusse[4]											
Bundesautobahnen	AT	5 260	5 550	5 740	5 780	6 000	6 200	6 300	6 700	6 900	.
	WT	6 110	6 530	6 670	6 760	7 100	7 300	7 400	7 800	8 100	.
	FT	5 920	6 120	6 450	6 360	6 700	6 900	6 900	7 300	7 700	.
	SF	.	.	.	.	.	.	.	1 800	1 900	.
Bundesstraßen - außerörtlich	AT	660	680	690	690	740	750	760	790	810	.
	WT	770	790	800	800	860	880	890	930	950	.
	FT	740	780	820	780	840	860	860	890	920	.
	SF	.	.	.	.	.	.	.	210	230	.

[1] Bezogen auf die Straßenlängen zum 1. 7. des jeweiligen Jahres.- [2] AT = alle Tage, WT = Werktage (Mo-Sa) außerhalb der Ferienzeit, FT = Werktage (Mo-Sa) innerhalb der Ferienzeit, SF = Sonn- und Feiertage.- [3] "Pkw-ähnliche" Kfz.- [4] "Lkw-ähnliche" Kfz.- * Alte Bundesländer. Für die neuen Bundesländer liegen nur Werte für Kraftfahrzeuge insgesamt vor. Autobahnen: 1993 30 100, 1994 30 400, 1995 31 200, 1996 32 300. Außerörtliche Bundesstraßen: 1993 6 670, 1994 6 870, 1995 6 990.- ** Daten für 1999 lagen bei Redaktionsschluß nicht vor.- Quelle: Bundesanstalt für Straßenwesen.

Straßenbelastung - Kraftfahrzeugverkehr auf den freien Strecken der überörtlichen Straßen
Durchschnittliche tägliche Verkehrsstärke (DTV) in Kfz je 24 Stunden[1]

Jahr	Bundesautobahnen			Bundesstraßen			Landesstraßen			Kreisstraßen		
	DTV in Kfz/24 h	Personenverkehr in vH	Güterverkehr in vH	DTV in Kfz/24 h	Personenverkehr in vH	Güterverkehr in vH	DTV in Kfz/24 h	Personenverkehr in vH	Güterverkehr in vH	DTV in Kfz/24 h	Personenverkehr in vH	Güterverkehr in vH
1953	4 578	.	.	1 640	73,1	26,9	567[2]	75,3	24,7	.	.	.
1958	9 291	.	.	3 047	.	.	.	.	.	.	.	.
1960	10 710	75,5	24,5	3 548	75,6	24,4	1 262[2]	74,1	25,9	453[4]	.	.
1963	13 626	75,5	24,5	4 099	77,0	23,0	.	.	.	.	.	.
1965	16 568	75,3	24,7	4 551	79,7	20,3	1 524[3]	76,2	23,8	663[4]	.	.
1968	18 234	77,0	23,0	4 784	79,5	20,5	1 633[3]	80,0	20,0	880[5]	80,5	19,5
1970	22 385	80,8	19,2	5 660	84,6	15,4	1 885[3]	85,9	14,1	964[6]	85,9	14,1
1973	23 531	80,3	19,7	6 016	85,2	14,8	2 153[3]	87,8	12,2	1 079[6]	87,8	12,2
1975	25 687	85,3	14,7	6 108	88,9	11,1	2 166[3]	90,3	9,7	1 132[7]	89,6	10,4
1978	29 120	84,4	15,6	6 601	89,3	10,7	.	.	.	.	.	.
1980	29 917	84,3	15,7	6 785	88,9	11,1	2 566	90,3	9,7	1 325[7]	90,1	9,9
1985	31 385	84,6	15,4	7 238	90,1	9,9	2 837	91,4	8,6	1 415[7]	91,0	9,0
1990	41 967	85,4	14,6	9 005	90,7	9,3	3 527	92,1	7,9	1 655[7]	91,7	8,3
1995	43 940	83,9	16,1	9 135	89,6	10,4	3 789	91,2	8,8	[8]	[8]	[8]

[1] Bezogen auf die Straßenlängen zum 1. 1. des jeweiligen Jahres.- [2] Landesstraßen soweit von der Zählung erfaßt.- [3] Erfaßt wurden rund 90 vH der Landesstraßen.- [4] Erfaßt wurden nur einzelne Abschnitte des Kreisstraßennetzes in einem Teil der Bundesrepublik.- [5] Erfaßt wurden rund ein Sechstel der Kreisstraßen.- [6] Erfaßt wurden rund die Hälfte der Kreisstraßen.- [7] Erfaßt wurden rund zwei Drittel der Kreisstraßen.- [8] Keine Angaben wegen zu geringer Anzahl der Zählstellen in den neuen Bundesländern.- Quelle: Bundesanstalt für Straßenwesen.

Transportbilanz / Leistungsbilanz der Bundesrepublik* - in Mio. DM

(Mit dem Ausland)	1950	1955	1960	1965	1970	1975	1980	1985	1990*
Transport insgesamt									
Einnahmen	443	2 183	3 432	5 334	7 979	12 469	18 242	25 617	26 543
Ausgaben	755	2 492	4 073	6 082	10 021	13 126	19 159	26 069	20 517
Saldo	-312	-309	-641	-748	-2 042	-657	-916	-452	6 026
Frachten	-416	-361	-514	-338	1 027	862	1 059	836	8 429
Personenbeförderung	22	-9	220	50	65	-150	-598	-201	-267
Sonstige Transportleistungen	82	61	-347	-460	-3 134	-1 369	-1 377	-1 087	-2 137
dar. Seehäfendienste	18	-77	-416	-390	-589	-1 007	-973	-890	-999
dar. Flughäfendienste									-218
Zum Vergleich:									
Saldo der Leistungsbilanz der Bundesrepublik[1]	-323	2 676	5 612	-5 036	4 784	10 647	-25 125	48 327	81 428
Warenhandel	-2 314	3 237	8 447	5 200	20 820	43 514	18 443	84 682	101 549
Dienstleistungen[2]	-74	273	653	-3 859	-6 277	-15 567	-20 102	-7 264	-17 711
Transithandelserträge, Finanzdienstleistungen und sonstige Dienstleistungen	50	282	-979	-2 766	-5 377	-14 248	-22 539	-23 732	-31 484
Reiseverkehr	-312	-309	-641	-748	-2 042	-657	-916	-452	6 026
Transport(-bilanz)	-40	-64	-145	-265	-2 042	-923	-1 025	-1 669	-917
Versicherungen[3]	228	364	2 418	-80	3 184	261	4 378	18 589	8 664
Sonstige Dienstleistungen[4]	2 065	-834	-3 488	-6 377	-9 759	-17 300	-23 466	-29 091	-2 410
Übertragungen[5]									

[1] Erfassung Warenhandel und Dienstleistungen auf Basis Ausfuhr (fob) / Einfuhr (cif), d.h. einschl. Fracht- und Versicherungskosten der Einfuhr.- [2] Ohne die im cif-Wert der Einfuhr enthaltenen Fracht- und Versicherungskosten.- [3] In den Prämienzahlungen enthaltene Dienstleistungskomponenten.- [4] Transithandelserträge, Finanzdienstleistungen und sonstige Dienstleistungen.- [5] Erwerbs- und Vermögenseinkommen, Versicherungsleistungen (ohne Dienstleistungskomponenten), laufende öffentliche und private Übertragungen.-
* Ab Juli 1990 einschl. Transaktionen der neuen Bundesländer mit dem Ausland.

Transportbilanz / Leistungsbilanz der Bundesrepublik - in Mio. DM

(Mit dem Ausland)	1991	1992	1993	1994	1995	1996	1997*	1998*	1999*
Transport insgesamt									
Einnahmen	28 741	28 783	28 824	29 727	30 989	32 718	36 967	39 275	40 329
Ausgaben	22 474	24 061	23 918	24 764	25 926	27 845	31 265	33 814	34 213
Saldo	6 267	4 723	4 906	4 963	5 064	4 873	5 702	5 461	6 116
Frachten	8 707	7 746	8 145	8 435	8 958	9 143	9 236	9 240	9 767
Personenbeförderung	-574	-755	-729	-768	-1 009	552	2 037	2 290	3 047
Sonstige Transportleistungen	-1 866	-2 269	-2 511	-2 703	-2 886	-4 822	-5 571	-6 069	-6 699
dar. Seehäfendienste	-1 318	-1 626	-1 553	-2 112	-2 275	-3 193	-3 302	-3 740	-4 035
dar. Flughäfendienste	166	80	300	411	539	-283	-86	-343	-331
Zum Vergleich:									
Saldo der Leistungsbilanz									
der Bundesrepublik[1]	-28 374	-21 064	-14 887	-36 532	-27 159	-8 447	-2 434	-7 408	.
Warenhandel	19 095	32 230	57 266	70 658	80 581	93 274	110 307	124 416	117 968
Dienstleistungen[2]	-24 842	-37 894	-45 080	-54 374	-54 720	-53 330	-59 942	-67 568	-79 767
Reiseverkehr	-36 451	-41 318	-44 250	-51 582	-51 404	-53 025	-54 142	-56 542	-58 276
Transport(-bilanz)	6 267	4 723	4 906	4 963	5 064	4 873	5 702	5 461	6 116
Versicherungen[3]	-1 255	-962	-625	26	8	920	261	-1 419	1 158
Sonstige Dienstleistungen[4]	6 597	-337	-5 111	-7 781	-8 388	-6 098	-11 763	-15 068	-28 765
Übertragungen[5]	-22 627	-15 400	-27 073	-52 816	-53 020	-48 391	-52 799	-64 256	.

[1] Erfassung Warenhandel und Dienstleistungen auf Basis Ausfuhr (fob) / Einfuhr (cif), d.h. einschl. Fracht- und Versicherungskosten der Einfuhr.- [2] Ohne die im cif-Wert der Einfuhr enthaltenen Fracht- und Versicherungskosten.- [3] In den Prämienzahlungen enthaltene Dienstleistungskomponenten.- [4] Transithandelserträge, Finanzdienstleistungen und sonstige Dienstleistungen.- [5] Erwerbs- und Vermögenseinkommen, Versicherungsleistungen (ohne Dienstleistungskomponenten), laufende öffentliche und private Übertragungen.- * Vorläufige Werte.

Länge der Binnenwasserstraßen des Bundes[1] - in km

	Insgesamt	Fluß-/Kanalstrecken			klassifizierte Wasserstraßen		sonstige Wasserstraßen[4]
		freie/ geregelte	staugeregelte	Kanalstrecken	nationaler Bedeutung[2]	internationaler Bedeutung[3]	
1950	4 283	.	.	.	.	.	.
1955	4 456	.	.	.	.	.	.
1960	4 456	.	.	.	.	.	.
1965	4 456	.	.	.	.	.	.
1970	4 383	.	.	.	.	.	.
1975	4 381	.	.	.	.	.	.
1980	4 395	.	.	.	.	.	.
1985	4 336	.	.	.	.	.	.
1990	4 350	.	.	.	.	.	.
1991	7 341	2 869	2 742	1 730	1 473	4 733	1 135
1992	7 341	2 869	2 742	1 730	1 473	4 733	1 135
1993	7 681	2 960	2 942	1 779	1 613	4 778	1 290
1994	7 681	2 960	2 942	1 779	1 613	4 778	1 290
1995	7 343	2 870	2 740	1 733	1 575	4 787	981
1996	7 339	2 829	2 781	1 729	1 378	4 983	978
1997	7 339	2 829	2 781	1 729	1 378	4 983	978
1998	7 300	2 533	3 032	1 735	1 252	5 068	980
1999	7 300	2 533	3 032	1 735	1 252	5 068	980

[1] Stand 31.12. Ohne Delgationsstrecke Hamburg.- [2] Wasserstraßen nationaler Bedeutung = Wasserstraße klassen I bis III. [3] Wasserstraßen internationaler Bedeutung = Wasserstraßenklassen IV bis VIc.- [4] Nicht l fizierte Binnenwasserstraßen und solche, die nicht dem allgemeinen Verkehr dienen.

Verkehrsausgaben

Nettoausgaben des Bundes, der Länder und der Gemeinden für das Straßenwesen[1] - in Mio. DM

Jahr	Insgesamt	Bundes-autobahnen	Bundes- und Landesstraßen	Kreisstraßen	Gemeindestraßen	Verwaltung und Sonstiges
			Unmittelbare Ausgaben			
1950/1951[2]	1 085	57	361	127	540	.
1955/1956[2]	2 791	270	793	314	1 414	.
			Nettoausgaben			
1960	6 000	810	1 620	550	2 745	275
1965	9 978	1 061	3 414	887	4 089	526
1970	14 892	2 528	4 409	912	6 290	753
1975[3]	17 563	3 915	4 544	1 101	7 218	785
1980	14 892	2 528	4 409	912	6 290	753
1975	17 563	3 915	4 544	1 101	7 218	785
1980	23 086	3 736	6 268	1 756	10 194	1 133
1985	20 367	3 239	5 755	1 498	8 738	1 137
1990	22 656	3 487	6 387	1 625	9 717	1 440
1991*	26 709	4 354	7 234	1 706	11 444	1 971
1992**	34 945	5 284	9 204	1 539	15 157	3 761
1993	32 147	5 567	9 187	1 418	13 572	2 403
1994	32 586	5 504	9 434	1 553	13 618	2 477
1995	32 069	5 883	9 284	1 603	12 902	2 397
1996	31 668	6 039	8 270	1 606	13 059	2 694
1997	31 449	6 288	7 723	1 676	13 067	2 695
1998		.		.		.
1999		.		.		.

[1] Einschl. der durch die "Deutsche Gesellschaft für öffentliche Arbeiten" (Öffa) über den Kreditmarkt finanzierten Ausgaben.- [2] Rechnungsjahre (1.4. bis 31.3.), ohne Saarland.- [3] Ab 1975 sind die Ergebnisse infolge der Erweiterung des finanzstatistischen Berichtskreises sowie der Neufassung der kommunalen Haushaltssystematik mit denen früherer Rechnungsjahre nicht voll vergleichbar. In den Angaben nach der neuen Abgrenzung und Methode fehlen u.a. die Ausgaben für die Tiefbauverwaltungen und die Bauhöfe der Gemeinden.- * Alte Bundesländer.- ** 1992 wurden zusätzlich 1 487 Mio. DM aus Mitteln des "Aufschwungs Ost" für Bundesstraßen verwendet, die in den oben angegebenen Zahlen nicht enthalten sind.

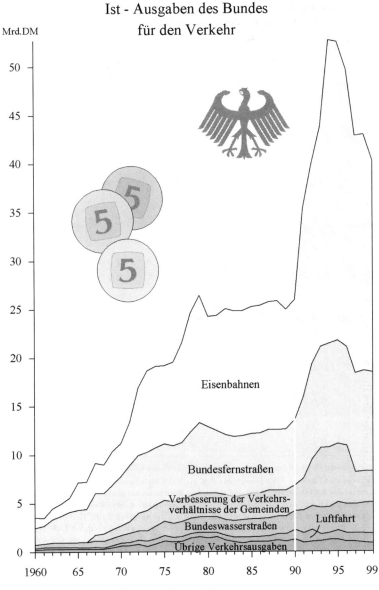

Daten siehe Seite 126 und Verkehr in Zahlen 1991

Verkehrsausgaben - Ist-Ausgaben des Bundes für den Verkehr - in Mio. DM

Jahr	Verkehr insgesamt	davon: dar. Investitionen in vH	Bundesfernstraßen	Verbesserung der Verkehrsverhältnisse der Gemeinden[1]	Bundeswasserstraßen	Eisenbahnen	Luftfahrt[2]	Übrige Verkehrsausgaben	Zum Vergleich: Ausgaben des Bundes insgesamt	dar. Investitionen in vH	Anteil des Verkehrs an den Ausgaben des Bundes in vH	Anteil des Verkehrs an den Investitionen des Bundes in vH
1950/1951[4]	526	.	206	-	287	-	2	31	12 605	.	4,2	.
1955/1956[4]	1 761	.	490	-	298	819	67	87	22 654	.	7,8	.
1960	3 600	68	1 700	-	377	1 103	169	251	41 450	17	8,7	35
1965	7 153	46	3 315	-	529	2 819	192	298	59 150	17	9,5	33
1970	11 192	57	5 108	970	794	3 358	309	653	88 207	17	12,7	43
1975	19 204	46	5 824	2 140	1 453	8 061	564	1 162	160 032	16	12,0	35
1980	24 283	49	6 830	2 421	1 620	11 397	553	1 462	217 085	15	11,2	38
1985	25 269	49	6 158	2 628	1 832	13 100	452	1 100	258 745	13	9,8	37
1990	25 959	50	6 724	2 630	1 943	12 393	964	1 305	317 343	13	8,2	30
1991	35 399	48	8 366	3 290	2 332	19 471	980	960	401 770	15	8,8	28
1992	39 949	56	9 859	4 769	2 445	20 607	1 222	1 047	427 169	15	9,4	34
1993	43 856	57	10 428	6 171	2 702	22 732	684	1 139	457 461	15	9,6	38
1994	52 741	45	10 700	6 140	2 669	31 284	702	1 246	471 769	13	11,2	43
1995	52 570	47	10 658	6 023	2 896	30 798	942	1 253	465 033	14	11,3	37
1996	49 726	46	10 170	6 004	3 002	28 651	831	1 068	455 550	13	10,9	37
1997	42 843	43	10 164	3 289	2 980	24 489	865	1 056	441 919	13	10,0	33
1998	43 019	43	10 351	3 227	3 118	24 396	955	972	457 223	12	9,0	34
1999	40 217	49	10 194	3 178	3 225	21 740	983	897	482 834	12	8,3	35

[1] In 1997 Wegfall von 3 Mrd. DM, die im Rahmen des GVFG bereitgestellt wurden. Stattdessen standen den Ländern 1997 ca. 12 Mrd. DM gem. Regionalisierungsgesetz für den ÖPNV zur Verfügung.- [2] Einschl. Luftfahrt-Bundesamt; bis 1994 einschl. Flugsicherung, ab 1995 einschl. Deutscher Wetterdienst.- [3] Einschl. Ergänzungszuweisungen an finanzschwache Länder im Rahmen des Finanzausgleichs.- [4] Rechnungsjahre (1.4. bis 31.3.), ohne Saarland.

Luftfahrt - Bestand an Luftfahrzeugen[1]

Jahr	Ins-gesamt[2]	Flugzeuge	mit einem Startgewicht			Hub-schrauber	nachrichtl.: Segel-flugzeuge[3]
			bis 2 t	über 2 t bis 20 t	über 20 t		
1950	-	-	-	-	-	-	.
1955	99	97	77	12	8	2	.
1960	1 111	1 096	975	83	38	15	.
1965	2 052	1 982	1 729	187	66	70	.
1970	3 792	3 666	3 263	288	115	126	.
1975	5 998	5 754	5 165	449	140	244	.
1980	7 769	7 403	6 565	685	153	366	.
1985	7 958	7 544	6 823	543	178	414	6 536
1990	9 158	8 690	7 702	682	306	468	6 961
1991	9 929	9 398	8 228	815	355	531	7 465
1992	10 691	10 069	8 791	884	394	622	7 608
1993	11 124	10 460	9 046	983	431	664	7 724
1994	11 435	10 748	9 333	980	435	687	7 767
1995	11 631	10 927	9 508	979	440	704	7 777
1996	11 718	11 011	9 612	939	460	707	7 845
1997	11 638	10 958	9 696	796	466	680	7 862
1998	11 645	10 973	9 698	782	493	672	7 805
1999	11 668	10 975	9 647	801	527	693	7 811

[1] Im Bundesgebiet (bis 1990 ohne Berlin-West). Stand 31. 12.- [2] Ohne Segelflugzeuge. Einschl. Motorsegler (1999 = 2 380). Ohne Luftschiffe und Ballone (1999 = 1 385) [3] Klasse S.

Allgemeine Fahrerlaubnisse[1] - in 1 000

Jahr	Erteilungen[2] insgesamt	1/1 a[3]	Klasse 1 b	2	3	4	5	Entziehungen[4] insgesamt	dar. infolge Trunkenheit
1950	732	101	-	105	215	311	-	.	.
1955	885	252	-	81	458	95	-	22,7	14,0
1960	1 505	282	-	83	989	124	27	63,6	51,6
1965	1 598	119	-	111	1 177	136	55	100,4	81,3
1970	1 603	93	-	115	1 260	120	15	150,3	133,8
1975	1 701	226	-	117	1 187	163	8	179,6	156,2
1980	2 110	380	115	143	1 343	122	7	204,0	174,4
1985	1 788	294	110	132	1 230	5	16	176,2	150,0
1990	1 724	298	49	180	1 170	16	12	182,2	146,7
1991*	2 223	254	61	139	1 636	20	13	198,3	160,7
1992*	1 927	262	86	137	1 412	19	11	214,7	172,1
1993	1 977	415	95	126	1 314	18	9	227,2	178,3
1994	1 887	362	105	113	1 277	21	9	245,4	193,3
1995	1 869	362	106	118	1 253	22	8	239,8	186,0
1996	1 842	349	118	117	1 223	27	8	234,5	179,9
1997	1 778	357	102	104	1 172	35	7	231,5	177,0
1998	1 760	334	97	112	1 170	41	7	217,2	162,6
1999	.	.	.	.	.	.	.	187,3	140,4

[1] Ohne Erteilungen und Entziehungen von Bundeswehr, Bundesbahn, Bundespost, Bundesgrenzschutz und Polizei.-
[2] Abgrenzung der Fahrerlaubnisklassen nach der jeweiligen Rechtslage.- 3) Seit 1986 unterteilt in Klasse 1 und 1a.

Klasse 1:	1986 = 197 Tsd.	Klasse 1 a:	1986 = 56 Tsd.
	1987 = 102 Tsd.		1987 = 78 Tsd.
	1988 = 71 Tsd.		1988 = 88 Tsd.
	1989 = 107 Tsd.		1989 = 112 Tsd.
	1990 = 160 Tsd.		1990 = 139 Tsd.
	1991 = 93 Tsd.		1991 = 161 Tsd.
	1992 = 90 Tsd.		1992 = 172 Tsd.
	1993 = 210 Tsd.		1993 = 204 Tsd.
	1994 = 149 Tsd.		1994 = 213 Tsd.
	1995 = 154 Tsd.		1995 = 207 Tsd.
	1996 = 150 Tsd.		1996 = 199 Tsd.
	1997 = 161 Tsd.		1997 = 196 Tsd.
	1998 = 149 Tsd.		1998 = 185 Tsd.

[4] Einschl. isolierte Sperren nach § 69 b StGB sowie Aberkennung nach § 69 b Abs. 1 StGB und §11 Abs. 2 IntKfzVo.-
* Ohne Umschreibungen von Fahrerlaubnissen aus der DDR (1991: 158 Tsd., 1992: 171 Tsd.).

Allgemeine Fahrerlaubnisse - Besitz von Pkw-Fahrerlaubnissen[1] nach Altersgruppen - 1998

Einwohner im Alter von ... bis ... Jahren	Einwohner ab 18 Jahre insgesamt in 1 000	mit Pkw-Fahrerlaubnisbesitz in 1 000	in vH	davon ohne Pkw-Fahrerlaubnisbesitz in 1 000	in vH	keine Angabe[2] in 1 000	in vH
Insgesamt	63 385	49 620	78,3	12 817	20,2	948	1,5
Männer	31 114	27 675	88,9	3 275	10,5	165	0,5
18 - 25	3 716	3 212	86,4	457	12,3	47	1,3
26 - 30	3 308	3 068	92,8	239	7,2	0	0,0
31 - 40	7 172	6 775	94,5	384	5,4	13	0,2
41 - 60	10 969	9 756	88,9	1 165	10,6	49	0,4
61 - 80	5 949	4 864	81,8	1 030	17,3	56	0,9
Frauen	32 271	21 945	68,0	9 542	29,6	783	2,4
18 - 25	3 544	2 643	74,6	840	23,7	60	1,7
26 - 30	3 098	2 696	87,0	371	12,0	32	1,0
31 - 40	6 732	5 838	86,7	864	12,8	31	0,5
41 - 60	10 804	7 805	72,2	2 712	25,1	287	2,7
61 - 80	8 092	2 964	36,6	4 754	58,8	374	4,6

[1] Fahrerlaubnisse der Klassen 2 oder 3.- [2] Zum Fahrerlaubnisbesitz. Quellen: Sozio-Ökonomisches Panel, Statistisches Bundesamt, Berechnungen des DIW.

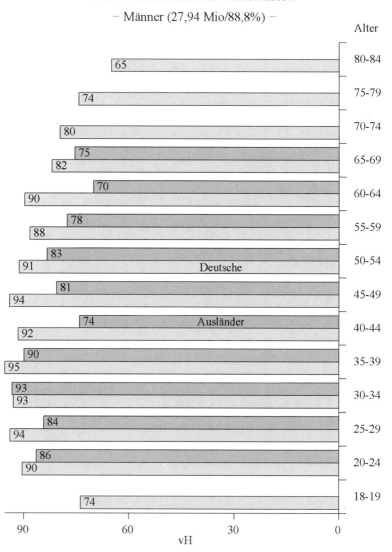

PKW-Fahrerlaubnis 1998 nach Nationalität und Altersklassen
— Frauen (22,16 Mio/66,8 %) —

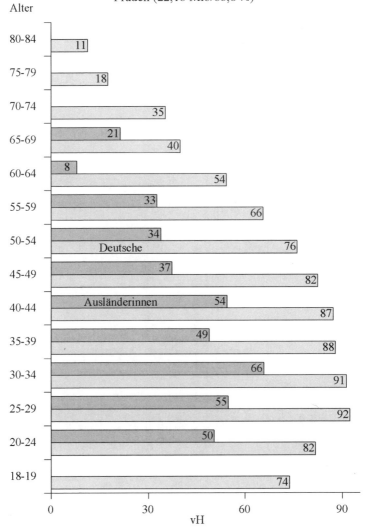

Quelle : Sozio-ökonomisches Panel, Berechnungen des DIW.

Allgemeine Fahrerlaubnisse - Besitz von Fahrerlaubnissen nach Erlaubnisklassen[1] - 1998

	Einwohner ab 16 Jahre insgesamt	mit Fahrerlaubnisbesitz						ohne Fahr-erlaubnis-besitz	keine Angabe[2]
		Klasse 1/1a	Klasse 1+2	Klasse 1+3	Klasse 2	Klasse 3	Klasse 4/1b		
					in 1 000				
Insgesamt	66 500	199	3 231	6 678	2 547	37 687	531	14 488	1 139
Männer	32 423	125	3 144	5 267	2 353	17 167	364	3 790	212
Frauen	34 077	74	87	1 411	194	20 520	166	10 698	927

[1] Personen mit mehrfachem Fahrerlaubnisbesitz sind in der jeweils höchsten Fahrerlaubnisklasse enthalten.- [2] Zum Fahrerlaubnisbesitz.-
Quelle: Sozio-Ökonomisches Panel, Statistisches Bundesamt, Berechnungen des DIW.

Pkw-Verfügbarkeit nach Altersgruppen - 1998

	Einwohner ab 18 Jahre insgesamt	mit Pkw-Verfügbarkeit				keine Pkw-Verfügbarkeit		keine Angabe[1]	
		ständig		zeitweise					
Einwohner im Alter von ... bis ... Jahren	in 1 000	in 1 000	in vH	in 1 000	in vH	in 1 000	in vH	in 1 000	in vH
Insgesamt	63 385	38 553	60,8	7 015	11,1	17 558	27,7	259	0,4
Männer	31 114	23 354	75,1	2 425	7,8	5 244	16,9	91	0,3
18 - 25	3 716	2 198	59,1	725	19,5	791	21,3	3	0,1
26 - 40	10 480	8 416	80,3	952	9,1	1 100	10,5	12	0,1
41 - 60	10 969	8 508	77,6	639	5,8	1 777	16,2	45	0,4
60 - 80	5 949	4 233	71,1	110	1,8	1 576	26,5	31	0,5
Frauen	32 271	15 199	47,1	4 589	14,2	12 314	38,2	168	0,5
18 - 25	3 544	1 569	44,3	831	23,5	1 143	32,2	1	0,0
26 - 40	9 831	6 248	63,6	1 828	18,6	1 712	17,4	42	0,4
41 - 60	10 804	5 437	50,3	1 613	14,9	3 744	34,7	10	0,1
60 - 80	8 092	1 945	24,0	317	3,9	5 715	70,6	116	1,4

[1] Zur Pkw-Verfügbarkeit.- Quelle: Sozio-Ökonomisches Panel, Statistisches Bundesamt, Berechnungen des DIW.

Personen mit Fahrerlaubnis auf Probe

	1991	1992	1993	1994	1995	1996	1997	1998*
Personen mit Fahrerlaubnis auf Probe[1]	1 795 179	2 077 450	1 944 137	1 862 178	1 803 074	1 793 033	1 782 432	1 755 267
ohne Eintragungen im VZR[2]	1 735 279	2 011 152	1 876 469	1 788 705	1 728 602	1 716 085	1 703 216	1 676 691
mit Eintragungen im VZR[2]	59 900	66 298	67 668	73 473	74 472	76 948	79 216	78 576
dar. Kategorie A (schwere Verstöße)	50 265	55 111	55 006	58 822	59 591	62 845	64 892	64 413
dar. mit 2 und mehr Eintragungen	4 032	4 149	4 216	4 794	4 977	5 601	5 800	5 790
dar. Kategorie B (leichte Verstöße)	7 675	9 022	10 259	12 011	12 043	11 375	11 525	11 597
dar. mit 2 und mehr Eintragungen	216	243	292	365	363	332	343	329
dar. Kategorie A + B	1 960	2 165	2 403	2 640	2 838	2 728	2 799	2 566
dar. mit 2 und mehr Eintragungen	549	640	694	786	827	841	839	733
nach Fahrerlaubnisklassen								
Klasse 1	239	138	49	-	-	-	-	-
1a	5 601	5 942	5 808	5 569	5 167	4 483	3 993	3 503
1b	86 532	119 349	156 139	176 339	186 036	192 442	195 992	179 877
2	3 249	3 647	2 421	1 503	1 325	1 358	1 181	1 004
3	1 648 457	1 895 141	1 728 525	1 626 343	1 564 271	1 556 114	1 546 083	1 535 635
1 und 2	277	321	240	40	-	-	-	-
1 und 3	1 538	1 034	734	200	-	-	-	-
1a und 2	89	142	112	28	47	42	32	45
1a und 3	30 968	31 964	34 545	32 881	28 895	24 945	21 609	19 684
1b und 2	6	47	33	8	12	1	5	8
1b und 3	1 189	1 737	1 149	727	574	484	416	357
sonstige	17 034	17 988	14 382	18 540	16 747	13 164	13 121	15 154
nach dem Alter der Personen								
unter 18	75 838	106 570	138 173	154 934	160 400	169 372	168 546	156 339
18	297 132	326 787	359 142	365 698	377 733	385 057	394 978	417 162
19	479 207	461 018	485 202	504 337	515 759	527 786	533 640	540 052
20 bis unter 22	302 392	320 548	272 320	259 236	246 163	248 191	249 459	239 651
22 bis unter 26	228 869	279 624	217 844	183 053	157 407	143 706	133 385	124 052
26 bis unter 30	174 523	232 713	180 141	150 299	131 084	120 358	111 738	101 302
30 bis unter 40	170 285	249 902	201 119	166 965	146 805	138 674	133 872	123 479
40 bis unter 50	25 764	50 094	54 067	51 837	49 822	48 268	49 634	49 932
50 und mehr	41 169	50 194	36 129	25 819	17 901	11 621	7 180	3 298

[1] Stand 31.12.- [2] VZR = Verkehrszentralregister.- * Daten für 1999 lagen bei Redaktionsschluß nicht vor.

Im Verkehrszentralregister erfaßte Personen und Eintragungen - in 1 000

	1950	1955	1960	1965	1970	1975	1980	1985	1990
Im Verkehrszentralregister erfaßte Personen									
Stand 1. 1.	-	-	-	-	3 144	4 141	4 609	3 920	4 601
Zugang	-	-	-	-	971	1 270	1 701	1 330	1 812
Namenslöschungen	-	-	-	-	800	928	1 599	1 318	1 674
Stand 31. 12.	-	-	-	-	3 315	4 483	4 711	3 933	4 739
Eintragungen im Verkehrszentralregister									
Mitteilungen von:									
Gerichten	-	-	-	-	521,0	554,0	645,3	473,6	460,8
Verurteilungen[1]	-	-	-	-	386,3	389,2	390,1	335,0	319,7
Bußgeldentscheidungen	-	-	-	-	43,2	67,5	82,2	46,0	42,5
Einstellungen nach § 153 a StPO[2]	-	-	-	-	-	3,7	66,2	-	-
Vorläufige Entziehungen[3] und Aufhebungen	-	-	-	-	91,5	93,7	106,8	92,7	98,7
Bußgeldbehörden[4]	-	-	-	-	1 079,6	1 396,7	1 988,6	1 440,2	2 113,2
anderen Behörden[5]	-	-	-	-	49,3	145,6	183,5	164,4	157,2
Mitteilungen insgesamt	-	-	-	-	1 649,9	2 096,4	2 817,4	2 078,2	2 731,2
dar. Bußgeldentscheidungen[6]	-	-	-	-	1 122,8	1 464,2	2 070,9	1 486,2	2 155,7

[1] Einschl. ergänzender Mitteilungen (z.B. über Gnadenentscheidungen, Gestattungen, vorzeitig eine neue Fahrerlaubnis zu erteilen, Wiederaufnahmeverfahren in geringer Anzahl). - [2] Einstellung des Verfahrens bei Erfüllung von Auflagen und Weisungen; auch von Staatsanwaltschaften (werden aufgrund der VZR-Reform ab 1. 6. 1983 nicht mehr erfaßt). - [3] Der Fahrerlaubnis nach § 111 a StPO. - [4] Bußgeldentscheidungen. - [5] Versagung, Entziehung, Aberkennung, Widerruf/Rücknahme (Fahrlehrerlaubnis), Wiedererteilung, Verzicht und Aufhebung oder Änderung einer Maßnahme. - [6] Eintragungsgrenze: bis 31.8.72 20,- DM, 1.9.72 bis 31. 5. 1983 = 40,- DM, seit 1. 6. 1983 = 80,- DM.

Im Verkehrszentralregister erfaßte Personen und Eintragungen - in 1 000

	1991	1992	1993	1994	1995	1996	1997	1998	1999
Im Verkehrszentralregister erfaßte Personen									
Stand 1. 1.	4 739	4 971	5 208	5 460	5 848	6 210	6 444	6 666	6 934
Zugang	1 969	2 059	2 231	2 351	2 414	2 465	2 572	2 756	2 412
Namenslöschungen	1 737	1 822	1 980	1 962	2 053	2 231	2 350	2 487	2 564
Stand 31. 12.	4 971	5 208	5 460	5 848	6 210	6 444	6 666	6 934	6 782
Eintragungen im Verkehrszentralregister									
Mitteilungen von:									
Gerichten	473	516	525	578	568	551	566	543	510
Verurteilungen[1]	331	368	378	423	417	411	424	408	369
Bußgeldentscheidungen	43	43	47	54	55	47	50	52	46
Einstellungen nach § 153 a StPO[2]	-	-	-	-	-	-	-	-	-
Vorläufige Entziehungen[3] und Aufhebungen	99	104	100	101	97	93	92	82	95
Bußgeldbehörden[4]	2 237	2 356	2 462	2 733	2 943	3 071	3 315	3 397	3 256
anderen Behörden[5]	171	189	187	195	198	201	208	206	222
Mitteilungen insgesamt	2 881	3 060	3 173	3 506	3 708	3 822	4 088	4 146	3 987
dar. Bußgeldentscheidungen[6]	2 280	2 399	2 509	2 788	2 997	3 119	3 364	3 449	3 302

[1] Einschl. ergänzender Mitteilungen (z.B. über Gnadenentscheidungen, Gestattungen, vorzeitig eine neue Fahrerlaubnis zu erteilen, Wiederaufnahmeverfahren in geringer Anzahl). - [2] Einstellung des Verfahrens bei Erfüllung von Auflagen und Weisungen; auch von Staatsanwaltschaften (werden aufgrund der VZR-Reform ab 1. 6. 1983 nicht mehr erfaßt). - [3] Der Fahrerlaubnis nach § 111 a StPO. - [4] Bußgeldentscheidungen. - [5] Versagung, Entziehung, Aberkennung, Widerruf/Rücknahme (Fahrlehrerlaubnis), Wiedererteilung, Verzicht und Aufhebung oder Änderung einer Maßnahme. - [6] Eintragungsgrenze: seit 1. 6. 1983 = 80,- DM.

Ergebnisse der Hauptuntersuchungen
von Straßenfahrzeugen[1] - nach Schwere der Mängel

Jahr	Geprüfte Fahrzeuge	ohne Mängel	davon geringe	mit Mängeln[2] erhebliche	verkehrsunsicher[3]
	in 1 000				
		Kraftfahrzeuge und Kfz-Anhänger insgesamt			
1950	.	.	.	.	.
1955	.	.	.	.	.
1960	2 224	958	595	632	39,0
1965	4 625	2 188	1 163	1 238	36,3
1970	6 011	2 576	1 684	1 715	36,4
1975	8 028	3 314	2 400	2 291	23,2
1980	11 256	5 196	3 646	2 396	18,2
1985	11 964	5 377	4 124	2 440	23,3
1990	15 014	7 072	5 204	2 719	19,6
1991	16 903	7 620	5 858	3 399	26,2
1992	17 858	8 202	6 241	3 393	21,5
1993	18 727	9 053	6 427	3 230	16,8
1994	19 025	9 702	6 267	3 042	14,2
1995	19 797	9 913	6 778	3 091	14,6
1996	20 011	9 811	6 968	3 218	13,4
1997	20 569	10 067	7 114	3 374	14,4
1998	20 718	10 162	7 147	3 395	13,8
1999	22 146	.	.	.	.
		Personen- und Kombinationskraftwagen[4]			
1950	.	.	.	.	.
1955	.	.	.	.	.
1960	1 174	525	305	328	15,9
1965	3 202	1 530	772	875	25,6
1970	4 582	1 920	1 230	1 403	29,5
1975	6 564	2 639	1 879	2 024	21,1
1980	8 787	4 046	2 703	2 023	15,9
1985	9 093	3 911	3 067	2 095	19,8
1990	11 779	5 450	3 999	2 313	17,5
1991	13 043	5 707	4 446	2 867	23,5
1992	13 682	6 104	4 741	2 818	18,6
1993	14 456	6 866	4 906	2 670	14,3
1994	14 440	7 238	4 712	2 478	11,9
1995	15 129	7 480	5 119	2 518	12,0
1996	15 039	7 255	5 192	2 582	10,5
1997	15 432	7 401	5 314	2 706	11,0
1998	15 541	7 460	5 363	2 708	9,9
1999	16 483	.	.	.	.

[1] Prüfungen der Technischen Prüf- oder Überwachungsstellen nach §§ 17, 29 und Anlage VIII StVZO sowie § 41 BOKraft.- [2] Geringe Mängel sind solche, die keinen nennenswerten Einfluß auf die Verkehrssicherheit haben.- [3] Verkehrsunsicher sind Fahrzeuge mit Mängeln, die zu einer unmittelbaren Verkehrsgefährdung führen.- [4] Ab 1995 einschl. M1-Fahrzeuge.

Ergebnisse der Hauptuntersuchungen
von Straßenfahrzeugen[1] - nach Schwere der Mängel

Jahr	Geprüfte Fahrzeuge	ohne Mängel	davon		
			geringe	mit Mängeln[2] erhebliche	verkehrsunsicher[3]
	in 1 000				

Krafträder[4]

Jahr	Geprüfte Fahrzeuge	ohne Mängel	geringe	erhebliche	verkehrsunsicher
1950	.	.	.	.	.
1955	.	.	.	.	.
1960	507	208	142	147	10,3
1965	234	106	58	69	2,2
1970	114	50	31	32	0,8
1975	117	48	34	34	0,5
1980	196	92	57	47	0,9
1985	432	232	127	72	1,0
1990	455	256	135	63	0,4
1991	545	304	161	80	0,6
1992	577	329	167	80	0,5
1993	618	353	183	82	0,4
1994	685	415	195	75	0,3
1995	759	460	218	81	0,3
1996	824	498	235	90	0,3
1997	918	574	251	93	0,4
1998	957	610	252	94	0,3
1999	1 152	.	.	.	.

Omnibusse, Lastkraftwagen, Zugmaschinen und sonstige Kfz[5]

Jahr	Geprüfte Fahrzeuge	ohne Mängel	geringe	erhebliche	verkehrsunsicher
1950	.	.	.	.	.
1955	.	.	.	.	.
1960	442	195	119	119	8,4
1965	975	456	278	235	6,2
1970	1 078	491	353	229	4,7
1975	1 051	482	386	182	1,2
1980	1 660	753	662	244	0,9
1985	1 694	814	675	203	1,8
1990	1 805	834	734	236	1,1
1991	2 018	894	816	307	1,3
1992	2 105	948	830	325	1,6
1993	2 154	999	837	317	1,3
1994	2 234	1 089	830	314	1,2
1995	2 253	1 047	882	323	1,4
1996	2 364	1 070	935	358	1,4
1997	2 385	1 072	935	376	1,7
1998	2 366	1 057	919	388	2,0
1999	2 507	.	.	.	.

[1] Prüfungen der Technischen Prüf- oder Überwachungsstellen nach §§ 17, 29 und Anlage VIII StVZO sowie § 41 BOKraft.- [2] Geringe Mängel sind solche, die keinen nennenswerten Einfluß auf die Verkehrssicherheit haben.- [3] Verkehrsunsicher sind Fahrzeuge mit Mängeln, die zu einer unmittelbaren Verkehrsgefährdung führen.- [4] Einschl. Leicht- und Kleinkrafträder mit amtlichen Kennzeichen.-
[5] Ohne Krafträder und Kraftfahrzeuganhänger.

Ergebnisse der Hauptuntersuchungen von Straßenfahrzeugen[1] - nach Art der Mängel[2]

Jahr	Festgestellte Mängel in 1 000	darunter					
		Beleuchtung	Lenkung	Bremsen	Bereifung	Fahrgestell und Aufbau	Geräusch- u. Abgasverhalten[3]
		Kraftfahrzeuge und Kfz-Anhänger insgesamt					
1950	.	.	.	.	.	.	.
1955	.	.	.	.	.	.	.
1960	2 910	695	294	726	206	385	93
1965	5 255	1 027	628	1 212	393	646	265
1970	7 307	1 360	861	1 665	503	1 009	383
1975	10 956	2 131	782	2 460	536	2 178	214
1980	12 436	2 489	830	2 487	530	2 989	953
1985	13 136	2 586	860	2 582	594	3 903	1 022
1990	15 905	3 214	920	3 156	940	5 066	1 155
1991	19 128	3 922	1 097	3 729	1 149	5 579	1 517
1992	19 514	3 975	1 026	3 878	1 313	5 709	1 480
1993	18 862	3 803	971	3 766	1 348	5 615	1 432
1994	17 656	3 522	885	3 534	1 316	5 168	1 620
1995	18 396	3 674	924	3 722	1 420	5 402	1 606
1996	19 322	3 869	974	3 915	1 511	5 752	1 583
1997	19 604	3 995	978	3 973	1 503	5 915	1 568
1998	20 617	4 201	995	4 087	1 583	6 338	1 619
1999	.	.	.	.	.	.	.
		Personen- und Kombinationskraftwagen[4]					
1950	.	.	.	.	.	.	.
1955	.	.	.	.	.	.	.
1960	1 446	350	157	391	113	135	48
1965	3 605	702	479	871	287	358	203
1970	5 739	1 064	716	1 358	395	734	328
1975	9 256	1 805	665	2 158	430	1 797	798
1980	9 824	2 005	675	2 034	375	2 335	876
1985	10 505	2 019	703	2 115	431	3 172	929
1990	12 918	2 489	753	2 628	743	4 225	1 057
1991	15 461	2 986	905	3 088	908	4 586	1 402
1992	15 722	2 978	838	3 235	1 077	4 692	1 370
1993	15 088	2 802	785	3 132	1 084	4 570	1 319
1994	13 885	2 503	689	2 914	1 028	4 133	1 469
1995	14 451	2 596	719	3 077	1 114	4 306	1 459
1996	14 964	2 667	748	3 191	1 167	4 541	1 435
1997	14 964	2 748	745	3 243	1 153	4 667	1 415
1998	15 983	2 897	752	3 327	1 215	5 035	1 463
1999	.	.	.	.	.	.	.

[1] Prüfungen der Technischen Prüf- oder Überwachungsstellen nach §§ 17, 29 und Anlage VIII StVZO sowie § 41 StVZO sowie § 41 BOKraft.- [2] Fahrzeuge mit Mängeln verschiedener Art sind unter jeder der in Frage kommenden Art erfaßt.- [3] Bei Kraftfahrzeuganhängern nur Geräuschentwicklung. - [4] Ab 1995 einschl. M1-Fahrzeuge.

Ergebnisse der Hauptuntersuchungen von Straßenfahrzeugen[1] - nach Art der Mängel[2]

Jahr	Festgestellte Mängel in 1 000	Beleuchtung	Lenkung	darunter Bremsen	Bereifung	Fahrgestell und Aufbau	Geräusch- u. Abgasverhalten
				Krafträder[5]			
1950	.	.	.	.	.	.	.
1955	.	.	.	.	.	.	.
1960	656	149	59	170	38	105	22
1965	267	52	25	63	15	38	15
1970	134	26	15	27	8	20	7
1975	150	26	20	22	10	29	8
1980	196	32	22	27	17	41	10
1985	349	69	38	52	30	87	17
1990	339	78	36	47	31	90	24
1991	393	89	36	54	37	106	25
1992	381	85	32	52	39	104	22
1993	407	92	33	55	42	117	21
1994	403	94	32	53	45	115	21
1995	448	104	33	59	53	129	22
1996	505	116	35	66	61	146	24
1997	520	122	36	65	64	149	24
1998	541	132	36	68	69	149	25
1999	.	.	.	.	.	.	.
			Omnibusse, Lastkraftwagen, Zugmaschinen und sonstige Kfz[6]				
1950	.	.	.	.	.	.	.
1955	.	.	.	.	.	.	.
1960	637	159	71	131	39	100	21
1965	1 156	228	115	226	72	197	46
1970	1 221	228	121	231	81	210	45
1975	1 281	250	94	222	75	287	45
1980	1 909	364	127	310	98	467	66
1985	1 761	384	115	287	95	490	75
1990	1 953	466	126	334	111	554	74
1991	2 357	571	149	405	133	630	90
1992	2 372	422	151	397	145	634	88
1993	2 354	572	149	385	141	661	91
1994	2 278	559	159	354	147	634	129
1995	2 390	590	168	375	156	673	125
1996	2 618	653	187	415	173	745	124
1997	2 667	670	195	423	175	766	128
1998	2 767	700	203	433	181	805	131
1999	.	.	.	.	.	.	.

[1] Prüfungen der Technischen Prüf- oder Überwachungsstellen nach §§ 17, 29 und Anlage VIII StVZO sowie § 41 StVZO sowie § 41 BOKraft.- [2] Fahrzeuge mit Mängeln verschiedener Art sind unter jeder der in Frage kommenden Art erfaßt.- [5] Einschließlich Leicht- und Kleinkrafträder mit amtlichen Kennzeichen - [6] Ohne Krafträder und Kraftfahrzeuganhänger.

Fahrräder[1] - Produktion und Bestand

Jahr	Produktion[2)4)] in 1 000	Einfuhr[2] in 1 000	Ausfuhr[2] in 1 000	Inlandsanlieferungen[3)4)] insgesamt in 1 000	dar. Klappräder in vH	Bestand[5] insgesamt in Mio.	dar. Klappräder in vH
1950[6]	1 319	1	59	1 261	-	.	-
1955[6]	1 625	3	490	1 138	-	.	-
1960	1 678	11	410	1 279	-	18,6	-
1965	1 655	188	240	1 603	4,0	19,3	0,0
1970	2 351	460	554	2 257	48,0	22,1	10,0
1975	3 071	536	634	2 973	35,0	29,3	24,1
1980	4 497	1 122	879	4 740	7,1	36,5	13,8
1985	3 427	767	1 130	3 064	2,0	44,2	4,0
1990	4 452	2 816	835	5 783	0,7	51,9	0,9
1991	4 347	3 785	651	6 753	0,5	64,2	0,6
1992	4 271	3 590	563	6 256	0,5	67,3	0,5
1993	3 943	3 969	487	6 273	0,5	70,0	0,4
1994	3 477	3 648	391	5 574	0,5	72,3	0,3
1995	2 489	3 373	348	4 570	0,7	73,5	0,4
1996	2 291	3 256	365	4 180	0,8	73,9	0,2
1997	2 565	3 311	483	4 197	0,9	74,0	0,3
1998	2 624	3 854	571	4 360	0,8	74,0	0,3
1999*	2 901	4 281	432	4 799	0,6	74,1	0,3

[1] Ohne Kinderspielfahrräder. - [2] Fahrräder einschl. Fahrradrahmen. - [3] Produktion und Einfuhr, abzüglich Ausfuhr; ab 1987 ohne Doppelzählungen von Fahrradrahmen (1993 = 750 Tsd.).- [4] Bei Produktion und Inlandsanlieferungen ab 1995 ohne Fahrräder ohne Kugellager.- [5] 1.7. des jeweiligen Jahres.- [6] 1950 ohne Saarland und Berlin-West. Produktion 1950, Ein- und Ausfuhr 1950 und 1955 ohne Fahrradrahmen.- * Zum Teil vorläufige Werte.

Bestand an Kraftfahrzeugen
nach Fahrzeugart

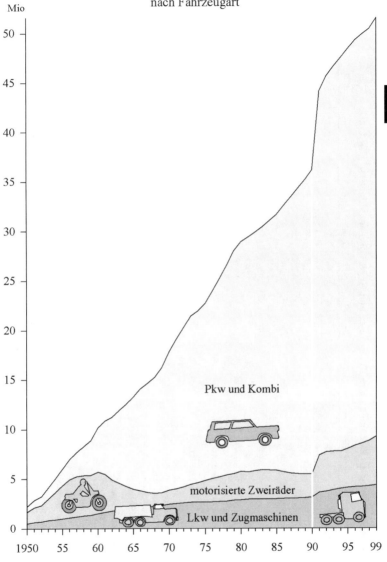

Daten siehe Seite 142/143 und Verkehr in Zahlen 1991

Kraftfahrzeugverkehr - Bestand an Kraftfahrzeugen und Kraftfahrzeuganhängern[1] - in 1 000

(Bis 1955 ohne Saarland und Berlin-W.)

	1950	1955	1960	1965	1970	1975	1980	1985	1990
Kraftfahrzeuge[2]									
Personenkraftwagen und Kombi	2 293	5 184	8 004	12 168	16 787	21 020	26 950	30 204	35 567
dar. mit Dieselmotor	570	1 663	4 490	9 267	13 941	17 898	23 192	25 845	30 685
	4	56	148	284	435	644	1 138	2 341	4 122
Personenkraftwagen	567	1 593	4 210	8 630	12 905	16 518	21 430	23 583	27 313
Kombinationskraftwagen	3	70	280	637	1 036	1 380	1 762	2 262	3 372
Krafträder[3]	1 130	2 433	1 892	717	229	250	572	993	1 233
	15	26	33	39	47	60	70	69	70
Kraftomnibusse und Obusse	423	570	681	877	1 028	1 121	1 277	1 281	1 389
Lastkraftwagen	807	1 174	1 629	2 435	3 027	3 468	3 897	3 715	4 118
Ladekapazität (in 1 000 t)	420	564	670	856	990	1 060	1 194	1 193	1 285
mit Normalaufbau	795	1 152	1 587	2 319	2 771	3 005	3 292	3 058	3 233
Ladekapazität (in 1 000 t)	3	6	11	21	38	61	83	88	104
mit Spezialaufbau	12	22	42	116	256	462	605	657	885
Ladekapazität (in 1 000 t)	140	463	868	1 204	1 447	1 561	1 640	1 705	1 756
Zugmaschinen	138	462	860	1 180	1 412	1 515	1 580	1 641	1 678
Ackerschlepper[4]	110	404	824	1 138	1 356	1 437	1 469	1 484	1 374
dar. in der Landwirtschaft	2	1	8	24	35	45	60	64	78
Sattelzugmaschinen	15	29	40	64	95	129	198	311	434
Übrige Kraftfahrzeuge[5]									
Kraftfahrzeuganhänger[2]									
zur Lastenbeförderung	260	325	358	464	633	931	1 329	1 763	2 246
Ladekapazität (in 1 000 t)	236	293	322	396	462	598	861	1 225	1 631
dar. Sattelanhänger	790	1 080	1 202	1 794	2 261	2 845	3 433	4 060	5 200
Ladekapazität (in 1 000 t)	2	1	8	25	37	52	65	75	96
	20	15	80	377	667	1 029	1 338	1 629	2 211
zur sonstigen Verwendung	24	32	36	68	171	333	468	538	615
Mopeds, Mofas und Mokicks[6]	10	925	2 274	1 207	1 054	1 719	2 110	1 474	954
Leicht- und Kleinkrafträder[7]	.	.	.	.	150	205	166	414	181

[1] Einschl. der vorübergehend abgemeldeten Fahrzeuge. Stand 1.7. - [2] Zulassungspflichtige Fahrzeuge, einschl. zulassungsfreie Arbeitsmaschinen mit und (ab 1970) ohne Fahrzeugbrief. - [3] Ohne Leicht- und Kleinkrafträder mit amtlichen Kennzeichen (bis 1980: bis 50 cm³ Hubraum, seit 1981: bis 80 cm³ Hubraum).-
[4] Einschl. gewöhnliche Straßenzugmaschinen und Geräteträger. - [5] Krankenkraftwagen, Feuerwehrfahrzeuge, Straßenreinigungs- und Arbeitsmaschinen mit und (ab 1970) ohne Fahrzeugbrief u.ä.- Weitere Anmerkungen siehe folgende Seite.

Kraftfahrzeugverkehr - Bestand an Kraftfahrzeugen und Kraftfahrzeuganhängern[1] - in 1 000

	1991*	1992*	1993*	1994	1995	1996	1997	1998	1999	2000
Kraftfahrzeuge[2]	43 085	44 130	45 190	46 356	47 286	48 118	48 698	49 186	50 140	50 794
Personenkraftwagen und Kombi	36 772	37 947	38 892	39 765	40 404	40 988	41 372	41 674	42 324	42 840
dar. mit Dieselmotor	4 340	4 731	5 088	5 358	5 545	5 631	5 587	5 487	5 633	.
Personenkraftwagen[8]	32 581	33 327	33 907	34 407	34 670	.	.	.	.	.
Kombinationskraftwagen[8]	4 191	4 620	4 985	5 359	5 734	.	.	.	.	.
Krafträder[3]	1 958	1 750	1 723	1 895	2 067	2 247	2 396	2 525	2 708	2 767
Kraftomnibusse und Obusse	90	89	89	88	86	85	84	83	85	86
Lastkraftwagen	1 660	1 849	2 020	2 114	2 215	2 273	2 315	2 371	2 466	2 527
Ladekapazität (in 1 000 t)	.	.	.	5 913	6 020	6 087	6 047	6 068	6 214	.
mit Normalaufbau	.	.	1 876	1 970	2 069	2 124	2 166	2 221	2 313	.
Ladekapazität (in 1 000 t)	.	.	.	4 593	4 638	4 640	4 573	4 561	4 639	.
mit Spezialaufbau	.	.	144	144	147	150	149	150	153	.
Ladekapazität (in 1 000 t)	.	.	.	1 320	1 382	1 448	1 474	1 507	1 574	.
Zugmaschinen	1 992	1 900	1 891	1 898	1 900	1 900	1 900	1 903	1 916	1 920
Ackerschlepper[4]	1 892	1 788	1 770	1 778	1 776	1 769	1 765	1 762	1 763	1 758
dar. in der Landwirtschaft	1 522	1 366	1 302	1 261	1 217	1 167	1 116	1 072	1 031	.
Sattelzugmaschinen	100	113	120	121	124	130	135	141	154	162
Übrige Kraftfahrzeuge[5]	613	595	575	596	613	625	631	630	642	655
Kraftfahrzeuganhänger[2]	.	.	.	3 875	4 101	4 263	4 405	4 521	4 656	4 853
zur Lastenbeförderung	.	.	.	2 900	3 029	3 139	3 253	3 371	3 502	.
Ladekapazität (in 1 000 t)	.	.	.	8 291	8 579	8 879	9 108	9 448	10 027	.
dar. Sattelanhänger	.	.	151	156	161	167	172	180	194	.
Ladekapazität (in 1 000 t)	.	.	.	3 740	3 888	4 072	4 212	4 435	4 834	.
zur sonstigen Verwendung	.	.	.	975	1 072	1 124	1 152	1 150	1 153	.
Mopeds, Mofas und Mokicks[6]	1 612	2 051	1 963	1 691	1 667	1 728	1 667	1 634	1 747	.
Leicht- und Kleinkrafträder[7]	173	172	179	188	201	223	321	401	469	571

Beginn der Anmerkungen siehe vorige Seite. - [6] Zulassungsfreie Fahrzeuge mit Versicherungskennzeichen. Ab 1992 Bestand am Ende des Versicherungsjahres (28./29. Februar). - [7] Zulassungsfreie Fahrzeuge mit amtlichen Kennzeichen (bis 1980: bis 50 cm³ Hubraum, seit 1981: bis 80 cm³ Hubraum). - [8] Ab 1995 geänderte Abgrenzung (einschl. M1-Fahrzeuge). Daher keine getrennte Ausweisung von Pkw und Kombi möglich. - * Bestand für die neuen Bundesländer 1991-1993 Berechnungen des DIW.

Kraftfahrzeugverkehr - Neuzulassungen von Kraftfahrzeugen und Kraftfahrzeuganhängern - in 1 000

	1950	1955	1960	1965	1970	1975	1980	1985	1990
Kraftfahrzeuge	3 125	3 377	4 656	4 457	3 670	3 685	2 774	2 633	3 377
Personenkraftwagen und Kombi	2 832	3 041	4 159	3 930	3 194	3 209	2 426	2 379	3 041
dar. mit Dieselmotor	294	338	498	589	477	544	196	531	338
Personenkraftwagen	2 395	2 587	3 510	3 280	2 631	2 567	2 205	2 111	2 587
Kombinationskraftwagen	437	453	649	650	563	642	221	269	453
Krafträder[1]	89,1	102,4	133,3	159,1	185,7	187,6	125,3	84,4	102,4
Kraftomnibusse und Obusse	4,5	4,6	6,0	7,5	7,7	6,2	6,5	4,0	4,6
Lastkraftwagen	134,4	157,8	267,2	271,3	209,9	216,6	143,7	106,8	157,8
mit Normalaufbau	125,0	145,9	250,2	255,5	197,8	205,6	134,5	99,8	145,9
mit Spezialaufbau	9,4	11,9	17,0	15,8	12,1	11,0	9,2	7,1	11,9
Zugmaschinen	39,7	41,7	51,9	48,5	40,1	38,9	53,4	41,5	41,7
Ackerschlepper[2]	30,8	30,0	31,8	30,9	28,7	27,4	45,5	34,8	30,0
dar. in der Landwirtschaft	16,2	14,5	13,5	13,1	11,7	10,1	37,9	26,9	14,5
Sattelzugmaschinen	8,9	11,7	20,1	17,6	11,5	11,5	7,9	6,8	11,7
Übrige Kraftfahrzeuge[3]	25,4	29,4	39,3	40,7	31,9	26,6	18,9	16,9	29,4
Kraftfahrzeuganhänger	139,4	158,7	213,0	223,1	228,3	247,8	137,5	118,9	158,7
zur Lastenbeförderung	102,3	119,5	164,7	168,3	157,7	161,0	95,5	87,3	119,5
dar. Sattelanhänger	7,0	9,5	21,7	18,5	12,5	11,9	6,8	4,8	9,5
zur sonstigen Verwendung	37,1	39,2	48,3	54,8	70,6	86,8	42,0	31,6	39,2
Leicht- und Kleinkrafträder[4]	6,7	8,8	10,9	16,8	18,8	25,2	16,7	38,0	8,8

[1] Ohne Leicht- und Kleinkrafträder mit amtlichen Kennzeichen (bis 1980 bis 50 cm³ Hubraum, seit 1981 bis 80 cm³ Hubraum).- [2] Einschl. gewöhliche Straßenzugmaschinen und Geräteträger.- [3] Krankenkraftwagen, Feuerwehrfahrzeuge, Straßenreinigungs- und Arbeitsmaschinen mit und (ab 1970) ohne Fahrzeugbrief u.ä.- Weitere Anmerkungen siehe folgende Seite.

Kraftfahrzeugverkehr
Zulassungen von fabrikneuen Kraftfahrzeugen und Kraftfahrzeuganhängern - in 1 000

	1991	1992	1993	1994	1995	1996	1997	1998	1999
Kraftfahrzeuge	4 657	4 459	3 672	3 687	3 797	3 981	4 021	4 246	4 351
Personenkraftwagen und Kombi[6]	4 159	3 930	3 194	3 209	3 314	3 496	3 528	3 736	3 802
dar. mit Dieselmotor	498	589	477	544	484	525	525	657	.
Personenkraftwagen	3 510	3 280	2 631	2 567	2 655	.	.	.	.
Kombinationskraftwagen	649	650	563	642	659	.	.	.	.
Krafträder[1]	133,3	159,1	185,7	187,6	194,5	206,7	202,0	185,9	195,9
Kraftomnibusse und Obusse	6,0	7,5	7,7	6,2	5,4	5,9	5,5	5,8	6,3
Lastkraftwagen	267,2	271,3	209,9	216,6	212,2	199,8	213,0	237,2	258,2
mit Normalaufbau	250,2	255,5	197,8	205,6	198,6	188,0	200,6	223,3	242,2
mit Spezialaufbau	17,0	15,8	12,1	11,0	13,6	11,9	12,4	13,9	16,0
Zugmaschinen	51,9	48,5	40,1	38,9	42,4	44,5	45,2	52,5	56,5
Ackerschlepper[2]	31,8	30,9	28,7	27,4	26,5	27,4	23,9	25,5	25,6
dar. in der Landwirtschaft	13,5	13,1	11,7	10,1	8,7	9,0	7,7	7,9	.
Sattelzugmaschinen	20,1	17,6	11,5	11,5	15,9	17,1	19,3	25,0	28,5
Übrige Kraftfahrzeuge[3]	40,6	42,6	33,7	28,2	28,3	27,5	27,0	28,9	31,9
Kraftfahrzeuganhänger	213,0	223,1	228,3	247,8	218,7	217,4	223,5	234,2	250,5
zur Lastenbeförderung	164,7	168,3	157,7	161,0	164,2	162,1	171,1	181,9	197,6
dar. Sattelanhänger	21,7	18,5	12,5	11,9	14,5	14,1	15,6	21,8	23,5
zur sonstigen Verwendung	48,3	54,8	70,6	86,8	54,5	55,3	52,5	52,3	52,9
Leicht- und Kleinkrafträder[4]	10,9	16,8	18,8	25,2	23,3	65,1	111,9	104,1	86,5

Beginn der Anmerkungen siehe vorige Seite.- [4] Mit amtlichen Kennzeichen (bis 80 cm³ Hubraum). - [6] Ab 1995 geänderte Abgrenzung (einschl. M1-Fahrzeuge). Daher keine getrennte Ausweisung von Pkw und Kombi möglich.

Kraftfahrzeugverkehr - Personen- und Kombinationskraftwagen[1]
Bestand und Neuzulassungen nach Höchstgeschwindigkeitsklassen

Höchstgeschwindigkeit km/h	1993* 1 000	vH	1994 1 000	vH	1995 1 000	vH	1996 1 000	vH	1997 1 000	vH	1998 1 000	vH	1999 1 000	vH
							Bestand[2]							
bis 100	981	2,5	875	2,2	721	1,8	585	1,4	459	1,1	358	0,9	276	0,7
101 bis 120	743	1,9	672	1,7	601	1,5	533	1,3	465	1,1	398	1,0	340	0,8
121 bis 140	4 105	10,6	3 845	9,7	3 482	8,6	3 100	7,6	2 723	6,6	2 361	5,7	2 058	4,9
141 bis 160	12 715	32,8	12 735	32,0	12 628	31,3	12 506	30,5	12 269	29,7	11 912	28,6	11 493	27,2
161 bis 180	11 297	29,1	11 925	30,0	12 627	31,3	13 286	32,4	13 743	33,2	14 040	33,7	14 317	33,8
181 bis 200	6 225	16,1	6 608	16,6	6 990	17,3	7 322	17,9	7 704	18,6	8 198	19,7	8 953	21,2
über 200	2 558	6,6	2 840	7,1	3 053	7,6	3 484	8,5	3 866	9,3	4 287	10,3	4 786	11,3
ohne Angabe	349	0,9	266	0,7	211	0,5	172	0,4	143	0,3	121	0,3	100	0,2
insgesamt	38 772	100	39 765	100	40 314	100	40 988	100	41 372	100	41 674	100	42 324	100
							Neuzulassungen							
bis 100	2	0,1	2	0,0	1	0,0	-	0,0	-	0,0	-	0,0	-	0,0
101 bis 120	6	0,2	4	0,1	3	0,1	2	0,1	-	0,0	-	0,0	-	0,0
121 bis 140	169	5,3	135	4,2	104	3,2	84	2,4	71	2,0	75	2,0	103	2,7
141 bis 160	752	23,5	719	22,4	830	25,0	856	24,5	819	23,2	723	19,4	702	18,5
161 bis 180	1 270	39,8	1 301	40,5	1 244	37,5	1 258	36,0	1 164	33,0	1 172	31,4	1 031	27,1
181 bis 200	623	19,5	648	20,2	678	20,5	740	21,2	856	24,3	1 071	28,7	1 240	32,6
über 200	372	11,7	400	12,5	454	13,7	554	15,9	616	17,5	693	18,5	725	19,1
insgesamt	3 194	100	3 209	100	3 314	100	3 496	100	3 528	100	3 736	100	3 802	100

[1] Ab 1995 einschl. M1-Fahrzeuge. - [2] Stand 1.7.; einschl. der vorübergehend abgemeldeten Fahrzeuge. - * Bestand für die neuen Bundesländer: Im Zentralen Fahrzeugregister (ZFZR) bereits erfaßte Fahrzeuge (ca. 98 vH des Gesamtbestandes).

Personen- und Kombinationskraftwagen
Bestand nach Höchstgeschwindigkeitsklassen

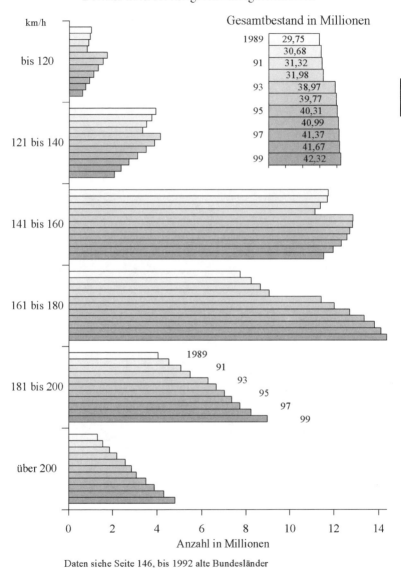

Daten siehe Seite 146, bis 1992 alte Bundesländer

Kraftfahrzeugverkehr - Personenkraftwagen[1] - Bestand, Neuzulassungen, Löschungen

		1950	1955	1960	1965	1970	1975	1980	1985	1990
Pkw-Bestand[2]										
nach Hubraumklassen										
bis 999 cm³	1 000	121	370	1 280	2 229	2 018	1 729	1 897	1 941	2 033
1 000 bis 1 499 cm³	1 000	317	1 021	2 614	5 437	7 808	8 559	9 065	9 135	9 229
1 500 bis 1 999 cm³	1 000	97	184	426	1 267	3 363	6 206	9 493	11 302	14 984
2 000 cm³ und mehr[3]	1 000	35	88	170	335	752	1 404	2 737	3 466	4 439
bis 999 cm³	vH	21,2	22,2	28,5	24,0	14,5	9,7	8,2	7,5	6,6
1 000 bis 1 499 cm³	vH	55,6	61,4	58,2	58,7	56,0	47,8	39,1	35,4	30,1
1 500 bis 1 999 cm³	vH	17,0	11,1	9,5	13,7	24,1	34,7	40,9	43,7	48,8
2 000 cm³ und mehr[3]	vH	6,2	5,3	3,8	3,6	5,4	7,8	11,8	13,4	14,5
nach Haltergruppen										
Unternehmen/Selbständige[4,5]	1 000	500	1 263	2 110	2 946	3 447	3 565	4 060	4 345	3 907
Arbeitnehmer[5,6]	1 000	70	400	2 380	6 321	10 494	14 333	19 132	21 500	26 778
Insgesamt	1 000	570	1 663	4 490	9 267	13 941	17 898	23 192	25 845	30 685
Pkw-Neuzulassungen										
nach Hubraumklassen										
bis 999 cm³	1 000	10	109	259	254	192	215	178	172	113
1 000 bis 1 499 cm³	1 000	102	245	542	838	940	918	947	604	754
1 500 bis 1 999 cm³	1 000	26	26	128	371	798	766	925	1 249	1 721
2 000 cm³ und mehr[3]	1 000	7	26	41	54	178	207	376	354	452
bis 999 cm³	vH	7,2	26,9	26,7	16,7	9,1	10,2	7,3	7,2	3,7
1 000 bis 1 499 cm³	vH	69,9	60,5	55,9	55,2	44,6	43,6	39,0	25,4	24,8
1 500 bis 1 999 cm³	vH	17,8	6,3	13,2	24,5	37,9	36,4	38,2	52,5	56,6
2 000 cm³ und mehr[3]	vH	5,1	6,3	4,2	3,6	8,4	9,8	15,5	14,9	14,9
nach Haltergruppen										
Unternehmen/Selbständige[4,5]	1 000	1 051	299	482	605	669	645	781	888	1 117
Arbeitnehmer[5,6]	1 000	1 781	107	488	913	1 438	1 461	1 645	1 491	1 924
Insgesamt	1 000	145	406	970	1 518	2 107	2 106	2 426	2 379	3 041
Pkw-Löschungen[7]										
Zahl der Fahrzeuge	1 000	.	105	155	531	931	1 353	1 939	1 776	2 633
Durchschnittsalter der Fahrzeuge	Jahre	.	14,6	7,9	8,0	9,1	9,4	11,6	9,8	10,0

[1] Personen- und Kombinationskraftwagen.- [2] Stand 1.7.; einschl. der vorübergehend abgemeldeten Fahrzeuge (1.7.1978 = 2 234 Tsd.). Bestand neue Bundesländer: 1991 und 1992 Schätzungen des DIW, 1993 im Zentralen Fahrzeugregister (ZFZR) bereits erfaßte Fahrzeuge.- [3] Einschl. Fahrzeuge mit Rotationskolbenmotoren.- [4] Einschl. Gebietskörperschaften, Sozialversicherung, Organisationen ohne Erwerbscharakter. - Weitere Anmerkungen siehe folgende Seite.

Kraftfahrzeugverkehr - Personenkraftwagen[1] - Bestand, Neuzulassungen, Löschungen

		1991	1992	1993*	1994	1995	1996	1997	1998	1999
Pkw-Bestand[2]										
nach Hubraumklassen										
bis 999 cm³	1 000	.	.	3 393	3 221	2 944	2 660	2 433	2 311	2 257
1 000 bis 1 499 cm³	1 000	.	.	11 254	11 385	11 453	11 588	11 655	11 655	10 784
1 500 bis 1 999 cm³	1 000	.	.	18 800	19 666	20 416	21 047	21 523	21 910	23 338
2 000 cm³ und mehr[3]	1 000	.	.	5 326	5 493	5 592	5 692	5 760	5 797	5 945
bis 999 cm³	vH	.	.	8,7	8,1	7,3	6,5	5,9	5,5	5,3
1 000 bis 1 499 cm³	vH	.	.	29,0	28,6	28,3	28,3	28,2	28,0	25,5
1 500 bis 1 999 cm³	vH	.	.	48,5	49,5	50,5	51,4	52,0	52,6	55,1
2 000 cm³ und mehr[3]	vH	.	.	13,7	13,8	13,8	13,9	13,9	13,9	14,0
nach Haltergruppen										
Unternehmen/Selbständige[4,5]	1 000	.	.	4 343	4 402	4 430	4 365	4 459	4 471	4 455
Arbeitnehmer[5,6]	1 000	.	.	34 430	35 363	35 975	36 622	36 913	37 202	37 869
Insgesamt	1 000	.	.	38 772	39 765	40 404	40 988	41 372	41 674	42 324
Pkw-Neuzulassungen										
nach Hubraumklassen										
bis 999 cm³	1 000	153	121	124	103	98	104	165	217	276
1 000 bis 1 499 cm³	1 000	1 234	1 053	802	795	941	961	865	891	819
1 500 bis 1 999 cm³	1 000	2 183	2 129	1 754	1 817	1 791	1 887	1 927	2 015	2 057
2 000 cm³ und mehr[3]	1 000	589	626	514	495	484	544	571	613	650
bis 999 cm³	vH	3,7	3,1	3,9	3,2	3,0	3,0	4,7	5,8	7,3
1 000 bis 1 499 cm³	vH	29,6	26,8	25,1	24,8	28,4	27,5	24,5	23,9	21,5
1 500 bis 1 999 cm³	vH	52,5	54,2	54,9	56,6	54,0	54,0	54,6	53,9	54,1
2 000 cm³ und mehr[3]	vH	14,2	15,9	16,1	15,4	14,6	15,6	16,2	16,4	17,1
nach Haltergruppen										
Unternehmen/Selbständige[4,5]	1 000	1 271	1 302	1 182	1 225	1 255	1 376	1 486	1 687	1 518
Arbeitnehmer[5,6]	1 000	2 888	2 628	2 012	1 984	2 060	2 121	2 043	2 049	2 284
Insgesamt	1 000	4 159	3 930	3 194	3 209	3 314	3 496	3 528	3 736	3 802
Pkw-Löschungen[7]										
Zahl der Fahrzeuge	1 000	.	1 873	2 253	2 695	2 950	3 145	3 392	3 469	3 290
Durchschnittsalter der Fahrzeuge	Jahre	.	11,3	11,6	11,8	11,8	11,6	11,5	11,8	11,6

Beginn der Anmerkungen siehe vorige Seite. - [5]) Von 1987 bis Anfang Juni 1992 wurden in Berlin (West) keine Haltergruppen ermittelt; die in diesem Zeitraum zugelassenen Fahrzeuge sind insgesamt bei Arbeitnehmern ausgewiesen. - [6]) Einschl. Nichterwerbspersonen. - [7]) Einschl. Abmeldungen wegen Ausfuhr. - * Bestand für die neuen Bundesländer: Bereits im Zentralen Fahrzeugregister (ZFZR) eingetragene Fahrzeuge (ca. 98 vH des Gesamtbestandes).

B 2

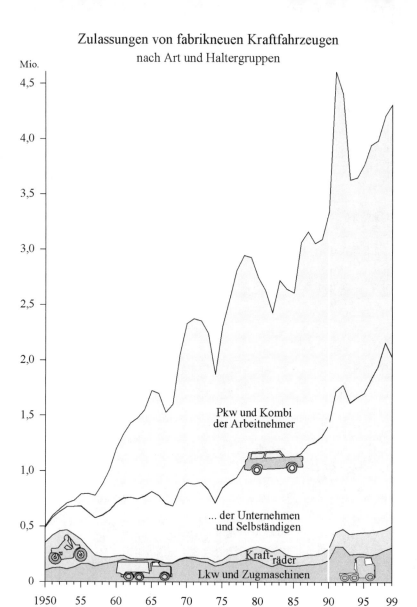

Kraftfahrzeugverkehr - Neuzulassungen und Bestand schadstoffreduzierter Personen- und Kombinationskraftwagen

Antriebsart / Schadstoffgruppen	1991	1992	1993*	1994	1995	1996	1997	1998	1999
				Bestand[6] **- in 1 000**					
mit Ottomotor									
US-Norm[1]	.	.	11 724	11 596	11 400	11 132	10 820	10 570	10 145
Europa-Norm[2]	.	.	3 573	3 502	3 383	3 213	2 968	2 410	1 997
Schadstoffarm E1[3]	.	.	80	82	76	67	57	51	21
Schadstoffarm E2[4]	.	.	2 398	5 077	7 257	7 996	8 061	7 410	7 317
insgesamt[5]	.	.	20 638	23 081	25 636	27 718	29 825	31 788	33 568
mit Dieselmotor									
US-Norm[1]	.	.	1 370	1 339	1 295	1 227	1 125	1 242	972
Europa-Norm[2]	.	.	1 864	1 801	1 716	1 598	1 434	948	481
Schadstoffarm E1[3]	.	.	5	5	5	5	5	5	1
Schadstoffarm E2[4]	.	.	284	725	1 053	1 118	1 072	933	701
insgesamt[5]	.	.	4 623	4 941	5 162	5 301	5 203	5 220	5 424
			Anteil am Gesamtbestand - in vH						
mit Ottomotor	.	.	61,3	67,1	74,0	78,0	83,3	87,8	91,5
mit Dieselmotor	.	.	91,0	92,2	93,0	94,0	93,1	95,1	96,3
			Neuzulassungen - in 1 000						
mit Ottomotor									
US-Norm[1]	3 431	2 273	27	4 ⎫	2 ⎫	1	1	1	1
Europa-Norm[2]	65	50	3	0 ⎬	0 ⎬	1	0	1	0
Schadstoffarm E1[3]	11	42	9	0 ⎭	0 ⎭	0	0	0	0
Schadstoffarm Euro2[4]	-	885	2 656	2 616	1 543	366	18	640	240
insgesamt[5]	3 578	3 298	2 712	2 661	2 826	2 968	3 000	3 076	2 947
mit Dieselmotor									
US-Norm[1]	268	319	7	1 ⎫	0 ⎫	1	1	1	1
Europa-Norm[2]	144	105	4	0 ⎬	0 ⎬	0	0	0	0
Schadstoffarm E1[3]	2	2	0	0 ⎭	0 ⎭	0	0	0	0
Schadstoffarm Euro2[4]	-	88	374	477	209	413	20	408	514
insgesamt[5]	416	523	474	543	483	524	467	657	853
			Anteil an den Neuzulassungen - in vH						
mit Ottomotor	97,7	98,7	99,8	99,8	99,8	99,9	99,9	99,9	99,9
mit Dieselmotor	83,5	88,9	99,4	99,9	99,9	100,0	100,0	100,0	100,0

[1] Anlage XXIII StVZO. - [2] Anlage XXV StVZO. - [3] Richtlinie 70/220/EWG bis einschl. der Fassung 89/491/EWG. - [4] Richtlinie 70/220/EWG in der Fassung 91/441/EWG bzw. 94/12/EG; [5] Einschl. sonstiger EG-Richtlinien und Ausnahmeregelungen. - [6] Stand 1.7.; einschl. der vorübergehend abgemeldeten Fahrzeuge. - * Bestand für die neuen Bundesländer: Im Zentralen Fahrzeugregister (ZFZR) bereits erfaßte Fahrzeuge (ca. 98 vH des Gesamtbestandes).

Kraftfahrzeugverkehr - Personen- und Kombinationskraftwagen - Bestand[1] nach kW- und PS-Klassen

kW- bzw. PS-Klassen		1950	1955	1960	1965	1970	1975	1980	1985	1990
					in 1 000					
bis 25 kW/bis 34 PS		.	.	.	.	.	.	1 593	1 093	761
bis 29 kW/bis 40 PS		.	.	.	.	.	.	1 145	974	717
bis 37 kW/bis 50 PS		.	.	.	.	.	.	3 474	2 999	2 891
bis 44 kW/bis 60 PS		.	.	.	.	.	.	4 998	5 602	6 325
bis 54 kW/bis 74 PS		.	.	.	.	.	.	2 291	2 853	3 908
bis 59 kW/bis 80 PS		.	.	.	.	.	.	2 535	3 472	3 990
bis 74 kW/bis 101 PS		.	.	.	.	.	.	3 945	4 090	5 104
bis 89 kW/bis 121 PS		.	.	.	.	.	.	1 648	2 289	3 469
bis 119 kW/bis 162 PS		.	.	.	.	.	.	1 017	1 689	2 363
ab 120 kW/ab 163 PS		.	.	.	.	.	.	546	784	1 157
insgesamt		.	.	.	.	.	.	23 192	25 845	30 685
Durchschnittliche Motorleistung	kW	.	.	.	.	.	.	53	57	60
	PS	.	.	.	.	.	.	72	78	82
					Anteile in vH					
bis 25 kW/bis 34 PS		.	.	.	.	.	.	6,9	4,2	2,5
bis 29 kW/bis 40 PS		.	.	.	.	.	.	4,9	3,8	2,3
bis 37 kW/bis 50 PS		.	.	.	.	.	.	15,0	11,6	9,4
bis 44 kW/bis 60 PS		.	.	.	.	.	.	21,6	21,8	20,7
bis 54 kW/bis 74 PS		.	.	.	.	.	.	9,9	11,0	12,7
bis 59 kW/bis 80 PS		.	.	.	.	.	.	10,9	13,4	13,0
bis 74 kW/bis 101 PS		.	.	.	.	.	.	17,0	15,8	16,6
bis 89 kW/bis 121 PS		.	.	.	.	.	.	7,1	8,9	11,3
bis 119 kW/bis 162 PS		.	.	.	.	.	.	4,4	6,5	7,7
ab 120 kW/ab 163 PS		.	.	.	.	.	.	2,4	3,0	3,8
insgesamt		.	.	.	.	.	.	100	100	100

[1] Stand 1.7., einschl. der vorübergehend abgemeldeten Fahrzeuge.

Kraftfahrzeugverkehr - Personen- und Kombinationskraftwagen[2]) - Bestand[1]) nach kW- und PS-Klassen

kW- bzw. PS-Klassen		1991	1992	1993*	1994	1995	1996	1997	1998	1999
					in 1 000					
bis 25 kW/bis 34 PS				1 588	1 428	1 227	1 043	870	721	588
bis 29 kW/bis 40 PS				656	632	586	527	469	412	361
bis 37 kW/bis 50 PS				3 609	3 625	3 583	3 535	3 535	3 441	3 274
bis 44 kW/bis 60 PS				7 284	7 282	7 225	7 135	7 000	6 843	6 661
bis 54 kW/bis 74 PS				4 629	4 683	4 673	4 529	4 227	3 897	3 645
bis 59 kW/bis 80 PS				5 262	5 448	5 515	5 644	5 827	5 872	5 913
bis 74 kW/bis 101 PS				6 438	6 819	7 210	7 614	7 910	8 243	8 650
bis 89 kW/bis 121 PS				4 716	4 946	5 123	5 272	5 449	5 653	6 017
bis 119 kW/bis 162 PS				3 005	3 223	3 500	3 805	4 146	4 484	4 885
ab 120 kW/ab 163 PS				1 586	1 680	1 763	1 846	1 940	2 109	2 331
insgesamt				38 772	39 765	40 404	40 988	41 372	41 674	42 324
Durchschnittliche Motorleistung	kW			61	62	63	64	65	66	67
	PS			83	84	85	87	88	89	90
					Anteile in vH					
bis 25 kW/bis 34 PS				4,1	3,6	3,0	2,5	2,1	1,7	1,4
bis 29 kW/bis 40 PS				1,7	1,6	1,4	1,3	1,1	1,0	0,9
bis 37 kW/bis 50 PS				9,3	9,1	8,9	8,7	8,5	8,3	7,7
bis 44 kW/bis 60 PS				18,8	18,3	17,9	17,4	16,9	16,4	15,7
bis 54 kW/bis 74 PS				11,9	11,8	11,6	11,0	10,2	9,4	8,6
bis 59 kW/bis 80 PS				13,6	13,7	13,6	13,8	14,1	14,1	14,0
bis 74 kW/bis 101 PS				16,6	17,1	17,8	18,6	19,1	19,8	20,4
bis 89 kW/bis 121 PS				12,2	12,4	12,7	12,9	13,2	13,6	14,2
bis 119 kW/bis 162 PS				7,8	8,1	8,7	9,3	10,0	10,8	11,5
ab 120 kW/ab 163 PS				4,1	4,2	4,4	4,5	4,7	5,1	5,5
insgesamt		100	100	100	100	100	100	100	100	100

[1]) Stand 1.7., einschl. der vorübergehend abgemeldeten Fahrzeuge. - [2]) Ab 1995 einschl. M1-Fahrzeuge. - * Bestand für die neuen Bundesländer: Im Zentralen Fahrzeugregister (ZFZR) bereits erfaßte Fahrzeuge (ca. 98 vH des Gesamtbestandes).

Kraftfahrzeugverkehr - Bestand und Neuzulassungen an Kraftfahrzeugen und Kraftfahrzeuganhängern[1] nach Bundesländern - 1999

	Baden-Württemberg	Bayern	Berlin	Brandenburg	Bremen	Hamburg	Hessen	Mecklenburg-Vorpommern	Niedersachsen
				Bestand - in 1 000					
Kraftfahrzeuge[2]	6 859,0	8 410,9	1 384,2	1 560,4	329,4	882,8	3 970,5	1 006,9	5 061,6
Personenkraftwagen	5 660,2	6 712,9	1 192,0	1 327,4	285,3	772,1	3 350,9	857,4	4 195,1
Krafträder[3]	481,5	618,5	80,0	63,2	18,1	39,7	253,8	37,6	323,2
Kraftomnibusse und Obusse	9,5	14,2	2,4	2,8	0,6	1,4	6,1	2,0	8,5
Lastkraftwagen	283,7	357,9	86,1	115,0	17,6	50,1	174,4	72,2	232,7
mit Spezialaufbau	21,0	26,6	3,1	5,6	1,3	2,3	9,6	3,2	15,5
Zugmaschinen	329,5	590,4	4,0	35,5	2,8	5,9	135,7	27,6	232,8
Ackerschlepper[4] in der Landwirtschaft	313,7	569,1	1,7	28,3	1,2	3,1	127,4	22,3	214,5
	159,2	419,3	0,1	12,4	0,2	0,8	65,1	13,0	115,1
Übrige Kraftfahrzeuge[5]	94,5	117,1	19,7	16,5	5,0	13,6	49,5	10,1	69,4
Kraftfahrzeuganhänger	659,6	791,5	78,2	214,6	29,3	55,6	287,7	131,7	578,0
Sattelanhänger	20,4	26,7	2,7	11,6	4,1	6,7	10,0	5,4	25,1
				Neuzulassungen - in 1 000					
Kraftfahrzeuge[2]	580,2	757,4	103,7	112,6	34,2	150,3	410,6	79,9	449,2
Personenkraftwagen	503,1	647,1	87,4	92,5	29,3	134,9	357,1	65,3	387,7
Krafträder[3]	35,6	53,6	7,7	7,8	1,6	3,7	24,9	5,0	27,7
Kraftomnibusse und Obusse	1,1	1,1	0,1	0,2	0,0	0,1	0,4	0,1	0,6
Lastkraftwagen	29,2	38,4	7,0	9,2	2,6	10,4	22,5	6,7	22,6
mit Spezialaufbau	2,4	2,7	0,2	0,5	0,2	0,3	1,0	0,3	1,7
Zugmaschinen	6,3	11,7	0,6	2,1	0,4	0,7	3,6	2,2	6,9
Ackerschlepper[4]	3,5	7,8	0,1	1,0	0,0	0,1	1,8	1,1	3,7
Übrige Kraftfahrzeuge[5]	4,8	5,6	0,8	0,8	0,3	0,5	2,1	0,5	3,8
Kraftfahrzeuganhänger	33,2	47,4	3,2	7,0	1,7	3,6	15,7	5,8	35,0
Sattelanhänger	2,6	3,0	0,2	1,1	0,2	0,7	1,3	0,9	3,4

[1] Stand 31.12.- [2] Zulassungspflichtige Fahrzeuge, einschl. der vorübergehend abgemeldeten und der zulassungsfreien Arbeitsmaschinen mit Fahrzeugbrief.- [3] Einschl. Leicht- und Kleinkrafträder mit amtlichen Kennzeichen.- [4] Einschl. gewöhnliche Straßenzugmaschinen und Geräteträger.- [5] Krankenkraftwagen, Feuerwehrfahrzeuge, Straßenreinigungs- und Arbeitsmaschinen u.ä.

Kraftfahrzeugverkehr - Bestand und Neuzulassungen an Kraftfahrzeugen und Kraftfahrzeuganhängern[1] nach Bundesländern - 1999

	Nordrhein-Westfalen	Rheinland-Pfalz	Saarland	Sachsen	Sachsen-Anhalt	Schleswig-Holstein	Thüringen	Deutschland insgesamt
Bestand - in 1 000								
Kraftfahrzeuge[2]								
Personenkraftwagen	10 617,0	2 707,2	701,3	2 551,5	1 479,2	1 764,9	1 439,6	50 726,5
	9 070,3	2 231,6	597,7	2 205,0	1 275,6	1 461,7	1 228,2	42 423,3
Krafträder[3]	713,2	184,7	49,6	92,4	53,5	112,1	57,4	3 178,5
Kraftomnibusse und Obusse	17,7	5,6	1,4	4,3	2,6	3,0	2,9	84,9
Lastkraftwagen	475,2	116,0	30,8	187,4	101,9	88,0	101,9	2 491,1
mit Spezialaufbau	29,6	6,8	1,9	9,7	5,6	4,8	5,5	152,0
Zugmaschinen	215,6	136,5	14,3	41,8	32,3	70,2	36,2	1 911,3
Ackerschlepper[4] in der Landwirtschaft	179,0	129,5	12,4	32,7	24,8	64,2	30,7	1 754,7
	72,8	74,7	4,5	13,8	12,7	35,8	9,0	1 008,5
Übrige Kraftfahrzeuge[5]	124,9	32,7	7,5	20,6	13,4	29,9	13,0	637,4
Kraftfahrzeuganhänger	836,3	241,4	61,6	273,3	166,2	191,6	153,0	4 749,7
Sattelanhänger	49,1	8,9	2,4	9,9	8,5	7,2	6,5	205,3
Neuzulassungen - in 1 000								
Kraftfahrzeuge[2]	884,374	228,1	59,3	212,3	121,0	134,4	120,0	4 437,6
Personenkraftwagen	754,5	196,4	50,9	181,5	101,7	112,0	100,8	3 802,2
Krafträder[3]	62,2	15,3	4,2	10,0	7,1	9,5	6,8	282,5
Kraftomnibusse und Obusse	1,2	0,4	0,1	0,3	0,2	0,2	0,2	6,3
Lastkraftwagen	50,3	11,5	3,2	16,8	9,2	8,7	9,9	258,2
mit Spezialaufbau	3,4	0,7	0,2	0,9	0,5	0,5	0,4	16,0
Zugmaschinen	9,6	2,9	0,5	2,7	2,2	2,5	1,6	56,5
Ackerschlepper[4]	3,3	1,6	0,1	1,1	1,0	1,4	0,6	28,0
Übrige Kraftfahrzeuge[5]	6,6	1,6	0,3	1,1	0,8	1,5	0,7	31,9
Kraftfahrzeuganhänger	49,6	13,8	3,7	8,0	5,7	11,5	5,4	250,5
Sattelanhänger	5,2	1,0	0,3	1,2	1,0	0,8	0,9	23,8

[1] Stand 31.12.- [2] Zulassungspflichtige Fahrzeuge, einschl. der vorübergehend abgemeldeten und der zulassungsfreien Arbeitsmaschinen mit Fahrzeugbrief.- [3] Einschl. Leicht- und Kleinkrafträder mit amtlichen Kennzeichen.- [4] Einschl. gewöhnliche Straßenzugmaschinen und Geräteträger.- [5] Krankenkraftwagen, Feuerwehrfahrzeuge, Straßenreinigungs- und Arbeitsmaschinen u.ä.

Kraftfahrzeugverkehr

Lastkraftwagen, Kfz-Anhänger und Sattelzugmaschinen nach Nutzlast- bzw. kW-Klassen - Bestand[1]) in 1 000

Nutzlast- bzw. kW-Klasse	1950*	1955*	1960	1965	1970	1975	1980	1985	1990
Lastkraftwagen									
- mit Normal- und Spezialaufbau -	423	570	681	877	1 028	1 121	1 277	1 281	1 389
unter 1 t	179	251	260	288	243	257	321	435	560
1 t bis unter 4 t	195	235	269	364	533	586	656	573	544
4 t bis unter 7,5 t	47	77	134	158	144	134	135	122	105
7,5 t bis unter 9 t	} 2	} 7	15	55	76	85	93	79	79
9 t und mehr			3	12	32	59	72	72	101
Kraftfahrzeuganhänger									
- zur Lastenbeförderung -	235	293	322	396	462	598	861	1 225	1 631
Gewöhnliche Anhänger	234	292	313	371	425	547	796	1 150	1 535
einachsige	98	132	158	199	258	383	629	985	1 329
mehrachsige	136	160	155	172	167	164	167	165	206
unter 4 t	64,3	65,2	45,8	32,8	24,4	18,6	17,1	14,1	39,6
4 t bis unter 8 t	63,7	64,0	64,9	68,0	59,6	51,5	44,7	38,3	37,8
8 t bis unter 10 t	5,3	6,6	12,0	18,1	15,8	13,7	12,6	11,9	12,7
10 t bis unter 12 t	1,1	16,3	22,0	43,2	39,3	37,1	38,8	39,4	36,3
12 t bis unter 16 t	} 1,2	} 8,2	} 10,7	5,4	14,9	21,8	25,7	29,5	40,8
16 t bis unter 20 t				3,8	11,4	19,1	25,6	29,4	35,9
20 t und mehr				1,1	1,6	2,2	2,2	2,4	2,8
Sattelanhänger	1,5	1,4	8,3	24,8	37,4	51,6	65,3	75,4	95,6
unter 12 t	.	.	4,3	8,4	9,5	10,7	10,9	9,6	10,3
12 t bis unter 18 t	.	.	.	4,3	4,4	4,6	5,2	5,5	6,3
18 t bis unter 20 t	.	.	4,0	7,3	7,1	5,0	3,7	3,4	3,0
20 t und mehr	.	.	.	4,9	16,4	31,3	45,5	56,9	76,0
dar. ab 26 t	.	.	.	.	.	8,3	7,5	12,2	39,0
Sattelzugmaschinen	1,4	1,3	7,7	23,6	34,6	45,3	60,3	63,7	78,2
bis 147 kW	1,4	1,3	7,7	21,2	20,1	14,7	12,8	9,9	7,3
148 kW und mehr	-	-	0,0	2,4	14,5	30,6	47,5	53,8	70,9
dar. ab 185 kW	-	-	.	.	1,4	13,8	37,5	47,7	63,4

[1]) Stand 1.7.; einschl. der vorübergehend abgemeldeten Fahrzeuge.- * Ohne Saarland und Berlin-West.

Kraftfahrzeugverkehr

Lastkraftwagen, Kfz-Anhänger und Sattelzugmaschinen nach Nutzlast- bzw. kW-Klassen - Bestand[1] in 1 000

Nutzlast- bzw. kW-Klasse	1991*	1992*	1993*	1994	1995	1996	1997	1998	1999
Lastkraftwagen									
- mit Normal- und Spezialaufbau -	1 660	1 849	2 015	2 114	2 215	2 273	2 315	2 371	2 466
unter 1 t	.	.	851	930	1 011	1 069	1 124	1 178	1 241
1 t bis unter 4 t	.	.	761	787	815	821	821	831	881
4 t bis unter 7,5 t	.	.	156	145	135	126	117	111	89
7,5 t bis unter 9 t	.	.	86	83	79	76	72	68	67
9 t und mehr	.	.	161	169	175	181	181	182	187
Kraftfahrzeuganhänger									
- zur Lastenbeförderung -	.	.	2 677	2 900	3 029	3 139	3 253	3 371	3 502
Gewöhnliche Anhänger	.	.	2 526	2 744	2 868	2 972	3 081	3 192	3 309
einachsige	.	.	2 134	2 322	2 415	2 491	2 573	2 650	2 730
mehrachsige	.	.	392	422	452	481	508	542	579
unter 4 t	.	.	137,6	167,6	198,0	226,8	256,8	291,4	324,6
4 t bis unter 8 t	.	.	68,7	66,7	63,9	61,8	59,6	57,7	56,4
8 t bis unter 10 t	.	.	33,3	32,7	31,1	29,5	28,1	26,8	26,0
10 t bis unter 12 t	.	.	41,8	40,8	39,3	38,2	36,5	34,8	33,7
12 t bis unter 16 t	.	.	65,7	70,1	76,3	81,4	85,5	90,8	98,6
16 t bis unter 20 t	.	.	40,9	40,3	39,8	39,1	37,6	36,2	35,4
20 t und mehr	.	.	3,9	4,0	4,0	4,1	4,1	4,1	4,1
Sattelanhänger	.	.	150,6	155,8	160,8	167,2	172,1	179,8	193,6
unter 12 t	.	.	15,1	15,0	15,0	15,2	15,3	15,1	14,8
12 t bis unter 18 t	.	.	8,2	8,2	8,2	8,2	8,1	7,9	7,8
18 t bis unter 20 t	.	.	4,2	4,0	3,9	3,8	3,7	3,7	3,6
20 t und mehr	.	.	123,1	128,5	133,7	140,1	145,0	153,1	167,4
dar. ab 26 t	.	.	76,6	81,8	87,4	93,9	99,5	108,1	122,2
Sattelzugmaschinen	99,8	112,6	120,1	120,7	124,1	130,4	134,8	140,5	153,5
bis 147 kW	.	.	7,7	6,6	5,8	5,0	4,4	4,0	3,6
148 kW und mehr	.	.	112,4	114,2	118,3	125,4	130,4	136,6	150,0
dar. ab 185 kW	.	.	103,3	105,6	110,2	117,6	123,1	129,9	143,8

[1] Stand 1.7., einschl. der vorübergehend abgemeldeten Fahrzeuge. - * Für die neuen Bundesländer: 1991 und 1992 Berechnungen des DIW, 1993 im Zentralen Fahrzeugregister bereits erfaßte Fahrzeuge (ca. 98 vH des Gesamtbestandes).

Fahrleistungen von Kraftfahrzeugen

Die vom DIW jährlich ermittelten Fahrleistungen der Kraftfahrzeuge sind Ergebnisse einer Modellrechnung, basierend auf dem Kraftstoffverbrauch und dem Fahrzeugbestand, differenziert nach Antriebsarten (Otto- und Dieselmotor), Fahrzeugkategorien und Größenklassenmerkmalen. Wichtiges Verbindungsglied zwischen Kraftstoffverbrauch und Fahrzeugbestand ist dabei der bei Testfahrten ermittelte Durchschnittsverbrauch je 100 km. Gewichtet nach dem sich jährlich ändernden Anteil am Gesamtbestand je Fahrzeugkategorie lässt sich so jährlich ein Durchschnittswert für die einzelnen Fahrzeugarten ermitteln, der den laufenden technischen Verbesserungen zur Reduzierung des spezifischen Kraftstoffverbrauches Rechnung trägt. Für einige Fahrzeugkategorien, zum Beispiel die Kraftomnibusse und einen Teil der Lastkraftfahrzeuge, stehen Kennziffern zu Fahrleistungen zur Verfügung. Empirische Erhebungen zur Fahrleistung aller Kraftfahrzeuge hat es 1990 für die alten Bundesländer und 1993 für die neuen und alten Bundesländer gegeben. Die Ergebnisse der Erhebungen wurden in die Modellrechnungen für die jeweiligen Stichjahre eingearbeitet.

Kraftfahrzeuge erbringen ihre Fahrleistungen nicht nur im jeweiligen Inland, sondern auch in ausländischen Gebieten. Dabei kann, je nach den Preisrelationen in benachbarten Gebieten, Kraftstoff im- oder exportiert werden. Die in der Modellrechnung verwendeten Kraftstoffmengen basieren auf dem Absatz in den Grenzen Deutschlands. Angesichts der großen (und weiter zunehmenden) Bedeutung des grenzüberschreitenden Verkehrs kann nicht generell von einer (näherungsweisen) Entsprechung von **Inländerfahrleistung** (Summe aller von inländischen Kraftfahrzeugen erbrachten Fahrleistungen, einschließlich der Auslandsstrecken) und **Inlandsfahrleistung** (Summe aller im Inland erbrachten Fahrleistungen, also ohne die Auslandsstrecken inländischer Kraftfahrzeuge, aber einschließlich der Inlandsstrecken ausländischer Kraftfahrzeuge) einerseits und den jeweils zugehörigen Kraftstoffverbrauchsmengen andererseits ausgegangen werden. Dies gilt insbesondere für den Güterkraftverkehr; hier übertrifft die Fahrleistung der ausländischen Fahrzeuge im Inland die der inländischen im Ausland erheblich.

Daher wird, beginnend mit der Ausgabe 2000 von „Verkehr in Zahlen" zwischen Inländer- und Inlandsfahrleistung sowie den korrespondierenden Kraftstoffmengen unterschieden. Die jeweils gültige Abgrenzung ist den Fußnoten der Tabellen zu entnehmen.

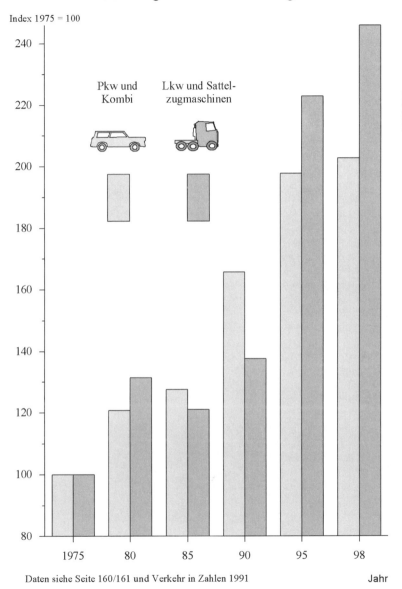

Kraftfahrzeugverkehr - Fahrleistungen nach Kraftfahrzeugarten [1]

	1950	1955	1960	1965	1970	1975	1980	1985	1990
	\multicolumn{9}{c}{Durchschnittliche Fahrleistungen - in 1 000 km}								
	\multicolumn{9}{c}{- einschließlich der vorübergehend abgemeldeten Fahrzeuge -}								
Mopeds	.	.	4,1	3,9	3,5	3,2	2,8	2,6	2,3
Krafträder	.	.	5,6	5,3	5,0	4,8	4,5	4,3	4,1
Personenkraftwagen und Kombi	.	.	17,1	16,4	15,3	14,6	13,6	12,9	14,1
Kraftomnibusse	.	.	44,2	45,3	42,5	41,8	41,9	41,7	43,8
Lastkraftwagen [2]	.	.	24,5	25,5	25,7	22,8	25,9	23,3	23,8
Sattelzugmaschinen	.	.	56,5	56,5	56,5	59,7	66,5	68,3	74,2
Sonstige Kraftfahrzeuge [3]	.	.	9,4	7,9	8,1	8,2	8,2	8,5	8,5
	\multicolumn{9}{c}{Gesamtfahrleistungen - in Mrd. km}								
Kraftfahrzeuge insgesamt	.	.	115,8	186,6	251,0	301,8	367,9	384,3	488,3
Mopeds	.	.	9,3	4,7	4,6	6,8	7,6	4,7	2,7
Krafträder	.	.	10,6	3,8	1,9	2,2	3,3	6,1	5,9
Personenkraftwagen und Kombi	.	.	76,6	151,7	212,9	260,5	314,3	332,5	431,5
Kraftomnibusse	.	.	1,5	1,7	2,0	2,5	3,0	2,9	3,1
Lastkraftwagen [2]	.	.	16,7	22,5	26,4	25,6	33,1	29,9	33,1
Sattelzugmaschinen	.	.	0,4	1,3	2,0	2,7	4,0	4,4	5,8
Sonstige Kraftfahrzeuge [3]	.	.	0,7	0,8	1,2	1,7	2,5	4,0	6,3

[1] Errechnet als Inländerfahrleistung (d.h. einschl. der Auslandsstrecken deutscher Kfz, aber ohne die Inlandsstrecken ausländischer Kfz). Nicht enthalten sind die Fahrleistungen der Kraftfahrzeuge der Bundeswehr, des Bundesgrenzschutzes und der ausländischen Streitkräfte.- [2] Mit Normal- und Spezialaufbau.- [3] Sonderkraftfahrzeuge nicht zur Lastenbeförderung (Polizei- und Feuerwehrfahrzeuge, Krankenkraftwagen, Müllfahrzeuge, Wohnmobile) und gewöhnliche Zugmaschinen (außer in der Landwirtschaft).

Kraftfahrzeugverkehr - Fahrleistungen nach Kraftfahrzeugarten[1]

	1991	1992	1993	1994	1995	1996	1997	1998	1999
	Durchschnittliche Fahrleistungen - in 1 000 km								
	- einschließlich der vorübergehend abgemeldeten Fahrzeuge -								
Mopeds	2,4	2,3	2,3	2,3	2,3	2,3	2,3	2,3	2,3
Krafträder	4,1	4,0	3,9	3,9	3,9	3,9	3,9	3,9	3,9
Personenkraftwagen und Kombi[2]	13,5	13,4	13,3	12,7	12,7	12,6	12,7	12,7	12,6
Kraftomnibusse	44,9	43,8	42,7	42,2	43,4	43,1	44,4	44,8	44,0
Lastkraftwagen[3]	26,1	25,1	23,3	24,1	24,0	23,7	23,6	24,4	24,4
Sattelzugmaschinen	83,1	77,7	74,3	77,6	78,5	77,2	78,7	83,0	88,0
Sonstige Kraftfahrzeuge[4]	8,7	8,5	8,2	8,2	8,2	8,1	8,1	8,0	8,1
	Gesamtfahrleistungen - in Mrd. km								
Kraftfahrzeuge insgesamt	574,1	590,0	597,5	592,3	603,9	610,4	618,5	625,9	639,3
Mopeds	4,9	4,6	3,9	3,8	4,0	3,8	3,8	4,0	4,0
Krafträder	8,7	7,8	7,4	8,2	8,8	9,6	10,6	11,4	12,4
Personenkraftwagen und Kombi[2]	496,4	510,0	517,8	507,5	514,9	519,4	524,8	528,0	534,4
Kraftomnibusse	3,9	3,9	3,8	3,7	3,7	3,7	3,7	3,8	3,7
Lastkraftwagen[3]	43,4	46,4	47,1	51,0	53,2	53,8	54,6	56,5	60,2
Sattelzugmaschinen	8,3	8,7	8,9	9,4	9,7	10,1	10,6	11,7	13,5
Sonstige Kraftfahrzeuge[4]	8,6	8,6	8,6	9,1	9,6	9,9	10,3	10,6	11,1

[1] Errechnet als Inländerfahrleistung (d.h. einschl. der Auslandsstrecken deutscher Kfz, aber ohne die Inlandsstrecken ausländischer Kfz). Nicht enthalten sind die Fahrleistungen der Kraftfahrzeuge der Bundeswehr, des Bundesgrenzschutzes und der ausländischen Streitkräfte.-
[2] AB 1995 einschl. M1-Fahrzeuge.- [3] Mit Normal- und Spezialaufbau.- [4] Sonderkraftfahrzeuge nicht zur Lastenbeförderung (Polizei- und Feuerwehrfahrzeuge, Krankenkraftwagen, Müllfahrzeuge, Wohnmobile) und gewöhnliche Zugmaschinen (außer in der Landwirtschaft).

B 2

Kraftfahrzeugverkehr - Fahrleistungen nach Straßenkategorien[1]

	1950	1955	1960	1965	1970	1975	1980	1985	1990
	Gesamtfahrleistungen - in Mrd. km								
Bundesautobahnen	.	.	.	.	35,0	55,5	80,7	94,5	135,6
Bundesstraßen	.	.	.	.	70,0	72,7	83,6	84,3	103,3
Landesstraßen	.	.	.	.	48,3	53,1	64,3	66,2	80,7
Kreisstraßen	.	.	.	.	22,9	27,2	34,3	37,6	44,4
Gemeindestraßen	.	.	.	.	73,3	92,0	103,1	100,3	123,0
Straßen insgesamt	.	.	115,3	185,5	249,5	300,5	366,0	382,9	487,0
Innerorts	.	.	.	.	97,0	114,4	142,7	135,7	149,5
Außerorts	.	.	.	.	152,5	186,1	223,3	247,2	337,5
	Anteile der Straßenkategorien[2] - in vH								
Bundesautobahnen					23,8	24,1	24,6	25,0	25,3
Bundesstraßen					22,5	21,9	21,9	21,7	21,4
Landesstraßen					17,8	17,7	17,2	17,1	17,0
Kreisstraßen					9,4	9,6	9,8	9,5	9,4
Gemeindestraßen					26,6	26,7	26,5	26,7	26,9
Straßen insgesamt					100	100	100	100	100
Innerorts					35,9	35,8	35,7	35,8	35,9
Außerorts					64,1	64,2	64,3	64,2	64,1

[1] Errechnet als Inlandsfahrleistung (d.h. ohne die Auslandsstrecken deutscher Kfz, aber einschl. der Inlandsstrecken ausländischer Kfz). Nicht enthalten sind die Fahrleistungen der Kraftfahrzeuge der Bundeswehr, des Bundesgrenzschutzes und der ausländischen Streitkräfte.
[2] Quelle: Bundesanstalt für Straßenwesen.

Kraftfahrzeugverkehr - Fahrleistungen nach Straßenkategorien[1]

	1991	1992	1993	1994	1995	1996	1997	1998	1999
	\multicolumn{9}{c}{Gesamtfahrleistungen - in Mrd. km}								
Bundesautobahnen	.	.	172,2	175,7	179,1	182,3	187,9	194,2	203,0
Bundesstraßen	.	.	124,5	123,5	.	.	.	.	.
Landesstraßen	.	.	.	.	.	.	.	.	.
Kreisstraßen	.	.	.	.	.	.	.	.	.
Gemeindestraßen	.	.	.	.	.	.	.	.	.
Straßen insgesamt	574,1	590,0	597,5	592,3	603,9	610,4	618,5	625,9	639,3
Innerorts	.	.	.	.	.	.	.	.	.
Außerorts	.	.	.	.	.	.	.	.	.
	\multicolumn{9}{c}{Anteile der Straßenkategorien[2] - in vH}								
Bundesautobahnen	.	.	28,8	29,7	29,7	29,9	30,4	31,0	31,8
Bundesstraßen	.	.	20,8	20,9	.	.	.	.	.
Landesstraßen	.	.	.	.	.	.	.	.	.
Kreisstraßen	.	.	.	.	.	.	.	.	.
Gemeindestraßen	.	.	.	.	.	.	.	.	.
Straßen insgesamt	100	100	100	100	100	100	100	100	100
Innerorts	.	.	.	.	.	.	.	.	.
Außerorts	.	.	.	.	.	.	.	.	.

[1] Errechnet als Inlandsfahrleistung (d.h. ohne die Auslandsstrecken deutscher Kfz, aber einschl. der Inlandsstrecken ausländischer Kfz). Nicht enthalten sind die Fahrleistungen der Kraftfahrzeuge der Bundeswehr, des Bundesgrenzschutzes und der ausländischen Streitkräfte.-
[2] Quelle: Bundesanstalt für Straßenwesen.

Kraftfahrzeugverkehr - Gurtanlegequoten[1] von erwachsenen Pkw-Insassen - in vH

Jahr	Monat	Innerortsstraßen			Landstraßen			Autobahnen			Querschnitt[2]		
		Fahrer	Beifahrer	Fond	Fahrer	Beifahrer	Fond	Fahrer	Beifahrer	Fond	Fahrer	Beifahrer	Fond
1981	September	46	51	.	64	71	.	82	86	.	58	65	.
1982	September/Oktober	50	50	.	68	73	.	84	88	.	63	65	.
1983	September/Oktober	45	47	.	65	70	.	81	84	.	58	62	.
1984	September	88	88	.	94	93	.	97	97	.	92	91	.
1985	September	91	91	10	95	95	23	96	95	18	93	93	17
1986	September	93	93	31	96	95	48	98	98	53	95	95	41
1987	September	91	93	31	96	97	50	98	98	49	94	95	42
1988	September	92	91	39	96	97	49	98	98	44	94	94	44
1989	September	94	93	47	97	97	56	98	98	62	96	95	53
1990	September	94	94	39	97	97	52	99	98	57	96	96	47
1991	Juni ABL	92	92	37	96	97	63	98	98	69	96	96	58
	September NBL	93	93	29	96	97	39	98	98	52	96	97	40
1992	Juni ABL	91	92	45	95	95	63	98	98	73	96	95	61
	September NBL	91	91	45	96	97	62	98	97	73	95	96	62
1993	Juni ABL	92	91	54	96	97	73	98	97	78	96	95	69
	September NBL	91	93	58	95	96	71	98	99	89	95	97	77
1994	Juni ABL	93	94	61	97	97	72	99	99	76	97	97	70
	September NBL	88	89	60	93	94	67	97	96	69	93	94	67
1995	Juni ABL	86	85	52	92	94	70	97	95	80	92	92	68
	September NBL	85	84	50	94	95	64	96	97	71	93	94	64
1996	Juni ABL	86	87	44	92	94	71	97	97	81	92	93	67
	September NBL	86	88	55	92	94	65	97	97	65	92	94	64
1997	September	87	84	65	93	93	78	97	97	81	92	91	74
1998	September	90	90	76	94	95	85	97	97	86	93	94	82
1999	September	91	91	71	94	97	80	98	98	88	94	95	79

[1] Die Daten wurden durch direkte Beobachtungen von rund 18 800 Fahrzeugen mit rund 27 000 Insassen (Innerortsstraßen: 8 400 Pkw mit 11 000 Insassen, ab 1997 10 600 Pkw mit 14 700 Insassen; Landstraßen: 4 800 Pkw mit rund 7 000 Insassen, ab 1997 7 000 Pkw mit rund 10 400 Insassen; Autobahnen: 5 600 Pkw mit 9 000 Insassen, ab 1997 7 600 Pkw mit 11 300 Insassen. Ab 1991 Personen ab dem 12. Lebensjahr.-

[2] Zur Berechnung der Quoten im Verkehrsquerschnitt aller Straßentypen (gesamter Straßenverkehr) wurden die Werte der einzelnen Straßentypen im Verhältnis der Fahrleistungswerte der jeweiligen Straßen gewichtet.

Straßenverkehrsunfälle - Unfälle mit Personen- und Sachschaden

Jahr	mit Personenschaden insgesamt	mit Getöteten	mit Verletzten	innerhalb[1] von Ortschaften		außerhalb[2]		mit schwerem Sachschaden[3] insgesamt	innerhalb[1] von Ortschaften		außerhalb[2]	
	in 1 000	in 1 000	in 1 000	in 1 000	in vH	in 1 000	in vH	in 1 000	in 1 000	in vH	in 1 000	in vH
1950	.	.	.	.	.	.	.	.	.	.	.	.
1955	296,1	12,1	284,0	225,1	76,0	71,0	24,0	114,2	82,9	72,6	31,3	27,4
1960	349,3	13,5	335,8	252,8	72,4	96,5	27,6	347,2	263,4	75,8	83,9	24,2
1965	316,4	14,6	301,7	214,7	67,9	101,7	32,1	111,7	71,0	63,5	40,7	36,5
1970	377,6	17,5	360,1	254,2	67,3	123,4	32,7	166,5	113,1	68,0	53,4	32,0
1975	337,7	13,5	324,2	231,2	68,5	106,5	31,5	234,3	166,3	71,0	68,0	29,0
1980	379,2	11,9	367,3	261,3	68,9	117,9	31,1	462,1	337,6	73,0	124,5	27,0
1985	327,7	7,7	320,1	225,6	68,8	102,1	31,2	242,2	159,4	65,8	82,8	34,2
1990	340,0	7,1	333,0	218,2	64,2	121,9	35,8	260,5	157,8	60,6	102,8	39,4
1991	385,1	10,1	375,1	245,6	63,8	139,5	36,2	221,3	125,0	56,5	96,4	43,5
1992	395,5	9,5	385,9	245,3	64,4	140,6	35,6	248,6	143,4	57,7	105,2	42,3
1993	385,4	9,0	376,4	243,0	63,0	142,4	37,0	265,6	152,5	57,5	112,7	42,5
1994	392,8	8,9	383,9	249,0	63,4	143,8	36,6	258,7	151,0	58,3	107,8	41,7
1995	388,0	8,5	379,5	246,6	63,6	141,4	36,4	163,7	100,0	61,1	63,7	38,9
1996	373,1	7,9	365,2	236,0	63,3	137,1	36,7	152,5	92,7	60,8	59,7	39,2
1997	380,8	7,7	373,1	243,2	63,9	137,7	36,1	140,7	85,9	61,0	54,8	39,0
1998	377,3	7,0	370,2	240,2	63,7	137,0	36,3	136,0	80,7	59,4	55,3	40,6
1999	395,8	7,1	388,6	252,1	63,7	143,7	36,3	137,3	81,0	58,9	56,4	41,1

[1] Ohne Autobahnen.- [2] Einschl. Autobahnen.- [3] Bis 1994 Unfälle ohne Personenschaden ab einer bestimmten Schadenshöhe (bis 1963 200,- DM und mehr, bis 1982 1 000,- DM und mehr, ab 1983 3 000,- DM und mehr, ab 1991 4 000,- DM und mehr bei einem der Geschädigten). Ab 1995 schwerwiegende Unfälle mit Sachschaden: Unfälle ohne Personenschaden, bei denen als Unfallursache eine Straftat oder Ordnungswidrigkeit vorliegt und bei denen ein Kfz aufgrund des Unfallschadens abgeschleppt werden muß sowie sonstige Unfälle unter Alkoholeinfluß.

Straßenverkehrsunfälle - Getötete und verletzte Verkehrsteilnehmer

	Getötete			Verletzte			Schwer-			Leicht-		
	ins-gesamt	innerhalb[1] von Ortschaften	außerhalb[2] von Ortschaften	ins-gesamt	innerhalb[1] von Ortschaften	außerhalb[2] von Ortschaften	ver-letzte	innerhalb[1] von Ortschaften	außerhalb[2] von Ortschaften	ver-letzte	innerhalb[1] von Ortschaften	außerhalb[2] von Ortschaften
	Anzahl	Anzahl	Anzahl	in 1 000	in 1 000	in 1 000	in 1 000	in 1 000	in 1 000	in 1 000	in 1 000	in 1 000
1950	.	.	.	.	.	.	.	.	.	.	.	.
1955	12 791	7 169	5 622	371,2	274,6	96,6	143,7	98,8	45,0	227,4	175,8	51,6
1960	14 406	6 858	7 548	455,0	313,5	141,5	145,4	90,6	54,8	309,5	222,8	86,7
1965	15 733	7 411	8 342	433,5	273,6	159,9	132,7	76,1	56,6	300,8	197,5	103,3
1970	19 193	8 494	10 699	531,8	331,2	200,6	164,4	92,9	71,6	367,4	238,3	129,0
1975	14 870	6 071	8 799	457,8	292,5	165,3	138,0	78,7	59,4	319,8	213,8	106,0
1980	13 041	5 132	7 909	500,5	324,2	176,3	149,0	85,0	64,0	351,5	239,2	112,3
1985	8 400	2 915	5 485	422,1	272,6	149,5	115,5	64,5	51,1	306,6	208,2	98,4
1990	7 906	2 205	5 701	448,2	265,6	182,5	103,4	49,8	53,6	344,8	215,9	128,9
1991	11 300	3 349	7 951	505,5	298,7	206,8	131,1	64,0	67,1	374,4	234,7	139,7
1992	10 631	3 109	7 522	516,8	308,7	208,1	130,4	63,6	66,8	386,4	245,1	141,3
1993	9 949	2 832	7 117	505,6	295,1	210,5	125,9	59,8	66,0	397,7	235,2	144,5
1994	9 814	2 594	7 220	516,4	303,0	213,4	126,7	60,3	66,4	389,7	242,7	147,0
1995	9 454	2 435	7 019	512,1	301,5	210,6	123,0	57,7	65,2	389,2	243,8	145,4
1996	8 758	2 131	6 627	493,2	289,0	204,2	116,5	54,3	62,2	376,7	234,7	142,0
1997	8 549	2 064	6 485	501,1	297,3	203,8	115,4	54,6	60,8	385,7	242,7	142,9
1998	7 792	1 908	5 884	497,3	294,4	202,9	108,9	51,0	57,9	388,4	243,4	145,0
1999	7 761	1 871	5 890	520,9	309,0	211,9	109,5	51,2	58,3	411,4	257,8	153,6

[1] Ohne Autobahnen.— [2] Einschl. Autobahnen.

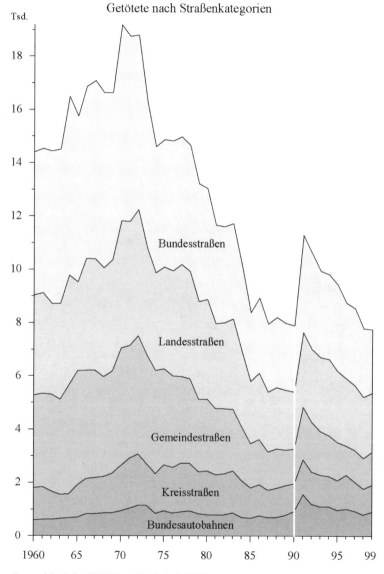

Straßenverkehrsunfälle
Getötete nach Straßenkategorien

Daten siehe Seite 170/171 und Verkehr in Zahlen 1991

Straßenverkehrsunfälle - Getötete nach Bundesländern und Art der Verkehrsbeteiligung - 1999

	Getötete insgesamt			darunter: Führer und Mitfahrer von:				Personen-kraftwagen[3]		Fahrrädern		Fußgänger	
		Veränderung gegenüber 1998		Mofas, Mopeds[1]		Krafträdern[2]							
	Anzahl		in vH	in vH	in vH		in vH		in vH		in vH		in vH
Baden-Württemberg	865	-	3,9	100,0	1,4		15,7		57,2		8,1		12,3
Bayern	1 406	+	4,5	100,0	1,5		13,7		61,5		8,5		11,1
Berlin	103	+	21,2	100,0	1,9		17,5		19,4		12,6		45,6
Brandenburg	486	-	1,8	100,0	1,6		7,4		66,5		7,0		8,2
Bremen	17	-	48,5	100,0	-		11,8		35,3		17,6		23,5
Hamburg	47	+	11,9	100,0	4,3		23,4		23,4		10,6		31,9
Hessen	570	+	6,1	100,0	1,6		12,6		63,9		6,0		11,9
Mecklenburg-Vorpommern	373	+	2,5	100,0	0,3		7,8		72,4		7,0		8,3
Niedersachsen	940	+	2,2	100,0	1,6		10,1		64,5		9,4		10,7
Nordrhein-Westfalen	1 092	+	1,4	100,0	2,4		14,4		51,9		10,3		16,8
Rheinland-Pfalz	383	-	0,8	100,0	2,6		15,9		61,4		7,3		8,4
Saarland	90	+	15,4	100,0	3,3		13,3		56,7		7,8		13,3
Sachsen	450	-	11,2	100,0	3,3		15,1		50,0		11,6		17,1
Sachsen-Anhalt	350	-	18,6	100,0	3,4		7,7		61,7		10,6		9,4
Schleswig-Holstein	264	+	7,8	100,0	1,9		11,4		64,4		6,1		11,7
Thüringen	336	-	3,4	100,0	1,8		10,4		64,6		5,4		13,7
Deutschland insgesamt	**7 772**	-	**0,3**	**100,0**	**1,9**		**12,6**		**59,7**		**8,5**		**12,6**

[1] Einschl. Kleinkrafträder.- [2] Mit amtlichem Kennzeichen.- [3] Einschl. Kombinationskraftwagen.

Straßenverkehrsunfälle - Verletzte nach Bundesländern und Art der Verkehrsbeteiligung - 1999

	Verletzte insgesamt			darunter:				Personen- kraftwagen[3]		Fahrrädern		Fußgänger	
		Veränderung gegenüber 1998			Führer und Mitfahrer von:								
					Mofas, Mopeds[1]		Krafträdern[2]							
	in 1 000		in vH	in vH	in vH		in vH		in vH		in vH		in vH
Baden-Württemberg	58,0	+	4,5	100	2,8		9,5		63,3		13,0		6,8
Bayern	88,8	+	4,8	100	3,0		8,0		65,9		12,5		5,7
Berlin	19,9	+	7,1	100	3,7		9,0		45,5		23,8		13,4
Brandenburg	18,9	+	2,7	100	3,4		7,7		60,1		17,7		6,1
Bremen	4,4	+	7,2	100	4,7		4,8		46,0		27,2		11,7
Hamburg	12,4	+	2,2	100	1,2		6,1		58,8		18,2		9,9
Hessen	37,2	+	6,1	100	3,5		8,5		67,5		9,2		6,7
Mecklenburg-Vorpommern	14,1	+	2,8	100	1,1		9,2		65,0		13,5		6,4
Niedersachsen	54,4	+	4,2	100	3,5		6,6		64,1		15,8		5,6
Nordrhein-Westfalen	99,7	+	5,1	100	5,0		9,2		54,7		16,5		10,0
Rheinland-Pfalz	25,7	+	8,2	100	5,0		10,0		63,8		9,5		6,9
Saarland	7,1	+	3,3	100	2,1		11,2		70,0		7,0		6,9
Sachsen	26,6	+	6,4	100	5,8		6,7		59,6		13,8		9,1
Sachsen-Anhalt	17,6	+	1,0	100	4,1		6,7		60,8		16,6		6,9
Schleswig-Holstein	19,8	+	4,1	100	3,4		6,5		62,7		16,9		6,2
Thüringen	16,5	+	4,0	100	4,3		6,6		66,9		9,3		7,8
Deutschland insgesamt	521,1	+	4,8	100	3,7		8,2		61,4		14,4		7,5

[1] Einschl. Kleinkrafträder.- [2] Mit amtlichem Kennzeichen.- [3] Einschl. Kombinationskraftwagen.

Straßenverkehrsunfälle - Unfälle, Getötete und Verletzte nach Straßenkategorien

	1950	1955	1960	1965	1970	1975	1980	1985	1990
Unfälle mit Personenschaden - in 1 000	.	.	349,3	316,4	377,6	337,7	379,2	327,7	340,0
Bundesautobahnen	.	.	6,9	12,5	15,7	13,6	16,2	14,5	24,3
Bundesstraßen	.	.	100,7	94,1	108,4	81,5	87,0	73,3	76,8
Landesstraßen	.	.	77,2	55,9	74,9	68,4	81,8	69,3	73,1
Kreisstraßen	.	.	24,2	18,9	25,6	28,3	35,8	33,4	34,4
Gemeindestraßen	.	.	140,2	135,0	153,1	145,9	158,4	137,2	131,4
Getötete - Anzahl	.	.	14 406	15 753	19 193	14 870	13 041	8 400	7 906
Bundesautobahnen	.	.	607	707	945	949	804	669	936
Bundesstraßen	.	.	5 370	6 227	7 373	4 779	4 158	2 595	2 495
Landesstraßen	.	.	3 754	3 335	4 765	3 825	3 755	2 340	2 146
Kreisstraßen	.	.	1 206	1 209	1 702	1 725	1 643	1 137	1 033
Gemeindestraßen	.	.	3 469	4 275	4 408	3 592	2 681	1 659	1 296
Schwerverletzte - in 1 000	.	.	145,4	132,7	164,4	138,0	149,0	115,5	103,4
Bundesautobahnen	.	.	.	6,3	7,6	5,9	6,3	5,5	8,4
Bundesstraßen	.	.	.	43,6	52,2	35,6	36,9	28,0	25,2
Landesstraßen	.	.	.	26,8	37,7	33,4	38,3	28,9	26,3
Kreisstraßen	.	.	.	9,3	13,5	14,5	17,2	14,5	12,8
Gemeindestraßen	.	.	.	46,8	53,5	48,6	50,3	38,7	30,7
Leichtverletzte - in 1 000	.	.	309,5	300,8	367,4	319,8	351,5	306,6	344,8
Bundesautobahnen	.	.	.	15,5	19,5	16,5	18,8	16,6	30,7
Bundesstraßen	.	.	.	92,7	110,7	81,3	84,7	72,7	83,0
Landesstraßen	.	.	.	51,9	71,5	63,3	74,2	63,5	72,8
Kreisstraßen	.	.	.	16,6	22,9	24,6	30,7	29,0	32,2
Gemeindestraßen	.	.	.	124,1	142,7	134,1	143,2	124,7	126,1

Straßenverkehrsunfälle - Unfälle, Getötete und Verletzte nach Straßenkategorien

	1991	1992	1993	1994	1995	1996	1997	1998	1999
Unfälle mit Personenschaden - in 1 000	385,1	395,5	385,4	392,8	388,0	373,1	380,8	377,3	395,5
Bundesautobahnen	27,3	26,2	26,1	26,5	25,5	25,0	24,8	24,5	26,6
Bundesstraßen	89,3	91,9	88,8	89,7	88,3	84,6	85,5	84,9	87,3
Landesstraßen	79,7	83,0	84,2	86,7	84,6	82,1	84,1	84,2	86,9
Kreisstraßen	38,3	38,1	38,4	38,1	36,8	35,5	36,7	37,0	39,0
Gemeindestraßen	150,5	156,2	147,9	151,7	152,7	146,0	149,7	146,6	155,7
Getötete - Anzahl	11 300	10 631	9 949	9 814	9 454	8 758	8 549	7 792	7 761
Bundesautobahnen	1 552	1 201	1 109	1 105	978	1 020	933	803	912
Bundesstraßen	3 656	3 607	3 257	3 189	3 257	2 852	2 905	2 580	2 391
Landesstraßen	2 816	2 756	2 770	2 862	2 676	2 515	2 423	2 296	2 213
Kreisstraßen	1 324	1 200	1 173	1 134	1 113	1 099	1 089	969	1 009
Gemeindestraßen	1 952	1 867	1 640	1 524	1 430	1 272	1 199	1 144	1 236
Schwerverletzte - in 1 000	131,1	130,4	125,9	126,7	123,0	116,5	115,4	108,9	109,5
Bundesautobahnen	11,0	10,2	9,7	9,9	9,6	9,0	8,8	8,3	8,7
Bundesstraßen	33,7	34,4	32,5	32,5	31,6	29,6	29,2	27,1	26,9
Landesstraßen	31,5	32,1	32,9	33,8	32,2	31,1	30,7	29,4	29,0
Kreisstraßen	15,5	14,5	14,4	14,0	14,0	13,4	13,5	13,1	13,4
Gemeindestraßen	39,4	39,1	36,3	36,5	35,6	33,3	33,2	31,0	31,6
Leichtverletzte - in 1 000	374,4	386,4	379,7	389,7	389,2	376,7	385,7	388,4	411,4
Bundesautobahnen	32,3	31,3	31,6	32,2	31,4	30,8	30,6	30,3	33,1
Bundesstraßen	90,9	94,1	92,0	93,7	93,5	90,4	91,8	93,3	96,9
Landesstraßen	76,5	79,4	81,1	83,8	82,5	80,7	83,1	84,8	89,0
Kreisstraßen	34,8	35,0	35,8	35,7	34,5	33,6	34,9	35,8	38,0
Gemeindestraßen	139,9	146,5	139,3	144,3	147,2	141,2	145,3	144,2	154,3

Straßenverkehrsunfälle - Unfälle, Getötete und Verletzte bezogen auf die Fahrleistung nach Straßenkategorien

	1950	1955	1960	1965	1970	1975	1980	1985	1990
Unfälle mit Personenschaden je Mrd. Fahrzeugkilometer									
Bundesautobahnen	.	.	.	.	449	245	201	153	179
Bundesstraßen	.	.	.	.	1 549	1 121	1 041	870	743
Landesstraßen	.	.	.	.	1 551	1 288	1 272	1 047	906
Kreisstraßen	.	.	.	.	1 118	1 040	1 044	888	775
Gemeindestraßen	.	.	.	.	2 089	1 586	1 536	1 368	1 068
Straßen insgesamt	.	.	3 029	1 706	1 513	1 124	1 036	856	698
Innerorts	.	.	.	.	2 621	2 021	1 831	1 662	1 460
Außerorts	.	.	.	.	809	572	528	413	361
Getötete je Mrd. Fahrzeugkilometer									
Bundesautobahnen	.	.	.	.	27	17	10	7	7
Bundesstraßen	.	.	.	.	105	66	50	31	24
Landesstraßen	.	.	.	.	99	72	58	35	27
Kreisstraßen	.	.	.	.	74	63	48	30	23
Gemeindestraßen	.	.	.	.	60	39	26	17	11
Straßen insgesamt	.	.	.	.	77	49	36	22	16
Innerorts	.	.	.	.	88	53	36	21	15
Außerorts	.	.	.	.	70	47	35	22	17
Verletzte je Mrd. Fahrzeugkilometer									
Bundesautobahnen	.	.	.	.	774	404	311	234	288
Bundesstraßen	.	.	.	.	2 327	1 608	1 455	1 195	1 047
Landesstraßen	.	.	.	.	2 261	1 821	1 750	1 396	1 228
Kreisstraßen	.	.	.	.	1 590	1 438	1 397	1 157	1 014
Gemeindestraßen	.	.	.	.	2 677	1 986	1 877	1 629	1 275
Straßen insgesamt	.	.	.	.	2 131	1 523	1 367	1 102	920
Innerorts	.	.	.	.	3 414	2 557	2 272	2 009	1 777
Außerorts	.	.	.	.	1 315	888	790	605	541

Straßenverkehrsunfälle - Unfälle, Getötete und Verletzte bezogen auf die Fahrleistung nach Straßenkategorien

	1991	1992	1993	1994	1995	1996	1997	1998	1999
Unfälle mit Personenschaden je Mrd. Fahrzeugkilometer									
Bundesautobahnen	.	.	152	151	142	137	132	126	131
Bundesstraßen	.	.	713	726	.	.	.	.	.
Landesstraßen	.	.	.	.	.	.	.	.	.
Kreisstraßen	.	.	.	.	.	.	.	.	.
Gemeindestraßen	.	.	.	.	.	.	.	.	.
Straßen insgesamt	671	670	645	663	642	611	616	603	619
Innerorts	.	.	.	.	.	.	.	.	.
Außerorts	.	.	.	.	.	.	.	.	.
Getötete je Mrd. Fahrzeugkilometer									
Bundesautobahnen	.	.	6	6	5	6	5	4	4
Bundesstraßen	.	.	26	26	.	.	.	.	.
Landesstraßen	.	.	.	.	.	.	.	.	.
Kreisstraßen	.	.	.	.	.	.	.	.	.
Gemeindestraßen	.	.	.	.	.	.	.	.	.
Straßen insgesamt	20	18	17	17	16	14	14	12	12
Innerorts	.	.	.	.	.	.	.	.	.
Außerorts	.	.	.	.	.	.	.	.	.
Verletzte je Mrd. Fahrzeugkilometer									
Bundesautobahnen	.	.	240	240	229	218	209	199	206
Bundesstraßen	.	.	1 000	1 022	.	.	.	.	.
Landesstraßen	.	.	.	.	.	.	.	.	.
Kreisstraßen	.	.	.	.	.	.	.	.	.
Gemeindestraßen	.	.	.	.	.	.	.	.	.
Straßen insgesamt	881	857	846	854	837	828	817	808	791
Innerorts	.	.	.	.	.	.	.	.	.
Außerorts	.	.	.	.	.	.	.	.	.

B 3

Straßenverkehrsunfälle - Getötete und Verletzte nach der Art der Verkehrsbeteiligung

| Jahr | Getötete insgesamt | darunter Führer und Mitfahrer von: | | | Fuß-gänger | Verletzte insgesamt | darunter Führer und Mitfahrer von: | | | Fuß-gänger |
		Mofas, Mopeds	Kraft-rädern[1]	Personen-kraft-wagen[2]	Fahr-rädern		Mofas, Mopeds	Kraft-rädern[1]	Personen-kraft-wagen[2]	Fahr-rädern	
	Anzahl						in 1 000					
1950	.	.	.	.	.	.	.	.	.	.	.	.
1955	12 791	922	4 078	.	1 495	3 829	371,2	29,4	130,8	.	62,6	71,1
1960	14 406	1 442	2 440	3 748	1 501	4 574	455,0	68,1	89,5	142,4	53,8	78,5
1965	15 753	632	801	6 062	1 643	5 855	433,5	24,6	30,1	242,5	41,4	70,5
1970	19 193	700	853	8 989	1 835	6 056	531,8	19,7	27,3	342,3	40,5	77,4
1975	14 870	721	1 211	7 050	1 409	3 973	457,8	33,0	37,7	269,1	40,4	60,0
1980	13 041	765	1 232	6 440	1 142	3 095	500,5	51,0	45,4	279,6	50,4	56,5
1985	8 400	325	1 070	4 182	768	1 790	422,1	22,3	56,6	226,0	59,3	43,4
1990	7 906	170	769	4 558	711	1 459	448,2	12,4	32,4	283,3	64,1	39,2
1991	11 300	243	992	6 801	925	1 918	505,5	15,7	39,4	313,6	70,0	46,3
1992	10 631	251	903	6 431	906	1 767	516,8	16,1	36,3	320,1	77,5	46,4
1993	9 949	226	885	6 128	821	1 580	505,6	14,8	34,3	320,9	71,2	43,8
1994	9 814	222	934	5 966	825	1 469	516,4	16,1	37,4	323,9	73,5	43,4
1995	9 454	183	912	5 929	751	1 336	512,1	15,6	37,2	322,6	71,6	42,5
1996	8 758	134	864	5 622	594	1 178	493,2	15,4	36,0	313,8	65,4	40,7
1997	8 549	169	974	5 249	679	1 147	501,1	17,8	41,2	308,2	72,0	39,7
1998	7 792	147	865	4 743	637	1 084	497,3	18,8	38,7	311,5	67,7	38,8
1999	7 761	147	978	4 639	662	977	520,9	19,4	42,6	320,8	75,0	39,3

[1] Einschl. Kraftrollern.- [2] Einschl. Kombinationskraftwagen.

Straßenverkehrsunfälle
Getötete nach Art der Verkehrsbeteiligung

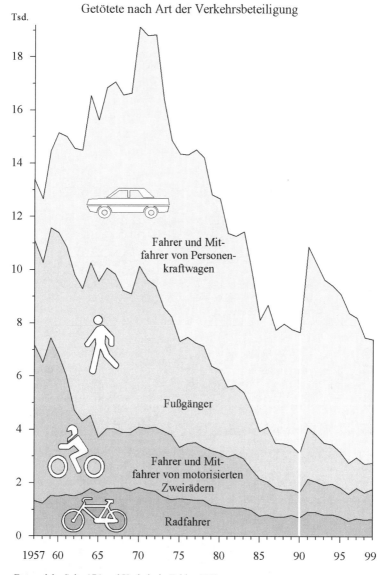

Daten siehe Seite 174 und Verkehr in Zahlen 1991

Straßenverkehrsunfälle - Unfallursachen bei Unfällen mit Personenschaden[1]

	1950	1955	1960	1965	1970	1975	1980	1985	1990
					- Anteile in vH -				
Ursachen bei Fahrzeugführern[2]	.	.	74,9	75,1	77,8	80,2	82,1	83,4	85,5
Ursachen bei Fahrradfahrern			.	.	.	.	6,3	8,6	8,9
Zu schnelles Fahren			.	18,8	18,6	17,0	18,4	17,8	17,0
Vorfahrt, Verkehrsregelung			.	11,0	11,4	12,3	12,2	12,1	11,7
Einbiegen, Ein- oder Ausfahren, Wenden			.	8,6	7,5	10,2	10,9	11,9	11,8
Zu dichtes Auffahren			.	5,3	5,9	5,4	5,9	6,1	8,7
Alkoholeinfluß			8,4	8,4	8,7	8,5	7,7	6,4	5,8
Falsche Fahrbahnbenutzung			.	.	.	.	6,4	6,4	6,1
Überholen, Vorbeifahren			.	10,8	10,9	11,5	5,0	5,0	4,8
Falsches Verhalten gegenüber Fußgängern			.	4,8	4,4	4,1	3,9	4,1	4,0
Übrige Ursachen			.	7,4	10,4	11,2	11,8	13,6	15,5
Ursachen bei Fahrzeugen[2][3]			2,7	2,2	1,6	1,4	1,2	1,2	1,1
Ursachen bei Fußgängern			13,2	13,3	12,2	10,9	8,3	6,9	5,9
Straßenverhältnisse			6,4	7,2	6,5	5,3	6,8	6,8	5,5
Übrige Ursachen			2,8	2,2	1,9	2,2	1,6	1,7	2,0
Insgesamt	.	.	100	100	100	100	100	100	100

[1] Polizeilich festgestellte Unfallursachen.- [2] Kraftfahrzeuge einschl. Krafträder, Mopeds und Mokicks sowie Fahrräder und sonstige Fahrzeuge.- [3] Technische Mängel, Wartungsmängel.

Straßenverkehrsunfälle - Unfallursachen bei Unfällen mit Personenschaden[1]

	1991	1992	1993	1994	1995	1996	1997	1998	1999
					- Anteile in vH -				
Ursachen bei Fahrzeugführern[2]	85,6	86,0	85,5	86,1	85,4	84,6	85,4	86,9	87,4
Ursachen bei Fahrradfahrern	8,6	9,4	9,5	9,1	8,9	8,5	9,4	9,1	9,7
Zu schnelles Fahren	17,5	16,8	17,5	16,9	17,0	17,1	16,0	16,9	16,6
Vorfahrt, Verkehrsregelung	11,5	11,7	11,3	11,6	11,6	11,5	11,8	12,4	12,5
Einbiegen, Ein- oder Ausfahren, Wenden	11,1	11,3	10,8	11,2	11,2	11,1	11,8	12,1	12,5
Zu dichtes Auffahren	7,9	8,4	8,6	9,2	9,1	9,0	9,3	9,9	10,1
Alkoholeinfluß	6,4	6,2	6,4	6,2	5,8	5,7	5,4	4,9	4,7
Falsche Fahrbahnbenutzung	6,1	6,0	5,9	6,1	6,2	6,0	6,1	6,1	6,3
Überholen, Vorbeifahren	5,0	4,9	4,8	5,0	4,9	4,9	5,1	5,0	5,2
Falsches Verhalten gegenüber Fußgängern	3,7	3,9	3,9	3,9	3,8	3,8	3,7	3,6	3,5
Übrige Ursachen	16,3	16,8	16,5	15,9	15,7	15,5	16,3	16,0	16,1
Ursachen bei Fahrzeugen[2)3]	1,0	1,0	1,0	1,0	0,9	0,9	0,9	0,9	0,9
Ursachen bei Fußgängern	6,2	6,0	5,6	5,6	5,4	5,3	5,1	5,2	4,9
Straßenverhältnisse	5,2	4,9	5,8	5,1	6,1	7,1	6,4	4,9	4,6
Übrige Ursachen	2,1	2,1	2,1	2,2	2,1	2,1	2,1	2,1	2,2
Insgesamt	100	100	100	100	100	100	100	100	100

[1] Polizeilich festgestellte Unfallursachen.- [2] Kraftfahrzeuge einschl. Krafträder, Mopeds und Mokicks sowie Fahrräder und sonstige Fahrzeuge.- [3] Technische Mängel, Wartungsmängel.

Straßenverkehrsunfälle - Unfallursachen nach Bundesländern bei Unfällen mit Personenschaden[1] - 1999

Unfallursachen	Baden-Württemberg	Bayern	Berlin	Brandenburg	Bremen	Hamburg	Hessen	Mecklenburg-Vorpommern
				- Anteile in vH -				
Ursachen bei Fahrzeugführern[2]	87,8	87,0	86,2	87,8	85,0	89,7	87,8	84,2
Ursachen bei Fahrradfahrern	13,5	8,9	15,2	10,4	18,8	12,7	6,3	7,2
Zu schnelles Fahren	19,5	13,8	7,2	17,3	8,6	15,0	18,0	17,8
Vorfahrt, Verkehrsregelung	14,0	12,8	11,5	11,1	13,7	11,0	12,1	9,9
Einbiegen, Ein- oder Ausfahren, Wenden	10,2	11,5	21,5	11,2	19,2	17,5	11,1	8,0
Zu dichtes Auffahren	8,7	8,6	19,1	10,5	15,9	14,5	12,3	8,0
Alkoholeinfluß	5,2	4,3	3,8	5,3	3,6	3,4	5,9	6,3
Falsche Fahrbahnbenutzung	5,5	9,6	6,6	7,5	6,6	7,6	3,9	4,7
Überholen, Vorbeifahren	5,3	5,3	4,8	5,9	4,6	5,0	5,8	6,0
Falsches Verhalten gegenüber Fußgängern	2,3	2,5	7,0	3,6	4,9	4,3	3,2	2,2
Übrige Ursachen	17,0	18,7	4,9	15,4	16,9	11,3	15,6	21,3
Ursachen bei Fahrzeugen[2)3)]	0,9	0,8	0,5	1,1	0,2	0,7	1,0	0,7
Ursachen bei Fußgängern	4,4	3,5	10,7	3,5	8,6	7,5	4,9	3,7
Straßenverhältnisse	5,1	6,2	2,0	4,4	5,3	1,4	4,5	5,0
Übrige Ursachen	1,7	2,4	0,6	3,2	0,9	0,8	1,8	6,4
Insgesamt	100	100	100	100	100	100	100	100

[1] Polizeilich festgestellte Unfallursachen.- [2] Kraftfahrzeuge einschl. Krafträder, Mopeds und Mokicks sowie Fahrräder und sonstige Fahrzeuge.- [3] Technische Mängel, Wartungsmängel.

Straßenverkehrsunfälle - Unfallursachen nach Bundesländern bei Unfällen mit Personenschaden[1] - 1999

Unfallursachen	Nieder-sachsen	Nordrhein-Westfalen	Rheinland-Pfalz	Saarland	Sachsen	Sachsen-Anhalt	Schleswig-Holstein	Thüringen
					- Anteile in vH -			
Ursachen bei Fahrzeugführern[2]	88,5	84,9	87,9	88,0	87,6	88,0	88,0	88,0
Ursachen bei Fahrradfahrern	10,1	11,2	9,7	4,9	8,9	10,8	11,2	6,4
Zu schnelles Fahren	16,0	15,4	21,8	17,1	18,9	18,4	19,7	25,7
Vorfahrt, Verkehrsregelung	13,4	12,1	12,6	14,2	13,6	11,5	11,4	10,8
Einbiegen, Ein- oder Ausfahren, Wenden	12,8	14,3	10,1	11,9	10,9	10,0	13,2	8,6
Zu dichtes Auffahren	8,4	9,8	9,0	16,2	8,7	10,0	9,5	9,5
Alkoholeinfluß	4,4	3,7	5,7	6,2	5,2	5,3	4,7	5,8
Falsche Fahrbahnbenutzung	5,1	5,0	4,5	4,1	5,3	8,1	5,4	8,1
Überholen, Vorbeifahren	5,4	4,2	5,3	5,2	5,5	5,7	4,3	6,3
Falsches Verhalten gegenüber Fußgängern	3,6	4,5	3,6	3,8	4,0	2,9	2,5	3,5
Übrige Ursachen	19,4	16,0	15,4	9,3	15,5	16,1	17,3	9,6
Ursachen bei Fahrzeugen[2][3]	1,0	0,9	1,2	0,8	1,0	0,7	1,0	0,9
Ursachen bei Fußgängern	3,9	6,3	4,5	4,6	5,7	3,8	4,0	4,7
Straßenverhältnisse	4,1	6,6	4,0	4,8	3,1	5,4	4,0	4,8
Übrige Ursachen	2,5	1,4	2,4	1,8	2,6	2,0	3,0	1,6
Insgesamt	100	100	100	100	100	100	100	100

[1] Polizeilich festgestellte Unfallursachen.- [2] Kraftfahrzeuge einschl. Krafträder, Mopeds und Mokicks sowie Fahrräder und sonstige Fahrzeuge.- [3] Technische Mängel, Wartungsmängel.

Straßenverkehrsunfälle - Getötete und Verletzte nach Altersgruppen

Jahr	Getötete - Anzahl						Verletzte - in 1 000				
	-6	Alter von ... bis unter ... Jahren[1]			65 und mehr[2]	ins-gesamt	-6	Alter von ... bis unter ... Jahren[1]			65 und mehr[2]	ins-gesamt
		6-15	15-25	25-65				6-15	15-25	25-65		
1950	.	.	.	.	.	.	.	.	.	.	.	.
1955[3]	522	513	3 035	5 793	2 788	12 651	11,9	21,1	123,3	181,5	27,0	364,9
1960	571	749	3 449	6 906	2 731	14 406	14,2	32,7	167,7	216,0	24,4	455,0
1965	624	990	3 171	7 464	3 504	15 753	15,4	37,5	131,4	221,8	27,4	433,5
1970	732	1 435	4 287	8 702	4 037	19 193	18,8	51,6	168,9	259,6	32,9	531,8
1975	469	954	4 311	5 888	3 248	14 870	14,4	48,6	167,8	198,0	29,0	457,8
1980	314	704	4 268	5 016	2 739	13 041	11,9	47,0	209,3	200,5	31,8	500,5
1985	151	309	2 852	3 404	1 684	8 400	10,4	32,8	173,0	178,7	27,2	422,1
1990	155	200	2 250	3 722	1 579	7 906	10,9	32,2	148,7	226,6	29,8	448,2
1991	201	310	3 164	5 754	1 871	11 300	12,7	38,0	162,3	259,5	33,0	505,5
1992	161	313	2 868	5 502	1 787	10 631	12,8	39,8	160,4	270,7	33,0	516,8
1993	152	293	2 682	5 196	1 626	9 946	11,8	38,8	153,0	269,9	32,1	505,6
1994	130	301	2 587	5 185	1 611	9 814	11,6	39,6	153,5	278,6	33,1	516,4
1995	129	289	2 593	4 916	1 527	9 454	11,1	39,9	148,7	279,2	33,2	512,1
1996	107	251	2 392	4 654	1 354	8 758	9,9	38,3	142,7	269,8	32,5	493,2
1997	115	196	2 315	4 540	1 383	8 549	9,8	39,7	142,5	275,0	34,1	501,1
1998	91	213	2 083	4 074	1 331	7 792	9,2	37,1	143,8	273,6	33,8	497,3
1999	98	219	2 085	4 061	1 309	7 772	9,4	39,5	150,9	285,0	36,4	521,1

[1] Zum Teil abweichende Altersgruppen: 1955 = 6-14 Jahre, 14-25 Jahre, 25-60 Jahre, 60 Jahre und mehr.- [2] Einschl. ohne Altersangabe.- [3] Ohne Saarland.

Straßenverkehrsunfälle - Beteiligte Personenkraftwagen[1] nach Höchstgeschwindigkeitsklassen 1999

Höchst- geschwindigkeit von ... bis unter . . km/h	Bestand an Pkw[2]	Unfälle mit Personenschaden[3]				Verunglückte[3]			Unfälle mit schwerem Sach- schaden[3)4]
		Insgesamt	mit Getöteten	mit Schwer- verletzten	mit Leicht- verletzten	Insgesamt	Getötete	Schwer- verletzte	Leicht- verletzte	
unter 120	616	1 492	16	394	1 082	2 022	17	475	1 530	500
120 - 140	2 058	8 460	109	1 649	6 702	11 613	113	2 002	9 498	2 356
140 - 160	11 493	56 190	638	11 004	44 548	76 998	696	13 299	63 003	17 542
160 - 180	14 317	84 648	1 113	16 643	66 892	116 940	1 230	20 525	95 185	28 821
180 - 200	8 953	51 638	788	10 283	40 567	71 145	896	12 916	57 333	18 591
200 - 220	3 238	19 555	330	3 903	15 322	27 000	373	4 917	21 710	7 586
220 - 240	1 245	7 945	163	1 603	6 179	10 900	195	2 017	8 688	3 155
240 und mehr	303	2 199	63	416	1 720	3 061	67	539	2 455	1 012
Insgesamt	42 223	232 127	3 220	45 895	183 012	319 679	3 587	56 690	259 402	79 563
					- Anteile in vH -					
unter 120	1,5	0,6	0,5	0,9	0,6	0,6	0,5	0,8	0,6	0,6
120 - 140	4,9	3,6	3,4	3,6	3,7	3,6	3,2	3,5	3,7	3,0
140 - 160	27,2	24,2	19,8	24,0	24,3	24,1	19,4	23,5	24,3	22,0
160 - 180	33,9	36,5	34,6	36,3	36,6	36,6	34,3	36,2	36,7	36,2
180 - 200	21,2	22,2	24,5	22,4	22,2	22,3	25,0	22,8	22,1	23,4
200 - 220	7,7	8,4	10,2	8,5	8,4	8,4	10,4	8,7	8,4	9,5
220 - 240	2,9	3,4	5,1	3,5	3,4	3,4	5,4	3,6	3,3	4,0
240 und mehr	0,7	0,9	2,0	0,9	0,9	1,0	1,9	1,0	0,9	1,3
Insgesamt	100	100	100	100	100	100	100	100	100	100

[1] Als Hauptverursacher.- [2] Ohne 100,2 Tsd. Fahrzeuge mit fehlender Angabe im Fahrzeugbrief.- [3] Ohne Unfälle, bei denen die Höchstgeschwindigkeitsklasse nicht erfaßt wurde.- [4] Unfälle, bei denen als Unfallursache eine Ordnungswidrigkeit oder Straftat vorliegt und wenn gleichzeitig ein Kfz aufgrund des Unfallschadens abgeschleppt werden muß.

B 3

Grenzüberschreitender Kraftfahrzeugverkehr

Ein- und Durchfahrten[1] nach Fahrzeugarten - in 1 000

Jahr	Insgesamt	Krafträder	Personenkraftwagen[2]	Kraftomnibusse	dar. ausl. Fahrz.	Lastkraftfahrzeuge[3]	dar. ausl. Fahrz.	dar. Transit
1950*	866	56	688	21	14	121	104	9
1955*	12 465	2 309	9 612	158	65	386	199	9
1960	49 091	6 040	41 532	467	220	1 052	615	25
1965	76 205	2 561	70 926	942	465	1 776	1 115	88
1970	88 828	1 457	83 765	956	476	2 650	1 710	177
1975	119 766	1 820	112 259	1 172	560	4 515	3 025	454
1980	134 992	2 127	125 432	1 257	603	6 176	3 988	655
1985	133 393	2 323	122 541	1 355	620	7 175	4 509	953
1990	181 319	2 169	167 300	1 571	740	10 280	6 748	1 393
1991	201 138	2 392	185 980	1 612	747	11 154	7 462	1 365
1992	219 103	2 633	202 995	1 685	761	11 791	7 892	1 412
1993	217 147	2 427	200 765	1 564	717	12 390	8 497	1 663
1994	231 079	2 589	213 360	1 591	713	13 540	9 324	2 036
1995	234 259	2 661	215 712	1 639	732	14 247	9 823	2 181
1996	238 263	2 930	219 212	1 640	733	14 480	10 012	2 525
1997	234 133	3 028	217 367	1 574	701	17 707	12 163	3 093
1998	248 133	3 330	229 980	1 684	757	17 095	13 139	3 243
1999	255 444	3 378	235 929	1 766	806	18 667	14 371	3 519

[1] 1960 bis 1990 einschl. kleiner Grenzverkehr.- [2] Einschl. Kombinationskraftwagen.- [3] Bis 1990 einschl. Durchfahrten im Verkehr mit der ehemaligen DDR einschl. Berlin (Ost).- * Ohne ausländische Krafträder und Pkw.

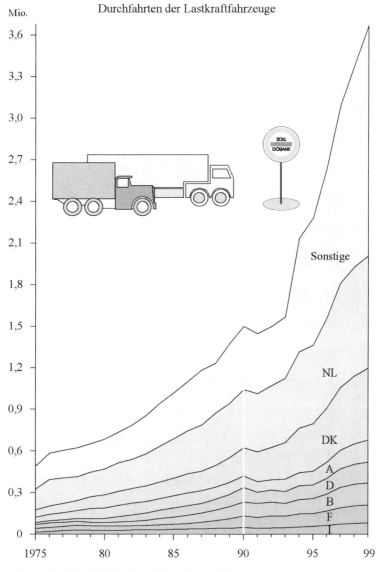

Daten siehe Seite 186/187 und Verkehr in Zahlen 1991

Grenzüberschreitender Kraftfahrzeugverkehr
Ein- und Durchfahrten von Lastkraftfahrzeugen nach Heimatländern - in 1000

	1950	1955	1960	1965	1970	1975[3]	1980	1985	1990
EU-Länder insgesamt	.	.	.	.	.	3 883	5 192	6 033	8 845
Bundesrepublik Deutschland	.	.	.	.	.	1 467	2 188	2 666	3 532
Belgien	.	.	.	.	.	373	426	522	875
Dänemark	.	.	.	.	.	206	286	308	456
Frankreich	.	.	.	.	.	425	518	479	876
Griechenland[1]	.	.	.	.	.	16	23	34	56
Großbritannien	.	.	.	.	.	38	65	57	125
Irland	.	.	.	.	.	.	3	4	11
Italien	.	.	.	.	.	100	175	216	282
Luxemburg	.	.	.	.	.	39	50	79	168
Niederlande	.	.	.	.	.	1 236	1 481	1 668	2 351
Portugal[2]	.	.	.	.	.	1	3	7	19
Spanien[2]	.	.	.	.	.	7	12	25	93
DDR	.	.	.	.	.	23	40	85	92
Bulgarien	.	.	.	.	.	9	17	19	20
Finnland	.	.	.	.	.	9	17	21	28
Jugoslawien	.	.	.	.	.	17	20	36	59
Norwegen	.	.	.	.	.	15	21	32	45
Österreich	.	.	.	.	.	239	410	441	498
Polen	.	.	.	.	.	14	21	29	98
Rumänien	.	.	.	.	.	5	5	12	12
Schweden	.	.	.	.	.	32	38	59	73
Schweiz	.	.	.	.	.	166	240	215	221
Sowjetunion	.	.	.	.	.	6	17	17	25
Tschechoslowakei	.	.	.	.	.	47	68	75	118
Türkei	.	.	.	.	.	11	8	30	47
Ungarn	.	.	.	.	.	11	20	35	81
Sonstige	.	.	.	.	.	4	3	3	17
Insgesamt	.	.	.	.	.	4 514	6 176	7 175	10 280

[1] EU-Mitgliedschaft ab 1981.- [2] EU-Mitgliedschaft ab 1986.- [3] EU-Länder ohne Irland.

Grenzüberschreitender Kraftfahrzeugverkehr

Ein- und Durchfahrten von Lastkraftfahrzeugen nach Heimatländern - in 1 000

	1991	1992	1993	1994	1995	1996	1997	1998	1999
EU-Länder insgesamt	9 390	9 739	9 777	10 333	11 750	11 749	14 446	13 477	14 605
Bundesrepublik Deutschland	3 692	3 899	3 894	4 216	4 424	4 468	5 544	3 957	4 296
Belgien	925	880	797	791	800	772	931	980	1 052
Dänemark	495	535	577	628	649	673	780	788	844
Finnland[1]	28	26	44	63	69	78	92	103	112
Frankreich	964	1 003	1 058	1 094	1 093	1 049	1 295	1 438	1 556
Griechenland	53	62	116	133	133	148	161	143	158
Großbritannien	149	148	135	138	140	145	168	174	183
Irland	13	13	12	13	13	14	17	18	18
Italien	296	321	347	376	396	392	469	502	547
Luxemburg	190	227	198	196	203	199	243	270	294
Niederlande	2 465	2 502	2 492	2 591	2 644	2 617	3 243	3 411	3 664
Österreich[1]	541	555	727	856	889	885	1 126	1 266	1 421
Portugal	21	21	19	20	20	19	22	23	24
Schweden[1]	73	71	101	128	139	155	183	206	224
Spanien	126	128	133	138	137	136	171	197	211
Litauen	.	.	.	.	57	67	87	113	107
Jugoslawien[2]	58	54	69	.	.	.	.	.	.
Norwegen	44	36	39	39	40	44	53	59	66
Polen	265	374	422	554	678	755	863	971	1 097
Schweiz	215	215	337	395	438	455	555	554	611
Slowakische Republik	.	.	.	92	98	100	113	128	140
Slowenien	.	.	.	52	48	51	74	90	110
Sowjetunion[2]	30	40	66	.	.	.	.	.	.
Tschechische Republik	.	.	.	620	684	740	807	927	1 086
Tschechoslowakei[2]	325	513	601	.	.	.	.	.	.
Ungarn	87	84	99	117	113	117	148	170	197
Sonstige	.	.	.	1 338	342	402	561	608	647
Insgesamt	11 154	11 791	12 390	13 540	14 247	14 480	17 707	17 095	18 667

[1] EU-Mitgliedschaft ab 1995.- [2] Bzw. Nachfolgestaaten (bis 1993).

Grenzüberschreitender Kraftfahrzeugverkehr
Durchfahrten von Lastkraftfahrzeugen nach Heimatländern - in 1 000

	1950	1955	1960	1965	1970	1975[3]	1980	1985	1990
EU-Länder insgesamt	.	.	.	.	.	306,0	413,0	634,5	1 059,2
Bundesrepublik Deutschland	.	.	.	.	.	14,8	30,3	65,2	106,3
Belgien	.	.	.	.	.	27,1	26,0	51,3	98,9
Dänemark	.	.	.	.	.	53,0	93,7	124,4	205,4
Frankreich	.	.	.	.	.	26,5	31,3	37,7	80,5
Griechenland[1]	.	.	.	.	.	5,3	7,6	14,2	23,5
Großbritannien	.	.	.	.	.	17,0	16,7	15,5	34,0
Irland	.	.	.	.	.	.	0,7	0,8	2,6
Italien	.	.	.	.	.	17,1	28,2	36,5	52,2
Luxemburg	.	.	.	.	.	0,5	0,4	3,6	15,9
Niederlande	.	.	.	.	.	150,0	185,7	285,3	418,9
Portugal[2]	.	.	.	.	.	0,2	0,5	1,2	4,6
Spanien[2]	.	.	.	.	.	0,9	1,4	4,9	16,4
DDR	.	.	.	.	.	22,0	37,6	77,2	78,6
Bulgarien	.	.	.	.	.	2,8	6,1	3,8	8,9
Finnland	.	.	.	.	.	5,6	10,6	12,2	16,0
Jugoslawien	.	.	.	.	.	5,4	6,6	13,8	19,7
Norwegen	.	.	.	.	.	9,0	12,6	21,8	31,4
Österreich	.	.	.	.	.	38,2	74,8	88,0	81,5
Polen	.	.	.	.	.	8,4	12,9	17,0	30,0
Rumänien	.	.	.	.	.	3,2	2,7	6,5	5,6
Schweden	.	.	.	.	.	16,4	21,2	34,4	35,5
Schweiz	.	.	.	.	.	27,0	29,4	35,4	23,5
Sowjetunion	.	.	.	.	.	2,7	5,2	6,7	8,1
Tschechoslowakei	.	.	.	.	.	25,7	31,1	30,3	48,4
Türkei	.	.	.	.	.	5,0	3,4	14,3	21,1
Ungarn	.	.	.	.	.	5,4	7,9	15,2	30,0
Sonstige	.	.	.	.	.	1,5	0,7	0,6	1,3
Insgesamt	.	.	.	.	.	490	685,2	1 017,7	1 498,9

[1] EU-Mitgliedschaft ab 1981.- [2] EU-Mitgliedschaft ab 1986.- [3] EU-Länder ohne Irland.

Grenzüberschreitender Kraftfahrzeugverkehr
Durchfahrten von Lastkraftfahrzeugen nach Heimatländern - in 1 000

	1991	1992	1993	1994	1995	1996	1997	1998	1999
EU-Länder insgesamt	1 044,7	1 119,2	1 154,4	1 361,6	1 609,7	1 845,9	2 141,4	2 281,0	2 386,5
Bundesrepublik Deutschland	80,4	86,5	84,7	97,1	99,3	113,4	133,3	144,0	151,1
Belgien	100,4	99,6	91,5	103,3	105,8	120,7	146,0	155,8	158,7
Dänemark	213,3	232,2	263,0	319,7	339,9	388,5	451,9	487,9	518,0
Finnland[1]	16,2	14,0	27,5	39,3	40,9	47,0	54,8	59,6	64,6
Frankreich	79,4	86,6	83,2	94,5	93,7	103,1	118,0	125,7	128,3
Griechenland	21,9	31,3	38,4	46,3	48,8	56,2	66,6	72,0	79,8
Großbritannien	40,4	42,7	38,7	42,8	42,8	52,8	56,2	56,0	54,9
Irland	3,0	3,0	3,3	4,1	4,2	5,3	6,1	6,7	6,8
Italien	43,7	46,5	48,0	52,9	56,9	65,3	73,6	78,8	83,3
Luxemburg	17,5	18,6	17,2	19,4	21,2	24,3	28,7	31,4	35,4
Niederlande	419,8	445,7	461,0	553,2	568,5	652,1	752,7	788,2	812,5
Österreich[1]	75,9	73,6	90,6	95,7	99,1	115,3	135,0	146,6	156,6
Portugal	4,5	5,0	4,9	6,0	6,5	7,5	8,8	9,7	10,5
Schweden[1]	30,9	25,6	47,4	61,6	59,2	67,2	78,5	85,6	92,4
Spanien	20,4	21,5	20,1	22,3	23,1	27,3	31,4	33,2	33,5
Litauen	.	.	.	.	14,4	25,1	27,8	53,2	58,2
Jugoslawien[2]	15,7	12,5	19,2	.	.	.	.	.	-
Norwegen	29,0	21,0	24,0	25,8	26,2	29,7	33,4	36,0	39,2
Polen	65,4	77,9	114,1	173,2	227,0	271,9	321,7	380,8	455,2
Schweiz	20,0	18,8	28,9	38,1	35,9	36,9	41,8	41,8	42,5
Slowakische Republik	.	.	.	35,3	41,4	45,5	53,8	64,0	70,5
Slowenien	.	.	.	15,3	0,4	0,5	0,6	0,7	1,0
Sowjetunion[2]	8,6	10,2	24,8	.	.	.	.	.	-
Tschechische Republik	.	.	.	137,9	181,9	217,6	256,4	305,6	370,0
Tschechoslowakei[2]	69,5	76,2	141,4	.	.	.	.	.	-
Ungarn	29,3	23,0	39,2	47,2	35,2	34,0	36,7	42,7	47,8
Sonstige	.	.	.	101,8	108,4	131,3	179,6	180,9	199,3
Insgesamt	1 445,6	1 498,0	1 747,5	2 133,7	2 280,5	2 638,5	3 093,2	3 386,8	3 670,1

[1] EU-Mitgliedschaft ab 1995.- [2] Bzw. Nachfolgestaaten (bis 1993).

Grenzüberschreitender Luftverkehr - Reisende nach Endzielländern - in vH

Endzielländer	1955	1960	1965	1970	1975	1980	1985	1990
Europa	.	.	.	.	79,7	72,3	71,4	73,8
dar. EU-Länder[1]	.	.	.	.	29,1	27,6	31,1	52,0
dar. Frankreich	.	.	.	.	6,0	5,3	4,7	5,2
Griechenland	.	.	.	.	3,0	5,0	5,4	5,9
Großbritannien	.	.	.	.	11,1	11,3	11,1	11,3
Italien	.	.	.	.	5,6	5,5	4,9	5,0
Spanien	.	.	.	.	22,6	18,0	19,3	17,1
Österreich	.	.	.	.	2,8	2,8	2,8	2,7
Schweiz	.	.	.	.	4,3	4,0	3,8	4,2
Türkei	.	.	.	.	5,8	3,7	3,6	6,2
Afrika	.	.	.	.	4,0	5,9	5,4	5,1
dar. Ägypten	.	.	.	.	0,4	0,6	0,8	0,9
Kenia	.	.	.	.	0,4	0,6	0,5	0,6
Marokko	.	.	.	.	0,5	0,5	0,8	0,5
Tunesien	.	.	.	.	1,4	2,3	1,8	2,1
Amerika	.	.	.	.	11,7	14,7	14,8	13,7
dar. Brasilien	.	.	.	.	0,4	0,4	0,4	0,4
Kanada	.	.	.	.	1,5	1,5	1,6	1,2
USA	.	.	.	.	8,6	11,2	11,9	10,7
Asien	.	.	.	.	4,3	6,6	8,1	7,0
dar. Hongkong	.	.	.	.	0,1	0,2	0,4	0,6
Indien	.	.	.	.	0,3	0,6	0,9	1,0
Israel	.	.	.	.	0,6	1,3	1,3	0,8
Japan	.	.	.	.	0,7	0,8	1,0	0,9
Thailand	.	.	.	.	0,5	0,5	0,5	0,8
Australien/Ozeanien	.	.	.	.	0,3	0,4	0,3	0,3
Insgesamt - Mio.	.	.	.	.	9,9	13,1	15,7	24,4

[1] Belgien, Luxemburg, Niederlande, Frankreich, Italien, Dänemark, Großbritannien, Irland, Griechenland (seit 1981), Spanien und Portugal (seit 1986).

Grenzüberschreitender Luftverkehr - Reisende nach Endzielländern - in vH

Endzielländer	1991	1992	1993	1994	1995	1996	1997	1998	1999
Europa[1]	71,8	70,6	71,3	72,0	72,3	72,1	72,6	72,9	71,4
dar. EU-Länder[2]	50,8	48,1	48,0	49,6	53,0	52,4	52,6	53,5	54,6
dar. Frankreich	4,7	4,5	4,3	4,3	4,2	4,3	4,6	4,7	4,7
Griechenland	6,0	6,7	6,7	7,2	6,1	5,5	5,6	5,4	5,7
Großbritannien	9,4	8,5	8,7	8,5	8,3	8,0	7,9	7,8	7,8
Italien	4,9	4,5	4,4	4,6	4,9	5,0	5,1	5,4	5,5
Österreich	2,6	2,6	2,4	2,4	2,3	2,3	2,3	2,4	2,4
Spanien	19,0	17,4	17,5	18,6	18,6	18,7	18,4	18,9	19,6
Schweiz	3,4	3,1	2,9	2,6	2,6	2,4	2,4	2,6	2,6
Türkei	6,5	8,0	8,2	7,4	8,9	9,5	9,7	8,8	6,6
Afrika	4,8	5,9	5,5	5,7	5,4	5,4	5,4	4,9	5,8
dar. Ägypten	0,8	1,3	0,9	0,8	0,8	1,1	1,1	0,8	1,4
Kenia	0,6	0,5	0,4	0,4	0,4	0,3	0,3	0,2	0,1
Marokko	0,4	0,5	0,6	0,7	0,6	0,5	0,5	0,6	0,5
Tunesien	1,7	2,4	2,4	2,6	2,3	2,2	2,2	2,2	2,3
Amerika	15,5	15,5	14,9	13,8	13,9	13,9	13,6	13,9	14,1
dar. Brasilien	0,4	0,4	0,4	0,4	0,4	0,4	0,5	0,6	0,5
Kanada	1,4	1,4	1,5	1,4	1,4	1,4	1,3	1,4	1,4
USA	11,6	11,6	10,6	9,5	9,6	9,6	9,4	9,4	9,4
Asien[1]	7,5	7,7	7,9	8,1	8,0	8,1	8,0	8,0	8,4
dar. Hongkong	0,5	0,5	0,5	0,5	0,5	0,6	0,5	0,4	0,4
Indien	0,9	0,9	0,9	0,8	0,8	0,8	0,8	0,8	0,8
Israel	0,7	0,9	0,8	0,8	0,8	0,8	0,7	0,7	0,8
Japan	1,0	1,0	0,9	1,0	1,0	1,0	1,1	1,1	1,1
Thailand	1,0	0,9	1,0	1,0	1,0	1,0	1,0	1,0	1,0
Australien/Ozeanien	0,4	0,5	0,5	0,4	0,4	0,4	0,4	0,4	0,4
Insgesamt - Mio.	24,2	28,2	30,6	33,5	36,4	38,0	40,7	42,7	46,0

[1] Bis 1991 wurden die Werte der gesamten Sowjetunion Europa zugeordnet, ab 1992 sind die Werte für die asiatischen Nachfolgestaaten (Kasachstan, Kirgisien, Tadschikistan, Turkmenistan, Usbekistan) bei Asien ausgewiesen.- [2] Belgien, Luxemburg, Niederlande, Frankreich, Italien, Dänemark, Großbritannien, Irland, Griechenland, Spanien und Portugal, Finnland, Österreich und Schweden (ab 1995).

B 4

Grenzüberschreitender Luftverkehr
Reisende nach Zielländern 1999 in vH (46 Mio.)

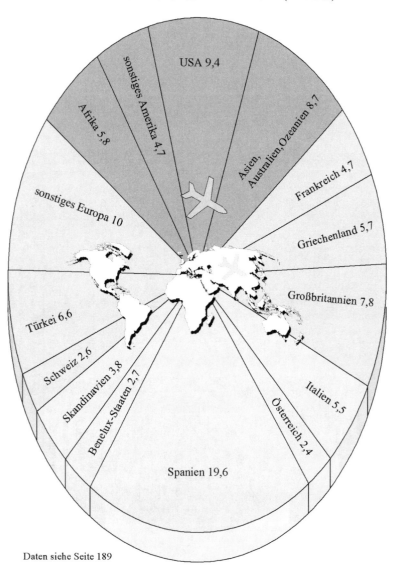

Daten siehe Seite 189

Grenzüberschreitender Güterverkehr

Das Verkehrsaufkommen im grenzüberschreitenden Verkehr als Teil des gesamten Güterverkehrs umfaßt den Versand der Bundesrepublik Deutschland in das Ausland und den Empfang aus dem Ausland (bis 1990 ohne den Verkehr mit der DDR). Der Durchgangsverkehr vom Ausland durch die Bundesrepublik in das Ausland ist in diesen Angaben nicht enthalten, sondern auf Seite 210/211 nachgewiesen.

Die Zuordnung nach Verkehrsbereichen - Eisenbahn-, Straßen-, Binnenschiffs-, See- und Luftverkehr - richtet sich nach der Verkehrsmittelart, mit der das Gut über die Grenze transportiert wurde. Sie sagt nichts darüber aus, in welchem Verkehrsbereich der Transport zum Empfangsort bzw. vom Herkunftsort überwiegend durchgeführt wurde. So wird in der Verkehrsstatistik z. B. ein Exportgut für Asien, das nach einem ausländischen Seehafen mit dem Lastkraftwagen über die Grenze der Bundesrepublik Deutschland transportiert wurde, im grenzüberschreitenden Straßenverkehr nachgewiesen. In der Außenhandelsstatistik dagegen wird, nach Herkunfts- bzw. Empfangsländern differenziert, in diesem Fall der Transport dem Verkehrsbereich Seeschiffahrt zugeordnet.

Den tonnenkilometrischen Leistungen liegt diejenige Wegstrecke zugrunde, die auf dem Gebiet (im Luftverkehr: über dem Gebiet) der Bundesrepublik zurückgelegt wurde. Auslandsstrecken sind nicht berücksichtigt, mit einer Ausnahme: In der Seeschiffahrt sind die durchschnittlichen Versandweiten bis zum Zielhafen Grundlage der Berechnung, die vom DIW als Ergänzung der amtlichen Statistik durchgeführt wurde. Damit ist es nun möglich, auch die Leistungen der Seeschiffahrt im grenzüberschreitenden Verkehr, für Versand und Empfang getrennt, zu publizieren.

Grenzüberschreitender Straßengüterverkehr

Für *deutsche* Lastkraftfahrzeuge wurden vom DIW im Auftrag des Bundesverkehrsministeriums nur Eckwerte entsprechend der neuen Verkehrsleistungsstatistik von 1991 bis 1993 geschätzt (siehe auch Seite 226). Daher ist die Einzeldarstellung des grenzüberschreitenden Güterverkehrs für diese Jahre nicht möglich.

Für *ausländische* Lastkraftfahrzeuge liegen ab 1995 nur noch Eckwerte vor, so daß hier auf detailliertere Angaben wie Gütergruppen verzichtet werden muß.

Grenzüberschreitender Verkehr
Güterverkehr - Versand und Empfang - in Mio. t

Jahr	Ins- gesamt	Eisen- bahnen[1]	Straßen- verkehr[2]	Binnen- schiffahrt	See- schiffahrt[3]	Rohr- fernlei- tungen[4]	Luft- verkehr[5] (in 1 000)
1950	74,8	23,9	0,5	27,2	23,2	.	3
1955	140,7	36,3	4,2	50,2	50,0	.	9
1960	213,5	52,3	11,7	72,9	74,2	2,4	36
1965	291,3	55,3	24,3	87,2	96,5	27,9	96
1970	428,0	68,8	41,4	121,9	128,7	67,0	218
1975	447,2	56,6	70,6	132,9	127,2	59,6	275
1980	527,2	66,4	106,7	139,9	148,8	65,0	458
1985	516,3	59,5	125,0	140,7	135,3	55,2	570
1990	586,4	60,4	176,9	148,7	140,0	59,5	914
1991	457,4	78,8	.	145,5	158,2	73,9	887
1992	470,7	76,2	.	144,2	173,4	76,0	930
1993	457,3	66,3	.	135,7	176,9	77,2	1 356
1994	704,2	74,8	211,0	146,4	189,8	80,7	1 547
1995	720,3	76,7	221,2	146,4	197,2	77,1	1 648
1996	697,7	75,0	211,7	142,0	198,6	68,6	1 720
1997	757,8	81,1	253,8	149,1	205,3	66,6	1 868
1998	786,4	84,4	270,1	151,4	209,9	68,7	1 810
1999*	800,6	81,9	291,5	145,3	211,6	68,4	1 906

[1] Ohne Expreßgut und Stückgut.- [2] Bis 1990 ohne tarifliches Stückgut. Ab 1994 ohne Transporte deutscher Lastkraftfahrzeuge bis 6 t zulässiges Gesamtgewicht oder 3,5 t Nutzlast. Siehe Anmerkungen S. 191.- [3] Ohne Eigengewichte der Reise- und Transportfahrzeuge, Container, Trailer, Trägerschiffs- leichter. Einschl. Umladungen.- [4] Bis 1965 nur Rohölleitungen, bis 1995 einschl. Mineralölprodukten- leitungen. Ohne Erdgasleitungen. Ab 1996 einschl. Transit (1998 = 0,5 Mio. t).- [5] Ohne Luftpost. Ab 1993 einschl. Umladungen.- * Zum Teil vorläufige Werte.

Grenzüberschreitender Verkehr

Güterverkehr - Versand und Empfang - in Mrd. tkm[1]

Jahr	Insgesamt	Eisenbahnen[2]	Straßenverkehr[3]	Binnenschiffahrt	Rohrfernleitungen[4]	Luftverkehr[5] (in Mio. tkm)	nachrichtl. Seeschiffahrt[6]
1950	.	.	.	.	.	.	.
1955	.	.	.	.	.	.	.
1960	.	.	.	.	.	.	.
1965	.	.	.	.	.	.	.
1970	.	.	.	.	.	.	.
1975	60,1	12,0	14,4	25,9	7,6	125	994,4
1980	74,3	15,8	23,0	27,6	7,7	190	1 065,3
1985	78,8	16,5	28,2	28,0	5,8	249	786,3
1990	98,2	18,3	41,1	31,3	7,1	358	784,9
1991	.	23,7	.	32,1	10,5	342	843,9
1992	.	23,2	.	32,7	10,8	348	851,2
1993	.	21,3	.	33,0	11,3	372	854,2
1994	131,6	24,0	60,6	34,7	11,9	417	925,8
1995	129,3	24,4	57,6	35,0	11,8	431	956,7
1996	128,2	25,1	57,9	34,5	10,2	450	944,3
1997	144,5	28,6	70,9	35,7	8,8	477	998,8
1998	153,3	30,1	75,5	36,7	10,4	569	1 005,5
1999*	158,3	29,4	82,5	35,3	10,5	605	1 083,1

[1] Verkehrsleistungen (außer in der Seeschiffahrt) im Bundesgebiet.- [2] Ohne Expreßgut und Stückgut.- [3] Ohne tarifliches Stückgut. Ab 1994 ohne Transporte deutscher Lastkraftfahrzeuge bis 6 t zulässiges Gesamtgewicht oder 3,5 t Nutzlast. Siehe Anmerkungen S. 191.- [4] Bis 1995 einschl, Mineralölproduktenleitungen. Ohne Erdgasleitungen. Ab 1996 einschl. Transit (1997 = 0,4 Mrd. tkm).- [5] Ohne Luftpost. Ab 1998 neue Kilometrierung im Luftverkehr.- [6] Ohne Eigengewichte der Reise- und Transportfahrzeuge, Container, Trailer, Trägerschiffsleichter. Einschl. Umladungen.- *Zum Teil vorläufige Werte.

Grenzüberschreitender Verkehr
Güterverkehr - Versand - in Mio. t

Jahr	Ins- gesamt	Eisen- bahnen[1]	Straßen- verkehr[2]	Binnen- schiffahrt	See- schiffahrt[3]	Luft- verkehr[4] (in 1 000)
1950	43,9	15,3	0,2	18,1	9,8	2
1955	57,9	21,7	1,5	19,6	15,1	6
1960	76,8	28,6	3,8	27,9	16,5	20
1965	89,3	30,8	8,9	31,7	17,9	44
1970	125,2	36,9	17,2	48,6	22,4	118
1975	140,4	31,1	32,6	49,2	27,4	131
1980	174,2	37,7	52,3	49,2	34,8	225
1985	186,4	33,4	64,0	44,5	44,3	348
1990	219,6	33,1	89,6	52,5	44,0	443
1991	.	40,4	.	47,3	48,5	421
1992	.	36,6	.	47,1	55,5	458
1993	.	29,9	.	45,2	57,5	683
1994	242,9	31,8	97,5	47,9	65,0	813
1995	247,2	32,9	100,1	44,9	68,4	860
1996	247,1	33,8	99,5	43,8	69,1	903
1997	271,7	38,1	118,9	44,7	69,1	992
1998	278,9	40,2	126,0	42,7	69,1	946
1999*	291,1	38,4	133,1	44,7	73,9	997

[1] Ohne Expreßgut und Stückgut.- [2] Bis 1990 ohne tarifliches Stückgut. Ab 1994 ohne Transporte deutscher Lastkraftfahrzeuge bis 6 t zulässiges Gesamtgewicht oder 3,5 t Nutzlast. Siehe Anmerkungen S. 191.- [3] Ohne Eigengewichte der Reise- und Transportfahrzeuge, Container, Trailer, Trägerschiffsleichter. Einschl. Umladungen.- [4] Ohne Luftpost. Ab 1993 einschl. Umladungen.- * Zum Teil vorläufige Werte.

Grenzüberschreitender Verkehr

Güterverkehr - Versand - in Mrd. tkm[1]

Jahr	Ins- gesamt	Eisen- bahnen[2]	Straßen- verkehr[3]	Binnen- schiffahrt	Luft- verkehr[4] (in Mio. tkm)	nachrichtl. Seeschiff- fahrt[5]
1950	.	.	.	.	.	.
1955	.	.	.	.	.	.
1960	.	.	.	.	.	.
1965	.	.	.	.	.	.
1970	.	.	.	.	.	.
1975	23,0	7,4	6,6	8,9	62	169,3
1980	30,6	10,3	11,0	9,2	95	221,7
1985	33,3	10,5	13,9	8,7	144	264,9
1990	40,7	10,6	19,5	10,4	178	295,4
1991	.	12,7	.	10,3	168	322,6
1992	.	12,1	.	10,8	173	327,3
1993	.	10,5	.	11,2	186	364,2
1994	49,7	11,2	26,3	11,9	217	424,7
1995	47,9	11,5	24,8	11,4	224	431,6
1996	49,7	13,1	25,2	11,1	235	428,4
1997	57,6	15,0	30,9	11,4	254	416,7
1998	59,9	15,8	32,6	11,2	298	400,3
1999*	61,7	15,3	34,5	11,6	316	483,8

[1] Verkehrsleistungen (außer in der Seeschiffahrt) im Bundesgebiet.- [2] Ohne Expreßgut und Stückgut.- [3] Ohne tarifliches Stückgut. Ab 1994 ohne Transporte deutscher Lastkraftfahrzeuge bis 6 t zulässiges Gesamtgewicht oder 3,5 t Nutzlast. Siehe Anmerkungen S. 191.- [4] Ohne Luftpost. Ab 1998 neue Kilometrierung im Luftverkehr.- [5] Eigengewichte der Reise- und Transportfahrzeuge, Container, Trailer, Trägerschiffsleichter. Einschl. Umladungen.- *Zum Teil vorläufige Werte.

B 4

Grenzüberschreitender Verkehr
Güterverkehr - Empfang - in Mio. t

Jahr	Ins-gesamt	Eisen-bahnen[1]	Straßen-verkehr[2]	Binnen-schiffahrt	See-schiffahrt[3]	Rohr-fernlei-tungen[4]	Luft-verkehr[5] (in 1 000)
1950	30,9	8,1	0,3	9,1	13,4	-	1
1955	82,8	14,6	2,7	30,6	34,9	-	1
1960	136,7	23,7	7,9	45,0	57,7	2,4	16
1965	202,0	24,5	15,4	55,5	78,6	27,9	52
1970	302,8	31,9	24,2	73,3	106,3	67,0	100
1975	306,7	25,5	38,0	83,7	99,8	59,6	144
1980	353,1	28,7	54,4	90,7	114,0	65,0	234
1985	329,8	26,1	61,0	96,2	91,0	55,2	223
1990	366,8	27,3	87,3	96,2	96,0	59,5	471
1991	.	38,5	.	98,2	109,7	73,9	465
1992	.	39,6	.	97,1	117,9	76,0	473
1993	.	36,4	.	90,5	119,3	77,2	672
1994	461,2	43,0	113,5	98,5	124,8	80,7	734
1995	473,1	43,8	121,0	101,5	128,9	77,1	788
1996	450,5	41,2	112,2	98,3	129,5	68,6	816
1997	486,1	43,0	134,9	104,4	136,2	66,6	876
1998	507,5	44,3	144,1	108,7	140,8	68,7	864
1999*	509,5	43,6	158,3	100,5	137,8	68,4	909

[1] Ohne Expreßgut und Stückgut.- [2] Bis 1990 ohne tarifliches Stückgut. Ab 1994 ohne Transporte deutscher Lastkraftfahrzeuge bis 6 t zulässiges Gesamtgewicht oder 3,5 t Nutzlast. Siehe Anmerkungen S. 191.- [3] Ohne Eigengewichte der Reise- und Transportfahrzeuge, Container, Trailer, Trägerschiffs-leichter. Einschl. Umladungen.- [4] Bis 1995 einschl. Mineralölproduktenleitungen. Ohne Erdgasleitungen. Ab 1996 einschl. Transit (1998 = 0,5 Mio. t).- [5] Ohne Luftpost. Ab 1993 einschl. Umladungen.- * Zum Teil vorläufige Werte.

Grenzüberschreitender Verkehr

Güterverkehr - Empfang - in Mrd. tkm[1]

Jahr	Ins-gesamt	Eisen-bahnen[2]	Straßen-verkehr[3]	Binnen-schiffahrt	Rohr-fernlei-tungen[4]	Luft-verkehr[5] (in Mio. tkm)	nachrichtl. Seeschiff-fahrt[6]
1950	.	.	.	.	.	.	.
1955	.	.	.	.	.	.	.
1960	.	.	.	.	.	.	.
1965	.	.	.	.	.	.	.
1970	.	.	.	.	.	.	.
1975	37,1	4,6	7,8	17,0	7,6	63	825,1
1980	43,7	5,5	12,0	18,4	7,7	95	843,6
1985	45,5	6,0	14,3	19,3	5,8	105	521,4
1990	57,5	7,7	21,6	20,9	7,1	180	489,5
1991	.	11,0	.	21,9	10,5	174	521,2
1992	.	11,1	.	21,9	10,8	175	524,0
1993	.	10,8	.	21,8	11,3	186	490,0
1994	82,0	12,8	34,3	22,8	11,9	200	501,0
1995	81,4	13,0	32,8	23,7	11,8	207	525,1
1996	78,5	12,0	32,7	23,4	10,2	215	515,9
1997	87,0	13,6	40,0	24,3	8,8	223	582,1
1998	93,4	14,3	42,9	25,5	10,4	271	605,2
1999*	96,6	14,1	48,0	23,7	10,5	289	599,3

B 4

[1] Verkehrsleistungen (außer in der Seeschiffahrt) im Bundesgebiet.- [2] Ohne Expreßgut und Stückgut.- [3] Ohne tarifliches Stückgut. Ab 1994 ohne Transporte deutscher Lastkraftfahrzeuge bis 6 t zulässiges Gesamtgewicht oder 3,5 t Nutzlast. Siehe Anmerkungen S. 191.- [4] Bis 1995 einschl, Mineralölpro-duktenleitungen. Ohne Erdgasleitungen. Ab 1996 einschl. Transit (1997 = 0,4 Mrd. tkm).- [5] Ohne Luft-post. Ab 1998 neue Kilometrierung im Luftverkehr.- [6] Ohne Eigengewichte der Reise- und Transport-fahrzeuge, Container, Trailer, Trägerschiffsleichter. Einschl. Umladungen.- *Zum Teil vorläufige Werte.

Grenzüberschreitender Verkehr - Güterverkehr nach Hauptgütergruppen - Versand Eisenbahnen[1]

	1989	1990	1991	1992	1993	1994	1995	1996	1997	1998	1999
						in Mio. t					
Land- und forstwirtschaftliche Erzeugnisse	2,2	2,6	3,6	2,7	3,1	2,7	3,3	3,3	3,3	3,2	3,1
Nahrungs- und Futtermittel	1,6	1,6	1,4	1,5	1,3	1,2	1,4	1,3	1,4	1,3	1,2
Kohle	4,5	4,3	3,7	2,0	1,1	1,0	0,5	0,4	0,4	0,3	0,3
Rohes Erdöl	0,0	0,0	0,1	0,0	0,0	0,0	0,0	0,0	0,0	0,0	0,0
Mineralölerzeugnisse	1,0	1,4	2,8	2,2	2,1	2,3	2,0	2,2	2,2	2,7	2,7
Erze und Metallabfälle	2,3	2,0	2,9	3,2	2,5	2,6	2,6	2,6	3,1	3,4	3,2
Eisen, Stahl und NE-Metalle	4,9	4,9	5,6	5,1	4,3	4,5	5,1	4,9	6,4	6,9	6,4
Steine und Erden	2,6	3,1	3,7	3,1	2,6	2,9	2,9	2,7	2,9	3,0	2,7
Düngemittel	0,7	0,5	1,0	1,0	0,7	0,7	0,7	0,9	1,2	1,5	1,2
Chemische Erzeugnisse	3,4	3,2	3,6	3,3	2,9	3,1	3,3	3,4	3,5	3,7	3,3
Fahrzeuge, Maschinen, Halb- und Fertigwaren[2]	8,1	9,5	12,1	12,5	9,5	10,8	11,0	12,1	13,6	14,2	14,2
Insgesamt	31,2	33,1	40,4	36,6	29,9	31,8	32,9	33,8	38,1	40,2	38,4
						in vH					
Land- und forstwirtschaftliche Erzeugnisse	7,1	7,9	8,8	7,2	10,2	8,4	10,1	9,7	8,6	7,9	8,1
Nahrungs- und Futtermittel	5,0	4,7	3,4	4,2	4,3	3,9	4,3	3,9	3,7	3,3	3,2
Kohle	14,3	12,9	9,2	5,4	3,5	3,1	1,5	1,3	1,0	0,7	0,7
Rohes Erdöl	0,0	0,0	0,1	0,0	0,0	0,0	0,0	0,0	0,0	0,0	0,0
Mineralölerzeugnisse	3,1	4,2	6,9	5,9	7,0	7,1	6,0	6,6	5,9	6,6	6,9
Erze und Metallabfälle	7,5	6,2	7,1	8,8	8,2	8,3	8,0	7,6	8,2	8,5	8,3
Eisen, Stahl und NE-Metalle	15,6	14,9	14,0	13,8	14,3	14,3	15,5	14,5	16,9	17,2	16,8
Steine und Erden	8,5	9,4	9,1	8,5	8,8	9,1	8,7	8,1	7,7	7,5	7,2
Düngemittel	2,1	1,6	2,4	2,8	2,2	2,1	2,1	2,8	3,3	3,8	3,2
Chemische Erzeugnisse	11,0	9,6	9,0	9,0	9,6	9,8	10,1	9,9	9,2	9,1	8,6
Fahrzeuge, Maschinen, Halb- und Fertigwaren[2]	25,9	28,6	30,1	34,2	31,8	34,0	33,6	35,6	35,7	35,4	37,0
Insgesamt	100	100	100	100	100	100	100	100	100	100	100

[1] Wagenladungsverkehr.- [2] Einschl. besondere Transportgüter.

Grenzüberschreitender Verkehr - Güterverkehr nach Hauptgütergruppen - Empfang Eisenbahnen[1]

	1989	1990	1991	1992	1993	1994	1995	1996	1997	1998	1999
						in Mio. t					
Land- und forstwirtschaftliche Erzeugnisse	1,5	1,7	1,5	1,5	1,3	1,4	1,3	1,1	1,1	1,0	1,2
Nahrungs- und Futtermittel	0,7	0,6	0,9	0,7	0,5	0,8	0,8	0,6	0,6	0,6	0,5
Kohle	2,6	2,6	7,7	7,3	5,9	5,5	5,9	5,7	7,4	9,0	8,2
Rohes Erdöl	0,0	0,0	0,0	0,0	0,0	0,2	0,2	0,1	0,0	0,0	0,1
Mineralölerzeugnisse	1,5	1,1	1,1	0,9	1,0	0,8	0,8	0,8	0,9	0,9	1,0
Erze und Metallabfälle	3,2	2,2	2,8	2,4	2,4	2,5	2,6	2,9	3,4	3,8	4,3
Eisen, Stahl und NE-Metalle	4,4	5,3	5,9	5,7	5,0	6,9	7,5	6,0	6,4	6,7	6,6
Steine und Erden	1,3	1,3	4,0	7,2	7,9	10,1	9,6	8,6	6,8	5,6	5,0
Düngemittel	0,7	0,8	1,0	0,9	0,6	0,6	0,5	0,4	0,4	0,3	0,2
Chemische Erzeugnisse	2,9	3,1	3,4	3,2	3,0	3,3	3,3	3,2	3,5	3,4	3,4
Fahrzeuge, Maschinen, Halb- und Fertigwaren[2]	7,0	8,4	10,1	9,7	8,8	10,9	11,2	11,6	12,7	13,0	13,2
Insgesamt	25,8	27,3	38,5	39,6	36,4	43,0	43,8	41,2	43,0	44,3	43,6
						in vH					
Land- und forstwirtschaftliche Erzeugnisse	5,9	6,4	4,0	3,7	3,5	3,2	3,0	2,7	2,5	2,3	2,7
Nahrungs- und Futtermittel	2,6	2,3	2,2	1,7	1,4	1,9	1,9	1,5	1,3	1,3	1,2
Kohle	10,1	9,7	20,1	18,4	16,2	12,9	13,5	13,9	17,1	20,3	18,9
Rohes Erdöl	0,0	0,0	0,0	0,0	0,1	0,5	0,5	0,2	0,1	0,1	0,1
Mineralölerzeugnisse	5,7	4,0	3,0	2,3	2,7	1,8	1,9	2,1	2,0	2,1	2,2
Erze und Metallabfälle	12,3	8,2	7,3	6,1	6,6	5,9	6,0	7,0	7,9	8,6	9,9
Eisen, Stahl und NE-Metalle	17,1	19,5	15,4	14,4	13,8	16,0	17,0	14,7	15,0	15,0	15,0
Steine und Erden	4,9	4,9	10,4	18,2	21,6	23,4	21,9	20,8	15,8	12,6	11,4
Düngemittel	2,7	2,8	2,7	2,4	1,8	1,3	1,1	1,1	0,8	0,6	0,5
Chemische Erzeugnisse	11,3	11,4	8,8	8,2	8,3	7,8	7,6	7,7	8,1	7,8	7,9
Fahrzeuge, Maschinen, Halb- und Fertigwaren[2]	27,2	30,7	26,2	24,6	24,1	25,3	25,5	28,3	29,5	29,3	30,2
Insgesamt	100	100	100	100	100	100	100	100	100	100	100

[1] Wagenladungsverkehr. – [2] Einschl. besondere Transportgüter.

Grenzüberschreitender Verkehr - Güterverkehr nach Hauptgütergruppen
Straßengüterverkehr deutscher Lastkraftfahrzeuge[1]

	Insgesamt				Versand				Empfang			
	1995	1996	1997	1998[3]	1995	1996	1997	1998[3]	1995	1996	1997	1998[3]
					in Mio. t							
Land- und forstwirtschaftliche Erzeugnisse	6,6	7,3	7,9	7,7	3,5	4,0	4,4	3,7	3,2	3,3	3,5	4,0
Nahrungs- und Futtermittel	7,9	7,7	9,2	9,2	3,7	3,6	4,5	4,6	4,2	4,0	4,7	4,5
Kohle	0,8	0,8	0,9	1,0	0,4	0,5	0,6	0,7	0,4	0,3	0,3	0,4
Rohes Erdöl	0,0	0,0	0,0	0,0	0,0	0,0	0,0	-	0,0	0,0	0,0	0,0
Mineralölerzeugnisse	1,7	1,7	1,9	2,1	0,6	0,8	0,9	0,8	1,1	0,9	1,0	1,3
Erze und Metallabfälle	1,3	1,4	1,7	1,2	1,0	1,2	1,0	0,9	0,3	0,2	0,7	0,4
Eisen, Stahl und NE-Metalle	5,2	4,8	6,1	6,7	2,6	2,4	3,2	3,6	2,5	2,4	2,9	3,1
Steine und Erden	12,0	12,0	12,5	13,6	5,2	5,8	5,4	6,4	6,8	6,3	7,0	7,2
Düngemittel	0,6	0,8	1,1	1,4	0,2	0,2	0,3	0,4	0,4	0,6	0,8	1,0
Chemische Erzeugnisse	11,0	10,6	10,5	12,2	7,1	6,9	6,7	7,4	3,9	3,7	3,8	4,7
Fahrzeuge, Maschinen, Halb- und Fertigwaren[2]	18,9	18,9	22,2	23,5	11,0	11,2	12,6	13,7	7,9	7,8	9,6	9,8
Insgesamt	66,1	66,1	74,0	78,6	35,3	36,6	39,7	42,2	30,8	29,4	34,3	36,4
					in vH							
Land- und forstwirtschaftliche Erzeugnisse	10,0	11,0	10,7	9,7	9,8	10,8	11,2	8,8	10,3	11,3	10,1	10,9
Nahrungs- und Futtermittel	12,0	11,6	12,5	11,6	10,5	9,9	11,4	11,0	13,7	13,7	13,7	12,4
Kohle	1,2	1,2	1,2	1,3	1,2	1,5	1,5	1,6	1,2	0,9	1,0	1,0
Rohes Erdöl	0,0	0,1	0,0	0,1	0,0	0,0	0,0	-	0,0	0,1	0,1	0,1
Mineralölerzeugnisse	2,6	2,6	2,5	2,7	1,7	2,2	2,2	1,9	3,6	3,0	2,9	3,6
Erze und Metallabfälle	2,0	2,2	2,3	1,6	2,9	3,3	2,4	2,1	1,0	0,7	2,1	1,0
Eisen, Stahl und NE-Metalle	7,8	7,3	8,2	8,6	7,5	6,7	8,0	8,6	8,2	8,0	8,4	8,6
Steine und Erden	18,2	18,2	16,9	17,2	14,7	15,8	13,7	15,1	22,2	21,3	20,5	19,7
Düngemittel	0,9	1,1	1,5	1,8	0,5	0,5	0,9	1,0	1,3	1,9	2,2	2,7
Chemische Erzeugnisse	16,7	16,0	14,2	15,5	20,0	18,7	17,0	17,6	12,8	12,6	11,1	13,0
Fahrzeuge, Maschinen, Halb- und Fertigwaren[2]	28,6	28,7	30,0	29,9	31,1	30,5	31,8	32,4	25,7	26,3	27,9	26,9
Insgesamt	100	100	100	100	100	100	100	100	100	100	100	100

[1] Ohne Lastkraftwagen und Sattelzugmaschinen bis 3,5 t Nutzlast bzw. 6 t zulässiges Gesamtgewicht.- [2] Einschl. besondere Transportgüter und Leergut.- [3] Werte für 1999 lagen bei Redaktionsschluß nicht vor.

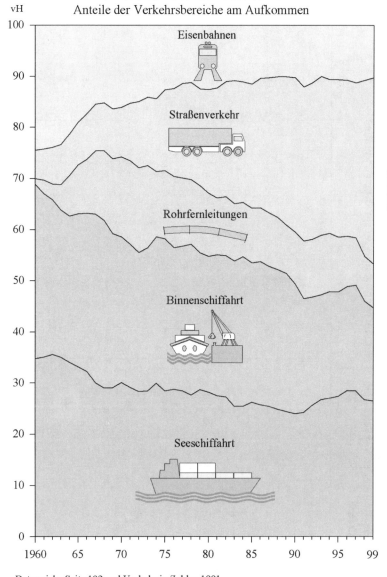

Daten siehe Seite 192 und Verkehr in Zahlen 1991

Grenzüberschreitender Verkehr - Güterverkehr nach Hauptgütergruppen - Versand Binnenschiffahrt

	1989	1990	1991	1992	1993	1994	1995	1996	1997	1998	1999
						in Mio. t					
Land- und forstwirtschaftliche Erzeugnisse	2,2	2,0	2,2	2,4	2,8	3,1	2,9	2,6	3,1	2,9	2,9
Nahrungs- und Futtermittel	2,4	3,0	2,7	2,8	2,8	2,8	3,0	2,6	2,6	3,1	3,0
Kohle	4,5	3,5	3,0	1,9	1,1	1,5	1,3	1,1	1,0	0,9	0,9
Rohes Erdöl	0,0	0,0	0,0	0,0	0,0	0,0	0,0	0,0	0,0	0,0	0,0
Mineralölerzeugnisse	3,6	3,8	3,4	4,3	4,6	4,5	3,4	2,9	2,4	1,7	2,4
Erze und Metallabfälle	2,5	2,3	2,8	3,4	4,1	3,8	3,3	3,0	2,9	2,5	2,4
Eisen, Stahl und NE-Metalle	5,6	4,7	5,4	5,5	6,4	5,9	5,3	5,4	5,9	4,8	5,0
Steine und Erden	25,3	25,4	20,8	19,3	16,7	17,4	16,7	16,3	16,4	16,2	16,6
Düngemittel	1,6	1,6	1,3	1,3	1,4	1,9	1,9	2,1	2,0	2,0	2,1
Chemische Erzeugnisse	5,2	4,0	5,0	4,9	3,7	4,6	4,7	4,9	5,0	4,7	5,1
Fahrzeuge, Maschinen, Halb- und Fertigwaren[1]	2,1	2,2	0,6	1,3	1,7	2,3	2,4	2,8	3,4	3,8	4,3
Insgesamt	**55,0**	**52,5**	**47,3**	**47,1**	**45,2**	**47,9**	**44,9**	**43,8**	**44,7**	**42,7**	**44,7**
						in vH					
Land- und forstwirtschaftliche Erzeugnisse	4,0	3,8	4,7	5,1	6,1	6,5	6,4	6,0	6,9	6,8	6,6
Nahrungs- und Futtermittel	4,4	5,7	5,7	5,9	6,2	5,8	6,6	5,8	5,8	7,2	6,7
Kohle	8,2	6,6	6,4	4,0	2,4	3,2	3,0	2,6	2,2	2,2	2,0
Rohes Erdöl	0,0	0,0	0,0	0,0	0,0	0,0	0,0	0,0	0,0	0,0	0,0
Mineralölerzeugnisse	6,5	7,3	7,2	9,1	10,1	9,4	7,7	6,7	5,3	3,9	5,4
Erze und Metallabfälle	4,6	4,4	6,0	7,2	9,1	8,0	7,3	6,9	6,4	5,9	5,3
Eisen, Stahl und NE-Metalle	10,1	9,0	11,4	11,7	14,1	12,3	11,8	12,3	13,1	11,2	11,2
Steine und Erden	45,9	48,4	44,0	41,0	36,9	36,3	37,2	37,4	36,6	38,0	37,1
Düngemittel	3,0	3,0	2,7	2,8	3,1	4,0	4,1	4,8	4,6	4,8	4,7
Chemische Erzeugnisse	9,4	7,6	10,6	10,4	8,1	9,5	10,5	11,2	11,3	11,1	11,5
Fahrzeuge, Maschinen, Halb- und Fertigwaren[1]	3,8	4,2	1,3	2,8	3,8	4,9	5,4	6,4	7,7	8,9	9,6
Insgesamt	**100**	**100**	**100**	**100**	**100**	**100**	**100**	**100**	**100**	**100**	**100**

[1] Einschl. besondere Transportgüter.

Grenzüberschreitender Verkehr - Güterverkehr nach Hauptgütergruppen - Empfang

Binnenschiffahrt

	1989	1990	1991	1992	1993	1994	1995	1996	1997	1998	1999
						in Mio. t					
Land- und forstwirtschaftliche Erzeugnisse	2,2	2,4	2,2	3,0	2,3	2,2	2,6	2,2	1,7	1,8	1,9
Nahrungs- und Futtermittel	7,2	6,9	7,0	6,8	7,0	7,4	7,1	6,8	7,0	7,1	6,7
Kohle	3,6	6,1	7,9	8,9	7,5	8,7	8,1	10,2	11,5	16,2	16,2
Rohes Erdöl	0,1	0,1	0,0	0,0	0,0	0,0	0,0	0,0	0,0	0,0	0,0
Mineralölerzeugnisse	21,6	20,6	21,8	21,5	20,8	19,7	21,4	22,0	23,2	21,7	18,6
Erze und Metallabfälle	37,3	34,9	34,4	32,1	28,7	32,6	31,7	29,9	33,2	32,3	28,2
Eisen, Stahl und NE-Metalle	4,5	4,6	3,8	3,7	3,1	4,0	4,8	3,6	4,0	5,0	3,9
Steine und Erden	11,2	10,9	12,0	12,7	12,2	13,5	14,4	12,4	12,0	11,6	10,8
Düngemittel	2,6	2,9	2,7	3,0	3,0	3,3	3,8	3,2	3,1	3,3	3,2
Chemische Erzeugnisse	6,0	5,7	4,8	4,4	4,6	5,3	5,6	5,7	6,1	6,8	7,9
Fahrzeuge, Maschinen, Halb- und Fertigwaren[1]	1,2	1,2	1,6	1,1	1,2	1,7	2,0	2,2	2,7	2,9	3,1
Insgesamt	97,5	96,2	98,2	97,1	90,5	98,5	101,5	98,3	104,4	108,7	100,5
						in vH					
Land- und forstwirtschaftliche Erzeugnisse	2,2	2,5	2,2	3,1	2,5	2,3	2,6	2,3	1,6	1,6	1,9
Nahrungs- und Futtermittel	7,4	7,2	7,2	7,0	7,7	7,5	7,0	6,9	6,7	6,5	6,6
Kohle	3,6	6,4	8,0	9,1	8,3	8,9	8,0	10,4	11,0	14,9	16,1
Rohes Erdöl	0,1	0,1	0,0	0,0	0,0	0,0	0,0	0,0	0,0	0,0	0,0
Mineralölerzeugnisse	22,1	21,4	22,2	22,1	22,9	20,0	21,1	22,4	22,2	19,9	18,5
Erze und Metallabfälle	38,3	36,3	35,0	33,0	31,8	33,1	31,2	30,4	31,8	29,7	28,0
Eisen, Stahl und NE-Metalle	4,6	4,7	3,9	3,8	3,4	4,1	4,7	3,7	3,8	4,6	3,9
Steine und Erden	11,5	11,3	12,2	13,1	13,5	13,7	14,2	12,6	11,5	10,7	10,7
Düngemittel	2,7	3,0	2,8	3,0	3,3	3,4	3,8	3,3	3,0	3,1	3,2
Chemische Erzeugnisse	6,1	5,9	4,9	4,5	5,1	5,4	5,5	5,8	5,8	6,2	7,8
Fahrzeuge, Maschinen, Halb- und Fertigwaren[1]	1,2	1,2	1,6	1,1	1,3	1,8	2,0	2,3	2,6	2,7	3,1
Insgesamt	100	100	100	100	100	100	100	100	100	100	100

[1] Einschl. besondere Transportgüter.

Grenzüberschreitender Verkehr - Güterverkehr nach Hauptgütergruppen[1] - Versand Seeschiffahrt

	1989	1990	1991	1992	1993	1994	1995	1996	1997	1998	1999
						in Mio. t					
Land- und forstwirtschaftliche Erzeugnisse	.	3,4	.	7,6	4,9	7,4	9,8	7,6	5,4	7,0	8,9
Nahrungs- und Futtermittel	.	5,7	.	6,8	6,4	6,4	6,2	5,6	6,4	6,6	6,1
Kohle	.	0,8	.	0,3	0,2	0,2	0,2	0,2	0,3	0,1	0,2
Rohes Erdöl	.	0,2	.	0,4	0,1	1,1	0,9	1,9	3,5	1,5	1,9
Mineralölerzeugnisse	.	2,4	.	5,5	7,1	7,6	7,7	7,8	6,5	9,1	8,9
Erze und Metallabfälle	.	0,7	.	1,8	2,7	3,0	2,5	2,5	2,4	1,7	1,8
Eisen, Stahl und NE-Metalle	.	5,9	.	4,7	5,0	5,6	4,9	5,9	5,4	4,5	3,7
Steine und Erden	.	1,6	.	1,9	1,7	1,8	1,8	1,9	2,0	2,1	2,3
Düngemittel	.	2,5	.	4,4	4,1	4,5	4,5	4,5	4,5	4,3	3,9
Chemische Erzeugnisse	.	7,7	.	7,7	7,8	8,2	8,5	8,1	8,2	8,2	7,7
Fahrzeuge, Maschinen, Halb- und Fertigwaren[2]	.	13,6	.	14,4	17,5	19,2	21,5	23,2	24,5	23,9	28,4
Insgesamt	46,7	44,5	48,5	55,5	57,5	65,0	68,4	69,1	69,1	69,1	73,9
						in vH					
Land- und forstwirtschaftliche Erzeugnisse	.	7,6	.	13,7	8,5	11,5	14,3	11,0	7,9	10,1	12,0
Nahrungs- und Futtermittel	.	12,9	.	12,2	11,0	9,9	9,0	8,0	9,3	9,5	8,3
Kohle	.	1,7	.	0,5	0,3	0,2	0,3	0,3	0,4	0,1	0,3
Rohes Erdöl	.	0,4	.	0,7	0,2	1,7	1,4	2,7	5,0	2,2	2,5
Mineralölerzeugnisse	.	5,4	.	9,9	12,4	11,7	11,3	11,2	9,4	13,2	12,1
Erze und Metallabfälle	.	1,6	.	3,3	4,7	4,6	3,6	3,6	3,4	2,4	2,4
Eisen, Stahl und NE-Metalle	.	13,2	.	8,4	8,8	8,6	7,1	8,5	7,8	6,6	5,0
Steine und Erden	.	3,7	.	3,4	3,0	2,8	2,6	2,8	3,0	3,1	3,2
Düngemittel	.	5,6	.	8,0	7,2	6,9	6,6	6,6	6,5	6,2	5,3
Chemische Erzeugnisse	.	17,4	.	13,9	13,6	12,6	12,4	11,8	11,9	11,9	10,5
Fahrzeuge, Maschinen, Halb- und Fertigwaren[2]	.	30,5	.	26,0	30,4	29,6	31,4	33,5	35,4	34,6	38,4
Insgesamt	100	100	100	100	100	100	100	100	100	100	100

[1] Ohne Eigengewichte der Container, Trailer, Trägerschiffsleichter.- [2] Einschl. besondere Transportgüter. Stückgut, einschl. in Container verladene Güter, wird vollständig der Gütergruppe ‚Fahrzeuge, Maschinen, Halb- und Fertigwaren' zugeordnet.

Grenzüberschreitender Verkehr - Güterverkehr nach Hauptgütergruppen[1] - Empfang
Seeschiffahrt

	1989	1990	1991	1992	1993	1994	1995	1996	1997	1998	1999
						in Mio. t					
Land- und forstwirtschaftliche Erzeugnisse	.	6,1	.	6,1	5,7	6,1	5,7	5,6	5,7	5,7	6,2
Nahrungs- und Futtermittel	.	10,4	.	10,6	10,3	9,9	9,6	9,8	10,4	10,3	9,4
Kohle	.	4,6	.	5,0	4,9	5,9	6,3	6,7	7,4	8,1	8,6
Rohes Erdöl	.	21,3	.	31,4	31,8	33,0	32,2	34,2	33,7	41,0	35,3
Mineralölerzeugnisse	.	11,9	.	12,9	13,2	11,2	10,4	11,6	13,0	10,6	9,0
Erze und Metallabfälle	.	14,3	.	12,4	12,5	14,1	16,3	14,3	16,9	16,3	16,3
Eisen, Stahl und NE-Metalle	.	2,3	.	3,6	2,5	2,3	2,3	2,0	2,2	2,6	2,7
Steine und Erden	.	4,6	.	9,7	9,4	11,5	11,3	10,6	11,6	10,5	11,0
Düngemittel	.	1,6	.	1,5	1,4	1,3	1,6	1,2	1,2	1,4	1,5
Chemische Erzeugnisse	.	5,6	.	6,1	5,8	6,0	5,6	5,7	6,2	6,3	6,2
Fahrzeuge, Maschinen, Halb- und Fertigwaren[2]	93,4	14,6	109,7	18,5	21,7	23,6	27,7	27,7	28,0	28,2	31,6
Insgesamt		97,5		117,9	119,3	124,8	128,9	129,5	136,2	140,8	137,8
						in vH					
Land- und forstwirtschaftliche Erzeugnisse	.	6,3	.	5,2	4,8	4,9	4,4	4,4	4,1	4,1	4,5
Nahrungs- und Futtermittel	.	10,7	.	9,0	8,7	7,9	7,4	7,6	7,6	7,3	6,8
Kohle	.	4,7	.	4,2	4,1	4,7	4,9	5,1	5,4	5,7	6,2
Rohes Erdöl	.	21,9	.	26,6	26,7	26,4	25,0	26,4	24,8	29,1	25,6
Mineralölerzeugnisse	.	12,2	.	11,0	11,0	9,0	8,1	9,0	9,5	7,5	6,6
Erze und Metallabfälle	.	14,6	.	10,5	10,5	11,3	12,7	11,1	12,4	11,6	11,8
Eisen, Stahl und NE-Metalle	.	2,4	.	3,0	2,1	1,8	1,8	1,6	1,6	1,8	1,9
Steine und Erden	.	4,7	.	8,3	7,9	9,2	8,7	8,2	8,5	7,5	8,0
Düngemittel	.	1,6	.	1,3	1,2	1,1	1,2	0,9	0,9	1,0	1,1
Chemische Erzeugnisse	.	5,7	.	5,2	4,9	4,8	4,4	4,4	4,6	4,5	4,5
Fahrzeuge, Maschinen, Halb- und Fertigwaren[2]	100	15,0	100	15,7	18,2	18,9	21,5	21,4	20,6	20,0	23,0
Insgesamt		100		100	100	100	100	100	100	100,0	100,0

[1] Ohne Eigengewichte der Container, Trailer, Trägerschiffsleichter.- [2] Einschl. besondere Transportgüter. Stückgut, einschl. in Container verladene Güter, wird vollständig der Gütergruppe 'Fahrzeuge, Maschinen, Halb- und Fertigwaren' zugeordnet.

B 4

Grenzüberschreitender Verkehr
Seeschiffahrt nach Fahrtgebieten - Versand

Fahrtgebiete	1975	1980	1985	1990	1991	1992	1993
				in Mio. t			
Europa	16,1	19,9	24,8	24,3	26,6	33,3	32,7
Nord- und Ostsee	15,0	18,4	23,1	22,7	.	.	.
Mittelmeer	1,1	1,5	1,7	1,6	.	.	.
Afrika	2,9	3,5	3,3	2,7	2,8	2,6	2,3
Mittelmeer	0,9	1,3	1,3	0,9	.	.	.
West- und Ostafrika	2,0	2,2	2,0	1,8	.	.	.
Amerika	4,5	4,9	7,3	6,7	7,1	8,5	9,5
Nordamerika	2,9	3,2	5,7	4,7	6,0	5,9	6,3
Mittel- und Südamerika	1,6	1,7	1,6	2,0	1,1	2,5	3,2
Asien	3,5	6,2	8,2	10,2	11,5	10,7	12,6
Nah- und Mittelost	2,4	4,7	5,0	6,1	.	.	.
Fernost	1,1	1,5	3,2	4,1	.	.	.
Australien	0,3	0,3	0,5	0,6	0,4	0,4	0,4
Insgesamt[1]	27,4	34,8	44,3	44,5	48,5	55,5	57,5
				in Mrd. tkm[2]			
Europa	19,7	26,7	32,3	30,0	29,8	37,2	36,6
Nord- und Ostsee	13,7	17,8	22,4	21,2	.	.	.
Mittelmeer	6,0	8,9	9,8	8,8	.	.	.
Afrika	23,9	28,1	26,9	23,7	23,5	21,7	19,0
Mittelmeer	4,0	6,4	6,7	4,7	.	.	.
West- und Ostafrika	19,9	21,7	20,2	19,0	.	.	.
Amerika	40,6	44,4	62,3	60,3	64,6	76,9	86,7
Nordamerika	24,4	27,0	46,7	40,2	54,4	53,7	57,0
Mittel- und Südamerika	16,2	17,4	15,6	20,1	10,2	23,3	29,8
Asien	77,0	115,0	130,6	167,9	194,0	180,8	211,9
Nah- und Mittelost	50,2	82,8	66,3	86,0	.	.	.
Fernost	26,8	32,2	64,3	82,0	.	.	.
Australien	8,0	7,2	12,6	13,4	10,6	10,5	9,9
Insgesamt[1]	169,3	221,7	265,1	295,4	322,6	327,3	364,2

[1] Einschl. nicht ermittelte Länder.- [2] Leistung vom Versand- bis zum Zielhafen.

Grenzüberschreitender Verkehr
Seeschiffahrt nach Fahrtgebieten - Versand

Fahrtgebiete	1994	1995	1996	1997	1998	1999
in Mio. t						
Europa	36,5	39,8	40,4	41,3	41,0	40,5
Nord- und Ostsee	.	.	.	.	.	.
Mittelmeer	.	.	.	.	.	.
Afrika	2,4	3,0	2,9	2,4	3,6	3,6
Mittelmeer	.	.	.	.	.	.
West- und Ostafrika	.	.	.	.	.	.
Amerika	10,4	9,4	10,3	10,3	11,7	12,5
Nordamerika	6,2	5,7	6,9	6,7	8,1	8,9
Mittel- und Südamerika	4,1	3,8	3,3	3,6	3,7	3,6
Asien	15,2	15,7	15,1	14,5	12,2	16,7
Nah- und Mittelost	.	.	.	.	.	.
Fernost	.	.	.	.	.	.
Australien	0,5	0,5	0,5	0,5	0,5	0,5
Insgesamt[1]	65,0	68,4	69,1	69,1	69,1	73,9
in Mrd. tkm[2]						
Europa	40,8	44,6	45,2	46,3	45,9	45,3
Nord- und Ostsee	.	.	.	.	.	.
Mittelmeer	.	.	.	.	.	.
Afrika	20,1	25,1	24,4	20,2	29,8	29,9
Mittelmeer	.	.	.	.	.	.
West- und Ostafrika	.	.	.	.	.	.
Amerika	94,2	85,7	93,3	93,6	106,6	113,4
Nordamerika	56,4	51,2	62,6	60,7	72,9	80,2
Mittel- und Südamerika	37,8	34,5	30,7	32,8	33,7	33,2
Asien	257,1	264,1	254,4	245,2	206,1	282,5
Nah- und Mittelost	.	.	.	.	.	.
Fernost	.	.	.	.	.	.
Australien	12,5	12,3	11,0	11,5	10,8	12,7
Insgesamt[1]	424,7	431,6	428,4	416,7	400,3	483,8

[1] Einschl. nicht ermittelte Länder.- [2] Leistung vom Versand- bis zum Zielhafen.

Grenzüberschreitender Verkehr
Seeschiffahrt nach Fahrtgebieten - Empfang

Fahrtgebiete	1975	1980	1985	1990	1991	1992	1993
				in Mio. t			
Europa	39,6	51,3	51,2	61,6	70,1	78,9	84,3
Nord- und Ostsee	37,4	49,6	49,4	59,8	.	.	.
Mittelmeer	2,2	1,7	1,8	1,8	.	.	.
Afrika	13,7	14,3	9,5	8,3	8,7	8,4	7,5
Mittelmeer	4,9	4,9	2,1	2,7	.	.	.
West- und Ostafrika	8,8	9,4	7,4	5,6	.	.	.
Amerika	24,5	26,8	20,4	18,9	21,4	21,1	18,1
Nordamerika	13,1	17,8	9,9	7,3	7,3	8,7	7,4
Mittel- und Südamerika	11,4	9,0	10,5	11,6	14,1	12,4	10,7
Asien	16,5	17,6	5,0	6,6	7,4	7,6	8,2
Nah- und Mittelost	14,9	14,7	2,4	2,7	.	.	.
Fernost	1,6	2,9	2,6	3,9	.	.	.
Australien	4,8	3,8	4,8	2,2	2,1	1,9	1,2
Insgesamt[1]	99,8	114,0	91,0	97,7	109,7	117,9	119,3
				in Mrd. tkm[2]			
Europa	47,9	61,9	59,7	65,7	78,5	88,3	94,4
Nord- und Ostsee	35,5	51,9	49,2	55,8	.	.	.
Mittelmeer	12,4	10,0	10,5	9,9	.	.	.
Afrika	102,9	110,4	80,6	71,6	72,7	70,5	62,6
Mittelmeer	21,6	24,2	10,9	14,2	.	.	.
West- und Ostafrika	81,3	86,2	69,7	57,4	.	.	.
Amerika	224,6	243,5	184,8	179,6	196,1	192,6	165,3
Nordamerika	109,6	151,1	80,4	61,8	66,2	78,7	66,4
Mittel- und Südamerika	115	92,4	104,4	117,8	129,9	113,8	98,9
Asien	338,4	340,8	83,4	118,7	125,1	128,6	139,0
Nah- und Mittelost	299,8	279,9	31,8	40,5	.	.	.
Fernost	38,6	60,9	51,7	78,2	.	.	.
Australien	111,4	86,1	111,6	53,8	48,9	44,0	28,7
Insgesamt[1]	825,1	843,6	521,3	489,5	521,2	524,0	490,0

[1] Einschl. nicht ermittelte Länder.- [2] Leistung vom Versand- bis zum Zielhafen.

Grenzüberschreitender Verkehr
Seeschiffahrt nach Fahrtgebieten - Empfang

Fahrtgebiete	1994	1995	1996	1997	1998	1999
			in Mio. t.			
Europa	89,6	91,7	92,8	94,8	97,5	94,0
Nord- und Ostsee	.	.	.	.	.	.
Mittelmeer	.	.	.	.	.	.
Afrika	8,5	7,6	8,7	9,7	10,8	11,9
Mittelmeer	.	.	.	.	.	.
West- und Ostafrika	.	.	.	.	.	.
Amerika	17,1	19,5	18,2	20,1	20,2	20,0
Nordamerika	6,7	8,5	8,1	7,8	7,8	7,0
Mittel- und Südamerika	10,4	11,0	10,1	12,2	12,5	13,0
Asien	8,1	8,4	8,5	9,5	10,1	10,1
Nah- und Mittelost	.	.	.	.	.	.
Fernost	.	.	.	.	.	.
Australien	1,6	1,7	1,2	2,1	2,1	1,8
Insgesamt[1]	124,8	128,9	129,5	136,2	140,8	137,8
			in Mrd. tkm[2]			
Europa	100,3	102,6	103,8	106,1	109,2	105,2
Nord- und Ostsee	.	.	.	.	.	.
Mittelmeer	.	.	.	.	.	.
Afrika	71,0	63,7	73,1	81,5	90,3	100,1
Mittelmeer	.	.	.	.	.	.
West- und Ostafrika	.	.	.	.	.	.
Amerika	156,0	178,3	166,5	183,2	184,9	182,6
Nordamerika	60,3	77,0	73,1	70,6	70,3	63,2
Mittel- und Südamerika	95,6	101,3	93,4	112,6	114,6	119,4
Asien	136,5	141,2	143,0	160,5	170,4	169,7
Nah- und Mittelost	.	.	.	.	.	.
Fernost	.	.	.	.	.	.
Australien	37,3	39,3	29,5	50,8	49,5	41,7
Insgesamt[1]	501,0	525,1	515,9	582,1	605,2	599,3

[1] Einschl. nicht ermittelte Länder.- [2] Leistung vom Versand- bis zum Zielhafen.

Durchgangsverkehr[1] - von Ausland zu Ausland
Güterverkehr - in Mio. t

Jahr	Insgesamt	Eisenbahnen	Straßenverkehr[2]	Binnenschiffahrt	Luftverkehr[3] (in 1 000 t)
1950	7,4	2,3	0,0	5,1	.
1955	10,1	3,3	0,1	6,7	.
1960	10,7	3,5	0,3	6,9	1
1965	13,8	4,5	1,1	8,1	11
1970	21,3	6,6	2,4	12,3	39
1975	24,3	5,6	6,6	12,0	69
1980	31,3	7,6	9,7	14,0	92
1985	34,9	8,0	14,7	12,0	113
1990	46,3	8,6	21,8	15,8	167
1991	.	.	.	14,8	163
1992	.	.	.	15,3	162
1993	.	.	.	16,0	42
1994	55,3	8,1	30,3	16,9	48
1995	60,5	8,6	32,7	19,1	43
1996	63,3	9,0	36,0	18,3	42
1997	70,8	9,2	42,2	19,3	41
1998	77,0	9,9	46,0	21,0	36
1999*	80,3	9,3	49,9	21,1	31

[1] Verkehr durch das Gebiet der Bundesrepublik. Nicht enthalten ist die Seeschiffahrt mit dem Güterverkehr, der den Nord-Ostsee-Kanal passiert, sowie dem Durchgangsverkehr mit Umladung, der im "Grenzüberschreitenden Verkehr" jeweils als Empfang und Versand enthalten ist.- [2] Ab 1994 ohne Transporte deutscher Lastkraftfahrzeuge bis 6 t zulässiges Gesamtgewicht oder 3,5 t Nutzlast. Anmerkungen zum Straßengüterverkehr siehe S. 191.- [3] Ohne Luftpost. Ab 1993 ohne Umladungen.- * Vorläufige Werte.

Durchgangsverkehr - von Ausland zu Ausland

Güterverkehr - in Mrd. tkm[1]

Jahr	Ins-gesamt	Eisen-bahnen	Straßenverkehr insg.[2]	dar.: ausl. Lkw	Binnen-schiffahrt
1950	.	.	.	.	.
1955	.	.	.	.	.
1960	.	.	.	.	.
1965	.	.	.	.	.
1970	.	.	.	.	.
1975	14,1	3,2	4,1	4,1	6,8
1980	18,2	4,4	6,0	5,8	7,8
1985	20,1	4,9	8,5	8,4	6,7
1990	27,5	5,7	13,1	11,5	8,7
1991	.	4,8	.	.	8,3
1992	.	4,5	.	.	8,5
1993	.	4,2	.	.	9,3
1994	36,9	5,8	21,0	20,5	10,1
1995	38,9	6,0	21,1	20,5	11,8
1996	42,1	6,9	23,9	23,2	11,4
1997	46,8	7,2	27,7	27,0	11,9
1998	51,1	7,7	30,3	29,6	13,1
1999*	54,9	7,3	34,1	33,5	13,4

[1] Verkehrsleistungen im Bundesgebiet. Nicht enthalten ist der Luftverkehr und die Seeschiffahrt mit dem Güterverkehr, der den Nord-Ostsee-Kanal passiert, sowie dem Durchgangsverkehr mit Umladung, der im "Grenzüberschreitenden Verkehr" jeweils als Empfang und Versand enthalten ist.- [2] Ab 1994 ohne Transporte deutscher Lastkraftfahrzeuge bis 6 t zulässiges Gesamtgewicht oder 3,5 t Nutzlast. Anmerkungen zum Straßengüterverkehr siehe s. 191.- * Zum Teil vorläufige Werte.

Personenverkehr

Der Personenverkehr wird unterschieden nach nichtmotorisiertem Verkehr (zu Fuß, mit dem Fahrrad) und motorisiertem Verkehr. Dazu gehören der öffentliche Straßenpersonenverkehr (Omnibus, Straßenbahn, U-Bahn), der Eisenbahnverkehr (einschließlich S-Bahn), der Luftverkehr und der motorisierte Individualverkehr (Pkw/ Kombi, motorisierte Zweiräder).

Für den öffentlichen Verkehr (Eisenbahn-, öffentlicher Straßenpersonen- und Luftverkehr) weist die amtliche Statistik jährlich die Zahl der beförderten Personen (Verkehrsaufkommen) und die Personenkilometer (Verkehrsleistung) nach. Entsprechende Angaben für den motorisierten Individualverkehr und den nicht motorisierten Verkehr fehlen dagegen. Für den motorisierten Individualverkehr werden vom DIW jährlich mit Hilfe einer Modellrechnung die Fahrleistungen (s. S. 156 - 159) und, abgeleitet davon, das Verkehrsaufkommen und die Verkehrsleistung im motorisierten Individualverkehr bestimmt.

Verkehrsaufkommen und -leistung im Fußgänger- und Fahrradverkehr sowie die Differenzierung des Personenverkehrs nach Fahrt- bzw. Wegezwecken werden auch vom DIW ermittelt. Diese Daten sind das Ergebnis der Aufbereitung einer Vielzahl von Angaben und Informationen aus

- der amtlichen Statistik,
- spezifischen Untersuchungen einzelner Verkehrsträger,
- Untersuchungen zu einzelnen Fahrt- bzw. Wegezwecken und Bevölkerungsgruppen,
- dem Mikrozensus (Verkehrsmittelnutzung im Berufs- und Ausbildungsverkehr),
- empirischen Erhebungen (insbesondere KONTIV 1975/ 77, 1982, KONTIV 1989, Kinder-KONTIV und SrV 91)

unter Berücksichtigung der Entwicklung gesamtwirtschaftlicher Leitdaten (z. B. Wohnbevölkerung, Erwerbstätige, Schüler, Arbeitstage, Pkw-Bestand).

Für die Differenzierung nach Fahrt- bzw. Wegezwecken werden folgende sechs Zwecke definiert:

- Der Berufsverkehr umfaßt alle Fahrten bzw. Wege zwischen Wohnung und Arbeitsstätte, bei denen Hin- und Rückfahrt oder -weg innerhalb eines Zeitraumes von 24 Stunden liegen, jedoch nicht die von der Arbeitsstätte ausgehenden beruflich bedingten Fahrten oder Wege innerhalb der Arbeitszeit. Fahrten oder Wege von Wochenendpendlern werden dem Freizeitverkehr zugeordnet

- Im Ausbildungsverkehr sind alle Fahrten oder Wege zwischen Wohnung und Schule zusammengefaßt.
- Der Geschäfts- und Dienstreiseverkehr enthält alle beruflich bedingten Fahrten oder Wege außer dem oben definierten Berufsverkehr.
- Als Einkaufsverkehr gelten alle Fahrten oder Wege, deren Zweck der Einkauf von Gütern oder der Besuch von Ärzten, Behörden, Dienstleistungsbetrieben u. ä. ist.
- Der Urlaubsverkehr ist die Summe aller Freizeitfahrten mit fünf und mehr Tagen Dauer.
- Im Freizeitverkehr sind alle übrigen Fahrten oder Wege erfaßt, die nicht den anderen definierten fünf Fahrt- bzw. Wegezwecken zuzuordnen sind, also z. B. Wochenenderholungsfahrten, Verwandten- und Bekanntenbesuche, Besuch kultureller Veranstaltungen, Fahrten oder Wege in Ausübung eines Hobbys.

Kriterium für die Zuordnung einer Fahrt oder eines Weges zu einem Zweck ist die Aktivität am Zielort. Ausgenommen von dieser Regeln sind Fahrten oder Wege, deren Ziel die eigene Wohnung ist. Hier ist die hauptsächliche Aktivität seit Verlassen der Wohnung entscheidend für die Zuordnung.

Werden für eine Fahrt / einen Weg mehrere Verkehrsmittel benutzt, erfolgt die Zurechnung nach der längsten Wegstrecke. Umsteiger zwischen ÖSPV, Bahn und Flugzeug werden hingegen bei jedem Verkehrsmittel erfaßt.

Die Eckgrößen für den Personenverkehr nach Zwecken und Verkehrsarten weichen im ÖSPV, bei den Eisenbahnen und im Luftverkehr, bedingt durch unterschiedliche Abgrenzungen, von den Übersichten auf den Seiten 214 bis 217 ab.

Bei dem seit 1994 im Auftrag des Bundesministerium für Verkehr, Bau und Wohnungswesen durchgeführten Haushaltspanel zum Verkehrsverhalten (MOP, S. 224/225) handelt es sich um eine Wiederholungsbefragung einer repräsentativen Stichprobe deutschsprachiger Haushalte. Bis zum Jahr 1998 wurde die Erhebung ausschließlich in den alten Bundesländern durchgeführt, seit 1999 umfassen die Ergebnisse auch die neuen Bundesländer. Aufgrund der Unterschiede zwischen dem Verfahren dieser Erhebung und der Ermittlung der Werte des Personenverkehrs durch das DIW ist ein Vergleich dieser Ergebnisse nur eingeschränkt möglich.

Personenverkehr - Verkehrsaufkommen - Beförderte Personen in Mio.

(bis 1955 ohne Saarland und Berlin-West)

	1950	1955	1960	1965	1970	1975	1980	1985	1990
Eisenbahnen[1]	1 470	1 553	1 400	1 165	1 053	1 081	1 167	1 134	1 172
Schienennahverkehr[2]	1 350	1 421	1 270	1 031	919	947	1 016	994	1 058
dar. Berufsverkehr[3]	794	972	844	419	338	351	365	344	344
Schülerverkehr[3]	120	132	130	222	214	250	264	231	205
Schienenfernverkehr[4]				134	134	133	152	140	114
Öffentl. Straßenpersonenverkehr[5)6]	3 815	4 991	6 156	6 056	6 170	6 732	6 745	5 808	5 878
Linienverkehr	3 794	4 947	6 092	5 993	6 096	6 641	6 636	5 731	5 797
Gelegenheitsverkehr	21	44	64	63	74	91	109	76	81
Luftverkehr	0,4	2,1	4,9	10,4	21,3	27,7	35,9	41,7	62,6
dar. Inlandverkehr	0,2	1,0	2,2	4,4	8,0	7,1	8,7	9,4	13,0
Linienverkehr	0,4	1,9	4,4	8,7	15,9	18,4	24,8	28,9	45,4
Gelegenheitsverkehr	0,0	0,2	0,5	1,7	5,4	9,3	11,1	12,8	17,2
dar. Pauschalflugreiseverkehr	.	.	.	1,0	3,6	6,8	8,7	10,3	15,5
Öffentlicher Verkehr	5 285	6 546	7 561	7 231	7 244	7 841	7 948	6 984	7 113
dar. Öffentl. Personennahverkehr[7]	5 144	6 368	7 362	7 024	7 015	7 588	7 652	6 725	6 855
Motorisierter Individualverkehr[8]	.	.	16 223	21 328	25 214	28 586	34 209	35 024	38 600
Verkehr insgesamt	.	.	23 784	28 560	32 458	36 427	42 157	42 008	45 712

[1] Schienenverkehr einschl. S-Bahnverkehr (bis 1980 ohne S-Bahnverkehr in Berlin (West); 1985: 29,5 Mio.).- [2] S-Bahnverkehr, Berufs- und Schülerverkehr sowie Verkehr im Regeltarif bis 50 km Reiseweite.- [3] Zu ermäßigten Tarifen.- [4] Verkehr zu Sondertarifen des Militärverkehrs und im Regeltarif über 50 km Reiseweite.- [5] Stadtschnellbahn- (U-Bahn-), Straßenbahn- Obus- und Kraftomnibusverkehr kommunaler, gemischtwirtschaftlicher und privater Unternehmen (ohne Verkehr der Kleinunternehmen mit weniger als 6 Kraftomnibussen) sowie Kraftomnibusverkehr der Deutschen Bundesbahn, der Deutschen Bundespost (bis 1985) und der nichtbundeseigenen Eisenbahnen, jedoch ohne Beförderungsleistung (Ein- und Durchfahrten) ausländischer Unternehmen. Ohne Mehrfachzählung durch Wechsel der Transportmittel.- [6] Ab 1970 einschl. des freigestellten Schülerverkehrs.- [7] Öffentlicher Personennahverkehr (ÖPNV) = Schienennahverkehr der Eisenbahnen und Linienverkehr im Öffentlichen Straßenpersonenverkehr.- [8] Verkehr mit Personen- und Kombinationskraftwagen, einschl. Taxi- und Mietwagenverkehr.

Personenverkehr - Verkehrsaufkommen - Beförderte Personen in Mio.

	1991	1992	1993	1994	1995	1996	1997	1998	1999**
Eisenbahnen[1]	1 519	1 551	1 579	1 596	1 900	1 977	1 980	1 919	1 943
Schienennahverkehr[1)2]	1 381	1 421	1 441	1 457	1 751	1 825	1 828	1 770	1 797
dar. Berufsverkehr[3]	427	431	480	.	.	.	.	.	.
Schülerverkehr[3]	232	261	266	.	.	.	.	.	.
Schienenfernverkehr[4]	137	130	138	139	149	151	152	149	146
Öffentl. Straßenpersonenverkehr[5)6]	7 861	7 847	7 919	7 947	7 882	7 835	7 848	7 761	7 794
Linienverkehr	7 775	7 761	7 835	7 866	7 795	7 753	7 769	7 684	7 714
Gelegenheitsverkehr	86	86	84	81	79	81	78	78	80
Luftverkehr	62,5	71,0	76,8	83,0	90,0	93,2	99,3	103,9	111,4
dar. Inlandsverkehr[7]	13,2	13,8	14,6	14,8	16,1	15,9	16,8	17,9	17,8
Linienverkehr[7]	45,3	50,1	54,3	60,7	80,6	83,3	87,6	93,6	101,1
Gelegenheitsverkehr[7]	17,2	20,9	22,5	22,3	9,5	9,9	11,7	10,3	10,3
dar. Pauschalflugreiseverkehr[7]	15,6	19,3	20,7	20,7	3,6	3,9	4,6	4,2	4,2
Öffentlicher Verkehr	9 442	9 469	9 574	9 626	9 873	9 904	9 927	9 784	9 848
dar. öffentl. Personennahverkehr[8]	9 156	9 183	9 276	9 323	9 546	9 579	9 597	9 454	9 510
Motorisierter Individualverkehr[9]*	46 774	47 572	48 338	48 641	49 640	49 756	50 108	50 698	51 416
Verkehr insgesamt	56 216	57 042	57 912	58 267	59 513	59 660	60 035	60 482	61 264

[1] Schienenverkehr einschl. S-Bahnverkehr. Ab 1994 erfolgt die Aufteilung Nah-/Fernverkehr bei der DB AG nach Zuggattungen, daher Doppelzählungen bei Umsteigern. Ab 1995 erhöhte Zahl an Umsteigern (1997: rd. 120 Mio.) durch neu- bzw. ausgegründete regionale Eisenbahnunternehmen und Neuberechnungen der Personenverkehrszahlen durch die Deutsche Bahn bzw. Statistisches Bundesamt.- [2] S-Bahnverkehr, Berufs- und Schülerverkehr sowie (bis 1993) Verkehr im Regeltarif bis 50 km Reiseweite.- [3] Zu ermäßigten Tarifen.- [4] Verkehr zu Sondertarifen des Militärverkehrs und (bis 1993) im Regeltarif über 50 km Reiseweite.- [5] Stadtschnellbahn- (U-Bahn-), Straßenbahn-, Obus- und Kraftomnibusverkehr kommunaler, gemischtwirtschaftlicher und privater Unternehmen (ohne Verkehr der Kleinunternehmen mit weniger als 6 Kraftomnibussen) sowie der nicht-bundeseigenen Eisenbahnen, jedoch ohne Beförderungsleistung (Ein- und Durchfahrten) ausländischer Unternehmer. Ohne Mehrfachzählungen durch Wechsel der Transportmittel.- [6] Einschl. des freigestellten Schülerverkehrs.- [7] Ab 1995 Linienflugverkehr einschl. des Pauschalreiseflugverkehrs auf dem Gebiet der EU.- [8] Öffentlicher Personennahverkehr (ÖPNV) = Schienennahverkehr der Eisenbahnen und Linienverkehr im Öffentlichen Straßenpersonenverkehr.- [9] Verkehr mit Personen- und Kombinationskraftwagen, einschl. Taxi- und Mietwagenverkehr.- * 1994 pauschale Anpassung an die Fahrleistungsrevision.- **Zum Teil vorläufige Werte.

B 5

Personenverkehr - Verkehrsleistung[1] - Personenkilometer in Mrd.

(bis 1955 ohne Saarland und Berlin-West)	1950	1955	1960	1965	1970	1975	1980	1985	1990
Eisenbahnen[2]	31,9	37,4	41,0	40,6	39,2	39,2	41,0	43,5	44,6
Schienennahverkehr[4]	19,1	20,5	19,3	16,6	15,6	16,1	14,7	15,7	17,2
dar. Berufsverkehr[5]				6,8	5,7	6,3	6,0	5,8	6,3
Schülerverkehr[5]	10,6	14,1	13,2	3,3	3,2	3,9	3,8	3,5	2,9
Schienenfernverkehr[6]	12,8	16,9	21,7	24,1	23,6	23,1	26,4	27,7	27,4
Öffentl. Straßenpersonenverkehr[7][8]	24,6	35,4	48,5	51,2	58,4	67,7	74,1	62,3	65,0
Linienverkehr	21,5	30,7	38,1	40,2	45,1	50,6	50,8	42,0	40,9
Gelegenheitsverkehr	3,1	4,7	10,4	11,0	13,3	17,1	23,3	20,3	24,0
Luftverkehr	0,1	0,6	1,6	3,3	6,6	8,4	11,0	12,7	18,4
dar. Inlandsverkehr	0,1	0,4	0,9	1,8	3,3	3,2	4,0	4,5	6,0
Linienverkehr	0,1	0,6	1,5	2,9	5,1	5,9	7,9	9,2	13,6
Gelegenheitsverkehr	0,0	0,0	0,1	0,4	1,5	2,5	3,1	3,5	4,8
Öffentlicher Verkehr	56,6	73,4	91,1	95,1	104,2	115,3	126,1	118,5	127,9
dar. Öffentl. Personennahverkehr[9]	40,6	51,2	57,4	56,8	60,7	66,7	65,5	57,8	58,1
Motorisierter Individualverkehr[10]		.	170,9	288,8	379,5	441,1	477,4	495,1	601,8
Verkehr insgesamt	.	.	262,0	383,9	483,7	556,4	603,5	613,5	729,7

[1] Im Bundesgebiet.- [2] Schienenverkehr einschl. S-Bahnverkehr (bis 1980 ohne S-Bahn Berlin (West); 1985 = 246 Mio. Pkm).- [3] Ab 1994 erfolgt die Aufteilung Nah-/Fernverkehr bei der DB AG nach Zuggattungen.- [4] S-Bahnverkehr, Berufs- und Schülerverkehr sowie (bis 1993) Verkehr im Regeltarif bis zu 50 km Reiseweite.- Ab 1995 Neuberechnungen der Personenverkehrszahlen durch die Deutsche Bahn bzw. Statistisches Bundesamt. [5] Zu ermäßigten Tarifen.- [6] Verkehr zu Sondertarifen des Militärverkehrs und (bis 1993) im Regeltarif über 50 km Reiseweite.- [7] Stadtschnellbahn- (U-Bahn), Straßenbahn-, Obus- und Kraftomnibusverkehr kommunaler, gemischtwirtschaftlicher und privater Unternehmen (seit 1985 ohne Verkehr der Kleinunternehmen mit weniger als 6 Kraftomnibussen) sowie Kraftomnibusverkehr der Deutschen Bundesbahn (bis 1990), der Deutschen Bundespost (bis 1985) und der nichtbundeseigenen Eisenbahnen, jedoch ohne Beförderungsleistung (Ein- und Durchfahrten ausländischer Unternehmen.- Weitere Anmerkungen siehe folgende Seite.

Personenverkehr - Verkehrsleistung[1] - Personenkilometer in Mrd.

	1991	1992	1993	1994	1995	1996	1997	1998	1999**
Eisenbahnen[2]	57,0	57,2	58,7	66,4	75,0	76,0	73,9	72,4	73,6
Schienennahverkehr[3)4]	23,3	24,6	25,0	31,5	38,7	40,4	39,1	38,1	39,0
dar. Berufsverkehr[5]	7,8	8,4	9,6	.	.	.	.	.	.
Schülerverkehr[5]	3,5	3,9	4,3	.	.	.	.	.	.
Schienenfernverkehr[3)6]	33,7	32,6	33,7	34,8	36,3	35,6	34,9	34,3	34,6
Öffentl. Straßenpersonenverkehr[7)8]	81,6	80,4	79,6	77,4	77,0	76,7	76,2	75,7	76,2
Linienverkehr	54,0	53,2	53,0	52,2	52,0	51,9	52,2	51,3	51,3
Gelegenheitsverkehr	27,7	27,2	26,6	25,2	25,0	24,7	24,0	24,4	24,9
Luftverkehr[11]	22,6	25,6	27,7	30,0	32,5	33,6	35,8	37,5	39,9
dar. Inlandsverkehr	5,8	6,2	6,6	6,7	7,3	7,2	7,8	8,5	8,9
Linienverkehr[12]	.	.	.	.	.	.	.	33,4	36,0
Gelegenheitsverkehr[12]	.	.	.	.	.	.	.	4,1	3,9
Öffentlicher Verkehr	161,2	163,3	166,1	173,7	184,4	186,3	186,0	185,6	189,7
dar. Öffentl. Personennahverkehr[9]	77,3	77,8	78,1	83,7	90,7	92,3	91,3	89,4	90,3
Motorisierter Individualverkehr[10]*	713,5	731,5	740,8	732,4	742,9	744,3	749,7	755,7	765,9
Verkehr insgesamt	874,7	894,8	906,9	906,1	927,3	930,6	935,7	941,3	955,5

Beginn der Anmerkungen siehe vorige Seite.- [8] Ab 1970 einschl. des freigestellten Schülerverkehrs.- [9] Öffentlicher Personennahverkehr (ÖPNV) = Schienennahverkehr, Eisenbahnen und Linienverkehr im Öffentlichen Straßenpersonenverkehr.- [10] Verkehr mit Personen- und Kombinationskraftwagen, Krafträdern und Mopeds; einschl. Taxi- und Mietwagenverkehr.- [11] Ab 1991 neue Kilometrierung im Luftverkehr (Kilometrierung 1998), vom Statistischen Bundesamt 1991 zurückgerechnet.- [12] Ab 1998 Linienverkehr einschl. Pauschalreiseflugverkehr auf dem Gebiet der EU.- * 1994 pauschale Anpassung an die Fahrleistungsrevision.- **Zum Teil vorläufige Werte.

Personenverkehr - Anteile der Verkehrsbereiche - in vH

(bis 1955 ohne Saarland und Berlin-West)	1950	1955	1960	1965	1970	1975	1980	1985	1990
Verkehrsaufkommen[1]									
Eisenbahnen	.	.	5,9	4,1	3,2	3,0	2,8	2,7	2,6
Öffentl. Straßenpersonenverkehr	.	.	25,9	21,2	19,0	18,5	16,0	13,8	12,9
Luftverkehr	.	.	0,0	0,0	0,1	0,1	0,1	0,1	0,1
Öffentlicher Verkehr	.	.	31,8	25,3	22,3	21,5	18,9	16,6	15,6
dar. Öffentl. Personennahverkehr	.	.	31,0	24,6	21,6	20,8	18,2	16,0	15,0
Motorisierter Individualverkehr	.	.	68,2	74,7	77,7	78,5	81,1	83,4	84,4
Verkehr insgesamt	100	100	100	100	100	100	100	100	100
Verkehrsleistung[1]									
Eisenbahnen	.	.	15,6	10,6	8,1	7,0	6,8	7,1	6,1
Öffentl. Straßenpersonenverkehr	.	.	18,5	13,3	12,1	12,2	12,3	10,2	8,9
Luftverkehr	.	.	0,6	0,9	1,4	1,5	1,8	2,1	2,5
Öffentlicher Verkehr	.	.	34,8	24,8	21,5	20,7	20,9	19,3	17,6
dar. Öffentl. Personennahverkehr	.	.	21,9	14,8	12,6	12,0	10,9	9,4	8,0
Motorisierter Individualverkehr	.	.	65,2	75,2	78,5	79,3	79,1	80,7	82,4
Verkehr insgesamt	100	100	100	100	100	100	100	100	100

[1] Anmerkungen siehe Seiten 212, 214, 216.

Personenverkehr - Anteile der Verkehrsbereiche - in vH

	1991	1992	1993	1994	1995	1996	1997	1998	1999*
Verkehrsaufkommen[1]									
Eisenbahnen	2,7	2,7	2,7	2,7	3,2	3,3	3,3	3,2	3,2
Öffentl. Straßenpersonenverkehr	14,0	13,8	13,7	13,6	13,2	13,1	13,1	12,8	12,7
Luftverkehr	0,1	0,1	0,1	0,1	0,2	0,2	0,2	0,2	0,2
Öffentlicher Verkehr	16,8	16,6	16,5	16,5	16,6	16,6	16,5	16,2	16,1
dar. Öffentl. Personennahverkehr	16,3	16,1	16,0	16,0	16,0	16,1	16,0	15,6	15,5
Motorisierter Individualverkehr	83,2	83,4	83,5	83,5	83,4	83,4	83,5	83,8	83,9
Verkehr insgesamt	100	100	100	100	100	100	100	100	100
Verkehrsleistung[1]									
Eisenbahnen	6,5	6,4	6,5	7,3	8,1	8,2	7,9	7,7	7,7
Öffentl. Straßenpersonenverkehr	9,3	9,0	8,8	8,5	8,3	8,2	8,1	8,0	8,0
Luftverkehr	2,6	2,9	3,1	3,3	3,5	3,6	3,8	4,0	4,2
Öffentlicher Verkehr	18,4	18,2	18,3	19,2	19,9	20,0	19,9	19,7	19,8
dar. Öffentl. Personennahverkehr	8,8	8,7	8,6	9,2	9,8	9,9	9,8	9,5	9,5
Motorisierter Individualverkehr	81,6	81,8	81,7	80,8	80,1	80,0	80,1	80,3	80,2
Verkehr insgesamt	100	100	100	100	100	100	100	100	100

[1] Anmerkungen siehe Seiten 212/213, 215-217.- * Zum Teil vorläufige Werte.

B 5

Personenverkehr - Verkehrsaufkommen - Bef. Personen
Anteile der Verkehrsbereiche an den Zwecken[1] - in vH

	1976	1983	1990	1992	1994	1996	1998
Beruf							
Fußwege	18,9	14,7	12,1	12,1	11,5	11,1	11,0
Fahrradverkehr	7,6	9,0	9,1	10,1	9,2	9,0	8,9
ÖSPV[2]	13,0	11,0	10,0	10,5	10,0	9,4	8,9
Eisenbahnverkehr[3]	3,5	3,2	3,3	3,5	3,8	3,9	3,8
MIV[4]	57,0	62,1	65,6	63,9	65,6	66,6	67,4
Luftverkehr[5]	-	-	-	-	-	-	-
Ausbildung							
Fußwege	35,4	26,6	27,3	27,7	27,1	27,1	26,1
Fahrradverkehr	16,5	19,7	18,3	19,2	18,5	18,5	18,5
ÖSPV[2]	31,1	31,1	30,4	30,7	31,7	31,5	32,1
Eisenbahnverkehr[3]	3,2	4,3	4,3	4,1	4,7	4,6	4,7
MIV[4]	13,8	18,4	19,7	18,2	18,1	18,3	18,7
Luftverkehr[5]	-	-	-	-	-	-	-
Geschäfts- und Dienstreise							
Fußwege	4,9	4,3	4,0	4,0	3,9	3,9	3,8
Fahrradverkehr	1,4	1,9	1,6	1,7	1,7	1,7	1,7
ÖSPV[2]	1,4	2,4	2,3	2,4	2,4	2,4	2,3
Eisenbahnverkehr[3]	0,6	0,8	1,0	1,0	1,1	1,3	1,2
MIV[4]	91,4	90,2	90,6	90,5	90,5	90,3	90,6
Luftverkehr[5]	0,3	0,3	0,5	0,4	0,3	0,4	0,5
Einkauf							
Fußwege	49,2	39,8	39,0	39,4	38,6	38,3	37,7
Fahrradverkehr	8,9	11,8	10,4	10,7	10,4	10,3	10,3
ÖSPV[2]	7,9	9,2	8,5	8,8	8,7	8,5	8,3
Eisenbahnverkehr[3]	0,6	1,0	0,9	1,0	1,1	1,1	1,1
MIV[4]	33,4	38,2	41,2	40,2	41,3	41,9	42,6
Luftverkehr[5]	-	-	-	-	-	-	-
Freizeit							
Fußwege	36,9	32,9	32,5	33,1	32,6	32,3	32,1
Fahrradverkehr	8,8	10,9	9,5	9,9	9,8	9,8	9,8
ÖSPV[2]	5,1	5,2	4,9	5,2	5,1	4,9	4,9
Eisenbahnverkehr[3]	0,9	0,9	0,9	1,0	1,0	1,2	1,1
MIV[4]	48,3	49,9	52,1	50,9	51,6	51,8	52,1
Luftverkehr[5]	0,0	0,0	0,0	0,0	0,0	0,0	0,0
Urlaub							
Fußwege	-	-	-	-	-	-	-
Fahrradverkehr	1,2	0,1	0,4	0,5	0,4	0,4	0,4
ÖSPV[2]	6,0	8,9	7,6	10,1	10,1	8,9	8,9
Eisenbahnverkehr[3]	16,0	12,8	8,4	8,0	8,4	7,4	7,1
MIV[4]	63,7	61,0	59,8	57,9	54,1	53,2	51,3
Luftverkehr[5]	13,1	17,3	23,8	23,5	27,0	30,0	32,3

[1] Berechnungen des DIW. Definitionen der Fahrtzwecke siehe Seiten 212/213.- [2] Öffentlicher Straßenpersonenverkehr einschl. Aufkommen der Kleinunternehmen mit weniger als 6 Bussen und der ausländischen Unternehmen.- [3] Einschl. S-Bahn.- [4] Motorisierter Individualverkehr (Pkw und motorisierte Zweiräder).- [5] Ohne Doppelzählungen im innerdeutschen Verkehr.

Personenverkehr - Verkehrsleistung - Personen-km
Anteile der Verkehrsbereiche an den Zwecken[1] - in vH

	1976	1983	1990	1992	1994	1996	1998
Beruf							
Fußwege	2,1	1,6	1,1	1,1	1,1	1,0	1,0
Fahrradverkehr	2,1	2,4	2,1	2,4	2,2	2,0	2,0
ÖSPV[2]	15,7	14,2	11,9	11,6	10,5	9,9	9,7
Eisenbahnverkehr[3]	9,6	8,4	8,3	8,6	11,5	11,5	10,8
MIV[4]	70,5	73,5	76,6	76,2	74,7	75,6	76,5
Luftverkehr	-	-	-	-	-	-	-
Ausbildung							
Fußwege	7,0	4,1	4,0	4,5	4,3	4,3	4,1
Fahrradverkehr	6,8	7,2	6,3	7,3	6,9	6,8	6,7
ÖSPV[2]	49,9	39,7	40,0	41,0	38,7	38,5	39,0
Eisenbahnverkehr[3]	11,4	14,3	14,4	13,9	18,7	18,0	17,2
MIV[4]	24,9	34,7	35,3	33,3	31,5	32,4	33,0
Luftverkehr	-	-	-	-	-	-	-
Geschäfts- und Dienstreise							
Fußwege	0,3	0,3	0,2	0,2	0,2	0,2	0,2
Fahrradverkehr	0,2	0,3	0,2	0,2	0,2	0,2	0,2
ÖSPV[2]	2,0	2,6	2,2	2,2	2,2	2,1	1,9
Eisenbahnverkehr[3]	2,1	3,1	3,7	3,9	4,6	5,1	4,8
MIV[4]	88,8	87,3	86,1	86,3	85,7	83,7	83,3
Luftverkehr	6,6	6,4	7,6	7,2	7,1	8,7	9,6
Einkauf							
Fußwege	11,4	8,6	7,8	8,2	8,0	7,9	7,7
Fahrradverkehr	4,1	4,9	4,0	4,1	4,0	3,9	3,9
ÖSPV[2]	14,6	14,7	13,7	13,3	12,4	11,9	11,8
Eisenbahnverkehr[3]	3,2	5,0	3,8	4,2	5,6	5,7	5,3
MIV[4]	66,8	66,8	70,7	70,2	69,9	70,5	71,3
Luftverkehr	-	-	-	-	-	-	-
Freizeit							
Fußwege	5,0	4,4	4,0	4,3	4,3	4,2	4,2
Fahrradverkehr	2,2	3,4	2,7	2,9	2,9	2,9	2,9
ÖSPV[2]	7,0	7,4	7,1	7,0	6,6	6,3	6,0
Eisenbahnverkehr[3]	5,3	4,4	4,5	5,0	5,6	6,3	5,9
MIV[4]	80,3	80,3	81,5	80,7	80,5	80,1	80,8
Luftverkehr	0,2	0,2	0,2	0,2	0,2	0,2	0,3
Urlaub							
Fußwege	-	-	-	-	-	-	-
Fahrradverkehr	0,2	0,0	0,0	0,1	0,1	0,1	0,1
ÖSPV[2]	3,9	5,8	5,0	6,4	6,4	5,8	5,7
Eisenbahnverkehr[3]	13,9	11,3	7,5	6,9	7,3	6,3	6,2
MIV[4]	73,4	71,5	71,0	66,7	62,8	61,6	59,7
Luftverkehr	8,6	11,4	16,5	20,0	23,4	26,3	28,3

B 5

[1] Berechnungen des DIW. Definitionen der Fahrtzwecke siehe Seiten 212/213.- [2] Öffentlicher Straßenpersonenverkehr einschl. Aufkommen der Kleinunternehmen mit weniger als 6 Bussen.- [3] Einschl. S-Bahn.- [4] Motorisierter Individualverkehr (Pkw und motorisierte Zweiräder).

Personenverkehr - Verkehrsaufkommen - Bef. Personen
in Mio. - Verkehrsbereiche nach Zwecken[1)]

	1976	1983	1990	1992	1994	1996	1998
				Fußwege			
Beruf	2 561	1 967	1 757	2 202	2 058	1 975	1 986
Ausbildung	2 218	1 500	1 391	1 842	1 903	1 946	1 896
Geschäft[2)]	255	242	253	315	317	309	311
Einkauf	9 625	7 439	7 578	9 631	9 606	9 592	9 462
Freizeit	9 471	8 441	8 908	11 516	11 575	11 700	11 658
Urlaub	-	-	-	-	-	-	-
				Fahrradverkehr			
Beruf	1 028	1 203	1 322	1 838	1 662	1 604	1 603
Ausbildung	1 031	1 110	932	1 280	1 296	1 326	1 341
Geschäft[2)]	74	105	102	130	134	134	137
Einkauf	1 737	2 208	2 026	2 603	2 584	2 580	2 596
Freizeit	2 248	2 803	2 606	3 439	3 476	3 543	3 571
Urlaub	1	0	0	1	1	1	1
				Öffentlicher Straßenpersonenverkehr[3)]			
Beruf	1 768	1 471	1 453	1 918	1 789	1 680	1 614
Ausbildung	1 946	1 752	1 550	2 047	2 221	2 263	2 329
Geschäft[2)]	76	136	147	187	194	195	189
Einkauf	1 552	1 729	1 641	2 139	2 160	2 124	2 083
Freizeit	1 319	1 344	1 344	1 800	1 796	1 788	1 764
Urlaub	5	9	10	17	19	16	16
				Eisenbahnverkehr[4)]			
Beruf	471	431	476	631	682	700	683
Ausbildung	201	241	221	275	328	329	338
Geschäft[2)]	33	46	62	82	90	105	101
Einkauf	121	179	168	241	267	280	264
Freizeit	225	235	246	336	367	431	400
Urlaub	14	13	11	13	16	13	13
				Motorisierter Individualverkehr[5)]			
Beruf	7 738	8 309	9 552	11 649	11 782	11 882	12 163
Ausbildung	864	1 037	1 003	1 215	1 270	1 315	1 357
Geschäft[2)]	4 801	5 019	5 706	7 093	7 299	7 236	7 476
Einkauf	6 532	7 139	8 000	9 807	10 292	10 495	10 685
Freizeit	12 407	12 797	14 262	17 712	18 343	18 734	18 923
Urlaub	55	61	75	96	103	94	93
				Luftverkehr[6)]			
Beruf	-	-	-	-	-	-	-
Ausbildung	-	-	-	-	-	-	-
Geschäft[2)]	15	16	29	29	28	35	40
Einkauf	-	-	-	-	-	-	-
Freizeit	2	1	2	2	2	2	3
Urlaub	11	17	30	39	51	53	59

[1)] Berechnungen des DIW. Definitionen der Fahrtzwecke siehe Seiten 212/213.- [2)] Geschäfts- und Dienstreiseverkehr.- [3)] Einschl. Aufkommen der Kleinunternehmen mit weniger als 6 Bussen und der ausländischen Unternehmen.- [4)] Einschl. S-Bahn.- [5)] Pkw und motorisierte Zweiräder.- [6)] Ohne Doppelzählungen im innerdeutschen Luftverkehr.

Personenverkehr - Verkehrsleistung - Personen-km
in Mrd. - Verkehrsbereiche nach Zwecken[1]

	1976	1983	1990	1992	1994	1996	1998
Fußwege							
Beruf	2,6	2,0	1,8	2,3	2,1	2,0	2,0
Ausbildung	2,4	1,6	1,5	2,0	2,0	2,1	2,0
Geschäft[2]	0,2	0,3	0,3	0,3	0,3	0,3	0,3
Einkauf	8,0	6,9	7,1	9,0	9,0	9,0	8,9
Freizeit	12,9	11,8	12,7	16,4	16,6	16,8	16,8
Urlaub	-	-	-	-	-	-	-
Fahrradverkehr							
Beruf	2,6	3,1	3,4	4,7	4,2	4,1	4,0
Ausbildung	2,3	2,8	2,4	3,2	3,3	3,3	3,4
Geschäft[2]	0,2	0,2	0,2	0,3	0,3	0,3	0,3
Einkauf	2,8	3,9	3,6	4,5	4,5	4,5	4,5
Freizeit	5,6	9,1	8,5	11,0	11,3	11,5	11,6
Urlaub	0,1	0,0	0,0	0,0	0,0	0,0	0,0
Öffentlicher Straßenpersonenverkehr[3]							
Beruf	19,4	18,4	19,6	23,1	20,6	19,7	19,4
Ausbildung	16,9	15,3	15,0	18,2	18,4	18,7	19,5
Geschäft[2]	1,6	2,3	2,8	3,4	3,3	3,3	3,1
Einkauf	10,2	11,8	12,3	14,6	13,9	13,7	13,6
Freizeit	18,0	20,0	22,3	26,9	25,6	25,5	24,3
Urlaub	1,4	2,4	2,6	4,5	5,1	4,3	4,3
Eisenbahnverkehr[4]							
Beruf	11,9	10,9	13,6	17,2	22,6	22,8	21,7
Ausbildung	3,8	5,5	5,4	6,2	8,8	8,7	8,6
Geschäft[2]	1,7	2,7	4,6	5,9	6,8	7,9	7,6
Einkauf	2,2	4,1	3,4	4,6	6,3	6,5	6,1
Freizeit	13,6	11,8	14,1	19,1	21,9	25,4	23,7
Urlaub	5,1	4,7	3,9	4,9	5,9	4,7	4,7
Motorisierter Individualverkehr[5]							
Beruf	87,2	95,5	126,3	151,6	146,5	150,5	153,4
Ausbildung	8,4	13,4	13,2	14,8	14,9	15,8	16,6
Geschäft[2]	70,9	77,8	106,2	130,9	127,8	128,8	132,3
Einkauf	46,7	53,7	63,6	77,2	78,3	80,7	82,4
Freizeit	205,7	217,4	255,5	310,1	313,4	322,8	325,9
Urlaub	27,1	30,0	37,0	46,9	50,3	45,8	45,1
Luftverkehr							
Beruf	-	-	-	-	-	-	-
Ausbildung	-	-	-	-	-	-	-
Geschäft[2]	5,3	5,7	9,3	10,9	10,6	13,4	15,2
Einkauf	-	-	-	-	-	-	-
Freizeit	0,5	0,5	0,6	0,7	0,8	0,9	1,1
Urlaub	3,2	4,8	8,6	14,1	18,7	19,5	21,4

[1] Berechnungen des DIW. Definitionen der Fahrtzwecke siehe Seiten 212/213.- [2] Geschäfts- und Dienstreiseverkehr.- [3] Einschl. Aufkommen der Kleinunternehmen mit weniger als 6 Bussen.- [4] Einschl. S-Bahn.- [5] Pkw und motorisierte Zweiräder.

Haushaltspanel zum Verkehrsverhalten[1]

	Befragte Personen[2] - Anzahl				Pkw-Verfügbarkeit[3)4)] - in vH				Verkehrsbeteiligung[3)5)] - in vH			
	1996	1997	1998	1999	1996	1997	1998	1999	1996	1997	1998	1999
alle Personen	1 487	1 523	1 500	1 887	72,9	73,0	75,8	73,6	92,9	92,0	91,4	92,3
nach Geschlecht												
männlich	718	746	726	914	82,4	80,1	85,1	82,9	94,0	92,6	92,5	93,1
weiblich	769	777	774	973	64,4	66,6	67,5	65,0	91,8	91,4	90,5	91,5
nach Altersklassen												
10 - 17	158	156	168	161	-	-	-	-	91,1	93,1	90,8	91,9
18 - 35	430	368	295	354	80,5	78,1	83,3	81,0	95,6	92,4	93,2	93,9
36 - 59	589	669	663	824	84,8	82,2	85,8	82,4	94,9	93,1	93,0	93,9
>=60	310	330	374	548	47,8	53,1	54,8	53,9	87,6	89,3	87,7	88,7
nach Berufstätigkeit												
voll berufstätig	563	566	488	658	.	.	.	.	95,8	94,6	94,6	94,6
teilweise berufstätig	202	213	179	230	.	.	.	.	93,7	92,5	92,5	94,6
in Ausbildung	235	225	232	245	.	.	.	.	93,6	93,2	93,2	92,5
Hausfrau/-mann, arbeitslos	217	219	247	243	.	.	.	.	91,0	87,4	87,4	89,9
Rentner	265	291	345	499	.	.	.	.	88,6	90,3	90,3	89,2
keine Angabe	5	9	9	12	.	.	.	.	.	.	.	92,0

[1] Laufende Statistik des Haushaltspanels zum Verkehrsverhalten (MOP). Institut für Verkehrswesen Universität Karlsruhe im Auftrag des Bundesministeriums für Verkehr, Bau und Wohnungswesen (seit 1994). Ergebnisse bis einschl. 1998 beziehen sich Westdeutschland, ab 1999 auf Gesamtdeutschland.- [2] Personen ab 10 Jahre.- [3] Ergebnisse sozio-demographisch gewichtet.- [4] Führerscheinbesitz und Pkw im Haushalt. Personen ab 18 Jahre.- [5] Alle Personen, alle Tage.

Haushaltspanel zum Verkehrsverhalten[1]

	Wege[2] - Anzahl				Reisezeitdauer[2] - in Minuten				Wegstrecke[2] - in km			
	1996	1997	1998	1999	1996	1997	1998	1999	1996	1997	1998	1999
alle Personen	3,5	3,6	3,6	3,5	81,4	82,0	81,2	83,9	39,6	40,4	39,9	38,8
nach Geschlecht												
männlich	3,6	3,8	3,7	3,6	89,7	91,5	88,9	87,9	47,9	47,7	50,0	46,6
weiblich	3,3	3,5	3,5	3,5	73,8	73,3	74,2	80,3	32,0	31,8	30,6	31,4
nach Altersklassen												
10 - 17	3,3	3,4	3,4	3,3	63,2	69,4	70,0	75,7	24,1	25,5	23,8	24,9
18 - 35	4,0	4,2	4,2	3,9	85,5	84,8	89,8	87,1	50,2	50,2	55,4	53,6
36 - 59	3,6	3,8	3,8	3,7	85,0	87,4	85,0	84,7	44,6	45,2	44,2	41,1
>=60	2,8	2,9	2,9	3,0	77,8	74,9	71,9	83,0	26,1	27,2	25,1	26,9
nach Berufstätigkeit												
voll berufstätig	3,8	3,9	4,0	3,7	90,2	92,0	94,2	87,7	55,6	55,6	59,7	54,4
teilweise berufstätig	3,9	4,0	4,0	4,1	80,0	80,1	76,7	84,9	36,0	38,7	35,0	39,6
in Ausbildung	3,5	3,7	3,7	3,5	73,0	76,2	77,3	82,7	32,9	33,0	33,3	33,3
Hausfrau/-mann, arbeitslos	3,3	3,5	3,5	3,5	70,9	68,5	73,7	73,6	31,7	27,7	32,4	28,4
Rentner	2,8	3,1	2,9	3,1	80,4	78,9	72,2	84,4	27,3	29,6	24,4	26,8
keine Angabe	.	.	.	2,8	.	.	.	88,3	.	.	.	23,3

[1] Laufende Statistik des Haushaltspanels zum Verkehrsverhalten (MOP), Institut für Verkehrswesen Universität Karlsruhe im Auftrag des Bundesministeriums für Verkehr, Bau und Wohnungswesen (seit 1994). Ergebnisse sozio-demographisch gewichtet. Ergebnisse bis einschl. 1998 beziehen sich auf Westdeutschland, ab 1999 auf Gesamtdeutschland.- [2] Pro Person und Tag.

Güterverkehr

Das Güterverkehrsaufkommen der Bundesrepublik Deutschland umfaßt

- die Transporte, deren Versand- und Empfangsort in der Bundesrepublik Deutschland liegen,
- die Transporte im grenzüberschreitenden Verkehr, d. h. Transporte, deren Versand- bzw. Empfangsort in der Bundesrepublik Deutschland und deren Empfangs- bzw. Versandort im Ausland liegen,
- die Transporte im Durchgangsverkehr, d. h. Transporte aus dem Ausland durch die Bundesrepublik Deutschland nach dem Ausland
- und bis einschließlich 1990 die Transporte zwischen der Bundesrepublik Deutschland (einschließlich Berlin-West) und der ehemaligen DDR (einschließlich Berlin-Ost).

Dabei handelt es sich sowohl um die Güterbeförderung mit Fahrzeugen, die in der Bundesrepublik Deutschland zugelassen bzw. registriert, als auch um die Güterbeförderung mit Fahrzeugen, die im Ausland zugelassen bzw. registriert sind.

Erfolgt der Transport im Bundesgebiet - infolge von Umladungen - in mehreren Verkehrsbereichen, so wird das Verkehrsaufkommen in jedem Verkehrsbereich, d. h. mehrfach, gezählt. Die Verkehrsleistung enthält dagegen keine Doppelzählungen, sie errechnet sich aus Gewicht und Entfernung für jeden einzelnen Verkehrsbereich.

Die Angaben zur Verkehrsleistung - Tonnenkilometer (tkm) - und zur mittleren Transportweite - km - beziehen sich, außer in der Seeschiffahrt, immer auf die im Bundesgebiet zurückgelegte Entfernung. Die Verkehrsleistungen von der Grenze zum Empfangsort im Ausland bzw. vom Herkunftsort im Ausland bis zur Grenze der Bundesrepublik Deutschland sind hier nicht nachgewiesen.

Zum Binnenländischen Verkehr zusammengefaßt werden alle Transporte, die auf den Verkehrswegen im Bundesgebiet durchgeführt werden. Ausgenommen sind der Dienstgutverkehr der Eisenbahnen, der grenzüberschreitende Straßengüternahverkehr und der Seeverkehr.

Straßengüterverkehr

1994 ist die Statistik für den Straßengüterverkehr umgestellt worden. Bis 1993 erfolgte hier - nur für den Fernverkehr - eine Auswertung der Frachtbriefe (im gewerblichen Verkehr) bzw. der "Monatsübersichten" (für den Werkverkehr). Der Straßengüternahverkehr wurde bis 1992 vom DIW geschätzt. Ab Mai 1994 wird eine Verkehrsleistungsstatistik der deutschen Lastkraftfahrzeuge durch Stichprobenerhebung erstellt. Hier wird jetzt sowohl der Fern- als auch der Nahverkehr ermittelt.

In einem Gutachten für das Bundesverkehrsministerium hat das DIW die Unterschiede in den Ergebnissen der beiden Statistiken untersucht und ist zu dem Schluß gekommen, daß die ab Mai 1994 erstellte Verkehrsleistungsstatistik deutscher Lastkraftfahrzeuge die Zielgrößen zutreffend erfaßt. Daher wurden für die Jahre 1991 bis 1993 die Eckgrößen für deutsche Lastkraftfahrzeuge in den Abgrenzungen der neuen Statistik (Lkw und Sattelzugmaschinen über 3,5 t Nutzlast bzw. 6 t zulässigem Gesamtgewicht) zurückgeschätzt, die Daten für 1994 basieren auf der Jahreshochrechnung der Ergebnisse Mai bis Dezember durch das ifo-Institut. Anders als in den bisherigen amtlichen Veröffentlichungen zur neuen Statistik werden hier, um mit der Darstellung für die anderen Güterverkehrsträger kompatibel zu sein, nur die auf das Bundesgebiet bezogenen Werte ausgewiesen, d.h. die auf das Ausland entfallenden Anteile sind nicht enthalten. Die Angaben zu

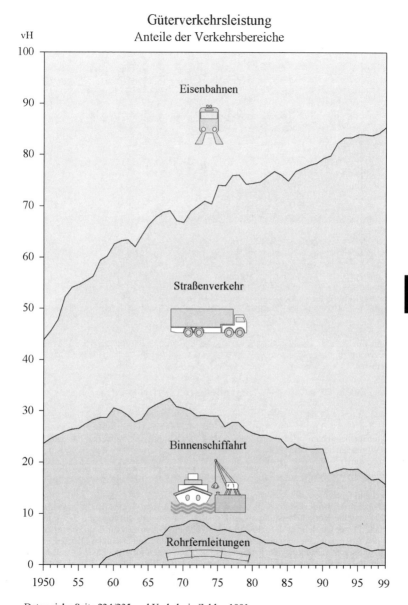

Daten siehe Seite 234/235 und Verkehr in Zahlen 1991

Güterverkehr - Verkehrsaufkommen - in Mio. t

(bis 1955 ohne Saarland und Berlin-West)

	1950	1955	1960	1965	1970	1975	1980	1985	1990
Eisenbahnen[1]	208,8	262,9	317,1	311,4	378,0	315,0	350,1	324,4	303,7
Wagenladungsverkehr	202,0	257,2	309,3	305,3	372,3	311,4	346,0	321,3	300,6
Stückgut- und Expreßgutverkehr	6,8	5,7	7,8	6,1	5,7	3,6	4,1	3,1	3,1
Binnenschiffahrt[2]	71,9	124,6	172,0	195,7	240,0	227,3	241,0	222,4	231,6
Schiffe der Bundesrepublik	45,0	80,7	103,4	116,7	137,5	122,4	126,4	105,3	102,7
Ausländische Schiffe	26,9	43,9	68,6	79,0	102,5	104,9	114,6	117,1	128,9
Straßengüterverkehr[3,4,5,6]	.	.	1 193,7	1 650,2	2 146,8	2 169,2	2 571,1	2 318,6	2 876,7
Deutsche Lastkraftfahrzeuge[4,5]	407,9	840,4	1 184,8	1 632,5	2 117,9	2 116,5	2 495,5	2 230,9	2 742,9
Gewerblicher Verkehr[5]	174,6	383,0	541,3	747,4	873,8	872,1	1 040,9	941,8	1 151,5
Gewerblicher Fernverkehr	19,6	48,0	71,3	88,4	104,8	112,3	140,9	146,8	186,5
Gewerblicher Nahverkehr[5]	155,0	335,0	470,0	659,0	769,0	760,0	900,0	795,0	965,0
Werkverkehr[4,5]	233,3	457,4	643,5	885,1	1 244,1	1 244,2	1 454,6	1 289,1	1 591,4
Werkfernverkehr[4]	13,3	22,4	23,5	34,1	41,1	79,2	99,6	119,1	146,4
Werknahverkehr[5]	220,0	435,0	620,0	851,0	1 203,0	1 165,0	1 355,0	1 170,0	1 445,0
Ausländische Lastkraftfahrzeuge[6]	.	.	8,9	17,7	28,9	52,7	76,9	89,1	133,8
Rohrfernleitungen[7]	-	-	13,3	46,3	89,2	80,3	84,0	69,2	74,1
Luftverkehr[8] (in 1 000t)	11,0	58,4	81,0	220,3	410,4	529,0	861,1	1 069,2	1 578,5
Binnenländischer Verkehr	.	.	1 696,2	2 203,8	2 854,4	2 792,3	3 247,0	2 935,6	3 487,7
ohne Nahverkehr dt. Lastkraftfahrzeuge	.	.	606,2	693,8	882,4	867,3	992,0	970,6	1 077,7
Seeschiffahrt[9]	25,7	53,2	77,2	99,3	131,9	131,4	154,0	139,0	143,8
Schiffe der Bundesrepublik	8,2	22,0	30,6	34,3	40,1	28,7	28,2	23,2	22,4
Ausländische Schiffe	17,5	31,2	46,6	65,0	91,8	102,7	125,8	115,8	121,4
nachrichtlich:									
Dienstgutverkehr der Eisenbahnen	25,5	26,3	28,2	19,3	15,0	14,7	14,7	10,6	7,0

[1] Ohne Güterkraftverkehr und Dienstgutverkehr. Bis 1975 nur Stückgutversand innerhalb des Bundesgebietes.- [2] Einschl. Seeverkehr der Binnenhäfen mit Häfen außerhalb des Bundesgebietes.- [3] Siehe Anmerkungen Seite 226.- [4] Ab 1980 ohne Transporte der im Werkfernverkehr eingesetzten Lastkraftwagen bis einschl. 4 t Nutzlast und Zugmaschinen bis einschl. 40 kW Motorleistung. Ab 1991 ohne Transporte deutscher Lastkraftfahrzeuge bis 6 t zulässiges Gesamtgewicht oder 3,5 t Nutzlast.- [5] Bis 1990 ohne grenzüberschreitenden Nahverkehr deutscher Lastkraftfahrzeuge (1990: 20 Mio. t.) und ohne freigestellten Nahverkehr nach § 4 des Güterkraftverkehrsgesetzes (GüKG) oder der hierzu erlassenen Freistellungsverordnung. Bis 1993 Berechnungen des DIW (ausser 1965 und 1970).- Weitere Anmerkungen siehe folgende Seite.

Güterverkehr - Verkehrsaufkommen - in Mio. t

	1991	1992	1993	1994	1995	1996	1997	1998	1999*
Eisenbahnen[1]	401,2	361,2	316,3	324,0	320,2	309,3	316,7	305,7	287,3
Wagenladungsverkehr	398,3	358,7	314,0	321,8	318,2	307,8	316,0	305,7	287,3
Stückgut- und Expreßgutverkehr	2,9	2,5	2,2	2,2	2,0	1,5	0,6	-	-
Binnenschiffahrt[2]	230,0	229,9	218,5	235,0	237,9	227,0	233,5	236,4	229,1
Schiffe der Bundesrepublik	104,5	102,9	96,3	101,6	99,9	92,7	94,1	95,7	91,8
Ausländische Schiffe	125,5	127,0	122,2	133,4	138,0	134,3	139,4	140,6	137,3
Straßengüterverkehr[3][4][5][6][7]	2 918,7	2 999,5	3 107,4	3 360,2	3 347,0	3 189,2	3 196,0	3 196,8	3 425,0
Deutsche Lastkraftfahrzeuge[4][5][6]	2 768,0	2 841,0	2 944,0	3 184,2	3 165,3	3 008,2	2 975,0	2 960,3	3 171,0
Gewerblicher Verkehr[5]	1 318,0	1 389,0	1 464,0	1 604,2	1 646,4	1 595,2	1 540,8	1 506,3	1 602,9
Gewerblicher Fernverkehr[6]	290,0	303,0	302,0	326,7	345,7	362,2	401,9	.	.
Gewerblicher Nahverkehr[5][6]	1 028,0	1 086,0	1 162,0	1 277,5	1 300,8	1 233,0	1 138,8	.	.
Werkverkehr[4][5]	1 450,0	1 452,0	1 480,0	1 580,0	1 518,8	1 413,1	1 434,2	1 454,0	1 568,1
Werkfernverkehr[4][6]	293,0	297,0	284,0	300,2	283,1	268,2	257,9	.	.
Werknahverkehr[5][6]	1 157,0	1 155,0	1 196,0	1 279,8	1 235,7	1 144,9	1 176,3	.	.
Ausländische Lastkraftfahrzeuge[7]	150,7	158,5	163,4	175,9	181,7	181,0	221,0	236,6	254,0
Rohrleitungen[8]	90,7	92,6	94,7	98,7	98,4	89,4	87,4	90,7	89,3
Luftverkehr[9] (in 1 000t)	1 560,8	1 599,8	1 680,6	1 878,4	1 992,7	2 067,4	2 184,7	2 090,6	2 190,2
Binnenländischer Verkehr	3 642,1	3 684,8	3 738,5	4 019,8	4 005,4	3 817,0	3 835,6	3 831,7	4 032,9
ohne Nahverkehr dt. Lastkraftfahrzeuge	1 457,1	1 443,8	1 380,5	1 462,5	1 468,9	1 439,1	1 520,5	.	.
Seeschiffahrt[10]	161,1	178,1	180,6	193,3	201,0	202,5	209,5	214,0	217,1
Schiffe der Bundesrepublik	26,3	27,4	26,8	29,4	27,1	25,5	25,8	24,9	27,9
Ausländische Schiffe	134,8	150,7	153,8	163,9	173,9	177,0	183,8	189,1	189,1
nachrichtlich:									
Dienstgutverkehr der Eisenbahnen	13,0	17,0	12,9	12,8	13,0	10,1	4,9	2,9	0,4

Beginn der Anmerkungen siehe vorherige Seite.- [6] Ab 1998 entfällt die institutionelle Aufteilung zwischen Nah- und Fernverkehr. Ab 1999 entfällt die Freistellung nach § 1 GüKG (unter anderem für Abfälle und lebende Tiere), so daß sich das Aufkommen v.a. im Werkverkehr erhöht.- [7] Bis 1990 einschl. Kabotage (1990: 0,6 Mio. t).- [8] Rohöl und Mineralölproduktenleitungen. Ab 1996 nur Rohöl.- [9] Fracht und Luftpost; ab 1975 einschl. Doppelzählungen im Umladeverkehr (1992: 0,2 Mio. t).- [10] Seeverkehr der Häfen des Bundesgebietes, ohne Eigengewichte der Reise- und Transportfahrzeuge, Container, Trailer, Trägerschiffsleichter. Seeverkehr der Binnenhäfen mit Häfen außerhalb der Bundesrepublik.- * Vorläufige Werte.

B 6

Güterverkehr - Anteile der Verkehrsbereiche am Verkehrsaufkommen[1] (t) - in vH

(bis 1955 ohne Saarland und Berlin-West)	1950	1955	1960	1965	1970	1975	1980	1985	1990
Binnenländischer Verkehr[2]									
- einschl. Straßengütermahverkehr -	100	100	100	100	100	100	100	100	100
Eisenbahnen	.	.	18,7	14,1	13,2	11,3	10,8	11,1	8,7
Binnenschiffahrt	.	.	10,1	8,9	8,4	8,1	7,4	7,6	6,6
Straßenverkehr	.	.	70,4	74,9	75,2	77,7	79,2	79,0	82,5
Deutsche Lastkraftfahrzeuge	.	.	69,9	74,1	74,2	75,8	76,9	76,0	78,7
Gewerblicher Verkehr	.	.	31,9	33,9	30,6	31,2	32,1	32,1	33,0
Gewerblicher Fernverkehr	.	.	4,2	4,0	3,7	4,0	4,3	5,0	5,3
Gewerblicher Nahverkehr	.	.	27,7	29,9	26,9	27,2	27,7	27,1	27,7
Werkverkehr	.	.	37,9	40,2	43,6	44,6	44,8	43,9	45,6
Werkfernverkehr	.	.	1,4	1,5	1,4	2,8	3,1	4,1	4,2
Werknahverkehr	.	.	36,6	38,6	42,2	41,7	41,7	39,9	41,4
Ausländische Lastkraftfahrzeuge	.	.	0,5	0,8	1,0	1,9	2,4	3,0	3,8
Rohrfernleitungen	-	-	0,8	2,1	3,1	2,9	2,6	2,4	2,1
Binnenländischer Verkehr									
- ohne Straßengütermahverkehr dt. Lkw -	100	100	100	100	100	100	100	100	100
Eisenbahnen	.	.	52,3	44,9	42,9	36,3	35,3	33,5	28,2
Binnenschiffahrt	.	.	28,4	28,2	27,2	26,2	24,3	22,9	21,5
Straßengüterfernverkehr dt. Lkw	.	.	15,6	17,7	16,5	22,1	24,3	27,4	30,9
Gewerblicher Fernverkehr	.	.	11,8	12,7	11,9	13,0	14,2	15,1	17,3
Werkfernverkehr	.	.	3,9	4,9	4,7	9,1	10,0	12,3	13,6
Ausländische Lastkraftfahrzeuge	.	.	1,5	2,6	3,3	6,1	7,8	9,2	12,4
Rohrfernleitungen	-	-	2,2	6,7	10,1	9,3	8,5	7,1	6,9

[1] Ohne Luftverkehr, Seeverkehr, Dienstgutverkehr der Eisenbahnen und ab 1980 ohne Transportleistung der im Werkfernverkehr eingesetzten Lastfahrzeuge bis einschl. 4 t Nutzlast und Zugmaschinen bis einschl. 40 kW Motorleistung.- [2] Ohne grenzüberschreitenden Nahverkehr deutscher Lastkraftfahrzeuge. Weitere Anmerkungen siehe Seite 228/229.

Güterverkehr - Anteile der Verkehrsbereiche am Verkehrsaufkommen[1] (t) - in vH

	1991	1992	1993	1994	1995	1996	1997	1998	1999*
Binnenländischer Verkehr[2]									
- einschl. Straßengüternahverkehr -	100	100	100	100	100	100	100	100	100,0
Eisenbahnen	11,0	9,8	8,5	8,1	8,0	8,1	8,3	8,0	7,1
Binnenschiffahrt	6,3	6,2	5,8	5,8	5,9	6,0	6,1	6,2	5,7
Straßenverkehr	80,2	81,4	83,2	83,6	83,6	83,6	83,4	83,5	85,0
Deutsche Lastkraftfahrzeuge	76,0	77,1	78,8	79,3	79,1	78,9	77,6	77,3	78,7
Gewerblicher Verkehr	36,2	37,7	39,2	39,9	41,1	41,8	40,2	39,3	39,8
Gewerblicher Fernverkehr	8,0	8,2	8,1	8,1	8,6	9,5	10,5	.	.
Gewerblicher Nahverkehr	28,2	29,5	31,1	31,8	32,5	32,3	29,7	.	.
Werkverkehr	39,8	39,4	39,6	39,3	37,9	37,0	37,4	38,0	38,9
Werkfernverkehr	8,0	8,1	7,6	7,5	7,1	7,0	6,7	.	.
Werknahverkehr	31,8	31,4	32,0	31,9	30,9	30,0	30,7	.	.
Ausländische Lastkraftfahrzeuge	4,1	4,3	4,4	4,4	4,5	4,7	5,8	6,2	6,3
Rohrfernleitungen	2,5	2,5	2,5	2,5	2,5	2,3	2,3	2,4	2,2
Binnenländischer Verkehr									
- ohne Straßengüternahverkehr dt. Lkw -	100	100	100	100	100	100	100	.	.
Eisenbahnen	27,6	25,0	22,9	22,2	21,8	21,5	20,9	.	.
Binnenschiffahrt	15,8	15,9	15,8	16,1	16,2	15,8	15,4	.	.
Straßengüterfernverkehr dt. Lkw	40,1	41,6	42,5	42,9	42,9	43,9	43,5	.	.
Gewerblicher Fernverkehr	19,9	21,0	21,9	22,4	23,6	25,2	26,5	.	.
Werkfernverkehr	20,1	20,6	20,6	20,6	19,3	18,7	17,0	.	.
Ausländische Lastkraftfahrzeuge	10,4	11,0	11,9	12,0	12,4	12,6	14,6	.	.
Rohrfernleitungen	6,2	6,4	6,9	6,8	6,7	6,2	5,8	.	.

[1] Ohne Luftverkehr, Seeverkehr, Dienstgutverkehr der Eisenbahnen und ohne Transporte deutscher Lastkraftfahrzeuge bis 6 t zulässiges Gesamtgewicht oder 3,5 t Nutzlast.- Weitere Anmerkungen siehe Seite 228/229.

Güterverkehr - Verkehrsleistung[1] - in Mrd. tkm

(bis 1955 ohne Saarland und Berlin-West)

	1950	1955	1960	1965	1970	1975	1980	1985	1990
Eisenbahnen[2]	39,4	48,8	53,1	58,2	71,5	55,3	64,9	64,0	61,9
Wagenladungsverkehr	37,9	47,4	51,5	56,5	69,9	54,1	63,6	63,0	60,8
Stückgut- und Expreßgutverkehr	1,5	1,4	1,6	1,7	1,6	1,2	1,3	1,0	1,1
Binnenschiffahrt	16,7	28,6	40,4	43,6	48,8	47,6	51,4	48,2	54,8
dar. auf dem Rhein	11,4	19,4	27,4	29,1	33,0	32,7	35,2	33,6	38,2
Schiffe der Bundesrepublik	10,0	18,0	24,1	25,1	28,0	26,5	27,7	23,5	24,7
Ausländische Schiffe	6,7	10,6	16,3	18,5	20,8	21,1	23,7	24,7	30,1
Straßengüterverkehr[3][4][5][6]	.	.	45,9	63,0	78,6	96,7	125,4	133,2	169,9
Deutsche Lastkraftfahrzeuge[4][5]	14,3	30,3	44,2	59,0	72,2	82,2	103,0	105,4	131,0
Gewerblicher Verkehr[5]	8,3	19,3	28,6	37,2	45,6	49,3	62,4	63,4	79,1
Gewerblicher Fernverkehr	4,9	12,9	18,5	23,3	28,7	31,8	41,1	43,8	55,5
Gewerblicher Nahverkehr[5]	3,4	6,4	10,1	13,9	16,9	17,5	21,3	19,6	23,6
Werkverkehr[4][5]	6,0	11,0	15,6	21,8	26,6	32,9	40,6	42,0	51,9
Werkfernverkehr[4]	2,2	3,8	3,9	5,8	7,4	13,7	17,5	21,0	26,1
Werknahverkehr[5]	3,8	7,2	11,7	16,0	19,2	19,2	23,1	21,0	25,8
Ausländische Lastkraftfahrzeuge[6]	.	.	1,7	4,0	6,4	14,5	22,4	27,8	38,9
Rohrfernleitungen[7]	-	-	3,0	8,9	16,9	14,6	14,3	10,5	13,3
Luftverkehr[8] (in Mio. tkm)	4,1	22,0	30,6	62,9	137,5	177,8	251,1	314,3	439,5
Binnenländischer Verkehr									
ohne Nahverkehr dt. Lastkraftfahrzeuge	.	.	142,4	173,8	215,9	214,4	256,2	256,2	300,3
	.	.	120,6	143,9	179,8	177,7	211,8	215,6	250,9
Seeschiffahrt[9]	137,2	302,4	515,7	602,0	909,7	995,5	1 066,8	787,4	785,8
Schiffe der Bundesrepublik	17,7	82,7	140,9	133,0	164,5	146,0	94,8	54,5	55,9
Ausländische Schiffe	119,5	219,7	374,8	469,0	745,2	849,5	972,0	732,9	729,9
nachrichtlich:									
Dienstgutverkehr der Eisenbahnen	4,1	4,1	3,9	2,9	2,3	2,2	2,1	1,6	1,2

[1] Verkehrsleistung (außer in der Seeschiffahrt) im Bundesgebiet sowie (bis 1990) von und nach Berlin-West. - [2] Ohne Güterkraftverkehr und Dienstgüterverkehr. Bis 1975 nur Stückgutversand innerhalb des Bundesgebietes. - [3] Siehe Anmerkungen Seite 226.- [4] Ab 1980 ohne Transporte der im Werkfernverkehr eingesetzten Lastkraftwagen bis einschl. 4 t Nutzlast und Zugmaschinen bis einschl. 40 kW Motorleistung. Ab 1991 ohne Transporte deutscher Lastkraftfahrzeuge bis 6 t zulässiges Gesamtgewicht oder 3,5 t Nutzlast.- Weitere Anmerkungen siehe folgende Seite.

Güterverkehr - Verkehrsleistung[1] - in Mrd. tkm

	1991	1992	1993	1994	1995	1996	1997	1998	1999*
Eisenbahnen[2]	80,2	69,8	64,9	69,9	68,8	67,7	72,9	73,6	71,4
Wagenladungsverkehr	79,2	69,0	64,2	69,1	68,0	67,2	72,7	73,6	71,4
Stückgut- und Expreßgutverkehr	1,0	0,8	0,8	0,8	0,7	0,5	0,2	0,0	0,0
Binnenschiffahrt	56,0	57,2	57,6	61,8	64,0	61,3	62,2	64,3	62,7
dar. auf dem Rhein	37,8	38,4	37,5	39,8	40,6	40,2	41,4	42,6	40,9
Schiffe der Bundesrepublik	24,8	24,7	23,7	24,8	25,1	23,1	23,1	24,0	23,2
Ausländische Schiffe	31,2	32,5	33,8	37,0	38,9	38,2	39,0	40,3	39,5
Straßengüterverkehr[3][4][5][6][7]	245,7	252,3	251,5	272,5	279,7	280,7	301,8	315,9	341,7
Deutsche Lastkraftfahrzeuge[4][5][6]	196,0	200,1	199,1	213,0	217,2	216,2	223,2	230,6	249,4
Gewerblicher Verkehr[5]	121,8	126,4	127,2	137,7	145,1	146,0	151,3	160,2	173,7
Gewerblicher Fernverkehr	86,2	89,6	89,0	96,3	102,8	106,0	114,0	.	.
Gewerblicher Nahverkehr[5]	35,6	36,8	38,2	41,4	42,3	40,0	37,3	.	.
Werkverkehr[4][5]	74,2	73,6	71,9	75,2	72,1	70,1	71,8	70,4	75,7
Werkfernverkehr[4]	44,7	44,8	42,8	44,6	42,6	41,9	42,7	.	.
Werknahverkehr[5]	29,5	28,8	29,1	30,6	29,5	28,2	29,2	.	.
Ausländische Lastkraftfahrzeuge[7]	49,7	52,3	52,4	59,6	62,5	64,6	78,6	85,3	92,3
Rohrleitungen[8]	15,7	15,7	16,1	16,8	16,6	14,5	13,2	14,8	15,0
Luftverkehr[9] (in Mio. tkm)	428,8	435,9	459,2	503,3	522,4	544,5	565,0	657,7	696,0
Binnenländischer Verkehr	398,0	395,5	390,5	421,5	429,6	424,8	450,6	469,2	491,4
ohne Nahverkehr dt. Lastkraftfahrzeuge	332,9	329,8	323,2	349,4	357,8	356,5	384,1	.	.
Seeschiffahrt[10]	845,0	852,8	855,4	926,9	958,2	945,6	1 000,2	1 006,8	1 084,9
Schiffe der Bundesrepublik	.	.	.	.	.	.	.	.	.
Ausländische Schiffe	.	.	.	.	.	.	.	.	.
nachrichtlich:									
Dienstgutverkehr der Eisenbahnen	2,0	2,6	1,8	1,9	2,1	2,0	1,1	0,5	0,1

Beginn der Anmerkungen siehe vorherige Seite.- [5] Bis 1990 ohne grenzüberschreitenden Nahverkehr deutscher Lasskraftfahrzeuge und ohne freigestellten Nahverkehr nach § 4 des Güterkraftverkehrsgesetzes (GüKG) oder der hierzu erlassenen Freistellungsverordnung. Bis 1993 Berechnungen des DIW (außer 1965/1970).- [6] Ab 1998 entfällt die institutionelle Abgrenzung zwischen Nah- und Fernverkehr. Ab 1999 entfällt die Freistellung nach § 1 GüKG (unter anderem für Abfälle und lebende Tiere), so daß sich die Leistung v.a. im Werkverkehr erhöht.- [7] Bis 1990 einschl. Kabotage (1990: 0,2 Mrd. tkm).- [8] Rohöl- und Mineralölproduktenleitungen. Ab 1996 nur Rohöl.- [9] Fracht und Luftpost. Ab 1998 neue Kilometrierung im Luftverkehr.- [10] Leistung zwischen Häfen der Bundesrepublik sowie von und nach ausländischen Häfen.- * Vorläufige Werte.

Güterverkehr - Anteile der Verkehrsbereiche an der Verkehrsleistung[1] (tkm) - in vH

(bis 1955 ohne Saarland und Berlin-West)

	1950	1955	1960	1965	1970	1975	1980	1985	1990
Binnenländischer Verkehr[2]									
- einschl. Straßengüternahverkehr -	100	100	100	100	100	100	100	100	100
Eisenbahnen	.	.	37,3	33,5	33,1	25,8	25,4	25,0	20,6
Binnenschiffahrt	.	.	28,4	25,1	22,6	22,2	20,1	18,8	18,3
Straßenverkehr	.	.	32,2	36,3	36,4	45,1	49,0	52,0	56,7
Deutsche Lastkraftfahrzeuge	.	.	31,0	34,0	33,5	38,4	40,2	41,2	43,7
Gewerblicher Verkehr	.	.	20,1	21,4	21,1	23,0	24,4	24,8	26,4
Gewerblicher Fernverkehr	.	.	13,0	13,4	13,3	14,8	16,1	17,1	18,5
Gewerblicher Nahverkehr	.	.	7,1	8,0	7,8	8,2	8,3	7,7	7,9
Werkverkehr	.	.	11,0	12,6	12,3	15,4	15,9	16,4	17,3
Werkfernverkehr	.	.	2,7	3,3	3,4	6,4	6,8	8,2	8,7
Werknahverkehr	.	.	8,2	9,2	8,9	9,0	9,0	8,2	8,6
Ausländische Lastkraftfahrzeuge	.	.	1,2	2,3	3,0	6,8	8,7	10,9	13,0
Rohrfernleitungen	-	-	2,1	5,1	7,8	6,8	5,6	4,1	4,4
Binnenländischer Verkehr									
- ohne Straßengütenahverkehr dt. Lkw -	100	100	100	100	100	100	100	100	100
Eisenbahnen	.	.	44,0	40,5	39,8	31,2	30,7	29,7	24,7
Binnenschiffahrt	.	.	33,5	30,3	27,2	26,8	24,3	22,4	21,9
Straßengüterfernverkehr dt. Lkw	.	.	18,6	20,2	20,1	25,6	27,7	30,1	32,6
Gewerblicher Fernverkehr	.	.	15,3	16,2	16,0	17,9	19,4	20,3	22,2
Werkfernverkehr	.	.	3,2	4,0	4,1	7,7	8,3	9,8	10,4
Ausländische Lastkraftfahrzeuge	.	.	1,4	2,8	3,6	8,2	10,6	12,9	15,5
Rohrfernleitungen	-	-	2,5	6,2	9,4	8,2	6,8	4,9	5,3

[1] Ohne Luftverkehr, Seeverkehr, Dienstgutverkehr der Eisenbahnen und ab 1980 ohne Transportleistung der im Werkfernverkehr eingesetzten Lastfahrzeuge bis einschl. 4 t Nutzlast und Zugmaschinen bis einschl. 40 kW Motorleistung.- [2] Ohne grenzüberschreitenden Nahverkehr deutscher Lastkraftfahrzeuge. Weitere Anmerkungen siehe Seite 232/233.

Güterverkehr - Anteile der Verkehrsbereiche an der Verkehrsleistung[1] (tkm) - in vH

	1991	1992	1993	1994	1995	1996	1997	1998	1999*
Binnenländischer Verkehr[2]									
- einschl. Straßengüternahverkehr -	100	100	100	100	100	100	100	100	100
Eisenbahnen	20,2	17,7	16,6	16,6	16,0	16,0	16,2	15,7	14,5
Binnenschiffahrt	14,1	14,5	14,8	14,7	14,9	14,4	13,8	13,7	12,8
Straßenverkehr	61,8	63,9	64,5	64,7	65,2	66,2	67,1	67,4	69,6
Deutsche Lastkraftfahrzeuge	49,3	50,6	51,0	50,6	50,6	50,9	49,6	49,2	50,8
Gewerblicher Verkehr	30,6	32,0	32,6	32,7	33,8	34,4	33,6	34,2	35,4
Gewerblicher Fernverkehr	21,7	22,7	22,8	22,9	24,0	25,0	25,3	.	.
Gewerblicher Nahverkehr	9,0	9,3	9,8	9,8	9,9	9,4	8,3	.	.
Werkverkehr	18,7	18,6	18,4	17,9	16,8	16,5	16,0	15,0	15,4
Werkfernverkehr	11,2	11,3	11,0	10,6	9,9	9,9	9,5	.	.
Werknahverkehr	7,4	7,3	7,5	7,3	6,9	6,7	6,5	.	.
Ausländische Lastkraftfahrzeuge	12,5	13,2	13,4	14,2	14,6	15,2	17,5	18,2	18,8
Rohrfernleitungen	3,9	4,0	4,1	4,0	3,9	3,4	2,9	3,2	3,0
Binnenländischer Verkehr									
- ohne Straßengüternahverkehr dt. Lkw -	100	100	100	100	100	100	100		
Eisenbahnen	24,1	21,2	20,1	20,0	19,3	19,0	19,0		
Binnenschiffahrt	16,8	17,4	17,8	17,7	17,9	17,2	16,2		
Straßengüterfernverkehr dt. Lkw	39,4	40,8	40,8	40,4	40,7	41,5	40,9		
Gewerblicher Fernverkehr	25,9	27,2	27,6	27,6	28,8	29,8	29,7		
Werkfernverkehr	13,4	13,6	13,3	12,8	11,9	11,8	11,1		
Ausländische Lastkraftfahrzeuge	14,9	15,9	16,2	17,1	17,5	18,1	20,5		
Rohrfernleitungen	4,7	4,8	5,0	4,8	4,6	4,1	3,4		

[1] Ohne Luftverkehr, Seeverkehr, Dienstgutverkehr der Eisenbahnen und ohne Transporte deutscher Lastkraftfahrzeuge bis 6 t zulässiges Gesamtgewicht oder 3,5 t Nutzlast.- Weitere Anmerkungen siehe Seite 232/233.

Güterverkehr - Verkehrsaufkommen ausgewählter Gütergruppen - Eisenbahnen[1]

Gütergruppen	1989	1990	1991	1992	1993	1994	1995	1996	1997	1998	1999
					in Mio t.						
Land- und forstwitschaftliche Erzeugnisse	10,6	10,5	11,9	9,3	7,3	7,5	8,0	7,0	6,6	7,1	7,8
Nahrungs- und Futtermittel	5,8	5,9	5,9	5,0	4,5	4,6	4,7	4,1	3,9	4,0	3,6
Kohle	76,4	74,2	118,8	95,8	84,8	77,9	75,2	70,1	64,8	60,5	57,1
Rohes Erdöl	1,4	1,4	1,4	1,3	1,3	1,3	1,2	0,9	0,9	0,8	0,8
Mineralölerzeugnisse	21,5	22,3	33,8	31,0	28,4	26,3	25,2	26,6	25,6	24,8	23,1
Erze und Metallabfälle	38,3	35,4	39,3	37,0	33,3	33,5	34,2	31,3	33,9	33,2	28,7
Eisen, Stahl und NE-Metalle	56,1	56,3	60,2	55,2	49,2	54,9	57,9	51,7	58,2	54,7	49,4
Steine und Erden	26,4	26,4	42,7	44,2	39,1	45,6	40,8	43,0	42,9	39,5	38,2
Düngemittel	8,1	7,1	11,0	9,5	7,5	7,5	7,4	7,7	7,9	8,0	7,4
Chemische Erzeugnisse	20,8	20,0	21,1	19,3	17,5	19,9	20,6	20,1	20,9	21,5	20,9
Fahrzeuge, Maschinen, Halb- und Fertigwaren[2]	38,3	44,2	55,1	53,8	43,2	45,0	44,9	46,9	51,1	51,7	50,5
Insgesamt	303,7	303,7	401,2	361,2	316,3	324,0	320,2	309,3	316,7	305,7	287,4
					in vH						
Land- und forstwitschaftliche Erzeugnisse	3,5	3,5	3,0	2,6	2,3	2,3	2,5	2,3	2,1	2,3	2,7
Nahrungs- und Futtermittel	1,9	1,9	1,5	1,4	1,4	1,4	1,5	1,3	1,2	1,3	1,2
Kohle	25,2	24,4	29,6	26,5	26,8	24,1	23,5	22,7	20,5	19,8	19,9
Rohes Erdöl	0,5	0,5	0,3	0,4	0,4	0,4	0,4	0,3	0,3	0,3	0,3
Mineralölerzeugnisse	7,1	7,3	8,4	8,6	9,0	8,1	7,9	8,6	8,1	8,1	8,0
Erze und Metallabfälle	12,6	11,7	9,8	10,2	10,5	10,3	10,7	10,1	10,7	10,9	10,0
Eisen, Stahl und NE-Metalle	18,5	18,5	15,0	15,3	15,6	17,0	18,1	16,7	18,4	17,9	17,2
Steine und Erden	8,7	8,7	10,6	12,2	12,4	14,1	12,8	13,9	13,6	12,9	13,3
Düngemittel	2,7	2,3	2,7	2,6	2,4	2,3	2,3	2,5	2,5	2,6	2,6
Chemische Erzeugnisse	6,9	6,6	5,3	5,3	5,5	6,1	6,4	6,5	6,6	7,0	7,3
Fahrzeuge, Maschinen, Halb- und Fertigwaren[2]	12,6	14,5	13,7	14,9	13,7	13,9	14,0	15,2	16,1	16,9	17,6
Insgesamt	100	100	100	100	100	100	100	100	100	100	100

[1] Frachtpflichtiger Verkehr.- [2] Einschl. besondere Transportgüter, Stückgut und Expreßgut.

Güterverkehr - Verkehrsleistung[1], mittlere Transportweite[1] der Hauptgütergruppen Eisenbahnen[2]

Gütergruppen	1989	1990	1991	1992	1993	1994	1995	1996	1997	1998	1999
	\multicolumn{11}{c}{Tonnenkilometer - in Mrd.}										
Land- und forstwirtschaftliche Erzeugnisse	3,0	3,0	3,5	2,6	2,2	2,7	2,9	2,9	2,7	3,1	3,5
Nahrungs- und Futtermittel	1,9	2,0	2,0	1,6	1,5	1,6	1,6	1,6	1,5	1,6	1,4
Kohle	7,5	7,3	12,0	9,4	8,5	8,1	7,4	6,9	7,1	7,2	6,6
Erdöl und Mineralölerzeugnisse	3,8	4,0	6,3	5,5	5,9	5,7	5,4	5,8	6,1	5,3	4,9
Erze und Metallabfälle	5,7	5,1	6,2	5,3	5,4	5,6	5,5	5,0	5,6	6,0	5,8
Eisen, Stahl und NE-Metalle	9,4	9,2	9,9	8,4	8,4	10,0	10,3	10,1	11,8	11,8	11,5
Steine und Erden	4,1	4,0	6,6	6,2	6,2	7,2	6,6	6,4	6,7	6,5	6,2
Düngemittel	2,0	1,9	2,9	2,4	2,0	2,1	2,0	2,0	2,2	2,0	1,8
Chemische Erzeugnisse	6,8	6,5	6,8	6,0	5,7	6,6	6,7	6,2	6,5	6,9	6,8
Fahrzeuge, Maschinen, Halb- und Fertigwaren[3]	16,8	17,9	23,0	21,6	18,3	19,6	19,4	20,5	22,6	23,3	22,9
Insgesamt	61,0	60,8	79,2	69,0	64,2	69,1	68,0	67,2	72,7	73,6	71,4
	\multicolumn{11}{c}{Mittlere Transportweite - in km}										
Land- und forstwirtschaftliche Erzeugnisse	282	282	295	281	306	358	367	409	409	432	446
Nahrungs- und Futtermittel	331	331	335	318	321	342	345	380	386	390	379
Kohle	98	99	101	98	100	104	99	99	110	119	115
Erdöl und Mineralölerzeugnisse	171	169	178	170	199	206	206	211	230	205	204
Erze und Metallabfälle	152	143	158	143	162	167	162	159	166	181	203
Eisen, Stahl und NE-Metalle	162	163	165	153	171	182	178	196	202	216	232
Steine und Erden	153	153	154	141	159	158	163	148	155	163	163
Düngemittel	263	264	268	251	272	275	275	262	275	255	244
Chemische Erzeugnisse	326	324	321	312	324	332	325	307	311	320	328
Fahrzeuge, Maschinen, Halb- und Fertigwaren[3]	443	435	441	421	447	458	452	451	447	451	455
Insgesamt	201	202	199	192	204	215	214	218	230	241	248

[1] Im Bundesgebiet.— [2] Wagenladungsverkehr.— [3] Einschl. besondere Transportgüter.

Güterverkehr - Verkehrsaufkommen ausgewählter Gütergruppen - Binnenschiffahrt

Gütergruppen	1989	1990	1991	1992	1993	1994	1995	1996	1997	1998	1999
						in Mio t.					
Land- und forstwirtschaftliche Erzeugnisse	7,5	7,5	7,9	8,8	8,5	8,7	10,2	8,8	8,5	9,0	9,8
Nahrungs- und Futtermittel	12,7	12,9	12,3	12,2	12,4	13,3	14,0	12,6	13,0	14,3	14,6
Kohle	21,4	23,6	26,8	26,4	24,1	25,8	26,4	26,2	27,3	31,7	30,8
Rohes Erdöl	0,1	0,1	0,1	0,1	0,1	0,0	0,1	0,1	0,1	0,3	0,3
Mineralölerzeugnisse	39,6	40,3	41,9	43,6	43,1	43,6	43,2	43,7	44,4	42,1	38,0
Erze und Metallabfälle	44,7	41,9	41,8	40,3	37,9	41,9	41,0	38,4	42,0	39,7	35,2
Eisen, Stahl und NE-Metalle	14,2	13,3	13,1	12,5	12,9	13,2	13,5	11,9	12,9	13,2	12,0
Steine und Erden	66,5	64,6	60,2	60,3	54,4	58,8	59,3	54,8	52,7	52,0	52,5
Düngemittel	6,7	7,3	6,3	6,6	6,8	8,0	8,1	7,4	7,2	7,5	7,7
Chemische Erzeugnisse	17,4	16,1	15,5	15,0	13,2	15,1	15,2	15,5	16,5	16,9	18,2
Fahrzeuge, Maschinen, Halb- und Fertigwaren[1]	3,9	4,0	4,1	4,3	5,2	6,6	6,9	7,7	8,9	9,6	10,1
Insgesamt	234,8	231,6	230,0	229,9	218,5	235,0	237,9	227,0	233,5	236,4	229,1
						in vH					
Land- und forstwirtschaftliche Erzeugnisse	3,2	3,2	3,4	3,8	3,9	3,7	4,3	3,9	3,6	3,8	4,3
Nahrungs- und Futtermittel	5,4	5,6	5,3	5,3	5,7	5,6	5,9	5,6	5,6	6,1	6,4
Kohle	9,1	10,2	11,7	11,5	11,0	11,0	11,1	11,5	11,7	13,4	13,4
Rohes Erdöl	0,0	0,0	0,0	0,0	0,0	0,0	0,0	0,0	0,0	0,1	0,1
Mineralölerzeugnisse	16,9	17,4	18,2	19,0	19,7	18,6	18,2	19,2	19,0	17,8	16,6
Erze und Metallabfälle	19,1	18,1	18,2	17,5	17,3	17,8	17,2	16,9	18,0	16,8	15,3
Eisen, Stahl und NE-Metalle	6,0	5,8	5,7	5,4	5,9	5,6	5,7	5,3	5,5	5,6	5,2
Steine und Erden	28,3	27,9	26,2	26,2	24,9	25,0	24,9	24,1	22,6	22,0	22,9
Düngemittel	2,9	3,1	2,7	2,9	3,1	3,4	3,4	3,3	3,1	3,2	3,4
Chemische Erzeugnisse	7,4	7,0	6,7	6,5	6,0	6,4	6,4	6,8	7,1	7,1	7,9
Fahrzeuge, Maschinen, Halb- und Fertigwaren[1]	1,7	1,7	1,8	1,8	2,4	2,8	2,9	3,4	3,8	4,1	4,4
Insgesamt	100	100	100	100	100	100	100	100	100	100	100

[1] Einschl. besondere Transportgüter.

Güterverkehr - Verkehrsleistung[1], mittlere Transportweite[1] der Hauptgütergruppen Binnenschiffahrt

	1989	1990	1991	1992	1993	1994	1995	1996	1997	1998	1999
	Tonnenkilometer - in Mrd.										
Land- und forstwirtschaftliche Erzeugnisse	2,9	2,8	3,1	3,5	3,7	3,8	4,4	3,8	3,9	4,4	4,7
Nahrungs- und Futtermittel	3,6	3,7	3,8	3,7	4,1	4,4	5,0	4,6	4,5	5,2	5,6
Kohle	6,3	7,3	8,2	8,3	7,7	8,2	8,5	8,1	8,1	9,0	8,4
Erdöl und Mineralölerzeugnisse	10,3	10,6	10,8	11,2	11,6	11,6	11,8	12,4	12,8	12,3	11,1
Erze und Metallabfälle	7,0	6,5	7,0	7,1	7,6	7,9	8,1	7,4	7,7	7,3	6,5
Eisen, Stahl und NE-Metalle	4,0	3,7	4,0	3,8	4,0	4,1	4,3	3,7	3,9	4,2	3,8
Steine und Erden	12,4	12,6	11,8	12,1	11,2	12,6	12,6	11,9	11,3	11,6	11,8
Düngemittel	2,3	2,5	2,3	2,4	2,6	3,2	3,3	2,9	2,9	3,1	3,1
Chemische Erzeugnisse	4,0	3,8	3,7	3,7	3,0	3,6	3,6	3,7	3,9	4,0	4,3
Fahrzeuge, Maschinen, Halb- und Fertigwaren[2]	1,2	1,3	1,3	1,4	2,0	2,5	2,5	2,7	3,0	5,9	3,4
Insgesamt	54,0	54,8	56,0	57,2	57,6	61,8	64,0	61,3	62,2	66,8	62,7
	Mittlere Transportweite - in km										
Land- und forstwirtschaftliche Erzeugnisse	382	372	396	403	434	429	426	435	463	463	478
Nahrungs- und Futtermittel	281	291	309	307	328	334	358	368	344	344	382
Kohle	296	310	305	317	319	319	321	310	298	298	273
Erdöl und Mineralölerzeugnisse	259	262	257	255	269	265	273	284	289	289	290
Erze und Metallabfälle	158	156	167	175	202	188	198	192	183	183	186
Eisen, Stahl und NE-Metalle	282	280	308	305	311	312	316	308	304	304	315
Steine und Erden	187	195	196	201	205	214	212	217	214	214	224
Düngemittel	337	342	360	365	385	394	405	397	402	402	403
Chemische Erzeugnisse	229	234	240	245	229	235	237	240	239	239	235
Fahrzeuge, Maschinen, Halb- und Fertigwaren[2]	315	324	327	330	397	384	363	348	341	341	343
Insgesamt	230	237	243	249	263	263	269	270	266	266	274

[1] Im Bundesgebiet.- [2] Einschl. Besondere Transportgüter.

B 6

Güterverkehr - Verkehrsaufkommen ausgewählter Gütergruppen
Straßengüterverkehr deutscher Lastkraftfahrzeuge[1]

Gütergruppen	1995	1996	1997	1998	1999*
			Mio. t		
Land- und forstwirtschaftliche Erzeugnisse	132,6	132,2	134,8	138,7	149,0
Nahrungs- und Futtermittel	261,1	265,8	269,7	266,2	276,7
Kohle	23,1	23,0	18,3	22,4	14,4
Rohes Erdöl	0,7	0,7	1,7	1,2	0,9
Mineralölerzeugnisse	135,9	135,1	141,2	127,8	130,7
Erze und Metallabfälle	40,0	39,8	40,1	39,3	40,5
Eisen, Stahl und NE-Metalle	77,7	70,6	73,2	81,7	79,4
Steine und Erden	1 892,0	1 760,9	1 710,5	1 678,2	1 816,2
Düngemittel	15,9	14,5	15,2	15,6	19,4
Chemische Erzeugnisse	236,7	223,9	216,9	218,3	229,5
Fahrzeuge, Maschinen, Halb- und Fertigwaren[2]	349,6	341,9	353,3	370,9	417,9
Insgesamt	3 165,3	3 008,2	2 975,0	2 960,3	3 174,6
			vH		
Land- und forstwirtschaftliche Erzeugnisse	4,2	4,4	4,5	4,7	4,7
Nahrungs- und Futtermittel	8,2	8,8	9,1	9,0	8,7
Kohle	0,7	0,8	0,6	0,8	0,5
Rohes Erdöl	0,0	0,0	0,1	0,0	0,0
Mineralölerzeugnisse	4,3	4,5	4,7	4,3	4,1
Erze und Metallabfälle	1,3	1,3	1,3	1,3	1,3
Eisen, Stahl und NE-Metalle	2,5	2,3	2,5	2,8	2,5
Steine und Erden	59,8	58,5	57,5	56,7	57,2
Düngemittel	0,5	0,5	0,5	0,5	0,6
Chemische Erzeugnisse	7,5	7,4	7,3	7,4	7,2
Fahrzeuge, Maschinen, Halb- und Fertigwaren[2]	11,0	11,4	11,9	12,5	13,2
Insgesamt	100	100	100	100	100

[1] Ohne Lastkraftwagen und Sattelzugmaschinen bis 3,5 t Nutzlast bzw. 6 t zulässiges Gesamtgewicht. – [2] Einschl. besondere Transportgüter und Leergut. – * Vorläufige Werte.

Güterverkehr - Verkehrsaufkommen ausgewählter Gütergruppen
Straßengüterverkehr deutscher Lastkraftfahrzeuge[1]

Gütergruppen	Gewerblicher Verkehr 1995	1996	1997	1998	1999	Werkverkehr 1995	1996	1997	1998	1999
	Mio. t									
Land- und forstwirtschaftliche Erzeugnisse	71,5	73,4	71,8	74,3	74,4	61,0	58,8	63,0	64,4	73,9
Nahrungs- und Futtermittel	121,0	121,7	125,5	121,7	129,3	140,1	144,1	144,2	144,5	147,0
Kohle	17,0	16,9	12,4	14,6	10,8	6,1	6,1	5,9	7,8	4,7
Rohes Erdöl	0,6	0,6	1,6	1,2	0,7	0,2	0,1	0,2	0,1	0,2
Mineralölerzeugnisse	75,8	73,0	77,5	67,4	65,8	60,1	62,1	63,7	60,4	65,1
Erze und Metallabfälle	15,6	16,2	13,8	14,2	14,7	24,4	23,6	26,3	25,0	25,5
Eisen, Stahl und NE-Metalle	62,8	58,4	59,9	64,9	65,1	14,8	12,1	13,3	16,8	13,8
Steine und Erden	917,6	873,4	813,7	775,1	837,2	974,4	887,5	896,8	903,1	980,7
Düngemittel	9,4	8,8	8,3	8,1	8,2	6,5	5,7	6,9	7,5	11,3
Chemische Erzeugnisse	126,6	120,2	115,8	114,0	113,8	110,2	103,7	101,1	104,3	114,4
Fahrzeuge, Maschinen, Halb- und Fertigwaren[2]	228,5	232,6	240,5	250,7	282,8	121,1	109,3	112,8	120,2	131,6
Insgesamt	**1 646,4**	**1 595,2**	**1 540,8**	**1 506,3**	**1 602,9**	**1 518,8**	**1 413,1**	**1 434,2**	**1 454,0**	**1 568,1**
	vH									
Land- und forstwirtschaftliche Erzeugnisse	4,3	4,6	4,7	4,9	4,6	4,0	4,2	4,4	4,4	4,7
Nahrungs- und Futtermittel	7,3	7,6	8,1	8,1	8,1	9,2	10,2	10,1	9,9	9,4
Kohle	1,0	1,1	0,8	1,0	0,7	0,4	0,4	0,4	0,5	0,3
Rohes Erdöl	0,0	0,0	0,1	0,1	0,0	0,0	0,0	0,0	0,0	0,0
Mineralölerzeugnisse	4,6	4,6	5,0	4,5	4,1	4,0	4,4	4,4	4,2	4,1
Erze und Metallabfälle	0,9	1,0	0,9	0,9	0,9	1,6	1,7	1,8	1,7	1,6
Eisen, Stahl und NE-Metalle	3,8	3,7	3,9	4,3	4,1	1,0	0,9	0,9	1,2	0,9
Steine und Erden	55,7	54,8	52,8	51,5	52,2	64,2	62,8	62,5	62,1	62,5
Düngemittel	0,6	0,6	0,5	0,5	0,5	0,4	0,4	0,5	0,5	0,7
Chemische Erzeugnisse	7,7	7,5	7,5	7,6	7,1	7,3	7,3	7,0	7,2	7,3
Fahrzeuge, Maschinen, Halb- und Fertigwaren[2]	13,9	14,6	15,6	16,6	17,6	8,0	7,7	7,9	8,3	8,4
Insgesamt	**100**	**100**	**100**	**100**	**100**	**100**	**100**	**100**	**100**	**100**

[1] Ohne Lastkraftwagen und Sattelzugmaschinen bis 3,5 t Nutzlast bzw. 6 t zulässiges Gesamtgewicht.- [2] Einschl. besondere Transportgüter und Leergut.

Güterverkehr - Verkehrsleistung[1], mittlere Transportweite[1] ausgewählter Gütergruppen
Straßengüterverkehr deutscher Lastkraftfahrzeuge[2]

Gütergruppen	1995	1996	1997	1998	1999
		Verkehrsleistung - in Mrd. tkm			
Land- und forstwirtschaftliche Erzeugnisse	15,3	16,7	16,5	17,5	19,4
Nahrungs- und Futtermittel	38,9	39,3	40,8	41,2	42,6
Kohle	1,8	1,7	1,4	1,4	1,2
Erdöl und Mineralölerzeugnisse	10,7	10,5	11,4	10,7	10,7
Erze und Metallabfälle	3,0	3,1	2,9	2,8	3,4
Eisen, Stahl und NE-Metalle	12,8	12,1	13,2	14,1	15,3
Steine und Erden	55,6	53,5	54,0	54,5	60,6
Düngemittel	1,4	1,5	1,6	1,6	1,5
Chemische Erzeugnisse	19,9	18,5	18,5	19,4	20,5
Fahrzeuge, Maschinen, Halb- und Fertigwaren[3]	57,8	59,2	62,8	67,2	74,8
Insgesamt	**217,2**	**216,2**	**223,2**	**230,6**	**250,1**
		Mittlere Transportweite - in km			
Land- und forstwirtschaftliche Erzeugnisse	115	126	122	127	130
Nahrungs- und Futtermittel	149	148	151	155	154
Kohle	78	75	79	64	86
Erdöl und Mineralölerzeugnisse	79	77	80	83	82
Erze und Metallabfälle	75	79	72	72	84
Eisen, Stahl und NE-Metalle	165	172	180	173	193
Steine und Erden	29	30	32	32	33
Düngemittel	86	103	104	105	79
Chemische Erzeugnisse	84	83	85	89	89
Fahrzeuge, Maschinen, Halb- und Fertigwaren[3]	165	173	178	181	179
Insgesamt	**69**	**72**	**75**	**78**	**79**

[1] Im Bundesgebiet.- [2] Ohne Lastkraftwagen und Sattelzugmaschinen bis 3,5 t Nutzlast bzw. 6 t zulässiges Gesamtgewicht.- [3] Einschl. besondere Transportgüter und Leergut.

Güterverkehr - Verkehrsleistung[1], mittlere Transportweite[1] ausgewählter Gütergruppen
Straßengüterverkehr deutscher Lastkraftfahrzeuge[2]

Gütergruppen	Gewerblicher Verkehr					Werkverkehr				
	1995	1996	1997	1998	1999	1995	1996	1997	1998	1999
	Verkehrsleistung - in Mrd. tkm									
Land- und forstwirtschaftliche Erzeugnisse	9,0	10,4	9,9	11,0	11,5	6,3	6,3	6,6	6,5	7,9
Nahrungs- und Futtermittel	22,2	22,4	23,6	24,2	25,9	16,7	17,0	17,2	17,0	16,7
Kohle	1,2	1,3	1,1	1,1	0,9	0,6	0,5	0,3	0,3	0,3
Erdöl und Mineralölerzeugnisse	6,1	5,8	6,5	6,0	6,0	4,7	4,7	5,0	4,7	4,7
Erze und Metallabfälle	1,6	1,7	1,4	1,4	1,9	1,4	1,5	1,5	1,4	1,5
Eisen, Stahl und NE-Metalle	11,3	10,5	11,6	12,4	13,5	1,5	1,6	1,6	1,7	1,8
Steine und Erden	31,5	30,7	30,7	32,3	36,1	24,1	22,8	23,4	22,2	24,4
Düngemittel	0,9	1,1	1,1	1,1	1,0	0,4	0,4	0,5	0,5	0,5
Chemische Erzeugnisse	15,5	14,5	14,4	15,4	15,6	4,4	4,1	4,1	4,0	4,9
Fahrzeuge, Maschinen, Halb- und Fertigwaren[3]	45,8	47,8	51,2	55,2	61,1	12,0	11,4	11,7	12,0	13,7
Insgesamt	**145,1**	**146,0**	**151,3**	**160,2**	**173,7**	**72,1**	**70,1**	**71,8**	**70,4**	**76,5**
	Mittlere Transportweite - in km									
Land- und forstwirtschaftliche Erzeugnisse	126	142	137	149	155	103	107	105	101	106
Nahrungs- und Futtermittel	184	184	188	198	201	119	118	119	118	113
Kohle	72	75	89	75	82	94	77	58	41	75
Erdöl und Mineralölerzeugnisse	80	79	82	88	90	77	76	78	77	73
Erze und Metallabfälle	102	103	101	98	130	59	62	57	58	59
Eisen, Stahl und NE-Metalle	180	180	193	191	207	102	130	120	104	134
Steine und Erden	34	35	38	42	43	25	26	26	25	25
Düngemittel	98	126	132	142	126	68	67	69	66	45
Chemische Erzeugnisse	122	120	124	135	137	40	39	41	38	43
Fahrzeuge, Maschinen, Halb- und Fertigwaren[3]	200	205	213	220	216	99	104	104	100	104
Insgesamt	**88**	**92**	**98**	**106**	**108**	**47**	**50**	**50**	**48**	**49**

[1] Im Bundesgebiet.- [2] Ohne Lastkraftwagen und Sattelzugmaschinen bis 3,5 t Nutzlast bzw. 6 t zulässiges Gesamtgewicht.- [3] Einschl. besondere Transportgüter und Leergut.

B 6

Güterverkehr - Straßengüterverkehr dt. Lastkraftfahrzeuge[1] nach Entfernungsstufen - 1999

Entfernungsstufen in km	Aufkommen - in Mio. t			Leistung - in Mrd. tkm		
	Insgesamt	Gewerblicher Verkehr	Werkverkehr	Insgesamt	Gewerblicher Verkehr	Werkverkehr
bis 50	2 110,7	926,9	1 183,8	31,7	14,2	17,6
51 bis 100	366,0	186,4	179,7	26,4	13,5	12,9
101 bis 150	186,3	107,5	78,9	22,8	13,1	9,6
bis 150	2 663,0	1 220,7	1 442,3	80,9	40,8	40,1
151 bis 200	116,1	72,9	43,2	19,8	12,4	7,4
201 bis 250	82,7	56,4	26,3	17,8	12,1	5,7
251 bis 300	63,4	47,5	15,9	16,6	12,4	4,2
301 bis 350	49,6	38,1	11,4	15,3	11,7	3,5
351 bis 400	34,4	27,7	6,6	12,3	9,9	2,4
401 bis 451	29,5	24,5	5,0	11,9	9,9	2,0
451 bis 500	24,2	20,1	4,1	10,8	8,9	1,9
151 bis 500	399,8	287,4	112,4	104,5	77,4	27,2
501 bis 600	38,5	32,9	5,6	19,4	16,5	2,9
601 bis 700	26,1	22,9	3,2	15,0	13,2	1,9
701 bis 800	14,7	12,9	1,8	9,2	8,1	1,2
801 bis 900	7,8	7,0	0,8	5,2	4,7	0,6
901 bis 1000	4,9	4,4	0,6	3,3	2,9	0,4
1001 und mehr	16,1	14,5	1,6	11,8	10,3	1,5
501 und mehr	108,1	94,7	13,4	64,0	55,5	8,5
insgesamt	3 171,0	1 602,9	1 568,1	249,4	173,7	75,7

[1] Ohne Lastkraftfahrzeuge und Sattelzugmaschinen bis 3,5 t Nutzlast bzw. 6 t zulässigem Gesamtgewicht.

Güterverkehr[1] - Verkehrsaufkommen ausgewählter Gütergruppen - Seeschiffahrt

Gütergruppen	1989	1990	1991	1992	1993	1994	1995	1996	1997	1998	1999
						in Mio t.					
Land- und forstwirtschaftliche Erzeugnisse	.	9,8	11,1	14,2	10,9	13,7	15,8	13,5	11,3	13,1	15,6
Nahrungs- und Futtermittel	.	16,5	18,0	17,8	17,1	16,6	16,1	15,7	17,2	17,3	16,0
Kohle	.	5,5	6,1	5,4	5,2	6,0	6,5	6,9	7,6	8,2	8,8
Rohes Erdöl	.	20,4	24,9	32,2	32,8	34,9	33,9	37,1	39,3	46,1	39,5
Mineralölerzeugnisse	.	15,9	17,2	21,0	21,4	19,7	19,1	20,5	19,9	17,9	18,4
Erze und Metallabfälle	.	15,0	14,4	14,3	15,3	17,1	18,8	16,8	19,2	18,0	18,0
Eisen, Stahl und NE-Metalle	.	8,2	8,8	8,3	7,5	7,9	7,2	7,9	7,6	7,1	6,4
Steine und Erden	.	6,5	10,5	11,9	11,4	13,7	13,4	12,9	14,0	13,0	13,7
Düngemittel	.	4,1	5,3	6,1	5,7	6,0	6,3	5,9	5,9	5,8	5,6
Chemische Erzeugnisse	.	13,3	13,6	14,0	13,9	14,4	14,3	14,0	14,7	14,7	14,1
Fahrzeuge, Maschinen, Halb- und Fertigwaren[2]	.	28,4	31,4	33,1	39,4	43,2	49,8	51,3	53,0	52,8	60,9
Insgesamt	141,0	143,8	161,1	178,1	180,6	193,3	201,0	202,5	209,6	214,0	217,1
						in vH					
Land- und forstwirtschaftliche Erzeugnisse	.	6,8	6,9	7,9	6,0	7,1	7,8	6,6	5,4	6,1	7,2
Nahrungs- und Futtermittel	.	11,5	11,1	10,0	9,4	8,6	8,0	7,8	8,2	8,1	7,4
Kohle	.	3,8	3,8	3,0	2,9	3,1	3,2	3,4	3,6	3,8	4,1
Rohes Erdöl	.	14,2	15,4	18,1	18,2	18,1	16,9	18,3	18,7	21,6	18,2
Mineralölerzeugnisse	.	11,1	10,7	11,8	11,8	10,2	9,5	10,1	9,5	8,4	8,5
Erze und Metallabfälle	.	10,4	8,9	8,0	8,5	8,8	9,4	8,3	9,2	8,4	8,3
Eisen, Stahl und NE-Metalle	.	5,7	5,5	4,6	4,2	4,1	3,6	3,9	3,6	3,3	2,9
Steine und Erden	.	4,5	6,5	6,7	6,3	7,1	6,6	6,4	6,7	6,1	6,3
Düngemittel	.	2,9	3,3	3,5	3,2	3,1	3,1	2,9	2,8	2,7	2,6
Chemische Erzeugnisse	.	9,3	8,4	7,8	7,7	7,4	7,1	6,9	7,0	6,9	6,5
Fahrzeuge, Maschinen, Halb- und Fertigwaren[2]	.	19,7	19,5	18,6	21,8	22,4	24,8	25,3	25,3	24,7	28,0
Insgesamt	100	100	100	100	100	100	100	100	100	100	100

[1] Ohne Eigengewichte der Reise- und Transportfahrzeuge, Container, Trailer, Trägerschiffsleichter.- [2] Einschl. besondere Transportgüter. Stückgut einschl. in Containern verladenes Gut wird vollständig der Gütergruppe 'Fahrzeuge, Maschinen, Halb- und Fertigwaren' zugeordnet.

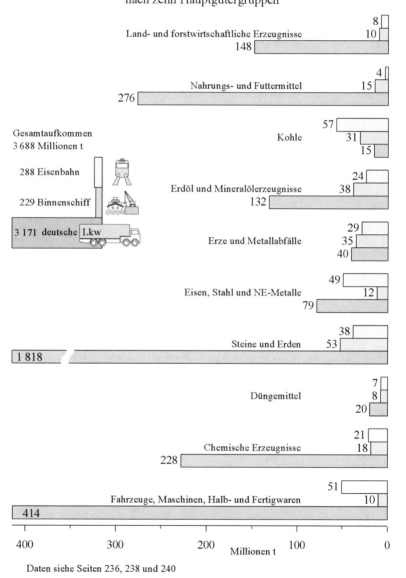

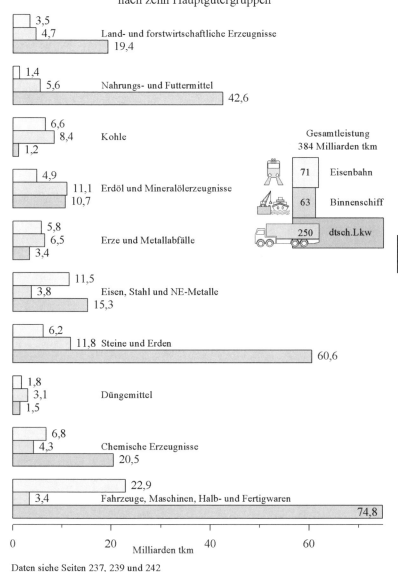

Transport gefährlicher Güter[1] - nach Verkehrsbereichen und Hauptverkehrsbeziehungen

	Verkehr insgesamt					Binnenverkehr				
	1984	1990*	1992*	1996	1997	1984	1990*	1992*	1996	1997
	Gefahrgut - in 1 000 t									
Eisenbahnverkehr[2]	39,7	42,8	51,5	42,7	42,7	26,3	29,1	42,0	34,5	33,9
Binnenschiffahrt	53,2	50,1	52,7	51,1	52,8	18,5	17,1	18,0	17,7	17,5
Straßengüterfernverkehr[3]	35,3	45,7	50,6	.	.	22,9	31,7	36,0	.	.
Seeschiffahrt[4]	44,5	43,9	61,5	64,4	64,9	2,2	0,8	3,1	2,3	2,5
Verkehr insgesamt[5]	172,7	182,4	216,3	.	.	70,0	78,7	99,1	.	.
	Anteil der Gefahrgüter am Verkehrsaufkommen insgesamt - in vH									
Eisenbahnverkehr[2]	12,0	13,8	14,4	13,9	13,5	10,4	12,8	15,2	15,4	15,0
Binnenschiffahrt	22,5	21,6	22,9	22,5	22,6	26,4	27,3	25,6	26,6	26,9
Straßengüterfernverkehr[3]	9,8	9,3	8,4	.	.	10,2	11,2	9,7	.	.
Seeschiffahrt[4]	33,6	30,5	34,5	31,8	31,0	60,1	39,1	66,7	58,2	58,9
Verkehr insgesamt[5]	16,3	15,5	15,8	.	.	12,7	13,7	13,7	.	.

[1] Ohne radioaktive Stoffe und Gefahrgüter der Klasse 9.- [2] Bis 1990 einschl. Dienstgut-, Stückgut- und Expreßgutverkehr.- [3] Einschl. grenzüberschreitender Straßengüternahverkehr.- [4] Ohne Verkehr auf dem Nord-Ostsee-Kanal.- [5] Ohne Straßengüternahverkehr und Luftverkehr (1992 Versand und Empfang im grenzüberschreitenden Verkehr 54 700 t).- *Mit dem Vorjahr teilweise nur bedingt vergleichbar, da das Berechnungsverfahren modifiziert wurde.

Transport gefährlicher Güter[1] - nach Verkehrsbereichen und Hauptverkehrsbeziehungen

	Grenzüberschreitender Verkehr[6]										Durchgangsverkehr				
	Versand					Empfang									
	1984	1990*	1992*	1996	1997	1984	1990*	1992*	1996	1997	1984	1990*	1992*	1996	1997
Gefahrgut - in Mio. t															
Eisenbahnverkehr[2]	3,6	5,2	5,1	4,4	4,7	8,7	7,6	3,9	3,2	3,3	1,1	0,8	0,6	0,6	0,8
Binnenschiffahrt	6,8	7,3	8,0	6,4	6,1	24,4	22,6	23,6	23,0	24,8	3,5	3,0	3,1	3,9	4,4
Straßengüterfernverkehr[3]	6,5	6,4	6,7	.	.	4,6	6,2	6,7	.	.	1,2	1,4	1,2	.	.
Seeschiffahrt[4]	8,7	6,9	11,2	14,8	14,3	33,6	36,2	47,1	47,3	48,2	-	-	-	-	-
Verkehr insgesamt[5]	25,6	25,9	31,1	.	.	71,3	72,7	81,3	.	.	5,8	5,2	4,8	.	.
Anteil der Gefahrgüter am Verkehrsaufkommen insgesamt - in vH															
Eisenbahnverkehr[2]	10,8	13,8	14,0	13,1	12,3	22,9	20,6	9,8	7,8	7,6	15,2	9,7	7,8	6,4	8,8
Binnenschiffahrt	12,6	13,5	17,0	14,6	13,7	24,4	22,9	24,3	23,4	23,7	28,2	19,1	20,2	21,5	22,8
Straßengüterfernverkehr[3]	11,0	6,9	6,7	.	.	7,4	6,7	6,2	.	.	8,8	6,2	5,3	.	.
Seeschiffahrt[4]	19,9	15,5	20,2	21,4	20,7	39,6	37,2	40,0	36,5	35,3	-	-	-	-	-
Verkehr insgesamt[5]	13,4	11,3	13,0	.	.	25,0	22,3	22,5	.	.	17,4	11,3	10,8	.	.

B 6

[1] Ohne radioaktive Stoffe und Gefahrgüter der Klasse 9.- [2] Bis 1990 einschl. Dienstgut-, Stückgut- und Expreßgutverkehr.- [3] Einschl. grenzüberschreitender Straßengüternahverkehr.- [4] Ohne Verkehr auf dem Nord-Ostsee-Kanal.- [5] Ohne Straßengüternahverkehr und Luftverkehr (1992 Versand und Empfang im grenzüberschreitenden Verkehr 54 700 t).- [6] Bis 1990 einschl. Verkehr mit der DDR. - *Mit dem Vorjahr teilweise nur bedingt vergleichbar, da das Berechnungsverfahren modifiziert wurde.

Transport gefährlicher Güter[1] - nach Gefahrklassen - in Mio. t

Gefahrgut insgesamt nach Gefahrklassen:	Nr.	Verkehr insgesamt[1]			Eisenbahnverkehr[2]			Binnenschifffahrt		
		1984	1990*	1992*	1984	1990*	1992*	1984	1990*	1992*
Gefahrgut insgesamt		176,9	182,5	216,3	39,7	42,8	51,5	53,2	50,1	52,7
Explosive Stoffe und Gegenstände mit Explosivstoff	1	0,4	0,7	0,7	0,4	0,5	0,4	0,0	0,1	-
Verdichtete, verflüssigte oder unter Druck gelöste Gase	2	16,4	10,2	12,0	5,2	4,9	5,1	3,8	1,9	2,3
Entzündbare flüssige Stoffe	3	129,0	130,2	159,2	25,0	24,9	32,9	43,7	41,6	44,1
Entzündbare feste Stoffe	4.1	6,2	11,7	13,0	1,9	4,5	5,2	0,6	1,5	1,3
Selbstentzündliche Stoffe	4.2	0,3	3,4	3,8	0,1	0,8	1,2	0,1	0,6	0,6
Stoffe, die mit Wasser entzündliche Gase entwickeln	4.3	0,9	1,0	1,0	0,5	0,4	0,4	0,0	0,3	0,2
Entzündend (oxydierend) wirkende Stoffe	5.1	4,1	1,8	2,3	1,7	0,7	0,9	1,2	0,4	0,6
Organische Peroxide	5.2	0,0	0,0	0,0	0,0	0,0	0,0	-	-	-
Giftige Stoffe	6.1	4,8	11,1	11,2	1,0	2,7	2,5	0,6	0,8	0,8
Ekelerregende oder ansteckungsgefährliche Stoffe	6.2	0,5	0,4	0,4	0,1	0,0	0,0	0,0	0,0	0,0
Ätzende Stoffe	8	14,3	12,0	12,5	3,8	3,3	3,0	3,3	2,8	2,7

[1] Ohne Straßengüternahverkehr und Luftverkehr (1992 = 54,7 Tsd. Tonnen). Ohne radioaktive Stoffe (Gefahrenklasse Nr. 7) und Gefahrgüter der Klasse 9. - Ohne 1990 einschl. Dienstgut-, Stückgut- und Expreßgutverkehr. - * Mit den Vorjahren teilweise nur bedingt vergleichbar, da das Berechnungsverfahren modifiziert wurde.
[2] Bis 1990 einschl. Dienstgut-, Stückgut- und Expreßgutverkehr.

Transport gefährlicher Güter[1] - nach Gefahrklassen - in Mio. t

Gefahrgut insgesamt nach Gefahrklassen:	Nr.	Straßengüterfernverkehr[2] 1984	1990*	1992*	Seeschiffahrt 1984	1990*	1992*	Verkehr insgesamt[1] 1984	1990*	1992*
Gefahrgut insgesamt		35,3	45,7	50,6	48,8	43,9	61,5	176,9	182,5	216,3
Explosive Stoffe und Gegenstände mit Explosivstoff	1	0,0	0,1	0,1	0,0	0,1	0,3	0,4	0,7	0,7
Verdichtete, verflüssigte oder unter Druck gelöste Gase	2	4,7	1,8	2,6	2,7	1,6	2,1	16,4	10,2	12,0
Entzündbare flüssige Stoffe	3	19,3	26,2	28,4	41,1	37,4	53,8	129,0	130,2	159,2
Entzündbare feste Stoffe	4.1	3,3	5,0	5,6	0,4	0,8	0,9	6,2	11,7	13,0
Selbstentzündliche Stoffe	4.2	0,1	1,4	1,3	0,1	0,7	0,7	0,3	3,4	3,8
Stoffe, die mit Wasser entzündliche Gase entwickeln	4.3	0,1	0,2	0,3	0,2	0,1	0,1	0,9	1,0	1,0
Entzündend (oxydierend) wirkende Stoffe	5.1	0,4	0,2	0,3	0,7	0,4	0,5	4,1	1,8	2,3
Organische Peroxide	5.2	0,0	0,0	0,0	0,0	0,0	0,0	0,0	0,0	0,0
Giftige Stoffe	6.1	2,6	6,5	6,7	0,6	1,1	1,2	4,8	11,1	11,2
Ekelerregende oder ansteckungsgefährliche Stoffe	6.2	0,4	0,3	0,3	0,1	0,0	0,1	0,5	0,4	0,4
Ätzende Stoffe	8	4,3	4,1	4,9	2,8	1,8	1,9	14,3	12,0	12,5

[1] Ohne Straßengüternahverkehr und Luftverkehr (1992 = 54,7 Tsd. Tonnen). Ohne radioaktive Stoffe (Gefahrenklasse Nr. 7) und Gefahrgüter der Klasse 9.- [2] Bis 1990 einschl. Dienstgut-, Stückgut- und Expreßgutverkehr. - * Mit den Vorjahren teilweise nur bedingt vergleichbar, da das Berechnungsverfahren modifiziert wurde.

Transport gefährlicher Güter[1] - nach Verkehrsbereichen, Hauptverkehrsbeziehungen und ausgewählten Gefahrklassen - in Mio. t

	Gefahr-klasse	Insgesamt 1996	Insgesamt 1997	Binnenverkehr 1996	Binnenverkehr 1997	Grenzüberschreitender Verkehr[3] Versand 1996	Versand 1997	Empfang 1996	Empfang 1997
Eisenbahn[2]									
Verkehrsaufkommen insgesamt		307,8	316,0	223,9	225,7	33,8	38,1	41,2	43,0
dar. Gefahrgut		42,7	42,7	34,5	33,9	4,4	4,7	3,2	3,3
davon Verdichtete, verflüssigte oder unter Druck gelöste Gase	2	4,8	4,3	2,9	2,6	0,8	0,6	0,9	0,9
Entzündbare flüssige Stoffe	3	27,9	28,6	24,2	24,4	2,1	2,5	1,4	1,3
Entzündbare feste Stoffe	4.1.	3,9	3,5	3,2	2,8	0,5	0,4	0,3	0,2
Giftige Stoffe	6.1.	1,8	2,3	1,1	1,4	0,3	0,4	0,3	0,4
Ätzende Stoffe	8	3,6	3,2	2,7	2,2	0,6	0,5	0,3	0,4
Übrige		0,7	0,7	0,5	0,5	0,1	0,1	0,1	0,1
Binnenschiffahrt									
Verkehrsaufkommen insgesamt		227,0	233,5	66,7	65,0	43,8	44,7	98,3	104,4
dar. Gefahrgut		51,1	52,8	17,7	17,5	6,4	6,1	23,0	24,8
davon Verdichtete, verflüssigte oder unter Druck gelöste Gase	2	1,5	1,9	0,6	0,7	0,1	0,1	0,9	1,0
Entzündbare flüssige Stoffe	3	43,3	44,5	15,3	14,8	4,3	3,9	20,4	22,2
Entzündbare feste Stoffe	4.1.	1,2	1,3	0,5	0,5	0,1	0,1	0,4	0,4
Giftige Stoffe	6.1.	0,8	0,7	0,2	0,2	0,1	0,1	0,4	0,4
Ätzende Stoffe	8	3,5	3,8	1,0	1,1	1,5	1,9	0,7	0,6
Übrige		0,7	0,7	0,2	0,2	0,3	0,0	0,2	0,2

[1] Ohne radioaktive Stoffe und Gefahrgüter der Klasse 9.- [2] Ohne Dienstgut, Stückgut- und Expressgutverkehr.- [3] Ohne Durchgangsverkehr.

Transport gefährlicher Güter[1] - nach Verkehrsbereichen, Hauptverkehrsbeziehungen und ausgewählten Gefahrklassen - in Mio. t

	Gefahr-klasse	Insgesamt 1996	Insgesamt 1997	Binnenverkehr 1996	Binnenverkehr 1997	Grenzüberschreitender Verkehr Versand 1996	Versand 1997	Empfang 1996	Empfang 1997
Seeschiffahrt[2]									
Verkehrsaufkommen insgesamt		202,5	209,6	3,9	4,2	69,1	69,1	129,5	136,2
dar. Gefahrgut		64,4	64,9	2,3	2,5	14,8	14,3	47,3	48,2
davon Explosive Stoffe und Gegenstände mit Explosivstoffen	1	0,5	0,7	0,0	0,0	0,3	0,3	0,2	1,0
Verdichtete, verflüssigte oder unter Druck gelöste Gase	2	2,0	1,8	0,0	0,0	1,0	0,8	1,0	0,4
Entzündbare flüssige Stoffe	3	57,1	58,8	2,2	2,4	10,2	10,4	44,8	45,9
Entzündbare feste Stoffe	4.1.	0,8	1,1	0,0	0,0	0,6	0,9	0,2	0,2
Entzündend wirkende Stoffe	5.1.	0,8	0,4	0,0	0,0	0,3	0,3	0,1	0,1
Giftige Stoffe	6.1.	0,8	0,3	0,0	0,0	0,6	0,2	0,3	0,1
Ätzende Stoffe	8	1,9	1,6	0,0	0,0	1,4	1,3	0,4	0,3
Übrige		0,5	0,3	0,0	0,0	0,2	0,1	0,4	0,2
Straßengüterverkehr deutscher Lastkraftfahrzeuge[3]									
Verkehrsaufkommen insgesamt		3 014,9	2 980,9	.	.	.	.	.	.
dar. Gefahrgut		137,1	143,3	.	.	.	.	.	.
davon Verdichtete, verflüssigte oder unter Druck gelöste Gase	2	11,9	13,2	.	.	.	.	.	.
Entzündbare flüssige Stoffe	3	108,6	113,8	.	.	.	.	.	.
Ätzende Stoffe	8	8,0	7,6	.	.	.	.	.	.
Übrige		8,7	8,7	.	.	.	.	.	.

[1] Ohne radioaktive Stoffe und Gefahrgüter der Klasse 9.- [2] Ohne Verkehr auf dem Nord-Ostsee-Kanal.- [3] Ohne Lastkraftfahrzeuge bis 6 t zulässiges Gesamtgewicht oder 3,5 t Nutzlast. Einschl. Kabotage und Dreiländerverkehr im Ausland.

Außenhandel der Bundesrepublik - Gewicht der Güter
Einfuhr im Generalhandel nach Verkehrsbereichen[1]

Jahr	Insgesamt[2]	Eisenbahnen	Straßenverkehr	Binnenschiffahrt	Rohrfernleitungen	Luftverkehr	Seeschiffahrt
				in Mio. t			
1950	.	.	.	.	.	.	.
1955	.	.	.	.	.	.	.
1960	.	.	.	.	.	.	.
1965	.	.	.	.	.	.	.
1970	300,9	28,9	26,8	72,7	72,9	0,1	99,0
1975	322,9	26,5	36,0	79,8	83,4	0,1	95,3
1980	383,9	28,8	51,2	87,4	105,8	0,2	108,7
1985	348,3	22,2	60,1	90,9	90,6	0,2	82,7
1990	377,9	21,8	80,9	93,0	96,1	0,5	84,6
1991	436,6	30,0	93,8	94,1	118,6	0,5	97,9
1992	458,3	30,7	106,6	94,6	119,3	0,5	104,5
1993	425,0	25,6	96,6	77,6	122,4	0,4	100,6
1994	464,6	30,1	109,5	87,8	129,0	0,4	105,9
1995	464,6	29,8	116,2	91,9	129,2	0,5	95,4
1996	476,1	27,8	114,7	88,8	144,4	0,5	98,0
1997	483,6	27,7	131,8	82,8	141,9	0,6	97,0
1998	495,4	27,6	137,9	87,2	138,0	0,6	112,4
1999*	471,9	26,1	128,5	74,2	139,6	0,6	100,0
				in vH			
1950	.	.	.	.	.	.	.
1955	.	.	.	.	.	.	.
1960	.	.	.	.	.	.	.
1965	.	.	.	.	.	.	.
1970	100	9,6	8,9	24,2	24,2	0,0	32,9
1975	100	8,2	11,1	24,7	25,8	0,0	29,5
1980	100	7,5	13,3	22,8	27,6	0,1	28,3
1985	100	6,4	17,2	26,1	26,0	0,1	23,8
1990	100	5,8	21,4	24,6	25,4	0,1	22,4
1991	100	6,9	21,5	21,6	27,2	0,1	22,4
1992	100	6,7	23,3	20,6	26,0	0,1	22,8
1993	100	6,0	22,7	18,3	28,8	0,1	23,7
1994	100	6,5	23,6	18,9	27,8	0,1	22,8
1995	100	6,4	25,0	19,8	27,8	0,1	20,5
1996	100	5,8	24,1	18,7	30,3	0,1	20,6
1997	100	5,7	27,3	17,1	29,3	0,1	20,1
1998	100	5,5	27,3	17,2	27,3	0,1	22,2
1999*	100	5,5	27,2	15,7	29,6	0,1	21,2

[1] Nachgewiesen im Zeitpunkt des Grenzüberganges.- [2] Einschl. Warenverkehrsvorgängen, die einem bestimmten Verkehrsbereich nicht zugeordnet werden können.- * Vorläufige Werte.

Außenhandel der Bundesrepublik - Wert der Güter
Einfuhr im Generalhandel nach Verkehrsbereichen[1]

Jahr	Ins- gesamt[2]	Eisen- bahnen	Straßen- verkehr	Binnen- schiffahrt	Rohrfern- leitungen	Luft- verkehr	See- schiffahrt
				in Mrd. DM			
1950	.	.	.	.	.	.	.
1955	.	.	.	.	.	.	.
1960	.	.	.	.	.	.	.
1965	.	.	.	.	.	.	.
1970	111,1	21,3	36,6	11,2	4,6	6,9	26,2
1975	190,3	23,2	73,5	17,2	16,1	12,3	41,8
1980	350,6	29,0	138,2	26,5	41,3	25,1	79,9
1985	475,2	30,7	206,1	36,4	53,1	42,8	91,6
1990	562,1	33,3	309,4	25,7	25,0	51,5	91,5
1991	656,7	41,0	359,2	25,1	30,6	59,8	110,7
1992	647,7	34,1	370,0	24,4	26,4	58,5	105,9
1993	576,1	21,8	311,7	18,6	25,8	58,4	100,8
1994	625,3	24,4	356,6	19,9	25,2	63,9	104,1
1995	674,2	25,5	396,1	21,4	24,4	69,1	92,2
1996	698,8	28,4	400,9	20,4	30,8	73,4	99,5
1997	783,7	27,7	440,9	21,5	34,0	84,3	112,4
1998	835,4	28,4	495,0	19,1	25,5	90,5	116,7
1999*	865,1	26,8	467,7	14,9	28,7	100,7	124,1
				in vH			
1950	.	.	.	.	.	.	.
1955	.	.	.	.	.	.	.
1960	.	.	.	.	.	.	.
1965	.	.	.	.	.	.	.
1970	100	19,2	33,0	10,1	4,1	6,2	23,6
1975	100	12,2	38,6	9,0	8,4	6,5	22,0
1980	100	8,3	39,4	7,5	11,8	7,2	22,8
1985	100	6,5	43,4	7,7	11,2	9,0	19,3
1990	100	5,9	55,0	4,6	4,5	9,2	16,3
1991	100	6,2	54,7	3,8	4,7	9,1	16,9
1992	100	5,3	57,1	3,8	4,1	9,0	16,4
1993	100	3,8	54,1	3,2	4,5	10,1	17,5
1994	100	3,9	57,0	3,2	4,0	10,2	16,6
1995	100	3,9	59,2	3,2	3,7	10,6	14,4
1996	100	4,1	57,4	2,9	4,4	10,5	14,3
1997	100	3,5	56,3	2,7	4,3	10,8	14,3
1998	100	3,4	59,3	2,3	3,0	10,8	14,0
1999*	100	3,1	54,1	1,7	3,3	11,6	14,3

[1] Nachgewiesen im Zeitpunkt des Grenzüberganges.- [2] Einschl. Warenverkehrsvorgängen, die einem bestimmten Verkehrsbereich nicht zugeordnet werden können.- * Vorläufige Werte.

Kundensätze im Spediteursammelgutverkehr[1]
DM je Sendung

Jahr	Sendungen mit einem frachtpflichtigen Gewicht von					
	91- 100 kg	241- 260 kg	701- 750 kg	91- 100 kg	241- 260 kg	701- 750 kg
	Bei einer Entfernung von					
	141-160 km			341-360 km		
1950	.	.	.	.	.	.
1955	.	.	.	.	.	.
1960	.	.	.	.	.	.
1965	.	.	.	.	.	.
1970	.	.	.	.	.	.
1975	.	.	.	.	.	.
1980	30,71	60,73	137,45	41,04	85,52	192,20
1985	39,73	79,78	180,98	51,28	107,22	241,26
1990	43,89	88,18	200,01	56,37	118,05	265,56
1991	46,34	93,14	211,24	59,34	124,20	279,30
1992	49,25	99,58	224,01	63,04	132,81	296,23
1993	51,75	105,34	235,00	66,24	140,42	310,79
1994	52,44	106,84	238,28	67,16	142,37	315,10
	Bei einer Entfernung von					
	151-200 km			351-400 km		
1995	57,39	117,99	262,55	71,42	151,80	335,46
1996	59,23	121,79	271,06	73,72	156,75	346,27
1997	60,28	123,89	275,69	74,98	159,38	352,28
1998	62,27	127,96	284,75	77,49	164,65	363,86
1999	.	.	.	.	.	.

[1] Mit Eisenbahn und Kraftwagen; Jahresdurchschnitt, einschl. Beförderungs- bzw. Mehrwertsteuer. Kundensatzregelung für die Transportleistung im Spediteursammelgutverkehr ab Haus des Versenders bis zum Bestimmungsort (frei Ankunftsschuppen der Sammelladung) gemäß den unverbindlichen Preisempfehlungen des Bundesverbandes Spedition und Lagerei e. V., Kundensatztafel I.

Frachtraten im Luftverkehr[1]

Jahr	Berlin	London	Paris	von Frankfurt/Main nach Rom	Moskau	New York	Johannis-burg	Sydney
				DM je kg				
1980	2,15	4,27	.	5,03	.	13,15	25,29	47,17
1985	2,57	5,05	2,80	5,44	10,05	15,01	28,65	56,60
1990	2,68	4,89	2,55	5,50	8,55	7,48	26,86	28,92
1991	2,69	5,24	2,78	5,88	9,09	5,71	21,75	30,91
1992	2,69	5,24	2,78	5,88	9,10	5,71	21,75	30,79
1993	2,69	5,24	2,78	5,88	9,10	5,71	20,95	30,79
1994	2,69	5,24	2,78	5,88	7,37	5,71	18,58	30,79
1995	2,69	5,24	2,78	5,88	6,80	5,91	18,69	30,79
1996	2,69	5,24	2,78	5,88	6,80	5,91	18,69	30,79
1997	2,69	4,19	2,41	4,94	6,80	5,91	18,69	30,79
1998	2,69	2,72	1,90	3,63	6,80	5,91	18,69	30,79
1999	2,70	2,72	1,90	3,64	6,81	5,91	18,70	30,78
				1995 = 100				
1980	80	81	.	86	.	223	135	153
1985	96	96	101	93	148	254	153	184
1990	100	93	92	94	126	127	144	94
1991	100	100	100	100	134	97	116	100
1992	100	100	100	100	134	97	116	100
1993	100	100	100	100	134	97	112	100
1994	100	100	100	100	108	97	99	100
1995	100	100	100	100	100	100	100	100
1996	100	100	100	100	100	100	100	100
1997	100	80	87	84	100	100	100	100
1998	100	52	68	62	100	100	100	100
1999	100	52	68	62	100	100	100	100

[1] Ohne Mehrwertsteuer. Aufgrund von IATA (International Airtransport Association)-Beschlüssen anwendbare maßgebende Frachtraten im Linienverkehr für die Beförderung von Sendungen mit einem Gewicht von unter 45 kg.

Frachtraten[1] in der Seeschiffahrt - 1995 = 100*

Jahr	Linienfahrt insgesamt	darunter: Europa	Amerika	Einkommende Fahrt	Ausgehende Fahrt	Tramptrockenfahrt[2]	Tramptankerfahrt[3]
1995	100	100	100	100	100	100	100
1996	97	99	100	94	99	71	105
1997	99	100	106	95	102	82	114
1998	90	94	102	89	90	60	.
1999	86	91	98	95	78	66	92

[1] Jahresdurchschnitt.- [2] Zeitcharter.- [3] Reisecharter. DM-Äquivalente der Worldscale-Meßzahlen. Worldscale = New Worldwide Tanker Nominal Freight Scale. Das Frachtratenschema wird jährlich zum 1.1. an aktuelle Bunkeröl- und Hafenkosten angepaßt, daher ist ein Vergleich mit dem Vorjahr nur bedingt möglich.- * Indizes bis 1998 auf Basis 1991 vgl. Verkehr in Zahlen 1998.

Beförderungssätze[1] im Eisenbahn- und Luftverkehr

Jahr	in DM				1995 = 100			
	Eisenbahnverkehr (DB)			Luftverkehr	Eisenbahnverkehr (DB)			Luftverkehr
	Einfache Fahrt[2]	Hin- u. Rückfahrt[3]		Hin- u. Rückflug[4]	Einfache Fahrt[2]	Hin- u. Rückfahrt[3]		Hin- u. Rückflug[4]
	50 km 2. Klasse	2. Kl. Hamburg-Frankfurt	1. Kl. Hamburg-Frankfurt	Hamburg-Frankfurt	50 km 2. Klasse	2. Kl. Hamburg-Frankfurt	1. Kl. Hamburg-Frankfurt	Hamburg-Frankfurt
1950	3,00	73,-	108,-	234,-	27	27	27	33
1955	3,40	66,-	97,-	184,-	30	25	24	26
1960	3,80	71,-	105,-	184,-	34	27	26	26
1965	4,00	76,-	112,-	174,-	36	28	28	24
1970	4,20	82,-	123,-	226,-	38	31	31	32
1975	5,15	124,-	187,-	298,-	46	47	47	42
1980	6,17	144,-	215,-	417,-	55	54	53	58
1985	9,00	207,-	286,-	498,-	81	77	71	70
1990	10,00	230,-	346,-	546,-	90	86	86	76
1991	10,20*	236,-	354,-	577,-	91	88	88	81
1992	10,80*	247,-	371,-	606,-	97	92	92	85
1993	10,80*	257,-	386,-	669,-	97	96	96	94
1994	10,80*	257,-	386,-	710,-	97	96	96	99
1995	11,17*	267,-	403,-	715,-	100	100	100	100
1996	11,60*	275,-	416,-	743,-	104	103	103	104
1997	11,75*	278,-	418,-	780,-	105	104	104	109
1998	11,95*	285,-	428,-	796,-	107	107	106	111
1999	12,15*	291,-	435,-	811,-	109	109	108	113

[1] Jahresdurchschnitt, einschl. Beförderungs- bzw. Mehrwertsteuer.- [2] Ohne Zuschlag in Schnellzügen, TEE-, Intercity und ICE-Zügen.- [3] Normaltarif einschl. Schnellzug-Zuschlag, jedoch ohne Zuschlag in Intercity-Zügen (1. und 2. Klasse Hin- und Rückfahrt 1991 bis 1997 = 12,- DM, 1998 = 13,50 DM). Beim Kauf einer Zuschlagskarte für Intercity-Züge wird ein Sitzplatz unentgeltlich reserviert.- [4] Normaltarif für die Economy- bzw. Touristenklasse.- * Alte Bundesländer (neue Bundesländer: 1991 = 6,- DM, 1992 = 6,40 DM, 1993 = 6,80 DM, 1994 = 7,28 DM, 1995 = 8,89 DM, 1996 = 10,39 DM, 1997 = 10,85 DM, 1998 = 11,30 DM, 1999 = 11,90 DM).

Transporteinnahmen - DPf je Kilometer

Jahr	Personenverkehr – Deutsche Bahn AG[1]			Straßenpersonenverkehr[4]	Güterverkehr[5] Deutsche Bahn AG[1)6)]	Straßengüterfernverkehr[7]	Binnenschiffahrt[8]
	Schienenverkehr gesamt[2]	Verkehr ohne S-Bahn[3]	S-Bahnverkehr[3]				
	DPf je Personenkilometer				DPf je Tonnenkilometer		
1950	3,3	3,3	1,7	3,4	5,8	8,8	1,6
1955	3,9	3,9	2,3	4,7	7,6	10,4	1,7
1960	5,0	5,0	3,3	6,1	8,9	11,1	1,7
1965	5,9	5,7	3,5	7,5	8,0	11,4	1,7
1970	8,5	6,5	4,5	9,0	8,5	12,9	2,3
1975	14,8	9,0	5,5	11,9	12,2	17,9	2,8
1980	17,8	10,8	8,9	15,3	12,5	21,1	3,7
1985	19,4	11,9	8,2	20,3	12,8	24,4	4,0
1990	21,7	13,3	10,2	20,2	12,3	23,5	3,8
1991	24,4	13,4	8,1	18,8	12,8	24,3	3,9
1992	25,8	14,7	8,5	19,8	12,0	25,5	3,9
1993	27,1	15,1	9,2	20,9	11,3	25,6	3,8
1994	24,0	.	.	21,6	11,6	.	3,0
1995	23,9	.	.	22,8	11,2	.	3,1
1996	24,3	.	.	23,4	9,9	.	3,3
1997	28,9	.	.	24,3	9,6	.	3,6
1998	29,4	.	.	24,9	9,0	.	3,1
1999*	.	.	.	25,4	.	.	3,2

[1] Bis 1993 Deutsche Bundesbahn bzw. Deutsche Bundesbahn und Deutsche Reichsbahn. Ab 1985 ohne S-Bahn Berlin (West), 1991 bis 1993 einschl. S-Bahn Berlin (Ost). Ab 1994 wurden verschiedene Gesellschaften aus der Deutschen Bahn AG ausgegliedert.- [2] Tarifeinnahmen, einschl. Ausgleichszahlungen des Bundes für Belastungen im Personennahverkehr sowie im Personenfernverkehr zu Sozialtarifen.- [3] Ohne Sonderzüge, Sonderwagen und Militärverkehr. Tarifeinnahmen ohne Ausgleichszahlungen des Bundes.- [4] Tarifeinnahmen, einschl. tariflicher Abgeltungsmaßnahmen. Stadtschnellbahn (U-Bahn)-, Straßenbahn-, Obus- und Kraftomnibusunternehmen des Verbandes Deutscher Verkehrsunternehmen (VDV, vormals VÖV und BDE).- [5] Ohne Beförderungs- bzw. Mehrwertsteuer.- [6] Frachtpflichtiger Schienenverkehr.- [7] Gewerblicher Binnengüterfernverkehr (ohne Umzugsverkehr).- [8] Gewerblicher Verkehr der Binnenflotte der Bundesrepublik.- * Vorläufige Werte.

# Kostenentwicklung - Lohn- und Betriebskosten[1]
1995 = 100

Jahr	Löhne und Gehälter[2]	Bereifung für Kfz[3]	Benzin[4] (Normal)	Dieselkraftstoff[5]		Elektrischer Strom[7]	
				einschl. Steuerbelastung[6]	ohne Steuerbelastung[6]	Hochspannung	Niederspannung
1950	.	51,0	37,8	30,5	58,6	27,0	29,0
1955	.	59,1	42,4	42,1	62,0	40,0	38,4
1960	.	55,1	40,2	48,7	65,1	42,6	41,5
1965	.	52,9	38,4	47,4	59,8	42,1	42,2
1970	.	55,3	38,2	52,1	55,3	43,5	46,8
1975	.	74,0	55,7	78,7	103,2	61,7	67,8
1980	.	84,2	77,0	105,8	172,7	72,9	76,9
1985	.	99,5	91,0	121,3	203,8	95,4	97,9
1990	.	104,0	76,4	92,6	125,3	101,5	102,9
1991	76,0	103,3*	85,7	97,7	125,0	100,0*	101,0*
1992	84,3	108,6*	90,6	97,2	107,2	99,8*	100,7*
1993	94,8	100,2*	90,7	98,7	110,4	99,7*	101,0*
1994	97,1	100,2*	101,3	103,5	103,7	100,2*	100,6*
1995	100	100	100	100	100	100	100
1996	102,5	98,8	104,3	108,0	122,0	86,6	86,5
1997	102,5	96,3	107,5	109,6	126,6	85,7	85,8
1998	104,2	98,1	102,0	100,9	100,6	84,8	85,5
1999**	105,7	96,9	109,9	111,2	128,4	78,6	84,5

[1] Jahresdurchschnitt, einschl. Umsatz- bzw. Mehrwertsteuer.- [2] Durchschnittseinkommen der Beschäftigten im Verkehr einschl. Nachrichtenübermittlung.- [3] Index gewerblicher Produkte.- [4] Durchschnittlicher Tankstellenabgabepreis einschl. Mineralölsteuer und Umsatz- bzw. Mehrwertsteuer. Bis 1983 Bedienungstanken, ab 1984 Selbstbedienung. Bis 1987: verbleites Normalbenzin; ab 1988 bleifreies Normalbenzin.- [5] Durchschnittlicher Tankstellenabgabepreis. Bis 1983 Bedienungstanken, ab 1984 Selbstbedienung.- [6] Steuerbelastung auf Basis Inlandsware: Mineralölsteuer und Mehrwertsteuer sowie ab 1.12.1978 einschl. Erdölbevorratungs-Beitrag. - [7] Bei Abgabe an Sondervertragsabnehmer.- * Alte Bundesländer.- ** Vorläufige Werte.

Kostenentwicklung - Investitionsgüter[1] - 1995 = 100

Jahr	Hochbau[2]	Tiefbau	Straßen-bau[3]	Straßen-fahrzeuge	Schienen-fahrzeuge	Schiffbau (Stahlbau)	Maschinen und Aus-rüstungen
\multicolumn{8}{c}{Gebiet der Bundesrepublik Deutschland vor dem 3. 10. 1990}
1950	12,7	17,4	21,5	.	.	.	22,5
1955	15,6	21,8	26,2	.	.	.	27,7
1960	19,5	26,6	32,0	.	.	.	30,3
1965	25,0	32,7	34,5	.	.	.	34,5
1970	33,1	42,4	41,6	.	.	.	40,1
1975	44,6	51,8	52,7	.	.	.	55,4
1980	60,5	71,5	72,6	.	.	.	67,3
1985	70,4	72,5	75,6	.	.	.	80,7
1990	82,5	83,9	86,0	.	.	.	91,2
1991	87,6	89,8	91,6	.	.	.	94,2
1992	92,2	94,7	96,0	.	.	.	96,9
1993	96,0	97,8	98,6	.	.	.	98,4
1994	97,7	99,0	99,0	.	.	.	98,7
1995	100	100	100	100	100	100	100
\multicolumn{8}{c}{Gebiet der Bundesrepublik Deutschland nach dem 3. 10. 1990}
1991	86,6	88,7	91,3	.	.	.	.
1992	91,9	94,3	96,0	.	.	.	.
1993	95,8	97,6	98,4	.	.	.	.
1994	97,7	99,1	99,0	.	.	.	.
1995	100	100	100	100	100	100	100
1996	100,3	99,3	97,3	100,9	100,7	102,4	101,1
1997	99,8	99,3	97,0	101,6	101,1	102,2	101,8
1998	99,9	99,3	96,1	102,6	102,4	103,6	102,7
1999	99,6	99,2	95,8	103,3	103,5	104,3	103,0

[1] Index der Erzeugerpreise (Inlandsabsatz) und Index für Bauleistungspreise. Jahresdurchschnitt, einschl. Umsatz- bzw. Mehrwertsteuer. Beim Index der Erzeugerpreise wurden die Abgrenzungen geändert, so daß auf Preisbasis 1995 z.T. keine Werte vor 1995 vorliegen und die Indexreihen nicht den in "Verkehr in Zahlen 1998" veröffentlichten (auf Preisbasis 1991) entsprechen.- [2] Gewerbliche Betriebsgebäude.-
[3] Einschl. Brücken im Straßenbau.

Kostenentwicklung - Individualverkehr - Kraftfahrzeug-Anschaffung und -Unterhaltung[1]

Jahr	Ins-gesamt	Personen-kraftwagen[2]	Kraft-räder	Kraft-stoffe	Ersatzteile u. Zubehör[3]	Repara-turen, Inspektion[4]	Garagen-miete	Fahr-schule[5]	Kraftfahr-zeugvers.	Kraftfahr-zeugsteuer
					1991 = 100 [6]					
1970	41,5	39,4	48,8	40,5	58,3	24,3	62,2	42,1	36,4	91,4
1975	57,8	53,2	63,6	60,2	67,1	39,2	69,8	56,1	59,4	91,4
1980	71,4	64,1	69,6	83,4	76,2	54,3	76,3	72,0	67,8	91,4
1985	73,2	83,2	80,5	99,6	88,4	74,9	83,3	84,5	82,2	91,4
1990	95,2	95,9	93,2	86,1	93,0	87,9	93,2	91,8	96,0	93,3
1991	100	100	100	100	100	100	100	100	100	100
					1995 = 100 [7]					
1992	91,1	94,7	90,2	90,6	94,6	86,6	90,7	90,6	78,1	75,0
1993	95,2	99,1	93,2	91,1	97,2	93,2	94,9	94,1	86,1	85,3
1994	98,8	99,0	98,6	100,6	98,9	97,4	98,1	98,8	95,2	96,8
1995	100	100	100	100	100	100	100	100	100	100
1996	101,5	101,0	100,7	104,3	100,7	102,3	101,7	100,8	91,9	100,6
1997	103,4	100,6	100,5	107,5	101,0	104,2	103,6	101,5	94,1	110,4
1998	103,1	102,1	101,0	102,0	101,6	105,8	104,9	103,0	88,7	120,4
1999	106,2	102,8	101,5	109,1	102,3	107,1	105,8	107,1	93,7	128,5

[1] Kraftfahrer-Preisindex. Sonderrechnung aus dem Preisindex für die Lebenshaltung aller privaten Haushalte.- [2] Einschl. Kombinationskraftwagen.- [3] Einschl. Autopflegemittel.- [4] Einschl. Wagenwäsche.- [5] Einschl. Führerscheingebühr.- [6] Gebietsstand vor dem 3.10.1990.- [7] Gebietsstand nach dem 3.10.1990.

Kostenentwicklung - Individualverkehr
Kraftfahrzeug-Unterhaltung - Laufende monatliche Aufwendungen ausgewählter privater Haushalte[1] - in DM

Jahr	Insgesamt	Kraftstoffe	Sonstige Gebrauchs- und Verbrauchsgüter	Garagenmieten	Sonstige Dienstleistungen, fremde Reparaturen	Kraftfahrzeugsteuer	Kraftfahrzeugversicherung
			4-Personen-Arbeitnehmerhaushalte mit mittlerem Einkommen - Haushaltstyp 2 -				
1950	.	.	.	.	.	.	.
1955	.	.	.	.	.	.	.
1960	.	.	.	.	.	.	.
1965	110,-	39,-	18,-	8,-	15,-	13,-	17,-
1970	121,-	42,-	16,-	10,-	16,-	14,-	22,-
1975	180,-	74,-	21,-	16,-	22,-	16,-	31,-
1980	246,-	109,-	23,-	23,-	35,-	17,-	39,-
1985	283,-	125,-	29,-	26,-	35,-	20,-	49,-
1990	301,-	119,-	25,-	35,-	45,-	21,-	56,-
			Alte Bundesländer				
1991	328,-	131,-	28,-	36,-	50,-	22,-	60,-
1992	343,-	136,-	32,-	36,-	49,-	25,-	65,-
1993	355,-	136,-	29,-	36,-	59,-	25,-	69,-
1994	374,-	146,-	23,-	37,-	59,-	28,-	81,-
1995	397,-	153,-	29,-	40,-	64,-	28,-	83,-
1996	408,-	158,-	31,-	43,-	64,-	30,-	81,-
1997	423,-	170,-	29,-	44,-	64,-	33,-	82,-
1998	410,-	164,-	31,-	47,-	58,-	33,-	77,-
1999	.	.	.	.	.	.	.
			Neue Bundesländer				
1991	274,-	124,-	28,-	10,-	56,-	16,-	40,-
1992	314,-	133,-	27,-	13,-	66,-	19,-	56,-
1993	350,-	138,-	28,-	25,-	66,-	16,-	76,-
1994	389,-	143,-	21,-	28,-	78,-	22,-	97,-
1995	395,-	137,-	25,-	29,-	75,-	24,-	105,-
1996	399,-	144,-	22,-	32,-	75,-	23,-	103,-
1997	409,-	150,-	22,-	35,-	76,-	26,-	102,-
1998	404,-	150,-	21,-	37,-	58,-	24,-	96,-
1999	.	.	.	.	.	.	.

[1] Je Haushalt mit Kraftfahrzeugen, ohne Anschaffungskosten bzw. Abschreibung.

Kostenentwicklung - Individualverkehr
Kraftfahrzeug-Unterhaltung - Laufende monatliche Aufwendungen ausgewählter privater Haushalte[1] - in DM

Jahr	Insgesamt	Kraftstoffe	Sonstige Gebrauchs- und Verbrauchsgüter	Garagenmieten	Sonstige Dienstleistungen, fremde Reparaturen	Kraftfahrzeugsteuer	Kraftfahrzeugversicherung
			4-Personen-Haushalte von Beamten und Angestellten mit höherem Einkommen - Haushaltstyp 3 -				
1950	.	.	.	.	.	.	.
1955	.	.	.	.	.	.	.
1960	.	.	.	.	.	.	.
1965	149,-	55,-	18,-	17,-	27,-	15,-	16,-
1970	175,-	63,-	21,-	18,-	34,-	17,-	22,-
1975	252,-	102,-	28,-	23,-	46,-	19,-	35,-
1980	339,-	151,-	31,-	30,-	61,-	21,-	45,-
1985	379,-	166,-	36,-	35,-	63,-	23,-	57,-
1990	406,-	154,-	35,-	40,-	84,-	23,-	71,-
			Alte Bundesländer				
1991	423,-	162,-	35,-	43,-	84,-	25,-	73,-
1992	453,-	175,-	36,-	44,-	97,-	29,-	73,-
1993	468,-	176,-	34,-	46,-	104,-	30,-	78,-
1994	501,-	187,-	31,-	49,-	107,-	36,-	93,-
1995	508,-	185,-	33,-	51,-	108,-	35,-	97,-
1996	532,-	197,-	39,-	51,-	123,-	35,-	87,-
1997	531,-	208,-	36,-	53,-	112,-	38,-	85,-
1998	515,-	202,-	33,-	55,-	79,-	33,-	77,-
1999	.	.	.	.	.	.	.
			Neue Bundesländer				
1991	315,-	150,-	34,-	12,-	67,-	15,-	38,-
1992	350,-	149,-	32,-	13,-	82,-	16,-	57,-
1993	390,-	150,-	29,-	24,-	81,-	18,-	88,-
1994	434,-	156,-	26,-	29,-	84,-	25,-	113,-
1995	454,-	161,-	27,-	33,-	88,-	27,-	118,-
1996	468,-	174,-	30,-	35,-	84,-	26,-	119,-
1997	472,-	181,-	29,-	39,-	90,-	27,-	107,-
1998	457,-	176,-	27,-	41,-	66,-	25,-	100,-
1999	.	.	.	.	.	.	.

[1] Je Haushalt mit Kraftfahrzeugen, ohne Anschaffungskosten bzw. Abschreibung.

Kosten für die Anschaffung und Unterhaltung eigener Kraftfahrzeuge in den alten Bundesländern

Anteil der Belastung am ausgabefähigen Einkommen im Haushaltstyp 2

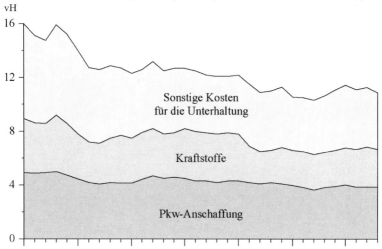

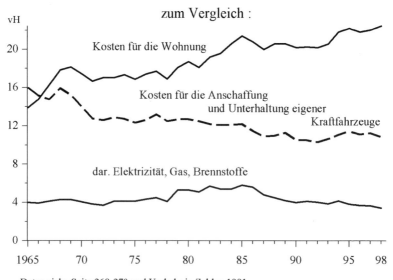

Daten siehe Seite 268-270 und Verkehr in Zahlen 1991

Kosten für die Anschaffung und Unterhaltung eigener Kraftfahrzeuge in den alten Bundesländern

Anteil der Belastung am ausgabefähigen Einkommen im Haushaltstyp 3

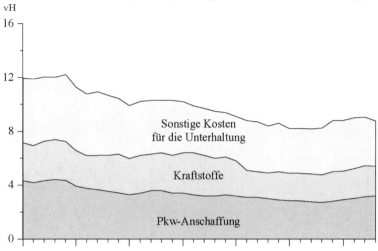

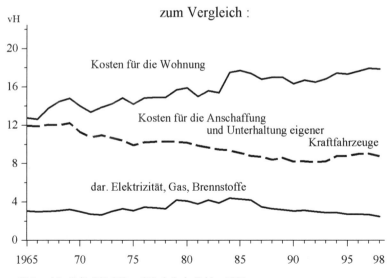

Daten siehe Seite 268-270 und Verkehr in Zahlen 1991

Kostenentwicklung - Individualverkehr - Monatliche Belastung eines 4-Personen-Haushaltes[1]

	1950	1955	1960	1965	1970	1975	1980	1985	1990
					DM je Monat				
Haushaltstyp 2									
Ausgabefähiges Einkommen	.	.	.	994	1 256	2 200	2 993	3 599	4 586
Kosten für die Anschaffung und									
Unterhaltung eigener Kraftfahrzeuge[2]	.	.	.	159	176	271	380	438	485
dar. Pkw-Anschaffung[3]	.	.	.	49	56	91	134	155	184
Kraftstoffe	.	.	.	40	42	74	110	125	119
Kosten für die Wohnung[4]	.	.	.	138	219	371	559	771	927
dar. Elektrizität, Gas, Brennstoffe	.	.	.	40	51	91	159	208	183
Haushaltstyp 3									
Ausgabefähiges Einkommen	.	.	.	1 957	2 375	3 805	4 991	6 321	7 603
Kosten für die Anschaffung und									
Unterhaltung eigener Kraftfahrzeuge[2]	.	.	.	234	268	377	511	579	624
dar. Pkw-Anschaffung[3]	.	.	.	85	93	125	172	201	217
Kraftstoffe	.	.	.	55	63	102	151	166	153
Kosten für die Wohnung[4]	.	.	.	250	332	540	792	1 124	1 242
dar. Elektrizität, Gas, Brennstoffe	.	.	.	60	71	118	204	271	233
				Anteil der Belastung am ausgabefähigen Einkommen - in vH					
Haushaltstyp 2									
Kosten für die Anschaffung und									
Unterhaltung eigener Kraftfahrzeuge[2]	.	.	.	16,0	14,0	12,3	12,5	12,2	10,6
dar. Pkw-Anschaffung[3]	.	.	.	4,9	4,5	4,1	4,3	4,3	4,0
Kraftstoffe	.	.	.	4,0	3,3	3,4	3,8	3,5	2,6
Kosten für die Wohnung[4]	.	.	.	13,9	17,4	16,9	18,1	21,4	20,2
dar. Elektrizität, Gas, Brennstoffe	.	.	.	4,0	4,1	4,1	5,1	5,8	4,0
Haushaltstyp 3									
Kosten für die Anschaffung und									
Unterhaltung eigener Kraftfahrzeuge[2]	.	.	.	12,0	11,3	9,9	10,0	9,2	8,2
dar. Pkw-Anschaffung[3]	.	.	.	4,4	3,9	3,3	3,3	3,2	2,9
Kraftstoffe	.	.	.	2,8	2,6	2,7	3,1	2,6	2,0
Kosten für die Wohnung[4]	.	.	.	12,8	14,0	14,2	15,1	17,8	16,3
dar. Elektrizität, Gas, Brennstoffe	.	.	.	3,1	3,0	3,1	3,8	4,3	3,1

[1] Ehepaar mit 2 Kindern (darunter eines unter 15 Jahren) in Gemeinden mit mehr als 20 000 Einwohnern. Haushaltstyp 2: Ein Ehepartner soll als Angestellter oder Arbeiter tätig und der alleinige Bezieher eines mittleren Einkommens sein.- Weitere Anmerkungen siehe folgende Seite.

Kostenentwicklung - Individualverkehr - Monatliche Belastung eines 4-Personen-Haushaltes[1]

	1991 ABL	1991 NBL	1992 ABL	1992 NBL	1993 ABL	1993 NBL	1994 ABL	1994 NBL	1995 ABL	1995 NBL
					DM je Monat					
Haushaltstyp 2										
Ausgabefähiges Einkommen	4 905	3 110	5 143	3 616	5 197	4 059	5 214	4 263	5 349	4 349
Kosten für die Anschaffung und										
Unterhaltung eigener Kraftfahrzeuge[2]	515	430	531	472	554	512	578	560	612	571
dar. Pkw-Anschaffung[3]	188	156	188	158	199	162	204	171	215	176
Kraftstoffe	131	124	136	133	136	138	147	143	143	137
Kosten für die Wohnung[4]	994	228	1 040	425	1 070	605	1 139	665	1 188	722
dar. Elektrizität, Gas, Brennstoffe	203	103	208	182	201	198	218	195	206	185
Haushaltstyp 3										
Ausgabefähiges Einkommen	7 828	4 199	8 335	4 788	8 459	5 305	8 395	5 541	8 615	5 794
Kosten für die Anschaffung und										
Unterhaltung eigener Kraftfahrzeuge[2]	645	489	683	535	698	581	738	633	761	653
dar. Pkw-Anschaffung[3]	222	174	230	185	230	192	236	199	253	199
Kraftstoffe	162	150	175	149	176	150	187	156	185	161
Kosten für die Wohnung[4]	1 306	277	1 375	460	1 423	640	1 465	702	1 495	787
dar. Elektrizität, Gas, Brennstoffe	246	125	250	201	246	215	244	200	235	197
	Anteil der Belastung am ausgabefähigen Einkommen - in vH									
Haushaltstyp 2										
Kosten für die Anschaffung und										
Unterhaltung eigener Kraftfahrzeuge[2]	10,5	13,8	10,3	13,1	10,7	12,6	11,1	13,1	11,4	13,1
dar. Pkw-Anschaffung[3]	3,8	5,0	3,6	4,4	3,8	4,0	3,9	4,0	4,0	4,1
Kraftstoffe	2,7	4,0	2,6	3,7	2,6	3,4	2,8	3,4	2,7	3,1
Kosten für die Wohnung[4]	20,3	7,3	20,2	11,7	20,6	14,9	21,8	15,6	22,2	16,6
dar. Elektrizität, Gas, Brennstoffe	4,1	3,3	4,0	5,0	3,9	4,9	4,2	4,6	3,9	4,3
Haushaltstyp 3										
Kosten für die Anschaffung und										
Unterhaltung eigener Kraftfahrzeuge[2]	8,2	11,6	8,2	11,2	8,3	11,0	8,8	11,4	8,8	11,3
dar. Pkw-Anschaffung[3]	2,8	4,1	2,8	3,9	2,7	3,6	2,8	3,6	2,9	3,4
Kraftstoffe	2,1	3,6	2,1	3,1	2,1	2,8	2,2	2,8	2,1	2,8
Kosten für die Wohnung[4]	16,7	6,6	16,5	9,6	16,8	12,1	17,5	12,7	17,4	13,6
dar. Elektrizität, Gas, Brennstoffe	3,1	3,0	3,0	4,2	2,9	2,9	2,9	3,6	2,7	3,4

Beginn der Anmerkungen siehe vorige Seite.- Haushaltstyp 3: Ein Ehepartner soll als Beamter oder Angestellter tätig und Hauptverdiener eines über dem Durchschnitt liegenden Familieneinkommens sein. Die Abgrenzungen beziehen sich auf die alten Bundesländer. Für die neuen Bundesländer wurden, soweit möglich, ähnliche Abgrenzungen gewählt.- Weitere Anmerkungen siehe folgende Seite.

B 7

Kostenentwicklung - Individualverkehr - Monatliche Belastung eines 4-Personen-Haushaltes[1]

	1996 ABL	1996 NBL	1997 ABL	1997 NBL	1998 ABL	1998 NBL	1999 ABL	1999 NBL
					DM je Monat			
Haushaltstyp 2								
Ausgabefähiges Einkommen	5 626	4 673	5 725	4 819	5 862	4 955	.	.
Kosten für die Anschaffung und								
Unterhaltung eigener Kraftfahrzeuge[2]	625	577	643	595	631	607	.	.
dar. Pkw-Anschaffung[3]	217	178	220	186	221	203	.	.
Kraftstoffe	158	144	170	150	164	150	.	.
Kosten für die Wohnung[4]	1 228	820	1 263	881	1 318	896	.	.
dar. Elektrizität, Gas, Brennstoffe	209	204	210	204	201	191	.	.
Haushaltstyp 3								
Ausgabefähiges Einkommen	8 880	6 047	9 006	6 275	9 292	6 455	.	.
Kosten für die Anschaffung und								
Unterhaltung eigener Kraftfahrzeuge[2]	800	676	812	687	801	679	.	.
dar. Pkw-Anschaffung[3]	268	208	281	215	286	222	.	.
Kraftstoffe	197	174	208	181	202	176	.	.
Kosten für die Wohnung[4]	1 565	875	1 615	949	1 661	990	.	.
dar. Elektrizität, Gas, Brennstoffe	243	224	244	216	232	207	.	.
				Anteil der Belastung am ausgabefähigen Einkommen - in vH				
Haushaltstyp 2								
Kosten für die Anschaffung und								
Unterhaltung eigener Kraftfahrzeuge[2]	11,1	12,3	11,2	12,3	10,8	12,2	.	.
dar. Pkw-Anschaffung[3]	3,9	3,8	3,8	3,9	3,8	4,1	.	.
Kraftstoffe	2,8	3,1	3,0	3,1	2,8	3,0	.	.
Kosten für die Wohnung[4]	21,8	17,6	22,1	18,3	22,5	18,1	.	.
dar. Elektrizität, Gas, Brennstoffe	3,7	4,4	3,7	4,2	3,4	3,9	.	.
Haushaltstyp 3								
Kosten für die Anschaffung und								
Unterhaltung eigener Kraftfahrzeuge[2]	9,0	11,2	9,0	11,0	8,6	10,5	.	.
dar. Pkw-Anschaffung[3]	3,0	3,4	3,1	3,4	3,1	3,4	.	.
Kraftstoffe	2,2	2,9	2,3	2,9	2,2	2,7	.	.
Kosten für die Wohnung[4]	17,6	14,5	17,9	15,1	17,9	15,3	.	.
dar. Elektrizität, Gas, Brennstoffe	2,7	3,7	2,7	3,4	2,5	3,2	.	.

Beginn der Anmerkungen siehe vorige Seite.- [2] Haushalt mit Kraftfahrzeugen.- [3] Über die durchschnittliche Nutzungsdauer errechnete Abschreibung. Neue Bundesländer teilweise geschätzt.- [4] Einschl. Elektrizität, Gas, Brennstoffe.

Preisindex für die Lebenshaltung aller privaten Haushalte - 1995 = 100

	1991	1992	1993	1994	1995	1996	1997	1998	1999
Preisindex für die Lebenshaltung insgesamt	87,2	91,6	95,7	98,3	100	101,4	103,3	104,3	104,9
Nahrungs- und Genußmittel	93,7	96,4	97,6	99,1	100	100,6	102,2	103,4	102,7
Bekleidung, Schuhe	92,6	95,2	97,8	99,2	100	100,7	101,1	101,5	101,8
Wohnungsmieten	75,0	82,7	91,2	96,0	100	103,4	106,3	108,0	109,2
Wasser, Energie, Wohnungsnebenkosten	90,4	93,9	96,9	98,9	100	100,9	102,6	103,3	103,8
Möbel, Haushaltsgeräte[1]	92,6	95,0	97,3	98,8	100	100,7	101,1	101,8	102,1
Gesundheitspflege	89,9	93,1	95,7	98,9	100	101,5	108,7	114,4	110,6
Verkehr	85,9	90,7	94,9	98,3	100	102,4	104,3	104,7	107,6
Kauf von Fahrzeugen	.	94,6	98,9	98,9	100	100,9	100,7	102,0	102,7
Kraftwagen	.	94,7	99,1	99,0	100	101,0	100,6	102,1	102,8
Waren und Dienstleistungen[2]	.	88,3	92,1	98,8	100	102,8	105,8	105,0	109,3
Kraftstoffe	.	90,7	91,3	100,7	100	104,3	107,5	102,1	109,1
Wartung und Reparaturen	.	87,6	93,2	97,1	100	102,4	104,4	106,1	107,5
Verkehrsdienstleistungen	.	85,2	91,0	94,6	100	103,6	106,4	109,3	111,4
Schienenverkehr[3]	.	86,6	94,0	94,5	100	105,0	107,0	111,2	113,9
Straßenverkehr[3]	.	88,9	93,6	96,0	100	102,4	104,4	106,0	107,9
Nachrichtenübermittlung	96,1	98,4	99,6	100,3	100	100,9	97,9	97,3	88,2
Freizeit, Unterhaltung, Kultur	91,9	95,5	97,9	99,0	100	100,4	102,5	103,1	103,4
Bildungswesen	73,1	79,1	87,4	96,1	100	103,7	107,8	112,9	117,5
Hotel- und Gaststätten[4]	86,9	91,3	96,3	98,6	100	101,1	102,1	103,6	104,2
Andere Waren und Dienstleistungen	83,0	87,2	92,8	96,8	100	100,5	102,3	102,8	104,5

[1] Einschl. Reparaturen.- [2] Für Privatfahrzeuge.- [3] Personenbeförderung.- [4] Dienstleistungen.

Käufe der privaten Haushalte
von Gütern für Verkehrszwecke - in Mrd. DM

Jahr	ins- gesamt	Kraft- fahrzeuge[1]	Kraft- stoffe	Übrige Kfz- Ausgaben[2]	Verkehrs- dienst- leistungen	Nach- richtl: Kfz- Steuer
1950/51[3]	.	.	.	.	.	0,19
1955/56[3]	.	.	.	.	.	0,41
1960	14,48	4,10	.	.	.	0,80
1965	26,83	7,75	.	.	.	1,39
1970	46,11	14,02	.	.	.	2,03
1975	69,26	20,77	16,44	20,39	11,66	2,81
1980	103,70	31,38	28,84	28,08	15,40	3,49
1985	133,26	43,32	35,25	36,27	18,42	3,90
1990	194,47	75,50	39,40	56,52	23,05	4,41
1991*	249,22	109,08	50,19	56,46	33,49	5,05
1992	267,56	113,84	53,38	61,50	38,84	6,02
1993	251,74	99,59	54,60	64,05	33,50	6,31
1994	262,34	101,46	57,66	67,47	35,75	6,36
1995	270,36	105,60	58,02	69,43	37,31	7,32
1996	283,28	113,60	60,29	71,21	38,18	7,28
1997	290,11	116,51	62,15	73,82	37,63	7,64
1998**	302,01	125,74	59,97	78,24	38,06	8,04
1999**	318,72	131,76	64,66	86,71	35,59	7,30

[1] Ab 1991 "Kauf von Fahrzeugen".- [2] Bis 1991 einschließlich Ausgaben für Fahrräder.- [3] Rechnungs- jahr (1.4. Bis 31.3.). Ohne Saarland.- * Ab 1991 hat sich die Abgrenzung der Volkswirtschaftlichen Gesamtrechnung verändert.- ** Vorläufige Werte.

Ausgaben privater Haushalte für Kraftstoffe - in Mio. DM

Jahr	Ausgaben Insgesamt	VK	DK	darunter Mehrwertsteuer VK	DK	Mineralölsteuer VK	DK
1950	.	.	.	.	.	.	.
1955	.	.	.	.	.	.	.
1960	1 960	1 878	82	-	-	722	27
1965	5 100	4 902	198	49	2	2 752	114
1970	8 720	8 360	360	828	36	5 134	205
1975	16 440	15 674	766	1 553	76	8 309	365
1980	28 840	27 139	1 701	3 178	199	10 250	605
1985	35 250	31 767	3 483	4 007	439	12 282	1 164
1990	39 400	34 609	4 791	4 365	604	17 756	2 090
1991	50 190	44 918	5 272	5 859	688	25 679	2 461
1992	53 380	47 720	5 660	6 224	738	29 673	2 937
1993	54 600	48 389	6 211	6 312	810	29 845	3 145
1994	57 660	51 282	6 378	6 689	832	33 517	3 453
1995	58 020	51 572	6 448	6 727	841	33 818	3 538
1996	60 290	53 284	7 006	6 950	914	33 425	3 560
1997	62 150	55 076	7 074	7 184	923	33 422	3 540
1998	59 970	53 452	6 518	7 273	887	34 200	3 545
1999*	64 660	57 339	7 321	7 909	1 010	35 620	3 873

VK = Vergaserkraftstoff, DK = Dieselkraftstoff.- * Vorläufige Werte.

Steuerbelastung des Kraftfahrzeugverkehrs

Jahr	Insgesamt	Kraft-fahrzeug-steuer[1]	Mineral-ölsteuer			Mineral-ölzoll
				je Liter Vergaser-kraftstoff[2]	je Liter Diesel-kraftstoff[2]	
	Mio. DM	Mio. DM	Mio. DM	DM	DM	Mio. DM
1950/51[3]	588	357	80	0,02	0,01	151
1955/56[3]	2 271	766	1 120	0,22	0,14	385
1960	4 650	1 510	2 340	0,23	0,18	800
1965	8 767	2 624	6 098	0,32	0,30	45
1970	13 483	3 830	9 653	0,35	0,33	7
1975	20 098	5 303	14 777	0,44	0,42	18
1980	25 297	6 585	18 688	0,44	0,42	24
1985	29 135	7 350	21 753	0,50	0,45	32
1990	37 239	8 314	28 903	0,57	0,45	22
1991	51 898	11 011	40 862	0,71	0,50	25
1992	60 797	13 317	47 471	0,82	0,55	10
1993	62 398	14 058	48 340	0,82	0,55	-
1994	69 081	14 169	54 912	0,98	0,62	-
1995	69 657	13 805	55 851	0,98	0,62	-
1996	69 657	13 743	55 914	0,98	0,62	-
1997	70 463	14 418	56 045	0,98	0,62	-
1998	71 857	15 171	56 686	0,98	0,62	-
1999	74 928	13 767	61 161	1,03	0,67	-

[1] Die Jahressteuer für Personen- und Kombinationskraftwagen betrug bis 30.6.1985 14,40 DM je 100 Kubikzentimeter Hubraum. Seit 1.7.1985 gelten nach Abgaswerten und Zulassungsjahren differenzierte fahrzeugspezifische Steuersätze.- [2] Jahresdurchschnitt. Seit 1.4.85 gelten getrennte Steuersätze für unverbleiten und verbleiten Vergaserkraftstoff. Ausgewiesen ist bleifreier Kraftstoff.

Verbleiter Vergaserkraftstoff: 1. 4. 1985 bis 31. 12. 1988 = 0,53 DM/l,
1. 1. 1989 bis 31. 12. 1990 = 0,65 DM/l,
1. 1. 1991 bis 30. 6. 1991 = 0,67 DM/l,
1. 7. 1991 bis 31. 12. 1993 = 0,92 DM/l,
1. 1. 1994 bis 31. 3. 1999 = 1,08 DM/l.
Ab 1.4.1999   = 1,14 DM/l.

[3] Ohne Saarland. Jeweils 1.4. bis 31.3.

Mineralölsteueraufkommen der Personenkraftwagen [1]
in Mio. DM

Jahr	Gesamtaufkommen			darunter: Private Haushalte [2]		
	insgesamt	VK	DK	insgesamt	VK	DK
1950	.	.	.	.	.	.
1955	.	.	.	.	.	.
1960	2 351	2 242	109	749	722	27
1965	5 384	5 147	237	2 866	2 752	114
1970	8 921	8 548	373	5 339	5 134	205
1975	11 336	10 792	544	8 675	8 309	365
1980	13 892	12 990	902	10 855	10 250	605
1985	16 823	15 129	1 694	13 445	12 282	1 164
1990	23 009	20 332	2 677	19 846	17 756	2 090
1991	31 922	28 872	3 050	28 140	25 679	2 461
1992	37 031	33 322	3 709	32 610	29 673	2 937
1993	37 401	33 239	3 939	32 990	29 845	3 145
1994	42 434	38 009	4 425	36 970	33 517	3 453
1995	42 755	38 270	4 485	37 356	33 818	3 538
1996	42 609	38 108	4 501	36 986	33 425	3 560
1997*	42 456	38 008	4 449	36 962	33 422	3 540
1998*	42 382	38 021	4 360	37 745	34 200	3 545
1999*	44 586	39 791	4 796	39 493	35 620	3 873

[1] Einschl. Kombinationskraftwagen.- [2] Mineralölsteueraufkommen insgesamt.- * Zum Teil vorläufige Werte.- VK = Vergaserkraftstoff, DK = Dieselkraftstoff.

Energieverbrauch in der Bundesrepublik - in Petajoule[1]

Jahr	Primär-Energieverbrauch		End-Energieverbrauch		Anteil des Verkehrs am End-Energieverbrauch[2]		nachrichtl.: Bunkerungen seegehender Schiffe[3]
		Mineralölanteil		Mineralölanteil	insgesamt	bei Mineralöl	
	insgesamt	in vH	insgesamt	in vH	in vH	in vH	
1950	3 970	4,7	2 541	5,2	17,2	75,6	40
1955	5 374	8,5	3 696	9,8	15,3	62,5	93
1960	6 199	21,0	4 269	24,0	15,5	41,0	108
1965	7 755	40,8	5 398	44,8	16,4	30,4	149
1970	9 880	53,0	6 753	56,1	17,1	28,4	155
1975	10 190	52,1	6 859	57,9	19,8	33,0	116
1980	11 436	47,6	7 529	53,4	22,1	40,3	119
1985	11 284	41,4	7 389	48,9	23,2	46,2	120
1990	11 495	41,0	7 429	48,8	28,1	56,6	84
1991	14 610	38,0	9 316	45,5	26,4	56,8	87
1992	14 314	39,3	9 074	47,2	27,8	57,6	73
1993	14 305	40,2	9 177	48,0	28,3	57,7	92
1994	14 182	40,1	9 035	47,6	28,3	58,1	85
1995	14 267	39,8	9 323	46,2	28,0	59,4	85
1996	14 746	39,4	9 688	45,9	26,9	57,7	86
1997*	14 572	39,5	9 542	45,8	27,9	59,0	90
1998*	14 461	39,9	9 485	45,9	28,3	60,4	85
1999*	14 225	39,4	9 287	45,2	29,8	64,3	87

[1] 1 Mio. t SKE = 29,308 Petajoule.- [2] Ab 1982 wird der Energieverbrauch der stationären Anlagen nicht mehr vollständig dem Verkehrsbereich zugeordnet.- [3] Ab 1986 einschl. Transitware für internationale Bunker (1986 = 52, 1990 = 15 Petajoule). Ohne Schmierstoffe (1999: 1,7 Petajoule).-
* Vorläufige Werte.

End-Energieverbrauch[1] - nach Wirtschafts- und Verkehrsbereichen - in Petajoule

Jahr	insgesamt	nach Wirtschaftsbereichen			davon		davon						nachrichtl. Bunkerungen seegehender Schiffe[11]
		Industrie	Haus-halte[2]	Verkehr[3]	Schienen-verkehr[3)4]	Straßen-verkehr[5]	Personen-verkehr	Individual-verkehr[6]	Öffentl. Verkehr[7]	Güter-verkehr[8]	Luft-verkehr[9]	Binnen-schiffahrt[10]	
1950	2 541	1 162	940	439	313	94	.	.	.	.	.	32	40
1955	3 696	1 747	1 385	564	317	212	122	107	15	90	3	32	93
1960	4 269	2 071	1 536	662	250	373	241	224	17	132	10	29	110
1965	5 398	2 307	2 207	884	175	647	455	435	20	192	30	32	149
1970	6 753	2 661	2 934	1 158	118	936	688	665	23	248	67	37	155
1975	6 859	2 462	3 042	1 355	78	1 154	888	859	30	266	85	38	117
1980	7 529	2 581	3 282	1 666	74	1 447	1 087	1 053	34	360	109	36	122
1985	7 389	2 287	3 390	1 712	60	1 497	1 134	1 100	34	363	124	30	122
1990	7 429	2 252	3 086	2 091	59	1 818	1 387	1 352	35	431	187	27	86
1991	9 316	2 694	4 162	2 460	91	2 150	1 577	1 533	44	573	192	28	87
1992	9 074	2 560	3 992	2 522	88	2 198	1 598	1 555	43	600	206	30	73
1993	9 177	2 434	4 148	2 596	84	2 265	1 641	1 597	44	624	217	30	92
1994	9 035	2 463	4 017	2 555	90	2 209	1 559	1 518	41	650	226	30	85
1995	9 323	2 474	4 235	2 614	89	2 266	1 582	1 542	40	684	235	24	85
1996	9 688	2 424	4 639	2 625	90	2 267	1 573	1 534	40	694	246	22	86
1997*	9 542	2 456	4 442	2 644	89	2 283	1 570	1 530	41	713	255	17	90
1998*	9 485	2 409	4 389	2 687	84	2 325	1 574	1 533	41	751	262	16	85
1999*	9 287	2 383	4 129	2 775	79	2 402	1 585	1 544	41	817	281	13	87

[1] Ohne Bunkerungen seegehender Schiffe.- [2] Einschl.gewerbl. Kleinverbraucher, Landwirtschaft und militärischer Dienststellen.- [3] Ab 1985 wird der Energieverbrauch der stationären Anlagen nicht mehr vollständig dem Verkehrsbereich zugeordnet.- [4] Eisenbahn, U-Bahn, Straßenbahn.- [5] Errechnet für die Inlandfahrleistung (d.h. ohne die Auslandsstrecken duetscher Kraftfahrzeuge, aber einschl. der Inlandsstrecken ausländischer Kraftfahrzeuge. Ohne Ackerschlepper in der Landwirtschaft.- [6] Pkw und Kombi, Krafträder, Mopeds, Mofas, Mokicks.- [7] Kraftomnibusse.- [8] Lastkraftwagen, Sattelzüge und Zugmaschinen, einschl. der Kfz nicht zur Lastenbeförderung.- [9] Inlandsabsatz.- [10] Einschl. Hafen- und Küstenschiffahrt.- [11] Ab 1990 einschl. Transitware für internationale Bunker (1990 = 15 Petajoule). Ohne Schmierstoffe (1999 = 1,7 Petajoule).- * Vorläufige Werte.

End-Energieverbrauch des Verkehrs[1] - nach Energieträgern - in Petajoule

Jahr	Insgesamt[1]	Nach Energieträgern Mineralöl	davon Vergaser-kraftstoff	darunter bleifrei	Diesel-kraftstoff[2]	Flug-kraftstoffe	Elektrischer Strom	Sonstige Energie-träger[3]	nachrichtl. Bunkerungen seegehender Schiffe[4]
1950	439	99	57	—	42	.	6	334	40
1955	564	227	116	—	108	3	10	327	93
1960	662	417	233	—	174	10	14	231	110
1965	884	734	443	—	262	29	21	129	149
1970	1 158	1 076	665	—	344	67	29	53	155
1975	1 355	1 311	853	—	373	85	32	12	117
1980	1 666	1 622	1 025	—	488	109	38	6	119
1985*	1 712	1 670	999	10	547	124	40	1	120
1990	2 091	2 050	1 160	800	703	187	41	0	84
1991	2 460	2 404	1 339	1 044	873	192	55	1	87
1992	2 522	2 466	1 344	1 142	917	204	54	1	73
1993	2 596	2 541	1 351	1 196	972	218	53	1	92
1994	2 555	2 498	1 277	1 178	994	227	55	2	85
1995	2 614	2 553	1 301	1 226	1 019	233	58	2	85
1996	2 625	2 562	1 301	1 272	1 016	245	59	4	86
1997**	2 644	2 579	1 298	1 294	1 026	255	61	4	90
1998**	2 687	2 625	1 300	1 297	1 064	261	58	4	85
1999**	2 775	2 717	1 300	1 298	1 136	281	54	4	87

[1] Ohne Bunkerungen seegehender Schiffe.- [2] Einschl. Heizöl (1975 = 10 Petajoule, ab 1985 = unter 1 Petajoule) und Petroleum (unter 0,1 Petajoule).- [3] Steinkohle (1991 = 0,7 Petajoule), Steinkohlenkoks, Braunkohlenbriketts, Gase (unter 1 Petajoule) sowie (ab 1996) Biodiesel (1996 = 2,0 Petajoule, 1999 = 3,9 Petajoule).- [4] Ab 1990 einschl. Transitware für internationale Bunker (1990 = 15 Petajoule). Ohne Schmierstoffe (1999 = 1,7 Petajoule).- * 1985 wird der Energieverbrauch der stationären Anlagen nicht mehr vollständig dem Verkehrsbereich zugeordnet.- **Vorläufige Werte.

End-Energieverbrauch des Verkehrs
nach Verkehrsbereichen in Exajoule (EJ)*

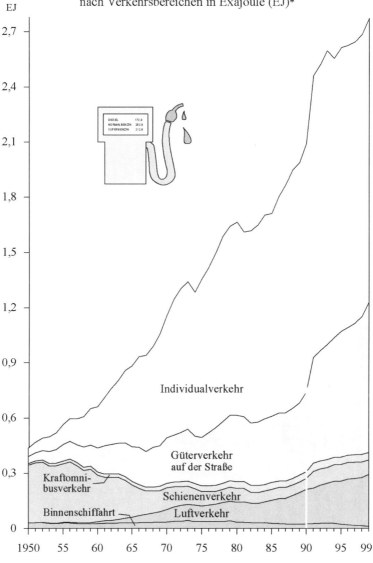

Daten siehe Seite 277 und Verkehr in Zahlen 1991 — *1 Mrd.t SKE = 29,3076 EJ (10^{18} Joule)

End-Energieverbrauch des Verkehrs[1] - nach ausgewählten Verkehrsbereichen

		1950	1955	1960	1965	1970	1975	1980	1985*	1990
Schienenverkehr[10]										
Lokomotivkohle	1 000 t	7 755	9 143	6 450	3 751	1 379	210	111	-	-
Dieselkraftstoff[2]	1 000 t	15	53	315	478	593	582	523	470	426
Elektrischer Strom	Mio. kWh	1 655	2 652	3 859	5 629	7 928	8 857	10 646	11 161	11 312
Binnenschiffahrt[3]										
Dieselkraftstoff[2]	1 000 t	123	277	541	710	860	897	847	699	631
Luftfahrt[4]										
Flugkraftstoffe[5]	1 000 t	.	65	224	701	1 554	1 990	2 552	2 913	4 379
deutsche Flugzeuge	1 000 t	.	4	78	293	798	1 101	1 415	1 667	2 570
ausländische Flugzeuge	1 000 t	.	61	146	408	756	889	1 137	1 246	1 809
Straßenverkehr[6]										
Vergaserkraftstoff	1 000 t	1 298	2 654	5 336	10 147	15 322	19 430	23 531	22 941	26 639
Dieselkraftstoff	1 000 t	838	2 157	3 160	4 800	6 320	7 060	9 880	11 645	15 395
Verkehr insgesamt										
Kohle[7]	1 000 t	11 414	11 091	7 750	4 463	1 821	428	111	-	-
Vergaserkraftstoff	1 000 t	1 298	2 654	5 336	10 147	15 322	19 430	23 531	22 941	26 639
Dieselkraftstoff[2]	1 000 t	976	2 487	4 016	5 988	7 773	8 539	11 250	12 906	16 450
Flugkraftstoffe[5]	1 000 t	.	65	224	701	1 554	1 990	2 553	2 913	4 379
Gase	Mio. m³	32	112	102	28	64	5	93	18	5
Elektrischer Strom	Mio. kWh	1 655	2 652	3 859	5 629	7 928	8 857	10 646	11 161	11 312
aus öffentlichem Netz	Mio. kWh	.	.	2 298	2 934	3 292	3 909	4 399	4 935	5 926
von Anlagen für die DB[8]	Mio. kWh	.	.	1 561	2 695	4 636	4 948	6 247	6 226	5 386
nachrichtlich: Seeschiffahrt[9]										
schweres Heizöl/Dieselkraftstoff	1 000 t	241	1 604	2 315	3 501	3 728	2 814	2 886	2 887	2 065
deutsche Schiffe	1 000 t	.	513	850	973	1 125	786	808	938	816
ausländische Schiffe	1 000 t	.	1 091	1 465	2 528	2 603	2 028	2 078	1 949	1 249

[1] Ohne den Verbrauch militärischer Dienststellen.- [2] Einschl. Heizöl.- [3] Einschl. Hafen- und Küstenschiffahrt.- [4] Lieferungen an die Luftfahrt. - [5] Flugbenzin, Flugturbinenkraftstoff und Petroleum (ohne Schmieröle und -fette, 1991 = 0,7 Tsd. t).- [6] Errechnet für die Inlandsfahrleistung, d. h. ohne die Auslandsstrecken deutscher Kraftfahrzeuge, aber einschl. der Inlandsstrecken ausländischer Kraftfahrzeuge. Ohne Ackerschlepper in der Landwirtschaft. - [7] Steinkohle, Steinkohlenkoks und Braunkohlenbriketts.- Weitere Anmerkungen siehe folgende Seite.

End-Energieverbrauch des Verkehrs[1] - nach ausgewählten Verkehrsbereichen

		1991	1992	1993	1994	1995	1996	1997**	1998**	1999**
Schienenverkehr										
Lokomotivkohle	1 000 t	23	20	11	8	4	3	3	3	3
Dieselkraftstoff[2]	1 000 t	810	797	796	742	723	688	647	618	580
Elektrischer Strom	Mio. kWh	15 317	14 895	14 997	15 406	16 191	16 545	16 859	16 082	15 000
Binnenschiffahrt[3]										
Dieselkraftstoff[2]	1 000 t	655	699	710	694	548	504	398	365	298
Luftfahrt[4]										
Flugkraftstoffe[5]	1 000 t	4 496	4 824	5 064	5 261	5 455	5 710	5 930	6 098	6 543
dar. deutsche Flugzeuge	1 000 t	2 670	2 959	.	.	.	.	.	.	.
ausländische Flugzeuge	1 000 t	1 825	1 867	.	.	.	.	.	.	.
Straßenverkehr[6][11]										
Vergaserkraftstoff	1 000 t	49 600	50 850	51 869	50 785	51 955	52 361	52 708	53 737	55 549
dar. bleifrei	1 000 t	30 762	30 864	31 012	29 491	29 855	29 853	29 798	29 856	29 869
Dieselkraftstoff	1 000 t	23 828	26 230	27 982	27 406	28 425	29 288	29 786	29 855	29 868
	1 000 t	18 838	19 986	20 857	21 294	22 100	22 453	22 825	23 786	25 574
Verkehr insgesamt										
Kohle[7]	1 000 t	23	20	11	8	4	3	3	3	3
Vergaserkraftstoff	1 000 t	30 762	30 864	31 012	29 491	29 855	29 853	29 798	29 856	29 869
Dieselkraftstoff[2]	1 000 t	20 303	21 482	22 363	22 730	23 371	23 645	23 870	24 769	26 452
Flugkraftstoffe[5]	1 000 t	4 496	4 824	5 064	5 261	5 455	5 710	5 930	6 098	6 543
Gase	Mio. m³	6	10	8	4	3	2	2	2	2
Elektrischer Strom	Mio. kWh	15 317	14 895	14 997	15 405	16 191	16 545	16 859	16 082	15 000
aus öffentlichem Netz	Mio. kWh	9 454	8 879	8 953	9 367	9 762	9 737	9 611	9 453	9 000
von Anlagen für die DB[8]	Mio. kWh	5 863	6 016	6 044	6 038	6 429	6 808	7 248	6 629	6 000
nachrichtlich: Seeschiffahrt[9]										
schweres Heizöl/Dieselkraftstoff	1 000 t	2 110	1 760	2 216	2 045	2 062	2 043	2 169	2 057	2 097
deutsche Schiffe	1 000 t	752	625	754	597	544	325	385	446	492
ausländische Schiffe	1 000 t	1 358	1 135	1 462	1 448	1 518	1 719	1 784	1 611	1 605

Beginn der Anmerkungen siehe vorige Seite.- [8]) Von Stromerzeugungsanlagen für die Deutsche Bundesbahn. Ohne Eigenverbrauch der Stromerzeugungsanlagen.- [9]) Bunkerungen seegehender Schiffe. Ab 1990 einschl. Transitware für internationale Bunker (1990: 365 Tsd. t). Ohne Schmieröle und -fette (1999: 43 Tsd. t).- [10]) Bis 1960 ohne Saarland und Berlin-West.- [11]) Ab 1996 einschl. Biodiesel (1996 = 55 Tsd. t, 1999 = 106 Tsd. t).-
* Ab 1985 wird der Energieverbrauch der stationären Anlagen nicht mehr vollständig dem Verkehrsbereich zugeordnet. ** Zum Teil vorläufige Werte.

Kraftstoffverbrauch, Kraftstoffpreise, Fahrleistungen im Straßenverkehr

		1950	1955	1960	1965	1970	1975	1980	1985	1990
		Kraftstoffverbrauch und Fahrleistungen der Personen- und Kombinationskraftwagen[1]								
Pkw und Kombi insgesamt										
Durchschnittsverbrauch	l/100 km	.	.	8,1	8,7	9,6	9,9	10,1	9,9	9,4
Durchschnittliche Motorleistung	kW	.	.	.	31	38	46	53	57	60
mit Otto-Motor										
Durchschnittsverbrauch	l/100 km	.	.	8,2	8,7	9,6	10,0	10,2	10,2	9,7
Gesamtverbrauch	Mio. l	.	.	5 900	12 554	19 428	24 527	29 523	29 095	34 461
Durchschnittliche Fahrleistung[2]	1 000 km	.	.	16,6	16,0	15,0	14,2	13,2	12,2	13,3
Gesamtfahrleistung	Mio. km	.	.	71 942	143 909	202 262	245 683	290 300	286 099	354 371
mit Diesel-Motor										
Durchschnittsverbrauch	l/100 km	.	.	7,0	8,1	8,6	8,9	9,1	8,2	7,8
Gesamtverbrauch	Mio. l	.	.	323	636	914	1 310	2 173	3 806	6 015
Durchschnittliche Fahrleistung[2]	1 000 km	.	.	31,0	27,6	24,5	22,9	21,1	19,8	18,7
Gesamtfahrleistung	Mio. km	.	.	4 613	7 830	10 650	14 774	24 014	46 352	77 117
		Kraftstoffverbrauch im Straßenverkehr[3]								
Verkehr insgesamt	Mio. l	.	.	10 639	19 069	27 646	33 631	42 604	43 514	52 687
Personenverkehr	Mio. l	.	.	7 233	13 961	21 129	26 846	32 942	34 183	41 770
Güterverkehr[4]	Mio. l	.	.	3 406	5 108	6 517	6 785	9 662	9 331	10 917
		Kraftstoffpreise[5]								
Benzin[6] (Normal)	DM/l	0,55	0,62	0,60	0,57	0,57	0,83	1,17	1,35	1,14
Diesel	DM/l	0,32	0,49	0,54	0,52	0,58	0,87	1,12	1,33	1,02

[1] Errechnet als Inländerfahrleistung (d.h. einschl. der Auslandsstrecken deutscher Kfz, aber ohne die Inlandsstrecken ausländischer Kfz). Nicht enthalten sind der Kraftstoffverbrauch und die Fahrleistungen der Kraftfahrzeuge der Bundeswehr, des Bundesgrenzschutzes und ausländischer Streitkräfte. - [2] Bezogen auf den Fahrzeugbestand einschl. der vorübergehend abgemeldeten Fahrzeuge. - [3] Ohne Ackerschlepper in der Landwirtschaft sowie Kraftfahrzeuge der Bundeswehr, des Bundesgrenzschutzes und ausländischer Streitkräfte. - Weitere Anmerkungen siehe folgende Seite.

Kraftstoffverbrauch, Kraftstoffpreise, Fahrleistungen im Straßenverkehr

		1991	1992	1993	1994	1995	1996	1997	1998	1999
		Kraftstoffverbrauch und Fahrleistungen der Personen- und Kombinationskraftwagen[1]								
Pkw und Kombi insgesamt										
Durchschnittsverbrauch	l/100 km	9,2	9,1	9,1	9,0	9,0	8,9	8,8	8,7	8,6
Durchschnittliche Motorleistung	kW	.	61	61	62	63	64	65	66	67
mit Otto-Motor										
Durchschnittsverbrauch	l/100 km	9,5	9,4	9,4	9,3	9,2	9,1	9,0	8,9	8,9
Gesamtverbrauch	Mio. l	39 610	39 902	39 980	38 509	38 855	38 797	38 785	38 802	38 820
Durchschnittliche Fahrleistung[2]	1 000 km	12,8	12,8	12,6	12,0	12,0	12,0	12,0	12,0	11,9
Gesamtfahrleistung	Mio. km	416 323	423 650	426 205	414 092	420 063	424 243	430 434	434 727	438 037
mit Diesel-Motor										
Durchschnittsverbrauch	l/100 km	7,7	7,8	7,8	7,6	7,6	7,6	7,6	7,5	7,5
Gesamtverbrauch	Mio. l	6 122	6 669	7 112	7 137	7 234	7 260	7 175	7 033	7 212
Durchschnittliche Fahrleistung[2]	1 000 km	18,5	18,2	18,0	17,4	17,1	16,9	16,9	17,0	17,1
Gesamtfahrleistung	Mio. km	80 086	86 309	91 618	93 381	94 812	95 156	94 412	93 278	96 324
		Kraftstoffverbrauch im Straßenverkehr[3]								
Verkehr insgesamt	Mio. l	62 118	63 744	64 462	64 222	65 432	65 739	66 091	66 651	68 365
Personenverkehr	Mio. l	47 443	48 228	48 701	47 257	47 710	47 716	47 678	47 595	47 834
Güterverkehr[4]	Mio. l	14 675	15 516	15 761	16 965	17 722	18 023	18 413	19 056	20 531
		Kraftstoffpreise[5]								
Benzin[6] (Normal)	DM/l	1,28	1,34	1,35	1,51	1,50	1,57	1,62	1,53	1,65
Diesel	DM/l	1,07	1,06	1,09	1,15	1,13	1,22	1,24	1,14	1,26

Beginn der Anmerkungen siehe vorige Seite.- [4] Mit Lastkraftwagen (Normal- und Spezialaufbau), Sattelzügen, Zugmaschinen sowie übrigen Kraftfahrzeugen.- [5] Durchschnittlicher Tankstellenabgabepreis. Bis 1983 Bedienungstanken, ab 1984 Selbstbedienung. Steuerbelastung auf Basis Inlandsware, d.h. einschl. Mineralölsteuer, Mehrwertsteuer und Erdölbevorratungs-Beitrag.- [6] Die Kraftstoffpreise gelten bis 1985 für verbleites Normalbenzin; ab 1990 für bleifreies Normalbenzin.- * Zum Teil vorläufige Werte.

Umweltbelastung - Luftverunreinigung

Grundlagen der Ermittlungen sind Emissionsmessungen und Brennstoffanalysen in Verbindung mit Angaben zum Energieverbrauch und zu bestimmten Produktionsgütern.

Die **Kohlenmonoxidbelastung** resultiert im wesentlichen aus dem Kraftfahrzeugverkehr mit Verbrennungsmotoren. Die Konzentration der Kohlenmonoxidbildung schwankt dabei stark nach dem Grad der Kraftstoffverbrennung und ist bei vollständiger Verbrennung am geringsten.

Kohlendioxid entsteht bei der Verbrennung fossiler Energieträger. Neben der Höhe des Energieeinsatzes ist auch dessen Struktur nach Energieträgern für die Emissionen von Bedeutung. Die höchsten Emissionen, bezogen auf eine Energieeinheit, verursacht die Verbrennung von Braun- und Steinkohle. Die niedrigsten Emissionen entstehen bei der Verbrennung von Naturgasen. Mineralöle nehmen eine Mittelstellung ein.

Schwefeldioxid resultiert überwiegend aus der Verbrennung schwefelhaltiger fossiler Energieträger in den Kraftwerken.

Stickstoffoxide entstehen bei der Verbrennung durch den Stickstoffgehalt der Luft. Durch den zunehmenden Kraftfahrzeugverkehr, die Ausstattung der Fahrzeuge mit höher verdichtenden Otto-Motoren und durch motorische Maßnahmen zur Senkung von Kraftstoffverbrauch und Kohlenmonoxidausstoß ist diese Belastung ansteigend.

Bei der Belastung durch **flüchtige organische Verbindungen (VOC)**, handelt es sich u. a. um unverbrannte Brennstoffreste und Reaktionsprodukte aus Herstellungsprozessen oder um Materialverluste durch Lagerung und Verbrauch organischer Produkte wie Farben, Lacke und Verdünnungen.

Die **Staubemissionen** resultieren aufgrund des natürlichen Aschegehaltes vor allem der Kohle aus Feuerungsanlagen, aus der produktionsbedingten Herstellung von Eisen und Stahl und aus dem Umschlag von Schüttgütern.

Umweltbelastung - Luftverunreinigung[1] - nach Art der Emissionen und Emittentengruppen

	Einheit	1975	1980	1985	1990	1992	1994	1996*	1998*
Kohlenmonoxid (CO)	kt	12 959	11 006	8 975	11 218	8 350	7 053	6 284	5 425
Straßenverkehr	vH	67,3	68,4	68,5	59,6	61,9	58,0	56,6	54,6
Übriger Verkehr[2]	vH	3,1	2,6	2,7	2,2	2,3	2,6	2,5	3,2
Haushalte	vH	9,5	8,7	9,8	21,1	16,9	17,7	17,5	15,8
Kleinverbraucher[3]	vH	1,6	1,5	1,5	1,6	1,4	1,3	1,6	1,6
Industrieprozesse[4]	vH	6,1	7,0	7,4	6,3	7,3	8,4	9,4	11,1
Industriefeuerungen[5]	vH	12,1	11,4	9,6	7,6	8,4	10,1	10,5	11,8
Kraft- und Fernheizwerke[6]	vH	0,3	0,4	0,5	1,4	1,6	1,7	1,9	2,0
Gew. und Vert. von Brennst.	vH	0,0	0,0	0,0	0,2	0,2	0,0	0,0	0,0
Stickstoffoxide (NO$_x$ als NO$_2$)	kt	2 247	2 617	2 539	2 709	2 311	2 042	1 919	1 780
Straßenverkehr	vH	36,0	41,1	44,9	47,2	51,3	52,1	50,1	48,1
Übriger Verkehr[2]	vH	9,6	7,7	8,0	9,8	9,9	11,3	10,8	12,4
Haushalte	vH	3,6	3,3	3,5	3,9	4,1	4,8	5,8	5,8
Kleinverbraucher[3]	vH	2,4	2,1	1,9	2,5	2,2	2,0	2,5	2,1
Industrieprozesse[4]	vH	1,8	1,6	1,0	1,1	0,8	0,7	0,7	0,7
Industriefeuerungen[5]	vH	17,3	13,5	10,7	14,2	12,1	12,2	12,2	12,4
Kraft- und Fernheizwerke[6]	vH	29,2	30,6	30,0	21,3	19,5	16,9	17,9	18,5
Schwefeldioxid (SO$_2$)	kt	3 307	3 164	2 367	5 321	3 307	2 473	1 476	1 292
Straßenverkehr	vH	2,2	2,1	2,2	1,6	2,0	2,8	2,6	2,3
Übriger Verkehr[2]	vH	1,2	0,6	0,6	0,5	0,4	0,5	0,4	0,4
Haushalte	vH	9,2	6,2	5,6	8,4	6,8	7,9	10,0	7,9
Kleinverbraucher[3]	vH	6,2	4,5	4,2	8,7	5,5	3,2	4,2	2,8
Industrieprozesse[4]	vH	2,8	3,5	4,1	4,2	2,5	3,1	5,2	5,8
Industriefeuerungen[5]	vH	25,2	23,7	19,7	24,3	19,0	16,1	19,6	19,7
Kraft- und Fernheizwerke[6]	vH	53,1	59,4	63,6	52,3	63,8	66,4	58,0	61,1

[1] Ohne natürliche Quellen.- [2] Land-, Forst- und Bauwirtschaft, Militär-, Schienen und Luftverkehr, Binnen- und Küstenschiffahrt, Hochseebunkerungen.- [3] Einschl. militärische Dienststellen.- [4] Ohne energiebedingte Emissionen.- [5] Übriger Umwandlungsbereich, Verarbeitendes Gewerbe und sonstiger Bergbau. Bei Industriekraftwerken nur Wärmeerzeugung.- [6] Bei Industriekraftwerken nur Stromerzeugung.- [7] Aus Energieverbrauch und Industrieprozessen mit Klimarelevanz.- * Vorläufige Werte.- Weitere Anmerkungen siehe folgende Seiten.

Quelle: Umweltbundesamt

Umweltbelastung - Luftverunreinigung[1] - nach Art der Emissionen und Emittentengruppen

	Einheit	1975	1980	1985	1990	1992	1994	1996*	1998*
Kohlendioxid (CO_2)[7]	Mio.	**728**	**792**	**723**	**1 014**	**928**	**904**	**924**	**886**
Straßenverkehr	vH	11,5	13,3	15,1	14,8	17,3	17,8	17,9	19,0
Übriger Verkehr[2]	vH	2,2	1,9	2,1	2,2	1,9	2,1	1,8	2,0
Haushalte	vH	15,4	14,8	15,9	12,6	13,3	14,2	15,8	15,3
Kleinverbraucher[3]	vH	9,2	7,8	7,6	7,5	7,0	6,2	7,3	5,9
Industrieprozesse[4]	vH	3,7	3,4	2,8	2,8	2,7	3,0	2,7	2,8
Industriefeuerungen[5]	vH	25,7	24,2	22,1	21,0	18,1	17,6	16,6	16,7
Kraft- und Fernheizwerke[6]	vH	32,3	34,6	34,4	39,2	39,7	39,2	38,0	38,3
Organische Verbindungen[8]	kt	**2 528**	**2 522**	**2 447**	**3 225**	**2 540**	**2 158**	**1 861**	**1 705**
Straßenverkehr	vH	33,8	37,4	38,1	45,2	38,5	31,8	29,3	24,0
Übriger Verkehr[2]	vH	2,7	2,3	2,4	2,3	2,3	2,6	2,7	3,1
Haushalte	vH	1,5	1,3	1,6	4,0	3,2	3,4	3,6	3,3
Kleinverbraucher[3]	vH	0,3	0,2	0,2	0,3	0,2	0,2	0,3	0,3
Industrieprozesse[4]	vH	10,2	6,2	4,6	4,7	5,1	6,1	6,8	7,4
Industriefeuerungen[5]	vH	0,5	0,5	0,4	0,4	0,3	0,4	0,4	0,5
Kraft- und Fernheizwerke[6]	vH	0,3	0,4	0,3	0,3	0,3	0,3	0,4	0,4
Gew. und Vert. von Brennst.[9]	vH	5,8	6,9	7,0	6,8	7,1	4,6	2,3	2,5
Lösemittelverwendung[10]	vH	44,9	44,8	45,4	36,0	42,9	50,5	54,3	58,7
Staub	kt	**793**	**673**	**538**	**1 881**	**630**	**374**	**316**	**283**
Straßenverkehr	vH	3,0	4,5	6,3	7,2	20,5	30,2	32,6	35,3
Übriger Verkehr[2]	vH	2,6	2,2	2,6	1,4	3,5	5,6	6,0	7,1
Haushalte	vH	10,0	7,3	7,6	8,1	11,6	16,3	15,8	11,3
Kleinverbraucher[3]	vH	2,1	2,2	1,7	9,7	7,9	4,3	2,5	1,9
Industrieprozesse[4]	vH	35,4	33,0	29,0	22,9	20,5	30,2	32,6	35,3
Industriefeuerungen[5]	vH	6,1	5,9	5,8	23,3	11,0	4,0	2,2	2,5
Kraft- und Fernheizwerke[6]	vH	19,9	19,0	16,5	24,9	26,5	11,5	10,4	10,2
Schüttgutumschlag[11]	vH	20,8	25,9	30,5	7,2	11,9	15,8	17,4	19,1

Anmerkungen 1 bis 7 siehe vorherige Seite.- [8] Flüchtige organische Verbindungen ohne Methan.- [9] Verteilung von Otto-Kraftstoff.- [10] In Industrie, Gewerbe und Haushalten.- [11] Umschlag staubender Güter mit Berücksichtigung von Minderungsmaßnahmen (bis 1985 Grobabschätzung).- [12] Düngemitteleinsatz, Verwendung tierischer Abfälle, Anlagen zur Abwassersstickstoffeliminierung noch nicht erfaßt.- [13] Anwendung von Lachgas als Narkosemittel.- Weitere Anmerkungen siehe folgende Seite.

Quelle: Umweltbundesamt

Umweltbelastung - Luftverunreinigung[1]) - nach Art der Emissionen und Emittentengruppen

	Einheit	1975	1980	1985	1990	1992	1994	1996*	1998*
Distickstoffoxid (N_2O)	kt	**151**	**175**	**186**	**221**	**220**	**212**	**220**	**160**
Verkehr[2][14]	vH	1,3	1,7	2,1	5,0	6,8	8,0	8,2	11,9
Haushalte	vH	2,0	1,7	1,6	1,8	1,4	1,9	1,8	2,5
Kleinverbraucher[3]	vH	1,3	1,1	1,1	0,9	0,9	0,5	0,9	0,6
Industrieprozesse[4]	vH	37,0	38,3	42,4	37,1	42,3	38,2	39,6	18,1
Industriefeuerungen[5]	vH	3,3	2,9	2,1	2,7	2,3	1,9	1,8	2,5
Kraft- und Fernheizwerke[6]	vH	6,0	5,7	4,8	6,3	5,9	6,1	5,9	7,5
Land- und Abfallwirtschaft[12][19]	vH	45,8	45,7	43,1	43,4	37,7	40,6	38,8	52,8
Produktverwendung[13]	vH	3,3	2,9	2,7	2,7	2,7	2,8	2,9	4,0
Methan (CH_4)	kt	**4 991**	**4 921**	**4 605**	**5 571**	**4 654**	**4 022**	**3 555**	**3 484**
Straßenverkehr	vH	0,7	0,8	0,8	1,1	0,9	0,8	0,8	0,6
Übriger Verkehr[2]	vH	0,0	0,0	0,0	0,0	0,0	0,0	0,1	0,1
Haushalte	vH	1,1	0,9	0,8	2,1	1,6	1,6	1,6	1,3
Kleinverbraucher[3]	vH	0,2	0,2	0,1	0,2	0,1	0,1	0,2	0,1
Industrieprozesse[4]	vH	0,6	0,4	0,3	0,2	0,2	0,1	0,1	0,1
Industriefeuerungen[5]	vH	0,3	0,3	0,3	0,2	0,2	0,2	0,2	0,2
Kraft- und Fernheizwerke[6]	vH	0,2	0,2	0,2	0,1	0,2	0,2	0,2	0,2
Gew. u. Vert. von Brennst.[15]	vH	37,9	34,1	35,1	27,8	31,2	30,2	30,9	29,9
Landwirtschaft[16]	vH	29,0	31,8	27,1	34,1	34,4	39,0	43,7	44,7
Abfallwirtschaft[17]	vH	30,0	31,4	35,2	34,0	31,2	27,7	22,3	22,8
Ammoniak (NH_3)	kt	**530**	**572**	**588**	**765**	**649**	**639**	**634**	**625**
Industrieprozesse[4]	vH	1,7	0,2	1,3	2,4	1,5	1,3	1,3	1,3
Tierhaltung[18]	vH	88,4	0,2	87,7	85,6	85,2	84,4	84,2	84,0
Düngeranwendung[19]	vH	9,3	0,2	10,3	9,8	10,2	11,1	11,0	11,2
Sonstige Quellen[20]	vH	0,6	0,2	0,7	2,2	3,1	3,3	3,5	3,5
FCKW und Halone	kt	**64,0**	**63,0**	**61,0**	**43,0**	**20,0**	**8,0**	**8,0**	**8,0**

Anmerkung 1 bis 13 siehe vorherige Seiten.- [14] Einschl. Straßenverkehr.- [15] Bergbau, lokale Gasverteilungsnetze, Erdöl- und Erdgasförderung.- [16] Fermentation, tierische Abfälle.- [17] Deponien, Abwasserbehandlung, Klärschlammverwertung.- [18] Stallemissionen, Lagerung und Ausbringung von Betriebsdünger.- [19] Anwendung stickstoffhaltiger Mineraldünger.- [20] Straßenverkehr, Feuerungsanlagen DENOX-Anlagen in Kraftwerken.- *Vorläufige Werte.

Quelle: Umweltbundesamt

Luftverunreinigung
Emission von Schwermetallen - in Tonnen pro Jahr

Bezeichnung		1985	1990	1995*
Antimon	Sb	9	5	5
Arsen	As	87	20	33
Beryllium	Be	12	2	2
Blei	Pb	3 800	1 465	624
darunter: im Verkehr		3 020	1 120	240
Cadmium	Cd	20	9	11
Chrom	Cr	123	63	115
Kobalt	Co	25	8	12
Kupfer	Cu	95	47	79
Mangan	Mn	345	215	342
Molybdän	Mo	46	25	28
Nickel	Ni	269	143	159
Palladium	Pd	1	1	2
Platin	Pt	1	1	1
Quecksilber	Hg	52	32	31
Rhodium	Rh	2	2	4
Selen	Se	87	13	25
Tellur	Te	1	1	1
Thallium	Tl	9	4	8
Zink	Zn	883	421	452
Zinn	Sn	9	5	4

*Vorläufige Werte.- Quelle: Umweltbundesamt.

Internationale Kennziffern - Europäische Union (EU)

	1993	1994	1995	1996	1997	1998	1999
Bevölkerung - in 1 000							
EU	341 819	342 938	370 608	372 654	373 687	374 566	.
A[1]	.	8 030	8 040	8 055	8 068	8 075	.
B	10 018	10 073	10 131	10 143	10 170	10 192	.
D	80 110	80 390	80 570	81 818	82 012	82 060	.
DK	5 134	5 149	5 216	5 251	5 275	5 295	.
E	38 705	38 662	39 177	39 242	39 299	39 348	.
F	55 817	56 088	58 020	58 256	58 494	58 723	.
FIN[1]	.	5 090	5 099	5 117	5 132	5 147	.
GR	10 118	10 206	10 443	10 465	10 487	10 508	.
I	56 115	56 301	57 269	57 333	57 461	57 563	.
IRL	3 469	3 469	3 580	3 616	3 652	3 693	.
L	391	397	407	413	418	424	.
NL	14 971	15 080	15 424	15 494	15 567	15 650	.
P	9 801	9 796	9 912	9 921	9 934	9 957	.
S[1]	.	8 780	8 816	8 838	8 845	8 848	.
UK	57 169	57 327	58 504	58 694	58 873	59 084	.
Erwerbstätige - in 1 000[2]							
EU	137 779	137 239	148 080	149 149	150 126	.	.
A[1]	3 566	3 698	3 675	3 617	3 685	3 638	3 624
B	3 744	3 748	3 793	3 791	3 719	.	.
D	36 111	35 840	35 782	35 634	35 351	35 782	35 990
DK	2 556	2 525	2 596	2 623	2 648	2 757	2 817
E	11 868	11 728	12 027	12 342	12 761	13 194	14 156
F	21 876	21 709	22 045	22 195	22 016	22 530	23 172
FIN[1]	2 065	2 046	2 016	2 064	2 163	2 135	2 258
GR	3 715	3 786	3 821	3 868	3 876	.	.
I	20 321	20 024	19 943	20 014	20 038	20 342	20 674
IRL	1 151	1 202	1 262	1 308	1 371	.	.
L	164	164	161	165	227	.	.
NL	6 487	6 563	6 593	6 932	7 206	7 114	7 528
P	4 464	4 440	4 417	4 431	4 579	4 730	5 087
S[1]	3 964	3 926	4 134	3 988	3 922	4 126	4 068
UK	25 322	25 511	25 815	26 177	26 564	26 847	27 486

A = Österreich, B = Belgien, DK = Dänemark, D = Bundesrepublik Deutschland, E = Spanien, F = Frankreich, FIN = Finnland, GR = Griechenland, I = Italien, IRL = Irland, L = Luxemburg, NL = Niederlande, P = Portugal, S = Schweden, UK = Großbritannien.

[1] EU-Mitgliedschaft seit 1995. - [2] Zivile Erwerbstätige.

Internationale Kennziffern - Europäische Union (EU)

	1993	1994	1995	1996	1997	1998	1999
	\multicolumn{7}{c}{Bruttoinlandsverbrauch an Energie in Mio. t Roheinheiten[2]}						
EU	1 191,1	1 199,1	1 312,8	1 345,8	1 331,7	1 361,4	1 372,9
A[1]	.	22,2	22,4	23,7	23,9	25,3	25,6
B	48,5	50,2	52,3	55,0	55,4	57,1	56,4
D	330,4	332,2	331,7	329,7	324,0	328,1	328,0
DK	18,4	19,3	20,0	22,1	19,0	19,5	19,0
E	90,1	93,3	99,4	95,7	103,0	108,0	114,6
F	218,4	214,3	220,6	232,2	229,4	233,8	240,0
FIN[1]	.	24,1	19,5	21,8	23,5	23,0	24,5
GR	20,7	21,4	22,6	23,7	23,9	25,0	25,7
I	154,4	152,2	159,6	160,0	162,0	166,1	165,7
IRL	10,1	10,2	10,2	10,7	11,3	11,6	13,4
L	3,8	3,7	3,3	3,4	3,3	3,2	3,4
NL	68,9	68,6	71,8	75,0	73,5	74,8	73,4
P	16,6	16,9	18,3	17,6	19,0	20,7	22,4
S[1]	.	41,2	42,3	44,6	41,4	42,5	42,1
UK	210,9	216,8	218,7	230,5	219,1	222,7	218,8
	\multicolumn{7}{c}{darunter : Rohöl[3]}						
EU	523,9	520,9	573,5	591,2	577,5	597,8	588,2
A[1]	.	11,2	10,7	11,4	11,8	12,1	12,1
B	20,4	20,9	20,5	23,3	23,5	24,6	22,9
D	132,5	131,4	131,2	134,5	133,6	135,4	130,6
DK	8,5	8,6	10,2	10,4	8,7	9,8	9,8
E	49,3	51,6	56,2	53,1	56,7	60,6	63,0
F	86,2	77,0	81,9	88,1	85,6	90,0	91,8
FIN[1]	.	10,7	6,7	9,2	9,2	10,3	10,6
GR	12,7	13,1	14,2	14,9	15,4	15,7	15,5
I	90,0	90,6	93,1	93,2	93,5	92,9	88,8
IRL	4,7	5,1	5,3	5,6	5,9	6,7	7,9
L	1,9	1,9	1,7	1,8	1,9	1,9	2,1
NL	24,9	24,7	26,4	26,5	25,6	27,0	27,3
P	12,5	12,6	13,7	12,9	13,9	15,6	15,9
S[1]	.	14,7	16,1	17,3	15,3	15,7	15,4
UK	80,3	83,4	85,7	89,1	76,9	79,6	74,4

[1] EU-Mitgliedschaft seit 1995.- [2] Die Tonne Roheinheiten (t RÖE) entspricht dem Energiegehalt einer Tonne Rohöl mit einem unteren Heizwert von 41868 Kilojoule je Kilogramm.- 3) Einschl. Austauschsaldo des Aussenhandels und Bestandsveränderung abgeleiteter Produkte.- Abkürzungen siehe Seite 289.

Internationale Kennziffern - Europäische Union (EU)

	1992	1993	1994	1995	1996	1997	1998
Streckenlänge der Eisenbahnen							
Betriebslänge insgesamt - in 1 000 km							
EU	**135,8**	**134,6**	**135,1**	**156,2**	**156,6**	**157,1**	**157,1**
A[1]	5,6	5,6	5,6	5,7	5,7	5,7	5,6
B	3,4	3,4	3,4	3,4	3,4	3,4	3,4
D	40,8	40,3	41,4	41,7	40,8	42,2	41,9
DK	2,3	2,3	2,3	2,3	2,3	2,2	2,3
E	13,0	12,6	12,6	12,3	12,3	12,3	12,3
F	32,7	32,6	32,3	31,9	31,9	31,7	31,7
FIN[1]	5,9	5,9	5,9	5,9	5,9	5,9	5,9
GR	2,5	2,5	2,5	2,5	2,5	2,5	2,3
I	16,1	15,9	16,0	16,0	16,0	16,0	16,1
IRL	1,9	1,9	1,9	2,0	2,0	1,9	1,9
L	0,3	0,3	0,3	0,3	0,3	0,3	0,3
NL	2,8	2,8	2,8	2,7	2,7	2,8	2,8
P	3,1	3,1	2,7	2,9	2,9	2,9	2,8
S[1]	9,8	9,8	9,7	9,8	10,9	10,2	11,1
UK	16,9	16,9	16,9	16,9	17,2	17,1	16,7
darunter: elektrifizierte Strecken							
EU	**56,8**	**57,7**	**58,9**	**72,2**	**73,5**	**74,1**	**75,1**
A[1]	3,2	3,3	3,3	3,4	3,4	3,4	3,4
B	2,3	2,4	2,4	2,4	2,5	2,5	2,5
D	16,8	16,8	17,4	17,8	18,2	18,4	18,6
DK	0,3	0,3	0,4	0,4	0,4	0,6	0,4
E	6,9	6,9	7,0	6,9	6,9	6,9	7,0
F	13,0	13,6	13,7	13,8	14,2	14,1	14,1
FIN[1]	1,7	1,7	2,0	2,1	2,1	2,1	2,2
GR	-	-	-	-	-	-	-
I	9,9	10,0	10,1	10,2	10,3	10,4	10,5
IRL	0,0	0,0	0,0	0,0	0,0	0,0	0,0
L	0,2	0,3	0,3	0,3	0,3	0,3	0,3
NL	2,0	2,0	2,0	2,0	2,0	2,1	2,1
P	0,5	0,5	0,5	0,5	0,6	0,9	0,9
S[1]	7,3	7,3	7,2	7,3	7,4	7,3	8,0
UK	4,9	5,0	5,1	5,1	5,2	5,2	5,2

[1] EU-Mitgliedschaft seit 1995.- Abkürzungen siehe Seite 289.- Quelle: UIC.

Internationale Kennziffern - Europäische Union (EU)

	1991	1992	1993	1994	1995	1996	1997
\multicolumn{8}{c}{Streckenlänge der Eisenbahnen darunter: zwei- und mehrspurige Strecken[2] - in 1 000 km}
EU	41,8	42,7	43,7	44,6	48,8	49,7	.
A[1]	1,7	1,7	1,7	1,7	1,8	1,8	1,8
B	2,1	2,1	2,2	2,2	2,2	2,3	2,3
D	13,1	13,2	13,4	13,9	14,3	14,6	14,6
DK	0,2	0,3	0,3	0,3	0,4	0,4	0,5
E	2,6	3,1	3,2	3,3	3,3	3,3	.
F	11,0	11,2	11,7	11,9	11,9	12,2	12,3
FIN[1]	0,4	0,5	0,5	0,5	0,5	0,5	0,5
GR	-	-	-	-	-	-	-
I	5,7	5,8	5,8	5,9	5,9	6,0	6,1
IRL	0,0	0,0	0,0	0,0	0,0	0,0	0,0
L	0,1	0,1	0,1	0,1	0,1	0,1	0,1
NL	1,7	1,7	1,7	1,7	1,7	1,7	.
P	0,4	0,4	0,4	0,4	0,4	0,4	0,4
S[1]	1,3	1,3	1,3	1,3	1,4	1,5	1,5
UK	4,7	4,8	4,8	4,9	4,9	4,9	.
\multicolumn{8}{c}{Länge der Binnenwasserstraßen - in km}
EU	23 607	23 623	23 921	23 832	30 316	30 046	30 419
A[1]	351	351	351	351	351	351	351
B	1 513	1 513	1 513	1 513	1 513	1 531	1 531
D	7 341	7 341	7 681	7 681	7 343	7 339	7 339
DK	-	-	-	-	-	-	-
E	-	-	-	-	-	-	-
F	5 951	5 867	5 825	5 736	5 962	5 678	6 051
FIN[1]	6 245	6 245	6 245	6 245	6 245	6 245	6 245
GR	-	-	-	-	-	-	-
I	1 366	1 466	1 466	1 466	1 466	1 466	1 466
IRL	-	-	-	-	-	-	-
L	37	37	37	37	37	37	37
NL	5 046	5 046	5 046	5 046	5 046	5 046	5 046
P	-	-	-	-	-	-	-
S[1]	-	-	-	-	-	-	-
UK	2 353	2 353	2 353	2 353	2 353	2 353	2 353

[1] EU-Mitgliedschaft seit 1995.- [2] Elektrifizierte Strecken.- Abkürzungen siehe Seite 289.

Internationale Kennziffern - Europäische Union (EU)

	1993	1994	1995	1996	1997	1998
	\multicolumn{6}{c|}{Straßennetz Autobahnen - in km}					
EU	42 582	41 734	49 330	47 602	50 216	.
A[1]	1 554	1 589	1 596	1 607	1 613	1 613
B	1 658	1 665	1 666	1 674	1 679	1 682
D	11 080	11 143	11 190	11 246	11 309	11 400
DK	747	786	786	786	825	843
E	7 085	7 572	7 747	7 747	9 063	.
F	8 100	9 000	9 140	9 500	9 900	10 300
FIN[1]	334	388	394	431	444	473
GR	330	380	420	470	470	.
I	7 580	8 220	8 860	6 460	6 957	.
IRL	50	60	70	80	94	94
L	100	121	123	115	118	118
NL	2 134	2 200	2 200	2 200	2 225	2 235
P	579	587	687	710	797	830
S[1]	1 044	1 141	1 262	1 350	1 428	1 439
UK	3 139	3 168	3 189	3 226	3 294	3 405
	\multicolumn{6}{c|}{übrige Straßen - in 1 000 km}					
EU	.	.	.	.	.	.
A[1]	127,9	127,7	128,4	127,4	127,8	131,7
B	139,1	139,9	141,5	142,4	143,2	144,2
D	.	.	.	.	.	.
DK	70,4	70,5	70,5	70,5	70,5	70,6
E	331,6	333,7	335,5	337,1	337,8	.
F	883,5	883,5	883,6	883,0	883,0	883,0
FIN[1]	77,2	77,3	77,3	77,4	77,4	77,4
GR	116,7	116,6	116,6	116,5	.	.
I	311,0	313,0	306,1	477,0	647,7	.
IRL	92,3	92,4	92,4	92,4	95,7	.
L	5,0	5,0	5,0	5,0	5,1	5,0
NL	103,7	117,8	119,8	121,9	122,6	123,3
P	68,3	66,9	68,0	.	.	.
S[1]	134,9	209,0	209,7	209,4	209,3	209,5
UK	361,1	361,7	363,8	365,0	366,6	368,3

[1] EU-Mitgliedschaft seit 1995.- Abkürzungen siehe Seite 289.

Internationale Kennziffern - Europäische Union (EU)

	1992	1993	1994	1995	1996	1997
Bestand an Kraftfahrzeugen[2)3)] insgesamt in 1 000						
EU	159 317	161 877	167 540	180 682	185 281	.
A[1)]	3 524	3 653	3 772	3 894	3 994	4 093
B	4 435	4 521	4 607	4 686	4 768	4 865
D	39 885	41 001	41 968	42 706	43 346	43 771
DK	1 920	1 947	1 942	2 018	2 040	2 132
E	16 000	16 000	17 000	17 196	17 860	18 553
F	28 827	29 055	29 859	30 105	30 558	31 039
FIN[1)]	2 208	2 134	2 130	2 181	2 210	2 224
GR	2 650	2 807	2 947	3 113	3 279	3 380
I	33 209	33 456	35 358	36 828	38 585	.
IRL	1 009	1 033	1 060	1 083	1 109	1 298
L	214	223	233	245	248	254
NL	6 276	6 408	6 546	6 223	6 348	6 430
P	2 716	2 969	3 243	3 374	3 563	3 818
S[1)]	3 908	3 882	3 912	3 953	3 981	4 039
UK	22 175	22 456	22 778	23 077	23 392	24 491
darunter: Personenkraftwagen[2)]						
EU	140 052	142 994	147 350	158 902	162 411	165 711
A[1)]	3 245	3 368	3 480	3 594	3 691	3 887
B	4 021	4 099	4 175	4 239	4 308	4 415
D	37 947	38 892	39 765	40 404	40 988	41 372
DK	1 661	1 679	1 662	1 729	1 741	1 800
E	12 537	13 102	14 000	14 212	14 754	15 297
F	24 020	24 385	24 900	25 100	25 500	25 900
FIN[1)]	1 936	1 873	1 873	1 901	1 943	1 948
GR	1 829	1 959	2 074	2 205	2 339	2 400
I	29 430	29 652	30 870	31 700	32 789	33 200
IRL	858	891	923	955	987	1 100
L	201	209	218	229	232	237
NL	5 658	5 755	5 884	5 663	5 636	5 810
P	2 020	2 210	2 400	2 560	2 750	2 865
S[1)]	3 589	3 566	3 594	3 631	3 662	3 703
UK	19 870	20 162	20 479	20 780	21 092	21 881

[1)] EU-Mitgliedschaft seit 1995.- [2)] Stand 1.7..- [3)] Ohne Krafträder und ohne Zugmaschinen.- Abkürzungen siehe S. 289.

Internationale Kennziffern - Europäische Union (EU)

	1992	1993	1994	1995	1996	1997	1998
Personenkraftwagen je 1 000 Einwohner							
EU	**412**	**418**	**430**	**428**	**436**	**443**	.
A[1]	393	406	433	447	458	468	.
B	404	409	414	418	425	433	.
D	478	485	495	501	501	506	.
DK	325	327	323	332	332	333	.
E	325	339	362	363	376	385	.
F	433	437	444	433	438	442	.
FIN[1]	380	381	368	373	380	378	.
GR	184	194	203	211	224	223	.
I	525	528	548	554	572	578	.
IRL	246	257	266	267	273	301	.
L	526	534	549	563	561	566	.
NL	382	384	390	367	370	373	.
P	207	225	245	258	269	303	.
S[1]	418	413	409	412	414	469	.
UK	349	353	357	350	361	372	.
Neuzulassungen von Personenkraftwagen - in 1 000							
EU	**12 597**	**10 938**	**11 618**	**12 207**	**13 056**	**13 005**	**13 920**
A[1]	320	285	274	280	308	275	296
B	466	375	387	359	397	396	455
D	3 930	3 194	3 209	3 314	3 496	3 528	3 736
DK	84	82	139	135	173	152	162
E	983	745	939	870	978	1 016	1 193
F	2 106	1 721	1 973	1 931	2 132	1 713	1 944
FIN[1]	69	56	67	80	96	105	126
GR	207	156	118	134	142	160	181
I	2 441	2 240	2 280	2 230	2 240	2 404	2 364
IRL	85	61	50	30	16	137	146
L	17	29	36	16	24	23	26
NL	471	392	434	458	495	478	543
P	280	248	243	229	268	214	248
S[1]	157	128	160	175	202	225	253
UK	1 528	1 695	1 809	1 945	2 070	2 171	2 247

[1] EU-Mitgliedschaft seit 1995.- Abkürzungen siehe Seite 289.

Internationale Kennziffern - Europäische Union (EU)

	1993	1994	1995	1996	1997	1998
	\multicolumn{6}{c}{Straßenverkehrsunfälle mit Personenschaden}					
EU	1 173 575	1 194 043	1 268 847	.	1 274 167	1 295 346
A[1]	41 791	42 015	38 956	38 253	39 695	39 225
B	54 933	53 018	50 744	48 750	50 078	51 167
D	385 384	392 754	388 003	373 082	380 835	377 257
DK	8 513	8 279	8 373	8 080	8 004	7 556
E	79 925	78 474	83 586	85 588	86 067	97 570
F	137 500	132 726	132 949	125 406	125 202	124 387
FIN[1]	6 147	6 245	7 812	7 274	6 980	6 902
GR	22 165	22 222	22 798	.	24 319	24 836
I	153 393	170 679	182 761	183 415	190 031	204 615
IRL	6 376	6 610	8 117	8 686	8 496	8 239
L	1 141	1 176	974	.	1 017	1 053
NL	40 218	41 391	42 641	41 041	41 036	41 299
P	48 645	45 830	48 339	49 265	49 417	49 319
S[1]	14 959	15 888	15 626	15 312	15 752	15 514
UK	235 382	240 884	237 168	243 032	247 238	246 410
	\multicolumn{6}{c}{darunter: innerhalb geschlossener Ortschaften}					
EU	.	.	.	.	.	.
A[1]	24 950	25 082	23 237	22 290	23 795	23 718
B	30 733	28 894	27 509	26 384	26 713	26 901
D	270 312	248 995	246 617	236 009	243 171	240 208
DK	5 206	5 097	5 140	4 921	.	4 456
E	44 111	44 120	46 369	48 154	49 516	53 182
F	93 737	90 694	91 088	85 125	84 118	82 985
FIN[1]	3 446	3 699	4 639	4 361	4 071	3 935
GR	16 200	15 966	.	.	.	.
I	111 644	124 965	133 851	134 505	141 733	152 912
IRL	3 522	3 681	4 818	5 363	5 053	4 739
L	.	.	.	.	.	.
NL	27 743	28 233	29 034	27 891	27 767	28 180
P	33 482	31 886	33 161	32 281	33 743	33 103
S[1]	8 746	9 446	9 015	8 809	9 015	8 879
UK	172 662	177 016	173 996	177 254	179 085	178 528

[1] EU-Mitgliedschaft seit 1995.- Abkürzungen siehe Seite 289.- Quelle: IRTAD-Datenbank - Bundesanstalt für Straßenwesen.

Internationale Kennziffern - Europäische Union (EU)

	1993	1994	1995	1996	1997	1998
Getötete im Straßenverkehr						
EU	**45 811**	**44 072**	**46 047**	.	**43 416**	**42 699**
A[1)]	1 283	1 338	1 210	1 027	1 105	963
B	1 660	1 692	1 449	1 356	1 364	1 500
D	9 949	9 814	9 454	8 758	8 549	7 792
DK	559	546	582	514	489	499
E	6 378	5 615	5 751	5 483	5 604	5 957
F	9 568	9 019	8 891	8 541	8 444	8 918
FIN[1)]	484	480	441	404	438	400
GR	2 104	2 195	2 349	2 063	2 199	2 226
I	7 177	7 104	7 033	6 688	6 724	6 326
IRL	431	404	437	453	472	458
L	76	74	68	.	60	57
NL	1 252	1 298	1 334	1 180	1 163	1 066
P	2 700	2 504	2 711	2 730	2 521	2 425
S[1)]	632	589	572	537	541	531
UK	3 957	3 807	3 765	3 740	3 743	3 581
darunter: innerhalb geschlossener Ortschaften						
EU	**15 326**	**14 520**	.	.	.	.
A[1)]	358	298	304	238	249	222
B	482	470	410	368	408	410
D	196	188	2 435	2 131	2 064	1 908
DK	2 832	2 594	202	184	170	140
E	1 142	1 101	1 038	1 019	1 132	1 146
F	3 182	2 893	2 901	2 691	2 667	2 751
FIN[1)]	132	131	140	105	127	106
GR	952	931	2 349	.	.	.
I	2 977	2 930	2 866	2 521	2 779	2 799
IRL	136	137	128	143	164	143
L	27	23	.	.	.	.
NL	418	455	566	412	388	370
P	1 210	1 136	1 234	1 128	1 110	957
S[1)]	198	173	181	142	154	168
UK	1 772	1 662	1 545	1 574	1 514	1 431

[1)] EU-Mitgliedschaft seit 1995.- Abkürzungen siehe Seite 289.- Quelle: IRTAD-Datenbank - Bundesanstalt für Straßenwesen.

Internationale Kennziffern - Europäische Union (EU)

	1993	1994	1995	1996	1997	1998
Unfälle mit Personenschaden pro 100 000 Einwohner						
EU	338	343	341	.	.	.
A[1]	528	524	484	474	492	485
B	545	524	500	480	492	502
D	475	482	475	456	464	459
DK	164	159	160	153	151	142
E	204	200	213	218	219	247
F	239	229	229	215	214	210
FIN[1]	121	123	153	141	135	134
GR	213	213	218	.	231	.
I	269	298	319	.	330	355
IRL	178	186	224	237	229	222
L	288	293	239	.	.	248
NL	263	269	276	264	263	263
P	517	515	513	522	.	520
S[1]	172	181	177	173	178	175
UK	404	412	404	413	418	415
Getötete im Straßenverkehr pro 100 000 Einwohner						
EU	13,2	12,6	12,4	.	.	.
A[1]	16,2	16,7	15,0	12,7	13,7	11,9
B	16,5	16,8	14,3	13,4	13,4	14,7
D	12,3	12,1	11,6	10,7	10,4	9,5
DK	10,8	10,5	11,2	9,8	9,3	9,4
E	16,3	14,4	14,7	14,0	14,3	15,1
F	16,6	15,6	15,3	14,7	14,4	15,1
FIN[1]	9,6	9,5	8,6	7,9	8,5	7,8
GR	20,3	21,1	22,5	.	20,9	.
I	12,6	12,4	12,3	.	11,7	11,0
IRL	12,1	11,4	12,1	12,4	12,8	12,4
L	19,2	18,5	16,7	.	.	13,4
NL	8,2	8,5	8,6	7,6	7,5	6,8
P	28,7	28,1	28,8	28,9	.	25,6
S[1]	7,3	6,7	6,5	6,1	6,1	6,0
UK	6,8	6,5	6,4	6,4	6,3	6,0

[1] EU-Mitgliedschaft seit 1995.- Abkürzungen siehe Seite 289.- Quelle: IRTAD-Datenbank - Bundesanstalt für Straßenwesen.

Internationale Kennziffern - Europäische Union (EU)

	1993	1994	1995	1996	1997	1998
Eisenbahnverkehr[1]						
Beförderte Personen - in Mio.						
EU	4 759	4 764	5 110	5 297	5 534	5 539
A[2]	181	190	194	190	184	179
B	145	143	144	142	144	146
D	1 579	1 596	1 666	1 740	1 861	1 804
DK	140	142	140	139	144	149
E	339	352	366	378	395	410
F	822	806	731	778	807	823
FIN[2]	44	44	44	44	50	51
GR	12	11	11	13	13	13
I	438	455	463	468	461	441
IRL	26	26	27	28	30	25
L	11	11	11	11	12	12
NL	320	312	305	307	316	319
P	209	201	184	177	178	178
S[2]	93	94	98	99	107	111
UK	719	708	725	783	832	878
Personenkilometer - Mrd.						
EU	249,6	251,8	270,8	279,3	282,4	285,0
A[2]	9,3	9,6	9,6	9,7	8,1	8,0
B	6,7	6,6	6,8	6,8	7,0	7,1
D	58,7	66,4	69,0	69,2	67,9	66,5
DK	4,7	4,9	4,8	4,7	5,0	5,4
E	15,5	14,9	15,3	15,6	16,6	17,5
F	58,6	58,9	55,3	59,5	61,8	64,6
FIN[2]	3,0	3,0	3,2	3,3	3,4	3,4
GR	1,7	1,4	1,6	1,7	1,9	1,8
I	51,4	48,9	49,6	50,3	49,5	47,3
IRL	1,3	1,1	1,2	1,3	1,4	1,6
L	0,3	0,3	0,3	0,3	0,3	0,3
NL	14,8	14,4	14,0	14,1	14,4	14,8
P	5,4	5,1	4,8	4,5	4,6	4,6
S[2]	5,8	5,9	6,2	6,2	6,8	7,0
UK	30,5	28,9	29,2	32,2	33,8	35,1

[1] Bis auf Deutschland nur Mitgliedsbahnen der UIC (Union Internationale des Chemins de fer).-
[2] EU-Mitgliedschaft seit 1995.- Abkürzungen siehe Seite 289.

Internationale Kennziffern - Europäische Union (EU)

	1993	1994	1995	1996	1997	1998
\multicolumn{7}{c}{Eisenbahnverkehr[1]}						
\multicolumn{7}{c}{Beförderte Tonnen- in Mio.}						
EU	729	751	906	902	943	942
A[2]	57	63	65	70	74	77
B	58	63	60	57	59	61
D	314	322	318	308	316	306
DK	8	9	9	8	8	8
E	19	21	24	24	25	25
F	117	124	120	126	135	137
FIN[2]	36	38	39	38	40	41
GR	3	1	1	2	2	2
I	59	67	74	68	74	76
IRL	3	3	3	3	3	2
L	16	18	15	15	16	17
NL	17	18	21	20	21	24
P	7	7	8	8	9	9
S[2]	50	54	55	53	54	54
UK	108	97	94	102	105	105
\multicolumn{7}{c}{Tonnenkilometer - in Mrd.}						
EU	158,1	176,4	217,4	218,7	236,0	238,6
A[2]	12,3	12,4	13,2	13,3	14,8	15,3
B	6,8	8,1	7,3	7,2	7,5	7,6
D	64,1	69,1	68,0	67,2	72,7	73,6
DK	1,8	1,9	1,8	1,8	1,6	1,6
E	7,1	8,7	9,7	9,8	11,0	11,2
F	40,4	47,2	46,6	49,5	53,9	54,0
FIN[2]	9,3	9,9	9,3	8,8	9,9	9,9
GR	0,5	0,3	0,3	0,3	0,3	0,3
I	18,1	22,6	24,0	23,3	22,9	22,4
IRL	0,6	0,6	0,6	0,6	0,5	0,4
L	0,6	0,6	0,5	0,5	0,6	0,6
NL	2,7	2,8	3,1	3,1	3,4	3,8
P	1,7	1,6	2,0	1,9	2,2	2,0
S[2]	18,1	18,6	18,5	18,0	18,1	18,2
UK	13,8	13,0	12,5	13,3	16,6	17,7

[1] Bis auf Deutschland nur Mitgliedsbahnen der UIC (Union Internationale des Chemins de fer).-
[2] EU-Mitgliedschaft seit 1995.- [3] Wagenladungsverkehr.- Abkürzungen siehe Seite 289.

Internationale Kennziffern - Europäische Union (EU)

	1993	1994	1995	1996	1997
		Straßengüterverkehr			
		Beförderte Tonnen- in Mio.			
EU	9 890	.	.	.	.
A[1]	33	33	.	.	.
B	343	391	.	.	.
D[2]	3 553	.	.	.	.
DK	188	191	.	.	.
E	576	614	.	.	.
F	1 272	1 350	.	.	.
FIN[1]	447	.	405	.	.
GR	175	.	.	.	.
I	924	958	.	.	.
IRL	87	.	.	.	.
L	34	35	.	.	.
NL	474	476	.	.	.
P	230	285	.	.	.
S[1]	.	.	.	.	.
UK	1 586	1 654	.	.	.
		Tonnenkilometer[3] - in Mrd.			
EU	955	1 024	1 143	1 148	1 221
A[1]	14	15	15	16	16
B	30	33	35	31	34
D[2]	251	273	280	281	322
DK	13	15	15	15	15
E	88	92	95	93	96
F	191	211	233	229	237
FIN[1]	25	26	23	24	25
GR[4]	13	13	15	16	17
I	179	187	195	198	207
IRL	5	5	6	6	6
L	2	2	2	2	2
NL	40	41	42	44	45
P	11	13	13	13	14
S[1]	26	27	29	31	33
UK	132	141	147	150	153

[1] EU-Mitgliedschaft seit 1995.- [2] Die Werte für Deutschland entsprechen aufgrund untersc Abgrenzung nicht den für die Verkehrsbereiche ausgewiesenen Zahlen in den Kapiteln A2
[3] Verkehrsleistung im Inland.- [4] Ohne ausländische Fahrzeuge.- Abkürzungen siehe Seite 2

Internationale Kennziffern - Europäische Union (EU)

	1992	1993	1994	1995	1996	1997	1998
\multicolumn{8}{c}{Binnenschiffahrt}							

Binnenschiffahrt
Beförderte Tonnen - in Mio.

	1992	1993	1994	1995	1996	1997	1998
EU	662,3	635,7	643,3	.	.	.	.
A[1]	6,7	6,5	7,7	8,8	9,3	9,2	.
B	88,9	89,0	90,0	.	107,8	106,2	.
D	229,9	218,5	235,0	237,9	227,0	233,5	236,4
DK	-	-	-	-	-	-	-
E	-	-	-	-	-	-	-
F	70,9	64,9	62,5	66,1	60,9	58,1	.
FIN[1]	1,7	1,6	1,9	2,0	1,9	.	.
GR	-	-	-	-	-	-	-
I	0,5	0,6	0,6	-	-	-	-
IRL	-	-	-	-	-	-	-
L	10,9	10,2	10,1	.	.	.	.
NL	261,1	252,5	245,0	.	290,5	317,5	.
P	-	-	-	-	-	-	-
S[1]	-	-	-	-	-	-	-
UK	-	-	-	-	-	-	-

Tonnenkilometer - in Mrd.

	1992	1993	1994	1995	1996	1997	1998
EU	.	101,0	109,4	114,0	111,3	117,9	120,7
A[1]	1,5	1,5	1,8	2,0	2,1	2,1	2,3
B	5,1	5,0	5,6	5,8	5,8	6,1	6,3
D	57,2	57,6	61,8	64,0	61,3	62,2	64,3
DK	-	-	-	-	-	-	-
E	-	-	-	-	-	-	-
F	8,6	5,9	5,6	5,9	5,7	5,7	6,2
FIN[1]	0,3	0,5	0,5	0,4	0,5	0,4	0,4
GR	-	-	-	-	-	-	-
I	.	0,1	0,1	0,1	0,1	0,2	0,2
IRL	-	-	-	-	-	-	-
L	0,3	0,3	0,3	0,3	0,3	0,3	0,3
NL	33,6	32,1	36,0	35,5	35,5	41,0	40,7
P	-	-	-	-	-	-	-
S[1]	-	-	-	-	-	-	-
UK	-	-	-	-	-	-	-

[1] EU-Mitgliedschaft seit 1995. - Abkürzungen siehe Seite 289.

Internationale Kennziffern - Europäische Union (EU)

	1992	1993	1994	1995	1996	1997	1998
Rohrfernleitungen **Beförderte Tonnen - in Mio.**							
EU	**425,9**	**434,9**	**443,0**	.	.	.	.
A[1]	36,2	36,3	37,4	36,4	37,4	36,3	.
B	26,0	27,0	27,0	.	.	.	.
D[2]	81,5	83,4	87,4	87,2	89,4	87,4	90,7
DK	8,6	9,1	10,0	.	.	.	.
E	20,9	23,1	24,2	25,3	26,6	27,3	.
F	71,5	73,4	74,0	73,7	75,8	.	.
FIN[1]	-	-	-	-	-	-	.
GR	-	-	-	-	-	-	.
I	100,3	99,6	98,5	.	.	.	.
IRL	-	-	-	-	-	-	.
L	-	-	-	-	-	-	.
NL	47,1	47,0	47,5	.	.	.	.
P	-	-	-	-	-	-	.
S[1]	-	-	-	-	-	-	.
UK	70,0	72,3	74,4	.	.	.	.
Tonnenkilometer . in Mrd.							
EU	**74,9**	**75,7**	**76,9**	**83,1**	**84,3**	**85,0**	**87,3**
A[1]	6,7	6,7	7,0	6,8	7,1	8,0	8,2
B	1,2	1,3	1,4	1,4	1,5	1,5	1,5
D[2]	13,9	14,3	15,1	14,8	14,5	13,2	14,8
DK	2,4	2,5	3,0	2,9	3,5	3,8	3,9
E	5,4	5,4	5,5	5,9	6,1	6,5	6,9
F	23,3	23,3	22,8	22,2	21,9	22,1	21,6
FIN[1]	-	-	-	-	-	-	-
GR	-	-	-	-	-	-	-
I	12,2	11,8	12,1	12,3	12,1	12,7	13,2
IRL	-	-	-	-	-	-	-
L	-	-	-	-	-	-	-
NL	5,5	5,5	5,6	5,3	6,0	6,0	6,0
P	-	-	-	-	-	-	-
S[1]	-	-	-	-	-	-	-
UK	11,0	11,6	12,0	11,1	11,6	11,2	11,2

[1] EU-Mitgliedschaft seit 1995.- [2] Transport von rohem Erdöl.- Abkürzungen siehe Seite 289.

Internationale Kennziffern - Niederländische Seehäfen - Güterumschlag in Mio. t

	1991	1992	1993	1994	1995	1996	1997	1998	1999
Güterumschlag insgesamt[1]	377,2	378,2	365,5	295,1	380,0	378,1	401,5	404,8	.
Versand	90,5	89,0	88,5	88,1	84,1	84,8	88,7	85,1	.
Empfang	286,7	289,2	277,0	207,0	296,0	293,3	312,9	319,7	.
darunter:									
Rotterdam - insgesamt	290,8	291,6	278,8	293,4	291,2	284,4	303,3	306,9	.
dar. Erdöl	94,7	100,5	98,2	95,6	96,9	99,7	98,4	100,6	
Mineralölprodukte	31,8	26,0	24,4	22,9	20,3	18,1	22,4	23,1	
Stückgut	61,3	65,2	65,0	72,5	71,3	71,0	78,9	80,7	
Versand	62,8	63,3	62,4	64,8	61,6	60,5	64,0	61,8	
dar. Erdöl	5,2	5,4	4,8	2,8	2,4	1,0	0,4	0,5	
Mineralölprodukte	11,4	9,7	8,7	8,2	7,8	6,7	7,0	6,7	
Stückgut	30,0	32,3	33,1	37,1	35,6	35,7	40,3	40,2	
Empfang	228,0	228,3	216,4	228,7	229,6	223,9	239,3	245,1	
dar. Erdöl	89,5	95,1	93,4	92,9	94,5	98,7	98,0	100,1	
Mineralölprodukte	20,4	16,3	15,7	14,7	12,5	11,4	15,4	16,4	
Stückgut	31,3	32,9	31,9	35,4	35,8	35,3	38,6	40,5	
Amsterdam - insgesamt	31,2	32,4	30,2	29,3	31,4	36,6	37,0	35,2	.
dar. Stückgut	3,2	3,0	3,5	5,3	7,8	4,0	3,8	2,5	
Versand	9,5	7,8	7,8	7,2	7,3	7,5	7,7	6,2	
dar. Stückgut	0,9	0,8	1,0	0,9	1,6	1,0	1,5	0,3	
Empfang	21,7	24,6	22,4	22,2	24,1	29,1	29,2	29,0	
dar. Stückgut	2,3	2,2	2,5	4,4	6,2	3,0	2,3	2,0	

[1] Einschl. Eigengewichte der Reise- und Transportfahrzeuge, Container, Trailer, Trägerschiffsleichter.- Quelle: Centraal Bureau voor de Statistiek, Heerlen.

Internationale Kennziffern - Belgische Seehäfen - Güterumschlag in Mio. t

	1991	1992	1993	1994	1995	1996	1997	1998	1999
Güterumschlag insgesamt	162,2	164,8	160,4	171,1	164,8	160,5	171,6	180,6	178,1
dar. Stückgut	102,0	106,3	109,1	116,8	111,8	113,3	87,0	88,3	90,1
Versand	59,8	60,5	66,4	63,3	62,5	63,2	68,0	68,1	71,5
dar. Stückgut	46,7	47,9	51,7	53,8	49,0	54,7	47,6	47,6	49,2
Empfang	104,7	106,5	98,9	107,8	107,3	97,3	103,5	112,5	106,6
dar. Stückgut	55,3	58,5	57,5	63,0	62,8	58,6	39,4	40,8	40,9
darunter:									
Antwerpen	101,3	103,6	101,8	109,5	108,1	106,5	111,9	119,8	115,7
dar. Stückgut	45,4	45,3	46,8	49,7	50,7	52,3	56,4	107,4	60,3
Versand	40,7	41,5	44,2	46,6	43,0	46,6	48,8	48,0	49,5
dar. Stückgut	26,8	25,9	29,0	30,4	28,9	30,7	32,9	35,6	33,3
Empfang	60,6	62,1	57,6	62,9	65,1	59,9	63,1	71,8	66,2
dar. Stückgut	18,6	19,4	17,8	19,3	21,7	21,6	23,5	27,6	27,0
Gent	25,5	22,8	22,0	23,8	21,6	21,0	23,0	23,6	23,9
dar. Stückgut	3,3	3,1	3,3	3,3	3,1	3,1	3,2	4,1	4,3
Versand	4,9	4,7	4,7	4,5	3,3	3,5	3,7	3,8	5,0
dar. Stückgut	2,0	1,9	2,2	2,2	1,6	1,9	1,7	1,7	1,7
Empfang	20,5	18,1	17,3	19,4	18,3	17,5	19,3	19,8	18,9
dar. Stückgut	1,3	1,2	1,1	1,1	1,5	2,4	1,6	2,4	2,7
Brügge - Zeebrügge	30,9	33,4	31,4	32,9	30,6	28,5	32,4	33,3	35,4
dar. Stückgut	16,3	19,1	19,6	22,4	21,2	20,3	23,1	24,1	25,5
Versand	11,2	11,9	12,8	12,8	11,9	11,3	13,9	18,4	16,0
dar. Stückgut	8,4	10,2	10,5	11,8	11,0	10,5	12,6	13,4	14,2
Empfang	19,7	21,5	18,6	20,1	18,7	17,2	18,5	14,9	19,4
dar. Stückgut	7,9	9,0	9,1	10,6	10,2	13,9	10,5	10,8	11,3

Quelle: Vlaamse Havencommissie, Brussel.

Internationale Kennziffern - Containerumschlag niederländischer und belgischer Häfen

	1991	1992	1993	1994	1995	1996	1997	1998	1999
	\multicolumn{9}{c}{Beladene und leere Container[1] - in 1 000}								
Rotterdam	2 428,0	2 651,6	2 694,7	2 892,2	3 026,1	3 181,3	3 605,4	3 840,7	.
Versand	1 207,3	1 327,4	1 380,0	1 438,7	1 503,8	1 565,3	1 737,0	1 879,0	.
Empfang	1 220,7	1 324,2	1 314,7	1 453,6	1 522,2	1 616,0	1 868,4	1 961,7	.
Amsterdam	42,0	44,1	61,0	58,7	52,4	107,0	54,0	31,1	.
Versand	17,0	18,4	24,3	24,7	20,0	40,8	19,7	11,3	.
Empfang	25,0	25,7	36,7	34,0	32,4	66,2	34,3	19,7	.
Antwerpen	1 291,0	1 338,1	1 360,4	1 597,3	1 679,5	1 886,9	2 105,0	2 105,0	2 481,5
Versand	665,9	684,1	696,9	830,2	855,3	972,2	1 076,7	1 143,3	1 255,0
Empfang	625,2	654,1	663,5	767,1	824,2	914,7	1 028,2	1 130,8	1 226,4
Zeebrügge	233,1	394,1	373,2	456,6	391,0	394,9	452,8	452,8	568,8
Versand	115,2	195,0	186,7	227,7	197,3	196,7	229,6	264,3	295,4
Empfang	117,9	199,1	186,5	228,9	193,7	198,2	223,2	266,0	273,4
	\multicolumn{9}{c}{Beladene Container - Gewicht der Ladung in 1 000 t}								
Rotterdam	30 960	34 364	35 711	38 606	38 870	41 018	46 336	47 519	.
Versand	16 861	19 254	20 685	21 973	21 744	22 932	26 173	26 135	.
Empfang	14 099	15 110	15 026	16 633	17 125	18 086	20 164	21 384	.
Amsterdam	493	558	768	766	789	1 326	653	354	.
Versand	204	256	335	345	336	485	289	147	.
Empfang	289	302	433	422	453	842	364	207	.
Antwerpen	18 933	19 657	20 330	24 336	25 796	29 460	33 427	35 376	39 442
Versand	10 655	11 338	12 105	14 756	15 122	14 520	19 622	19 941	22 962
Empfang	8 279	8 319	8 225	9 580	10 673	14 940	13 805	15 435	16 480
Zeebrügge	3 790	6 440	6 132	7 397	6 355	6 262	7 636	9 148	9 957
Versand	2 002	3 381	3 348	4 069	3 512	3 507	4 345	5 129	5 787
Empfang	1 788	3 059	2 784	3 328	2 843	2 755	3 291	4 019	4 170

[1] Container von 20 Fuß und mehr.- Quellen: Centraal Bureau voor de Statistiek, Heerlen; Vlaamse Havencommissie, Brussel.

Internationale Kennziffern - Transitgüterverkehr Österreichs
Versand aus der Bundesrepublik Deutschland nach Verkehrsarten und Zielländern

	1985	1986	1987	1988	1989*	1990	1991	1992	1993	1994**
Versand nach:										
				Straße: Zahl der Fahrzeuge - in 1000						
Italien	323,0	335,0	360,9	380,5	.	347,5	357,4	395,0	399,1	457,6
Schweiz	23,2	28,3	28,9	37,5	.	34,8	37,9	30,8	18,3	23,4
Jugoslawien[1]	26,8	29,6	28,9	31,0	.	53,3	48,4	26,7	31,9	40,1
Sonstige	51,7	48,9	45,0	47,9	.	51,6	48,1	66,8	72,7	103,3
Insgesamt	424,6	441,8	463,6	497,0	.	487,2	491,8	519,3	522,0	624,4
				Straße: Beförderte Güter in 1000 t						
Italien	6 203,4	6 485,7	6 907,5	7 095,6	.	6 414,6	6 629,4	7 536,6	7 946,0	9 044,9
Schweiz	397,0	510,0	529,8	667,6	.	665,1	738,4	548,5	238,5	350,3
Jugoslawien[1]	312,1	359,4	324,1	378,8	.	660,3	580,1	325,3	387,5	492,8
Sonstige	791,6	751,5	691,5	720,9	.	737,3	639,1	817,5	881,6	1 176,0
Insgesamt	7 704,2	8 106,7	8 453,0	8 863,1	.	8 477,2	8 587,1	9 227,9	9 453,6	11 063,9
				Schiene: Beförderte Güter - in 1000 t						
Italien	2 499,3	2 251,2	2 267,4	2 324,0	.	3 108,6	3 755,6	3 484,1	3 068,6	3 687,6
Schweiz	16,4	6,6	7,4	8,3	.	7,2	22,2	52,3	19,9	27,4
Jugoslawien[1]	581,2	527,2	382,9	408,3	.	652,1	560,6	129,8	250,4	316,7
Sonstige	613,6	402,9	312,6	231,0	.	217,2	374,7	531,5	360,0	529,6
Insgesamt	3 710,5	3 187,9	2 970,3	2 971,5	.	3 985,0	4 713,1	4 197,7	3 698,9	4 561,2
			Anteil des Transitverkehrs von/nach Deutschland am gesamten Transitverkehr - in vH							
Straße - Fahrzeuge	38,8	38,7	38,3	38,0	.	40,2	41,2	41,8	42,1	42,2
Beförderte Güter	38,8	38,7	38,4	38,1	.	40,2	41,6	42,6	43,3	43,2
Schiene - Fahrzeuge	27,0	27,0	26,0	27,2	.	30,2	32,9	32,2	30,8	31,7

[1] Ab 1992: Slowenien. Übriges ehem. Jugoslawien unter Sonstige. - *Ergebnisse der Erhebung 1989 lagen nicht vor.- **Weiterführende Daten liegen aufgrund der Umstellung der Verkehrsstatistik nicht vor.- Quelle: Österreichisches Statistisches Zentralamt.

Internationale Kennziffern - Transitgüterverkehr Österreichs
Empfang in der Bundesrepublik Deutschland nach Verkehrsarten und Herkunftsländern

	1985	1986	1987	1988	1989*	1990	1991	1992	1993	1994**
Empfang aus:										
				Straße: Zahl der Fahrzeuge - in 1 000						
Italien	328,2	351,7	387,0	406,4	.	352,1	390,7	413,3	455,6	556,7
Schweiz	8,3	9,8	.	9,8	.	10,2	11,0	12,1	11,4	17,0
Jugoslawien[1]	35,3	37,0	42,3	46,5	.	62,3	58,0	36,1	40,8	46,4
Sonstige	52,9	53,5	65,1	64,9	.	62,9	62,5	66,0	63,3	71,3
Insgesamt	424,7	452,1	494,4	527,6	.	487,5	522,1	527,4	571,1	691,3
				Straße: Beförderte Güter - in 1 000 t						
Italien	5 600,6	6 019,6	6 571,0	6 808,0	.	5 837,4	6 381,6	6 912,4	7 654,5	9 305,1
Schweiz	95,7	116,6	.	114,4	.	110,1	122,9	134,3	122,7	191,7
Jugoslawien[1]	471,6	492,7	567,3	600,1	.	777,9	693,2	400,9	425,9	493,7
Sonstige	878,8	873,9	997,2	1 013,0	.	958,6	913,8	868,8	785,9	872,3
Insgesamt	7 046,8	7 502,7	8 135,5	8 535,4	.	7 684,1	8 111,5	8 316,4	8 989,0	10 862,9
				Schiene: Beförderte Güter - in 1 000						
Italien	1 122,9	1 161,6	1 138,4	1 178,9	.	1 686,0	1 887,1	1 796,1	1 645,6	2 116,7
Schweiz	.	.	.	.	.	.	.	.	.	.
Jugoslawien[1]	364,9	356,8	357,0	408,8	.	568,4	558,6	141,0	262,7	289,3
Sonstige	715,2	678,7	574,9	527,2	.	508,7	420,8	499,6	302,7	431,1
Insgesamt	2 202,9	2 197,1	2 070,4	2 114,8	.	2 763,1	2 866,5	2 436,7	2 211,0	2 837,2
			Anteil des Transitverkehrs von/nach Deutschland am gesamten Transitverkehr - in vH							
Straße - Fahrzeuge	38,8	38,7	38,3	38,0	.	40,2	41,2	41,8	42,1	42,2
Beförderte Güter	38,8	38,7	38,4	38,1	.	40,2	41,6	42,6	43,3	43,2
Schiene - Fahrzeuge	27,0	27,0	26,0	27,2	.	30,2	32,9	32,2	30,8	31,7

[1] Ab 1992: Slowenien. Übriges ehem. Jugoslawien unter Sonstige.- *Ergebnisse der Erhebung 1989 lagen nicht vor.- **Weiterführende Daten liegen aufgrund der Umstellung der Verkehrsstatistik nicht vor.- Quelle: Österreichisches Statistisches Zentralamt.

Internationale Kennziffern - Transalpiner Güterverkehr der Schweiz

	1990	1991	1992	1993	1994	1995	1996	1997	1998	1999
	\multicolumn{10}{c}{Straße: Gesamtverkehr[1] - Zahl der Fahrzeuge - in 1 000}									
San Bernardino	94	101	109	109	119	115	124	119	129	138
dar. ausländische Fahrzeuge	40	42	49	48	57	55	62	59	67	68
St. Gotthard	547	603	659	736	807	871	935	964	1 035	1 101
dar. ausländische Fahrzeuge	312	350	389	456	516	576	621	623	694	760
Simplon	27	28	20	11	19	21	24	25	27	30
dar. ausländische Fahrzeuge	15	17	11	6	11	12	14	15	16	17
Gr. St. Bernhard	64	67	59	50	41	40	39	36	44	48
dar. ausländische Fahrzeuge	42	48	41	32	24	23	24	19	27	31
Insgesamt	732	799	847	906	985	1 046	1 121	1 145	1 235	1 318
dar. ausländische Fahrzeuge	410	457	490	542	608	665	721	716	803	877
dar. aus der Bundesrepublik Deutschland	.	.	.	.	142	.	.	.	.	.
	\multicolumn{10}{c}{Straße: Zahl der Fahrzeuge im Transit - in 1 000}									
San Bernardino	21	23	28	28	32	36	41	40	46	45
St. Gotthard	237	276	312	368	424	483	522	515	585	652
Simplon	2	2	2	2	2	2	2	2	2	2
Gr. St. Bernhard	29	29	23	17	10	10	10	8	12	14
Insgesamt	289	331	365	414	468	530	575	565	645	714
dar. aus der Bundesrepublik Deutschland	.	.	.	.	127	.	.	.	.	.
	\multicolumn{10}{c}{Beförderte Güter - in Mio. t}									
Straße	4,3	4,7	5,1	5,6	6,2	6,5	7,0	7,1	7,7	8,2
Schiene[1]	17,9	17,9	17,4	16,0	17,8	18,1	15,7	18,0	19,3	18,7
dar. Kombinierter Verkehr	5,6	6,0	6,1	6,2	7,3	7,7	7,1	8,6	9,5	8,9
dar. Wagenladungsverkehr	12,2	11,8	11,2	9,8	10,5	10,4	8,6	9,4	9,7	9,7

[1] Wagenladungen einschl. Container und Huckepack. - Quelle: Eidgenössisches Verkehrs- und Energiewirtschaftdepartement; Berechnungen des DIW.

Internationale Kennziffern - Ausgewählte europäische Flughäfen

	1986	1987	1988	1989	1990	1991	1992	1993	1994	1995	1996	1997*	1998*	1999*
	\multicolumn{14}{c}{Gestartete und gelandete Luftfahrzeuge[1] - in 1 000}													
London-Heathrow	289	304	327	345	367	361	406	411	427	437	427	441	451	458
-Gatwick	155	171	180	189	188	163	186	185	192	203	204	239	251	256
Paris-Charles de Gaulle	145	155	179	204	233	252	296	310	319	326	361	403	428	476
-Orly	164	171	184	194	191	193	215	212	217	241	245	242	246	246
Frankfurt-Rhein/Main	235	262	282	301	311	304	328	336	353	370	377	386	406	426
Rom-Fiumicino	138	141	148	162	174	169	189	194	200	209	231	246	258	261
Amsterdam-Schiphol	159	175	187	192	202	206	268	288	304	322	322	349	393	410
Kopenhagen-Kastrup	157	168	182	199	200	198	213	222	229	342	271	284	281	299
Zürich-Kloten	139	145	160	164	182	175	233	234	242	248	224	276	288	306
Stockholm-Arlanda	188	202	225	249	253	219	225	226	231	225	238	258	268	276
Madrid-Barajas	113	114	129	147	158	164	202	204	212	239	243	262	269	307
Palma de Mallorca	75	82	89	88	87	87	104	105	116	121	127	145	154	167
Athen-Hellinikon	110	113	113	113	113	100	113	119	126	126	127	134	.	.
	\multicolumn{14}{c}{Fluggäste - in 1 000}													
London-Heathrow	31 315	34 742	37 525	39 611	42 964	40 248	45 176	47 851	51 718	54 459	55 758	57 975	60 660	62 268
-Gatwick	16 309	19 373	20 761	21 183	21 185	18 690	19 969	20 169	21 212	22 548	24 106	26 961	29 173	30 564
Paris-Charles de Gaulle	14 427	16 041	17 887	20 275	22 516	21 975	25 198	26 106	28 680	28 365	31 724	35 294	38 629	43 597
-Orly	18 544	20 427	22 206	24 118	24 342	23 320	25 170	25 372	26 618	26 645	27 365	25 059	24 952	25 349
Frankfurt-Rhein/Main	20 420	23 255	25 115	26 568	29 368	27 872	30 634	32 328	34 978	38 413	38 621	40 142	40 063	43 557
Rom-Fiumicino	12 581	14 140	14 346	15 564	17 714	16 492	19 400	19 300	20 316	21 129	23 850	25 004	25 255	24 029
Amsterdam-Schiphol	11 685	13 298	14 582	15 338	16 470	16 542	19 145	21 270	23 551	25 341	27 795	31 570	34 420	37 119
Kopenhagen-Kastrup	9 971	10 754	11 262	11 498	12 128	11 949	12 167	12 349	14 118	15 036	15 897	16 837	16 671	17 403
Zürich-Kloten	9 251	10 114	10 825	10 989	12 770	12 150	13 051	13 508	14 507	15 334	16 226	18 269	19 301	20 875
Stockholm-Arlanda	10 593	11 884	13 145	13 875	13 979	12 868	12 948	12 600	14 155	14 013	14 159	15 194	16 410	17 364
Madrid-Barajas	10 843	11 794	13 243	14 246	16 226	16 464	18 440	17 500	18 427	19 956	21 857	23 633	25 254	28 029
Palma de Mallorca	9 917	11 258	11 712	11 516	11 319	11 755	11 942	12 515	14 142	14 736	15 383	16 562	17 660	19 227
Athen-Hellinikon	9 600	10 247	10 183	10 514	10 077	8 486	9 419	9 608	9 574	9 545	10 391	10 962	.	.

[1] Gewerbliche Flugbewegungen.- *Vorläufige Werte.- Quellen: ADV, ICAO, ACI.

Internationale Kennziffern - Mineralölabsatz[1] pro Kopf der Bevölkerung - in Kilogramm

	1986	1987	1988	1989	1990	1991	1992	1993	1994	1995	1996	1997*	1998*	1999*
EU-Länder insgesamt	1 353	1 358	1 378	1 389	1 388	1 430	1 446	1 422	1 428	1 449	1 466	1 464	1 551	1 484
Bundesrepublik	1 821	1 763	1 767	1 645	1 723	1 564	1 558	1 570	1 549	1 546	1 567	1 552	1 573	1 502
Belgien	1 811	1 741	1 792	1 733	1 718	1 860	1 914	1 850	1 897	1 863	2 093	2 134	2 165	2 077
Dänemark	1 957	1 849	1 718	1 621	1 578	1 605	1 569	1 551	1 646	1 703	1 884	1 808	1 759	1 725
Finnland[2]	2 025	2 076	2 073	2 037	2 002	1 945	1 871	1 830	1 912	1 761	1 745	1 737	1 828	1 836
Frankreich	1 386	1 396	1 387	1 430	1 413	1 475	1 452	1 399	1 385	1 421	1 438	1 436	1 782	1 487
Griechenland	991	1 068	1 121	1 170	1 169	1 231	1 255	1 215	1 222	1 264	1 350	1 371	1 415	1 365
Großbritannien	1 216	1 183	1 257	1 278	1 302	1 289	1 289	1 303	1 299	1 272	1 295	1 244	1 250	1 215
Irland	1 298	1 091	1 037	1 045	1 186	1 254	1 356	1 388	1 529	1 536	1 583	1 732	1 907	2 117
Italien	1 313	1 424	1 388	1 465	1 413	1 443	1 534	1 504	1 483	1 536	1 520	1 515	1 566	1 492
Luxemburg	3 027	3 512	3 654	3 975	4 308	4 792	4 758	4 748	4 669	4 249	4 348	4 477	4 582	4 767
Niederlande	1 324	1 307	1 358	1 324	1 361	1 384	1 389	1 334	1 356	1 416	1 368	1 431	1 425	1 458
Österreich[2]	1 301	1 338	1 291	1 306	1 316	1 400	1 331	1 335	1 341	1 296	1 336	1 387	1 411	1 411
Portugal	793	839	862	1 082	1 065	1 144	1 260	1 175	1 164	1 269	1 206	1 286	1 442	1 505
Schweden[2]	1 947	1 915	1 906	1 780	1 727	1 629	1 686	1 625	1 736	1 716	1 859	1 711	1 909	1 898
Spanien	871	899	974	1 035	1 030	1 044	1 072	1 422	1 428	1 449	1 466	1 464	1 551	1 484
Westeuropa	1 396	1 400	1 414	1 419	1 421	1 430	1 446	1 432	1 438	1 449	1 467	1 451		
Island	2 220	2 472	2 403	2 152	2 109	2 190	2 141	2 730	2 741	2 728	2 818	3 078	3 074	
Norwegen	1 991	2 150	1 886	1 851	1 847	1 771	1 729	1 730	1 779	1 840	1 938	1 886	1 978	1 952
Schweiz	2 045	1 862	1 868	1 759	1 926	1 873	1 887	1 753	1 768	1 645	1 700	1 821	1 797	
nachrichtlich:														
Japan	1 569	1 587	1 699	1 767	1 851	1 906	1 923	1 884	1 987	1 983	2 007	1 962	1 889	1 910
USA	2 793	2 819	2 893	2 887	2 769	2 641	2 654	2 734	2 788	2 749	2 814	2 849	2 807	2 877

[1] Inlandsabsatz einschließlich Militär. - [2] EU-Mitgliedschaft ab 1995. - *Zum Teil vorläufige Zahlen.

Alphabetisches Sachregister

	Seite
Allgemeine Fahrerlaubnisse	128 - 132
Alpenquerender Transitverkehr	
Österreich	307 - 308
Schweiz	309
Ammoniak - Luftverunreinigung	287
Anlageinvestitionen	22 - 33
Anlagevermögen	34 - 41
Aufwendungen privater Haushalte für die	
Kraftfahrzeughaltung	263 - 269
Ausbildung - Fahrtzweck	220 - 223
Ausbildungspendler	106 - 108
Ausgaben für den Verkehr	
Ist-Ausgaben des Bundes für den Verkehr	125 - 126
Nettoausgaben des Bundes, der Länder und der Gemeinden	
für das Straßenwesen	124
Ausgleichszahlungen des Bundes für den	
Personenverkehr - Deutsche Bahn	62
Außenhandel - Einfuhr nach Verkehrsbereichen	254 - 255
Autoreisezug-Verkehr	56 - 57
Beförderungseinnahmen je Pkm	260
Beförderungssätze	
Eisenbahn- und Luftverkehr	258
Berufs- und Schülerverkehr - Eisenbahnen	214 - 217
Berufsverkehr - Fahrtzweck	220 - 223
Betriebskosten im Verkehr	261
Bevölkerung, Erwerbstätige, Private Haushalte	105
Bevölkerung, Erwerbstätige	
in der Europäischen Union	289
Binnenhäfen - insgesamt	74 - 75
Binnenhäfen - öffentliche	74 - 75
Anlageinvestitionen	22 - 33
Anlagevermögen	34 - 41
Bruttowertschöpfung	50 - 51
Einnahmen	46 - 47
Erwerbstätige	44 - 45

	Seite
Binnenschiffahrt - auf Wasserstraßen der Bundesrepublik Deutschland	
Energieverbrauch	277, 280 - 281
Güterverkehr	
Durchgangsverkehr	210 - 211
Grenzüberschreitender Verkehr	192 - 197
Transportweite	239
nach Bundesländern	72 - 73
Transportweite	
nach Hauptgütergruppen	239
Verkehrsaufkommen	230 - 233, 303
nach Hauptgütergruppen	238
Verkehrsleistung	232 - 235
nach Hauptgütergruppen	239
Binnenschiffahrt - Binnenflotte der Bundesrepublik	
Abwrackungen von Binnenschiffen	70 - 71
Anlageinvestitionen	22 - 31
Anlagevermögen	34 - 41
Bruttowertschöpfung	50 - 51
Einnahmen	46 - 47, 67
Erwerbstätige	44 - 45, 67
Fahrzeugbestand, Kapazitäten	68 - 69
Frachteinnahmen je tkm	258
Binnenschiffahrt - Güterverkehr in der Europäischen Union	302
Binnenwasserstraßen - Länge	123
in der Europäischen Union	292
Brutto-Anlageinvestitionen	22 - 35
Brutto-Anlagevermögen	37 - 39
Bruttowertschöpfung - Bruttoinlandsprodukt	50
Bundesautobahnen	
Fahrleistungen	160 - 161
Kraftfahrzeugdichte - Verkehrsstärke	117 - 120
Länge - Fahrbahnbreite - Fläche	111 - 116
Verkehrsunfälle	168 - 175

	Seite
Bundesstraßen	
Fahrleistungen	160 - 161
Kraftfahrzeugdichte - Verkehrsstärke	117 - 120
Länge - Fahrbahnbreite - Fläche	111 - 116
Verkehrsunfälle	168 - 175
Chemische Erzeugnisse - siehe Hauptgütergruppen	
Container-Verkehr	
Deutsche Bundesbahn	60 - 61
Deutsche Seehäfen	84 - 85
Niederländische und belgische Seehäfen	306
Deutsche Bahn (Bundesbahn/Reichsbahn)	52 - 63
Anlageinvestitionen	22 - 31
Anlagevermögen	34 - 41
Autoreisezugverkehr	56 - 57
Beförderungseinnahmen je Pkm und tkm	259
Bruttowertschöpfung	50 - 51
Einnahmen	46 - 47, 62
Energieverbrauch	54 - 55, 275, 280 - 281
Erwerbstätige	44 - 45, 62
Betriebsleistungen	54 - 55
Fahrzeugbestand	52 - 53
Gepäckverkehr	56 - 57
Gleisanschlußverkehr	60 - 61
Güterverkehr	58 - 59
Kfz-Übersetzverkehr	58 - 59
Kombinierter Ladungsverkehr	60 - 61
Personenverkehr	56 - 57
Streckenlänge	52 - 53
Distickstoffoxid (N_2O)	287
Düngemittel - siehe Hauptgütergruppen	
Durchgangsverkehr	
Güterverkehr	220 - 227
Nord-Ostsee-Kanal	77
Österreich	307 - 308
Schweiz	309

	Seite
Ein- und Durchfahrten von Lastkraftfahrzeugen	182 - 187
Einkaufsverkehr - Fahrtzweck	220 - 223
Einnahmen - nach Verkehrsbereichen	46 - 47
Eisenbahnen	
Anlageinvestitionen	22 - 33
Anlagevermögen	34 - 41
Beförderungssätze	265
Einnahmen - Bruttowertschöpfung	46 - 51
Erwerbstätige	44 - 45
Bundesbahn, Reichsbahn	62
Nichtbundeseigene Eisenbahnen	66
Güterverkehr	
Durchgangsverkehr	210 - 211
Grenzüberschreitender Verkehr	192 - 197
nach Hauptgütergruppen	198 - 199
in der Europäischen Union	299 - 300
Transportweite	
nach Hauptgütergruppen	260
Verkehrsaufkommen	228 - 231
nach Hauptgütergruppen	236
Verkehrsleistung	232 - 235
nach Hauptgütergruppen	237
Personenverkehr	
in der Europäischen Union	291 - 292
nach Fahrtzwecken	214 - 223
Verkehrsaufkommen	208 - 209, 218 - 219
Verkehrsleistung	216 - 217
Eisen, Stahl und NE-Metalle - siehe Hauptgütergruppen	
Energieverbrauch	
des Verkehrs	276 - 281
in der Bundesrepublik - insgesamt	276
nach Energieträgern	278
nach Wirtschafts- und Verkehrsbereichen	277
Erdöl - siehe Hauptgütergruppen	
Erwerbstätige	105, 289
nach der Art der benutzten Verkehrsmittel	109

	Seite
nach Entfernung für den Weg zur Arbeits- bzw. Ausbildungsstätte	108
nach Zeitaufwand für den Weg zur Arbeits- bzw. Ausbildungsstätte	107
nach Verkehrsbereichen	44 - 45
Pendler	106
Erze und Metallabfälle - siehe Hauptgütergruppen	
Europäische Union - Verkehrsdaten	289 - 308
Fahrerlaubnisse - Führerscheine	128 - 133
auf Probe	133
Erteilungen und Entziehungen	128
nach Altersgruppen	129
nach Erlaubnisklassen	132
Fahrleistungen	
im Straßenverkehr	282 - 283
nach Kraftfahrzeugarten	158 - 161
nach Straßenkategorien	162 - 163
Fahrräder - Produktion und Bestand	140
Fahrradwege - Länge	114 - 115
Fahrradverkehr	220 - 223
Fahrzeugbestand	
Binnenschiffahrt	68 - 69
Deutsche Bahn (Bundesbahn/Reichsbahn)	52 - 53
Fluggesellschaften der Bundesrepublik	96 - 97
Güterkraftverkehr - gewerblich	94 - 96
Handelsflotte	77 - 78
Kraftfahrzeugverkehr	142 - 143
Luftfahrt	127
Nichtbundeseigene Eisenbahnen	64 - 65
Öffentl. Straßenpersonenverkehr	84 - 87, 90 - 91
Fahrzeuge, Maschinen, Halb- und Fertigwaren siehe Hauptgütergruppen	
FCKW und Halone - Luftverunreinigung	287
Fernverkehr ausländischer Lastkraftfahrzeuge	
Durchgangsverkehr	205
Grenzüberschreitender Verkehr	
Ein- und Durchfahrten	182 - 189

	Seite
Verkehrsaufkommen	228 - 231
Verkehrsleistung	232 - 235
Fluggesellschaften der Bundesrepublik	96 - 97
Anlageinvestitionen	22 - 31
Anlagevermögen	34 - 41
Bruttowertschöpfung	50 - 51
Einnahmen	46 - 47, 96 - 97
Energieverbrauch	277 - 281
Erwerbstätige	44 - 45, 96 - 97
Flughäfen	98 - 101
Anlageinvestitionen	22 - 33
Anlagevermögen	34 - 41
ausgewählte europäische Flughäfen	310
Bruttowertschöpfung	50 - 51
Einnahmen	46 - 47, 98 - 99
Erwerbstätige	43 - 44, 100 - 101
Fluggäste	98 - 99
Flugzeuge	
Bestand	127
Starts und Landungen	98 - 99
auf internationalen Flughäfen	310
Frachteinnahmen je tkm	260
Frachtraten	
Luftfracht	257
Seeschiffahrt	258
Frachtsätze	
Spediteursammelgutverkehr	256
Freizeitverkehr - Fahrtzweck	220 - 227
Führerscheine (Fahrerlaubnisse)	128 - 133
Fußwege	220 - 223
Gefahrguttransporte	248 - 253
Gemeindestraßen	
Fahrleistungen	158 - 163
Länge - Fahrbahnbreite - Fläche	111 - 116
Verkehrsunfälle	170 - 173

	Seite
Gepäckverkehr - Deutsche Bahn	56 - 57
Geschäftsverkehr - Fahrzweck	220 - 227
Gewerblicher Straßengüterfernverkehr	
Frachteinnahmen je tkm	259
Verkehrsaufkommen	230 - 233
Verkehrsleistung	234 - 245
Gleisanschlußverkehr, Ganzzugverkehr	
der Deutschen Bahn	58 - 61
Grenzüberschreitender Verkehr	
Ein- und Durchfahrten der Lastkraftfahrzeuge	182 - 187
Güterverkehr	192 - 196
Binnenschiffahrt	202 - 203
Eisenbahn	198 - 199
Seeschiffahrt	204 - 205
Straßengüterverkehr	200 - 201
Kraftfahrzeugverkehr	182
Luftverkehr	188 - 190
Seeschiffahrt nach Fahrtgebieten	206 - 209
Gütergruppen - siehe Hauptgütergruppen	
Güterkraftverkehr (Gewerblicher Verkehr)	94 - 95
Anlageinvestitionen	22 - 31
Anlagevermögen	33 - 41
Einnahmen - Bruttowertschöpfung	46 - 51
Erwerbstätige	44 - 45
Güterverkehr	
Durchgangsverkehr	210 - 211
Grenzüberschreitender Verkehr	192 - 209
Transporteinnahmen	260
Transportweite	237, 239, 242 - 243
Verkehrsaufkommen	228 - 231
nach Hauptgütergruppen	236, 238, 240 - 241
Verkehrsleistung	232 - 235
nach Hauptgütergruppen	237, 239, 242 - 243
Gurtanlegequoten	164
Handelsflotte der Bundesrepublik	
Bestand	76 - 77

	Seite
Hauptgütergruppen	
Güterverkehr	236 - 246
Binnenschiffahrt	237 - 247
Eisenbahnen	232 - 233
Seeschiffahrt	246
Straßengüterverkehr	240 - 243
Grenzüberschreitender Verkehr	198 - 205
Binnenschiffahrt	202 - 203
Eisenbahnen	198 - 199
Seeschiffahrt	204 - 205
Straßengüterverkehr	200
Transportweite	237, 239, 242 - 243
Verkehrsaufkommen im Güterverkehr	236, 238, 240 - 241
Verkehrsleistung im Güterverkehr	237, 239, 242 - 243
Hauptuntersuchungen von Straßenfahrzeugen (TÜV)	136 - 139
Huckepackverkehr - Bundesbahn	60 - 61
Individualverkehr	
Ausgaben der priv. Haushalte	263 - 269, 272 - 273
Kostenentwicklung	263 - 264
Verkehrsaufkommen	214 - 215, 218 - 219
Verkehrsleistung	216 - 219
Internationale Kennziffern	289 - 311
Ist-Ausgaben des Bundes für den Verkehr	124 - 125
Kanalstrecken - Länge	123
Kfz-Übersetzverkehr - Deutsche Bahn	56 - 57
Kohle - siehe Hauptgütergruppen	
Kohlendioxidbelastung (CO_2)	284, 286
Kohlenmonoxidbelastung (CO)	284 - 285
Kombinierter Ladungsverkehr	60 - 61
Kostenentwicklung	
Lohn- und Betriebskosten	267
Investitionsgüter	265
Individualverkehr	263 - 269
Kraftfahrzeuge und Kraftfahrzeuganhänger	
Ausgaben der privaten Haushalte	263 - 269

	Seite
Bestand	142 - 143
nach Hubraumklassen	148 - 1439
nach Höchstgeschwindigkeitsklassen	146
nach kW- und PS-Klassen	152 - 153
nach Nutzlastklassen	156 - 157
schadstoffreduzierte Fahrzeuge	151
in der Europäischen Union	294
Ergebnisse der TÜV-Prüfungen	136 - 139
Fahrleistungen	158 - 163
Neuzulassungen	144 - 145
nach Hubraumklassen	148 - 149
nach Höchstgeschwindigkeitsklassen	146
schadstoffreduzierte Fahrzeuge	151
in der Europäischen Union	295
Kraftfahrzeuganhänger - nach Nutzlastklassen	156 - 157
Kraftfahrzeugdichte nach Straßenkategorien	117 - 120
Kraftfahrzeugsteuer	263 - 265, 272, 274
Kraftfahrzeugverkehr	
Fahrleistungen	158 - 163
Grenzüberschreitender Verkehr	182 - 189
Steuerbelastung	274
Verkehrsunfälle	165 - 181
Kraftomnibusverkehr	
Deutsche Bahn (Bundesbahn)	56 - 57
Nichtbundeseigene Eisenbahnen	64 - 66
Öffentl. Straßenpersonenverkehr	86 - 87
nach Bundesländern	90 - 91
Kraftstoffe	
Ausgaben der privaten Haushalte	273
Steueraufkommen und -belastung	274 - 275
Verbrauch und Preise	282 - 283
Kreisstraßen	
Fahrleistungen	160 - 161
Kraftfahrzeugdichte - Verkehrsstärke	117 - 119
Länge - Fahrbahnbreite - Fläche	111 - 116
Verkehrsunfälle	168 - 175

	Seite
Landesstraßen	
Fahrleistungen	164 - 165
Kraftfahrzeugdichte - Verkehrsstärke	117 - 119
Länge - Fahrbahnbreite - Fläche	113 - 120
Verkehrsunfälle	172 - 175
Land- und forstwirtschaftliche Erzeugnisse	
siehe Hauptgütergruppen	
Lastkraftwagen	
Bestand	142 - 143
nach Nutzlastklassen	156 - 157
Fahrleistungen	160 - 162
Neuzulassungen	144 - 145
Ergebnisse der TÜV-Prüfungen	136 - 139
Leistungsbilanz-Saldo der Bundesrepublik	121 - 122
Lohn- und Betriebskosten im Verkehr	261
Luftfahrt	
Ausgaben des Bundes	126
Energieverbrauch	276 - 281
Fahrzeugbestand	127
Luftfracht - Frachtsätze	257
Luftverkehr	
Grenzüberschreitender Verkehr	188 - 197
Güterverkehr	
Verkehrsaufkommen	228 - 231
Verkehrsleistung	232 - 235
Personenverkehr	214 - 223
nach Fahrtzwecken	220 - 223
Verkehrsaufkommen	214 - 215, 218 - 219
Verkehrsleistung	216 - 219, 220 - 223
Preisentwicklung	259
Luftverunreinigung	284 - 288
Mehrwertsteuer	273
Methan - Luftverunreinigung	287
Mineralölerzeugnisse - siehe Hauptgütergruppen	
Mineralöl - Energieverbrauch	276 - 281
Mineralölsteuer, Mineralölzoll	273 - 275

	Seite
Mineralölverbrauch pro Kopf	311
Modernitätsgrad - Anlagevermögen	42 - 43
Motorisierter Individualverkehr	
nach Fahrtzwecken	220 - 223
Verkehrsaufkommen	214 - 215, 220 - 221
Verkehrsleistung	222 - 223
Nahrungs- und Futtermittel - siehe Hauptgütergruppen	
Netto-Anlageinvestitionen	34 - 35
Netto-Anlagevermögen	40 - 42
Netto-Ausgaben für das Straßenwesen	125
Nichtbundeseigene Eisenbahnen	63 - 67
Anlageinvestitionen	22 - 31
Anlagevermögen	37 - 41
Bruttowertschöpfung	50 - 51
Einnahmen	46 - 47, 66
Erwerbstätige	44 - 45, 66
Nord-Ostsee-Kanal	77
Obusverkehr	86 - 87
Öffentlicher Personennahverkehr (ÖPNV)	
Verkehrsaufkommen	214 - 215, 218 - 219
Verkehrsleistung	216 - 219
Öffentlicher Straßenpersonenverkehr	
einschl. Bahn und Post	
Verkehrsaufkommen	214 - 215, 218 - 219
Verkehrsleistung	216 - 219
ohne Bahn und Post	86 - 91
Anlageinvestitionen	22 - 31
Anlagevermögen	37 - 41
Bruttowertschöpfung	50 - 51
Einnahmen	46 - 47, 92 - 93
Erwerbstätige	44 - 45, 92 - 93
nach Fahrtzwecken	220 - 223
Verkehrsaufkommen	88 - 89
Verkehrsleistung	88 - 89

	Seite
Organische Verbindungen - Luftverschmutzung	284, 286
Pendler - nach benutzten Verkehrsmitteln	106 - 109
Personenkraftwagen, Kombinationskraftwagen	
Bestand	142 - 143
nach Bundesländern	154 - 155
nach Höchstgeschwindigkeitsklassen	146
nach Hubraumklassen	148 - 149
nach kW- und PS-Klassen	152 - 153
schadstoffreduzierte Fahrzeuge	151
Ergebnisse der TÜV-Prüfungen	136 - 139
Fahrleistungen	160 - 161
Kraftstoffverbrauch	282 - 283
Löschungen	148 - 149
Mineralölsteueraufkommen	275
Neuzulassungen	143 - 145
nach Bundesländern	154 - 155
nach Hubraumklassen	148 - 149
nach Höchstgeschwindigkeitsklassen	146
schadstoffreduzierte Fahrzeuge	151
Verfügbarkeit	132, 224 - 225
Personenverkehr	
Verkehrsaufkommen	214 - 215, 218 - 219
Verkehrsleistung	216 - 219
Verkehrsverbünde	92 - 93
Transporteinnahmen	260
Platzkapazität	
im Öffentlichen Straßenpersonenverkehr	86 - 87
Preisindex für die Lebenshaltung	270 - 271
Private Haushalte	105
Ausgaben für Verkehrszwecke	272 - 273
Kostenentwicklung - monatliche Ausgaben	264 - 269
Preisindex für die Lebenshaltung	270 - 271
Reisezeit	224 - 225
Rohrfernleitungen	102 - 104
Anlageinvestitionen	22 - 31

	Seite
Anlagevermögen	33 - 41
Bruttowertschöpfung	50 - 51
Einnahmen	46 - 47, 100 - 101
Erwerbstätige	44 - 45, 100 - 101
Grenzüberschreitender Verkehr	192 - 193
in der Europäischen Union	303
Verkehrsaufkommen	230 - 231
Verkehrsleistung	232 - 235
S-Bahnverkehr	
Einnahmen je Pkm	260
Verkehrsaufkommen und -leistung	56 - 57
Schüler und Studierende	105
als Pendler	106 - 108
Schwefeldioxidbelastung (SO_2)	284 - 285
Seehäfen	80 - 85
Anlageinvestitionen	22 - 33
Anlagevermögen	34 - 41
Bruttowertschöpfung	50 - 51
Containerverkehr	84 - 85
Einnahmen	46 - 47, 80 - 81
Erwerbstätige	44 - 45, 80 - 81
Güterumschlag	80 - 81
Seehäfen Belgiens und der Niederlande	304 - 306
Seeschiffahrt	
Anlageinvestitionen	22 - 33
Anlagevermögen	34 - 41
Bruttowertschöpfung	50 - 51
Einnahmen	46 - 47, 78 - 79
Erwerbstätige	44 - 45, 78 - 79
Güterverkehr	
Energieverbrauch	276 - 281
Frachtraten	258
Grenzüberschreitender Verkehr	192 - 197
nach Fahrtgebieten	206 - 209

	Seite
Handelsschiffe	
Bestand	78 - 79
nach Hauptgütergruppen	246
Verkehrsaufkommen	78 - 79, 228 - 231
Verkehrsleistung	78 - 79, 232 - 235
Stadtschnellbahnen (U-Bahn und Hochbahn)	86 - 89
Staubbelastung - Luftverschmutzung	284, 286
Steine und Erden - siehe Hauptgütergruppen	
Stickstoffoxid (NO_x als NO_2) - Luftverunreinigung	284 - 285
Straßen	
mit Fahrradwegen	114 - 115
Kfz-Fahrleistungen	162 - 163
Länge - Fahrbahnbreite - Fläche	111 - 116
Länge - nach Bundesländern	112
Länge - in der Europäischen Union	293
Straßenbahnen	86 - 89
Straßenbelastung	117 - 120
Straßengüterfernverkehr	
Frachteinnahmen je tkm	260
Verkehrsaufkommen	230 - 231
Verkehrsleistung	232 - 235
Straßengüternahverkehr	
Verkehrsaufkommen	228 - 231
Verkehrsleistung	232 - 235
Straßengüterverkehr	
Grenzüberschreitender Verkehr	192 - 197
nach Entfernungsstufen	244 - 245
nach Hauptgütergruppen	200
Ein- und Durchfahrten von Lastkraftfahrzeugen	182 - 187
in der Europäischen Union	301
Verkehrsaufkommen	230 - 231
nach Entfernungsstufen	244
nach Hauptgütergruppen	240 - 241 - 241
Verkehrsleistung	232 - 235
nach Entfernungsstufen	245
nach Hauptgütergruppen	242 - 243

	Seite
Straßenverkehrsunfälle	165 - 181
Getötete und Verletzte	166 - 169
Getötete - nach Bundesländern	168
Verletzte - nach Bundesländern	169
in der Europäischen Union	296 - 297
mit Personen- und Sachschaden	165
nach Altersgruppen	176
nach Höchstgeschwindigkeitsklassen	177
nach Straßenkategorien	170 - 171
nach Straßenkategorien/Fahrleistungen	174 - 175
nach Verkehrsbeteiligung	174
Unfallursachen	176 - 179
nach Bundesländern	178 - 179
Streckenlängen	
Deutsche Bundesbahn (Bundesbahn/Reichsbahn)	52 - 53
Nichtbundeseigene Eisenbahnen	64 - 65
Öffentlicher Straßenpersonenverkehr	85 - 88
Rohrfernleitungen	104 - 105
Stückgutverkehr	
Verkehrsaufkommen	
Bundesbahn	58 - 59
Eisenbahnen	228 - 231
Verkehrsleistung	
Bundesbahn	58 - 59
Eisenbahnen	232 - 235
Tanker	
Binnenschiffahrt	68 - 69
Seeschiffahrt	78 - 79
Tarife - Frachtsätze	
Eisenbahnverkehr	259
Luftverkehr - Personenverkehr	
Personenverkehr	259
Luftfracht	257
Seeschiffahrt	256
Spediteursammelgutverkehr	258

	Seite
Taxis und Mietwagen	86 - 89
Tonnenkilometer	
Binnenschiffahrt	232 - 235
grenzüberschreitender Verkehr	193, 195, 197
nach Hauptgütergruppen	242 - 243
Schiffe der Bundesrepublik	67
Eisenbahnen	234 - 237
Deutsche Bundesbahn	58 - 61
grenzüberschreitender Verkehr	193, 195, 197
nach Hauptgütergruppen	235
Nichtbundeseigene Eisenbahnen	63 - 65
Seeschiffahrt	232 - 235
grenzüberschreitender Verkehr	206 - 209
nach Fahrtgebieten	206 - 209
Schiffe der Bundesrepublik	78 - 79
Straßengüterverkehr	232 - 235
grenzüberschreitender Verkehr	193, 195, 197
nach Hauptgütergruppen	242 - 243
Transitgüterverkehr	
Durchgangsverkehr der Bundesrepublik	210 - 211
Österreich	307 - 308
Schweiz	309
Transportbilanz - mit dem Ausland	121 - 122
Triebfahrzeugkilometer - Bundesbahn	54 - 55
TÜV-Untersuchungen	136 - 139
Umweltbelastung - Luftverunreinigung	284 - 288
Urlaubsreisen - nach benutzten Verkehrsmitteln	111
Urlaubsverkehr - Fahrtzweck	220 - 223
Verkehrsausgaben	
Netto-Ausgaben für das Straßenwesen	124
Ist-Ausgaben des Bundes	126
Verkehrsbeteiligung - Personenverkehr	224 - 225
Verkehrsinfrastruktur	
Anlageinvestitionen	32 - 33
Anlagevermögen	34 - 35

	Seite
Verkehrsmittelbenutzung	109
Verkehrsunfälle auf Straßen	165 - 181
Verkehrsverbünde	92 - 93
Verkehrszentralregister	134 - 135
Wasserstraßen - Länge	123

Quellennachweis

Herausgeber	Titel
Der Bundesminister für Verkehr, Bau- und Wohnungswesen, Berlin und Bonn	Statistische Daten

Berlin:
Tel.: 030 / 2097-0
Tel.: 030 / 20620-0
Fax: 030 / 2097-1400
Fax: 030 / 20620-3708

Bonn:
Tel.: 0228 / 300-0
Fax: 0228 / 300-3428
Internet: http://www.bmvbw.de/

Statistisches Bundesamt, Wiesbaden	Statistisches Jahrbuch Wirtschaft und Statistik

Fachserien
Tel.: 0611 / 75-1
Fax: 0611 / 724000
Internet: http://www.statistik-bund.de/

Umweltbundesamt, Berlin	Daten zur Umwelt

Tel.: 030 / 8903-0
Fax: 030 / 8903-2285
Internet: http://www.umweltbundesamt.de/

Kraftfahrt-Bundesamt, Flensburg	Statistische Mitteilungen

Tel.: 0461 / 316-0
Fax: 0461 / 316 - 1650
Internet: http://www.kba.de

Herausgeber	Titel
Bundesamt für Güterverkehr, Köln Tel.: 0221 / 5776-0 Fax: 0221 / 5776-444 Internet: http://www.bag.bund.de	Statistische Mitteilungen: Verkehrsleistung deutscher Lastkraftfahrzeuge Der Fernverkehr mit Lastkraftfahrzeugen Der Fernverkehr deutscher Lastkraftfahrzeuge Der grenzüberschreitende Fernverkehr ausländischer Lastkraftfahrzeuge Struktur der Unternehmen des gewerblichen Straßengüterverkehrs und des Werkfernverkehrs
Bundesanstalt für Straßenwesen, Bergisch Gladbach Tel.: 02204 / 43-0 Fax: 02204 / 43-673 Internet: http://www.bast.de/	Schriftenreihe Straßenverkehrszählungen Unfall- und Sicherheitsforschung Straßenverkehr
Statistisches Amt der Europäischen Union (EU) Informationsbüro Luxemburg Tel.: (00352) 43 / 0134567 Fax: (00352) 43 / 6404 Internet: http://europa.eu.int/eurostat.html/	Statistik kurzgefaßt Transport in Figures
Internationaler Eisenbahnverband (UIC), Paris Tel.: (0033) 1 / 14449-2280 Fax: (0033) 1 / 14449-2039 Internet: http:/www.uic.asso.fr	Internationale Eisenbahnstatistik

Herausgeber	Titel
Centraal Bureau voor de Statistiek (CBS), Heerlen (Niederlande) Tel: (0031) 45-570-6000 Internet: http://www.cbs.nl	Statistisches Taschenbuch
Port of Rotterdam Tel.: (0031) / 10-2 52 10 30 Fax: (0031) / 10-2 52 10 23 Internet: http://www.port.rotterdam.nl	Rotterdam Port Statistics
Vlaamse Havencommissie, Brussel Tel.: (0032) 2 / 2170745 Fax: (0032) 2 / 2707008	Jaarverslag
Deutsche Bundesbank, Frankfurt/Main Tel.: 069 / 95 66 - 3511/3512 Fax: 069 / 95 66 - 3077 Internet: http://www.bundesbank.de/	Monatsberichte einschl. Statistische Beihefte
Deutsche Lufthansa, Köln Tel.: 0221 / 8262653 Fax: 0221 / 8263886 Internet: http://www.lufthansa.com/	Geschäftsbericht Weltluftverkehr
Deutsche Bahn AG Frankfurt/Main Tel.: 069 / 97336204 Fax: 069 / 97337570 Internet: http://www.db.de	Monatsberichte Statistische Daten
Bundesverband Deutscher Eisenbahnen, Köln	Mitgliederhandbuch Statistische Zahlen
Verband öffentlicher Verkehrsbetriebe	Statistik

Herausgeber	Titel
Verband Deutscher Verkehrsunternehmen (VDV), Köln Tel.: 0221 / 579790 Fax: 0221 / 514272 Internet: http://www.vdv.de	Statistische Übersichten Jahresbericht
Verband Deutscher Reeder, Hamburg Tel.: 040 / 350970 Fax: 040 / 35097211 Internet: http://www.reederverband.de	Daten der deutschen Seeschiffahrt
Bundesverband Öffentlicher Binnenhäfen, Neuss Tel.: 02131 / 908239 Fax: 02131 / 908282 Internet: http://www.binnenhafen.de	Übersicht über die Hafenverkehrszahlen
Verband der Automobilindustrie e.V. (VDA), Frankfurt/Main Tel.: 069 / 75700 Fax: 069 / 7570261 Internet: http://www.vda.de	Tatsachen und Zahlen aus der Kraftverkehrswirtschaft Das Auto International
Mineralölwirtschaftsverband e.V., Hamburg Tel.: 040 / 248490 Fax: 040 / 24849253 Internet: http://www.mwv.de	Jahresbericht Mineralöl-Zahlen
ARAL Aktiengesellschaft, Bochum Tel.: 0234 / 3150 Fax: 0234 / 3153838 Internet: http://www.aral.de	ARAL-Verkehrstaschenbuch

Herausgeber	Titel
Arbeitsgemeinschaft Deutscher Verkehrsflughäfen, Stuttgart Tel.: 0711 / 9480 Fax: 0711 / 9484746	Die Verkehrsleistungen der deutschen Verkehrsflughäfen Pressemitteilungen
Arbeitsgemeinschaft Energiebilanzen c/o DIW Tel.: 030 / 897890 Fax: 030 / 89789200 Internet: http://www.diw-berlin.de/	Energiebilanz der Bundesrepublik Deutschland
Institut für Seeverkehrswirtschaft und -logistik, Bremen Tel.: 0421 / 220960 Fax: 0421 / 2209655 Internet: http://www.isl.uni-bremen.de	Statistik der Schiffahrt Shipping Statistics
Eidgenössisches Verkehrs- und Energiewirtschaftsdepartement, Bern Tel.: 004131 / 3222111 Internet: http://www.uvek.admin.ch/	Alpenquerender Güterverkehr
Österreichisches Statistisches Zentralamt, Wien Tel.: 0043 1 / 711280 Internet: http://www.oestat.gv.at/	Statistische Tabellen
Bundesverband der Deutschen Binnenschiffahrt e.V., Duisburg Tel.: 0203 / 800060 Fax: 0203 / 8000621 Internet: http://www.binnenschiff.de	Geschäftsbericht Binnenschiffahrt in Zahlen

Herausgeber	Titel

Verein für europ. Binnenschiffahrt und Wasserstraßen e.V., Duisburg Binnenschiffahrt in Zahlen

Tel.: 0203 / 8000627
Fax: 0203 / 8000628

OECD, Paris Maritime Transport

Bonn Centre:
Tel.: 0228 / 959120
Fax: 0228 / 9591217
Internet: http://www.oecd.org

Luftfahrt-Bundesamt, Braunschweig Jahresbericht

Tel.: 0531 / 23550
Fax: 0531 / 2355254
Internet: http://www.lba.de

Wasser- und Schiffahrtsdirektion Nord, Kiel Jahresbericht Nord-Ostseekanal

Tel.: 0431 / 33940
Fax: 0431 / 3394348
Internet: http://www.wsd-nord.de/

International Road Federation, Genf World Road Statistics

Tel.: 0041 / 227317150
Fax: 0041 / 227317158
Internet: http://www.irfnet.org

Berechnungen des Deutschen Instituts
für Wirtschaftsforschung (DIW), Berlin
Tel.: 030 / 897890
Fax: 030 / 89789103
Internet: http://www.diw-berlin.de/
e-mail: sradke@diw-berlin.de

Das

 Bundesministerium
für Verkehr, Bau- und
Wohnungswesen

mit seinen Fachabteilungen für

Wohnungswesen

Eisenbahnen und Wasserstraßen

Luft- und Raumfahrt und Schifffahrt

Straßenbau und Straßenverkehr

Bauwesen und Städtebau

erreichen Sie im Internet unter: www.bmvbw.de

Bildung, die anspricht - der aktuelle Lorenz Teil 2

13. Auflage 2000 •
ca. 420 Seiten •
broschiert • DM 79,-

Lesen Sie im Lorenz 2 über:

Zoll, Zollbestimmungen, Zollverfahren etc. •
Transport- und Lagerversicherung • Incoterms 2000 •
speditionelle Logistik • Kosten- und Leistungsrechnung •
Verpackung und Markierung • gefährliche Güter • u.v.m.

Deutscher Verkehrs-Verlag GmbH
Nordkanalstraße 36
20097 Hamburg

Fax: 040-237 14 -244 oder -333
e-Mail: service@dvz.de

Kostenlose Probeexemplare anfordern!

DVZ - das Informationspaket zum Thema Transport und Logistik

Die DVZ erscheint 3 x pro Woche und berichtet umfassend über den hochspezialisierten Themenkreis Transport und Logistik. Rufen Sie uns an, unser DVZ-Leserservice berät Sie gerne.

DVZ - Leserservice
Tel.: 040/2 37 14-240

Deutsche Verkehrs-Zeitung
Nordkanalstr. 36
20097 Hamburg
Fax: 040/2 37 14-333
Internet: www.dvz.de

DVZ WHO´s WHO

Wer ist was in Transport und Logistik

Die Entscheidungsträger aus Transport und Logistik

Die 2. Auflage des „DVZ Who´s Who" informiert über:
- berufliche und persönliche Daten der wichtigsten Entscheidungsträger der Branche

- wichtige Institutionen aus den Bereichen Verkehr, Transport und Logistik

2. Auflage 2000 • 288 Seiten • DM 39,- zzgl. MwSt.

Deutscher Verkehrs-Verlag GmbH
Nordkanalstraße 36
20097 Hamburg

Fax: 040-237 14 -244 oder -333
e-Mail: service@dvz.de

Alles paletti?!

Kosten senken und Zeit sparen
mit dem neuen
Paletten-Handbuch
Ihr Wegweiser im Palettenhandling

Ausgabe 2000 •
ca. 190 Seiten•
DM 79,- zzgl.
MwSt. und
Versandkosten

Lesen Sie über:
reibungslose Abwicklung des Palettengeschäfts • Palettenarten und deren Nutzung • Palettentausch • Mustervertäge und Checklisten u.v.m.

Deutscher Verkehrs-Verlag GmbH
Nordkanalstraße 36
20097 Hamburg

Fax: 040-237 14 -244 oder -333

SOFTWARE LOKALISIERUNG ANIMATION

SLA Frank Lemke
Römerweg 4, D-73557 Mutlangen
Tel. (0 71 71) 77 93 96
Fax (0 71 71) 97 96 62
E-Mail: info@sla-software.com
Internet: http://www.sla-software.com

SOFTWARE

Erstellung digitaler Publikationen und elektronischer Kataloge
auf CD-ROM und im Internet

LOKALISIERUNG

Übersetzung von Software und technischer Dokumentation,
DTP inklusive Satz, Belichtung und Druck

ANIMATION

Erstellung von Präsentationen, Grafiken und Clips
für den Online- und Offline-Einsatz
Gestaltung und Betreuung von Web-Seiten